本书系教育部人文社会科学百所重点研究基地内蒙古大学蒙古学研究中心学术著作系列（TOMUS40）、教育部哲学社会科学重点研究基地重大项目“内蒙古农牧业产业组织体系研究”(2016JJD8008)、教育部哲学社会科学重点研究基地重大项目“内蒙古蒙古族人口问题研究”(15JJD850003)的研究成果。

牧区与市场

市场化中的牧民

PASTORAL AREAS AND THE MARKET: Herdsmen in Marketization

达林太　郑易生　著

SSAP
社会科学文献出版社
SOCIAL SCIENCES ACADEMIC PRESS (CHINA)

作者简介

达林太，蒙古族，理学硕士、经济学博士，内蒙古大学蒙古学研究中心研究员，内蒙古楚日雅牧区生态研究中心主任。先后主持了十多项关于草原生态与经济的国际研究项目，现主持教育部哲学社会科学重点研究基地重大项目“内蒙古农牧业产业组织体系研究”，出版专著八部。主要研究方向为资源与环境、经济社会学。

郑易生，中国社会科学院数量经济与技术经济研究所研究员。受中国社会科学院环境与发展研究中心委托主编《中国环境与发展评论》1~3卷，另主编《西部减贫与可持续发展》《科学发展观和江河开发》等书。主要研究方向为可持续发展。

目　录

第一讲　改革开放以来内蒙古草原牧区的制度与政策

改革开放以来的“统分结合，双层经营”家庭承包经营制度极大地激发了农民的生产积极性，农产品产量增长，使中国摆脱了长期的贫困面貌，推动了工业化、城镇化和现代化的发展，但也留下了许多问题。对于内蒙古牧区而言，集体（嘎查）获得了草场的所有权，牧民获得了使用权和经营权。内蒙古牧区的改革开放比农村甚至中国的其他草原地区更加复杂。

一　拨乱反正、大抓生产（1978～1980年）

1978年底，具有历史意义的中共十一届三中全会召开，会议确立了实事求是的思想路线，通过了《关于加快农业发展若干问题的决定（草案）》，基调是强调尊重农民的自主权，必须在经济上充分关心农民的物质利益，在政治上切实保障农民的民主权利，同时，重新肯定农民自发开展的按工记分、联产计酬的各种生产责任制。1980年中央的75号文件《关于进一步加强和完善农业生产责任制的几个问题》，在坚持集体经济不动摇的前提下，明确贫困地区可以包产到户，也可以包干到户，并提倡生产队实行专业承包或田间管理承包到人，联产计酬。①

这一重大政策变化，是牧区经济制度改革的大背景。然而内蒙古改革开放的步子没有内地农业省份那样快。改革开放政策提出之前，内蒙古将畜牧业生产作为工作的重中之重，在基本恢复与延续过去做法的基础上，

① 张晓山、李周主编《新中国农村60年的发展与变迁》，人民出版社，2009，第228页。

全力促进其生产达到历史的高峰。

例如，1976年2月内蒙古自治区革命委员会召开全区农牧业学大寨会议，要求大力发展牧区水利，使之为建设基本草牧场服务，为草库伦配套服务，为解决人畜饮水和饲料饲草灌溉服务。又如，1977年5月5日，“内蒙古自治区革命委员会发出《关于下达〈畜牧业纲要试行标准（草案）〉的通知》。要求牲畜总增：草甸草原区为29%、干旱草原区为27%、荒漠草原区和农区、半农半牧区为25%；牲畜改良：小畜改良比重70%、大畜改良比重25%；贮草：实现1畜1亩优质高产的基本草牧场，每年畜均贮草100~150公斤”①。这一促进当时牧区生产力的政策，在纯牧区是没有成功的，在农区和半农半牧区由于有种植业的支持，基本保留至今。由于改良家畜需要饲草料的配套，在牧区就出现了又一次开垦草原的局面。1978年6月，全区牧区草原建设工作会议围绕高速度发展畜牧业的问题，研究落实了200个建设点的任务，提出了1985年和20世纪末畜牧业的任务。② 1979年2月7日，内蒙古自治区党委发布《关于尽快把我区农牧业生产搞上去的意见》，要求牧区实行“以牧为主，围绕畜牧业生产，发展多种经济”的方针，认真执行“禁止开荒，保护牧场”的政策。半农半牧区实行“以牧为主，农牧林结合，因地制宜，全面发展”的方针。畜牧业生产要继续贯彻执行水、草、繁、改、管、防、舍、工8项增产措施，要大抓水、草、棚圈建设。草原建设首先解决抗灾问题，西部牧区主要是建设人工草场，东部牧区主要是发展机械化打贮草。争取在3~5年内每10头牲畜有1亩基本草牧场。同年3月，中国科学院制定了《草原生态系统研究规划纲要》及年度科研计划，确定在锡林郭勒盟白音希勒牧场境内建立定位站，并于年内开展科研工作。

内蒙古自治区畜牧业工作会议（1979年11月）检查了畜牧业战线的工作，总结了经验，起草了《关于畜牧业方针政策问题的几项规定》。③

---

① 内蒙古自治区畜牧厅修志编史委员会编纂《内蒙古畜牧业大事记》，内蒙古人民出版社，1997，第130页。

② 内蒙古自治区畜牧厅修志编史委员会编《内蒙古自治区志·畜牧志》，内蒙古人民出版社，2000，第131页。

③ 内蒙古自治区畜牧厅修志编史委员会编纂《内蒙古畜牧业大事记》，内蒙古人民出版社，1997，第138页。

值得一提的是，这一时期恢复或放开了一些有利于牧区发展的政策。如1980年2月9日，内蒙古以党委、政府的名义颁发《关于畜牧业方针政策问题的几项规定》。规定的主要内容是认真贯彻以牧为主、农林牧结合的方针；坚持社队的所有权和自主权；基本核算单位的管理体制问题；积极推行生产责任制；认真执行收益分配政策；正确执行价格政策和收购政策；大力发展农区畜牧业；鼓励社员发展自留畜；认真执行保护适龄母畜政策；加强草牧场的管理和建设；牧区林业要有一个大发展；积极发展牧区社队企业；严格控制流入牧区的人口；加速发展畜牧业科技队伍；充分调动基层干部和牧业科技人员的积极性。

由于政策的放宽，到1980年6月末，内蒙古全区社员的自留畜总数达到1098.6万头只，占全区牲畜总数的27.1%，其中牧区社员的自留畜总数为319.3万头只，占牧区牲畜总数的17.82%，比1979年增长了69.3%。锡林郭勒盟增长了91%，巴彦淖尔盟增长了88.6%。牧区自留畜户均数量达到12.9头只。1980年正蓝旗14个公社，社员出售自留畜及畜产品、采集等家庭副业收入达到261.7万元。[①] 1980年牧业年度与1976年相比，牲畜数量增加了242.69万头只，达到4651.76万头只，增长了5.2%，恢复并超过了1965年的4487.57万头只。1976~1980年，肉类总产量增加了3.6万吨，达到24.52万吨，增长了17.3%；毛绒总产量增加了0.82万吨，达到4.37万吨，增长了23%；畜牧业产值增加了1.45亿元，达到27.16亿元，增长了6%。牧民的人均收入增加了115元，达到265元，增长了76.2%。[②]

内蒙古牧区的畜牧业在一系列政策的实施中得到了恢复，为即将来临的改革提供了必要的经济条件，与此同时，在对经济状况及其政策、体制的反思中，不少地方酝酿着改革的设想。

二　家庭生产经营制度的演变和确立

随着“文化大革命”的结束，我国开始进入新的历史发展时期，广大

---

① 内蒙古自治区畜牧业厅修志编史委员会编著《内蒙古畜牧业发展史》，内蒙古人民出版社，2000，第233页。

② 内蒙古自治区畜牧业厅修志编史委员会编著《内蒙古畜牧业发展史》，内蒙古人民出版社，2000，第233页。

农村更是等待着一场大变革。20 世纪 80 年代初，农村包产到户的大变革打开了新局面，而内蒙古牧区也随着中国农区包产到户的变革开始改革开放。

（一）不同形式的牧业生产责任制

1981 年，《中央书记处讨论内蒙古自治区工作的纪要》指出："内蒙古自治区的经济建设方针，应下决心以二三十年或半个世纪的时间，用愚公移山的精神，因地制宜，走出一条以林牧为主的多种经营的路子。"

1981 年，在农村推行以家庭为单位的联产承包制的影响下，牧区重新肯定了新"苏鲁克""三定一奖""两定一奖""队有户养""专业承包，联产计酬"等几种牧业生产责任制，并在实行中逐步完善。1982 年农村推行了"包干到户"的"大包干"责任制，牧区也实现了"包本承包，少量提留，费用自理，收入归己"的"大包干"责任制。

1982 年，五届全国人大第五次会议通过了新的《宪法》，首次提出了以农村集体经济组织实行家庭承包经营为基础，统分结合的双层经营体制。

1982 年 3 月 17 日，"新华社报道：内蒙古自治区党委、内蒙古自治区人民政府决定，将现有草牧场的所有权固定到国营农牧场、人民公社的基本核算单位，并将使用权按照各地不同的牧业生产责任制形式，分别固定到作业组、畜群、专业养殖户，长期不变。3 月 20 日《人民日报》就内蒙古自治区伊克昭盟牧区落实草原管理责任制发表题为《草原管理和建设要有责任制》的评论员文章"①。

1983 年底，巴林右旗实现作价承包的经验在中共内蒙古自治区委员会三届十三次全委会（扩大）会议和全区旗县委书记会议上得到了肯定，不少社队在作价承包的基础上，又逐步实行了"作价归户，分期偿还，私有私养"的责任制。② 从此，牧区的生产责任制发生了根本变化，不到一年的时间，牧区基本上推行了"牲畜作价，户有户养"的生产责任制。全区

---

① 内蒙古自治区畜牧厅修志编史委员会编纂《内蒙古畜牧业大事记》，内蒙古人民出版社，1997，第 148 页。

② 内蒙古自治区畜牧厅修志编史委员会编《内蒙古自治区志·畜牧志》，内蒙古人民出版社，2000，第 85 页。

3313个嘎查，实现作价归户的有2710个，占81.8%；实行无偿归户的有248个，占7.5%；实行作价保本承包的有11个；实行作价承包和抵押承包的有248个。作价牲畜的价格一般低于市场价格，作价款根据各地的不同情况，分5年、7年、10年、15年还清。在推行“牲畜作价，户有户养”的同时，又推行了“草场公有，承包经营”的办法。内蒙古自治区党委第一书记周惠发表署名文章《谈谈固定草原使用权的意义》，提出了“畜草双承包制”。[①] 1984年7月，内蒙古召开了全区牧区工作会议，进一步明确了牧区工作的方针、政策和任务。会议要求进一步落实、完善牲畜、草原“双承包”制。1985年8月，内蒙古召开了全区第十四次牧区工作会议，讨论了《关于加速发展畜牧业若干问题的决定（草案）》。根据会议统计，全区95%的集体牲畜都作价归了户，66.7万平方公里可利用草原中有近40万平方公里承包到户。[②]

在牧区经济改革的过程中，根据中共中央、国务院《关于实现政社分开建立乡政府的通知》，自治区在1983~1984年基本完成了乡、苏木的建立工作，实现了政社分开。牧区人民公社也同农村人民公社一样被取消，公社被苏木（农区的乡镇）代替，生产队被嘎查（村）取代。农牧业技术推广站、兽医站、家畜改良站、草原站、林业站等成为提供农牧业服务的事业单位，供销社也由官办恢复民办。

（二）落实草场的家庭承包并引入市场机制

1980年7月30日，内蒙古自治区党委（扩大）会议提出，放宽分配政策，在农村牧区允许包括“包产到劳力”“口粮田”在内的一切可以增产增收的责任制，各种形式长期并存。鼓励社员发展自留畜，从品种到数量可以考虑不加限制。改革开放后，内蒙古自治区逐步放开对牲畜和畜产的收购、流通限制。

1980年10月，内蒙古自治区人民政府决定简化采购、销售马匹的手续，一律实行自由购销，价格由双方议定。1981年1月，内蒙古发布《关

① 周惠：《谈谈固定草原使用权的意义》，《红旗》1984年第10期。

② 内蒙古自治区畜牧厅修志编史委员会编《内蒙古自治区志·畜牧志》，内蒙古人民出版社，2000，第135页。

于调整农、牧、副产品管理目录和议购销作价原则的暂行规定》，规定除牛皮、绵羊皮、山羊绒仍由自治区实行计划管理外，其余均可进入市场，多渠道经营。其后又规定，牛皮、绵山羊皮、绵羊毛、山羊绒、驼毛实行自治区统一管理，其余均可进入市场，实行自由交易。①

1983 年 9 月 25 日，内蒙古自治区政府主席做了题为《研究新情况解决新问题让牧区更加繁荣发展起来》的报告，在报告中指出："随着畜牧业商品化的提高，它依赖于流通环节的程度也越高。""城镇牛羊肉供应紧张，牧区的大量牲畜卖不出去，从流通上讲是一个价格问题，就是流通环节中如何实现多种解决形式、多种经营方式、多种流通渠道以及减少中间环节等。"② 引进了牧区畜产品市场竞争机制，打破了牧区畜产品多年来由国营公司和供销社垄断的局面。牧区畜产品经纪人开始由台下转变为公开出现，身份逐渐合法化。畜产品多种经营形式的出现，意味着多元的市场机制正在进入牧区的流通领域。1984 年，由于畜产品总量增加，牧区的流通基础设施、畜产品加工工业以及畜产品流通变革没有相应地跟上来，出现了短暂的畜产品卖难。③

1984 年 6 月 7 日，内蒙古颁布了《内蒙古自治区草原管理条例》，各地根据有关规定，按照承包牲畜的品种和数量，将草原使用权以及管理、利用、建设、保护的责任长期固定到新的基层生产单位，使草原的使用权和所有权分离。牧民不仅有了发展牲畜的自主权，也有了管理、保护、使用和建设草原的主动权。

1984 年 10 月，中共十二届三中全会通过的《中共中央关于经济体制改革的决定》明确指出，社会主义经济是公有制基础上的有计划的商品经济，社会主义商品经济离不开市场的发育和完善。1988 年 9 月，自治区召开的畜牧业工作会议指出："坚持用商品经济的观念来指导畜牧业生产，坚定不移地推动畜牧业向商品化、现代化的方向前进。"1988 年 8 月，自治区规定进一步放开牛、羊活畜市场，牛、羊和牛、羊肉价格一律实行市

① 内蒙古党委政研室等编《内蒙古畜牧业文献资料选编》第 8 卷，1987，第 169~176 页。

② 内蒙古自治区畜牧厅修志编史委员会编《内蒙古自治区志·畜牧志》，内蒙古人民出版社，2000，第 112 页。

③ 陈文、暴庆五、额尔敦布和编《草原畜牧业经济研究》，内蒙古大学出版社，1992，第 281 页。

场调节。

1986 年 9 月 8 日，内蒙古自治区党委书记张曙光在自治区直属机关处以上党员干部会议上的讲话中提出，“内蒙古是蒙古族、汉族以及其他少数民族杂居、农牧经济并存的地区。从近百年的大量垦草以来，农牧争地的冲突始终存在，有时表现得非常激烈”。“历史上，内蒙古自治区是一片非常肥美的草原。近百年来，很大一部分地区，却走了一条以农代牧、以粮代畜、垦草种粮的路子。结果是，大面积草场被破坏，被开垦的土地从绿乎乎逐步变得黄乎乎了，最后发展到白乎乎，有的成为沙漠，种粮不成，草畜也丢了。这条粮化—沙化—贫困化的路子是一条绝路。”① “念草牧经，兴畜牧业”为自治区经济建设的主攻方向，要进一步贯彻落实“林牧为主，多种经营”的经济建设方针。“发展生产力，推动社会进步，振兴少数民族。”“推进畜牧业经济由自由经济向商品经济过渡。”②

1987 年，阿鲁科尔沁旗、巴林右旗和乌拉特中旗等地开展了草牧场有偿承包使用试点工作。1989 年，在认真总结“草畜双承包”责任制的基础上，自治区政府提出并实施了草原“双权一制”，即落实草原所有权、使用权和有偿承包责任制。当时草原承包责任制虽已普遍推行，但尚不完善，相当一部分地区有承包而无责任。同时在商品经济大潮的推动下，各种生产要素都在逐步实行商品化，草原的商品化问题也提上日程，同时一些牧区旗已创造性地开始把无偿占用草原改为有偿使用。

内蒙古自治区人民政府 1989 年 9 月在赤峰市阿鲁科尔沁旗召开了全区草牧场有偿承包使用现场会议。阿拉坦敖其尔指出，实行草牧场有偿承包使用是深化牧区经济改革的一项重要措施，对保护、建设草牧场，提高草牧场生产力，促进畜牧业经济的稳定发展有重大的意义和作用。对草原承包责任制进行第二轮改革，试行了草原有偿使用制度。草原承包责任制第二轮改革的中心问题是给草原一定的商品价值，变草原的无偿承包为有偿承包。自治区人民政府在全区草牧场有偿承包使用现场会议上，对草牧场的有偿承包给予充分肯定，认为这是畜牧业经济领域的一次深刻变革。

1989 年 12 月 25 日，内蒙古自治区人民政府批转了自治区农委《关于

---

① 内蒙古党委政研室：《内蒙古畜牧业政策选编》第 2 卷下册，1987，第 620~627 页。

② 内蒙古党委政研室：《内蒙古畜牧业政策选编》第 2 卷下册，1987，第 620~627 页。

进一步落实草牧场使用权，实行草牧场有偿承包使用制度初步意见的报告》。它不仅解决了草原有价、使用有偿的问题，而且解决了草原使用权的合理流动问题。这个时期的草原有偿使用制度，仅仅体现在农牧民的使用上，即农牧民使用草原实现了有偿，当时各地使用草原每亩收取由几分钱到几毛钱不等的有偿使用费，而企事业单位及其他经济组织，使用集体机动草原很少有偿或没有实行有偿制度。

1991 年 11 月，全区第十五次牧区工作会议在锡林浩特市举行。王群主持大会并做了重要讲话，提出“畜牧业再上新台阶，牧民率先达小康”。布赫做了题为《加速实现畜牧业现代化，建设有中国特色的社会主义新牧区》的报告。[①] 1994 年 7 月 15 日，内蒙古自治区人民政府办公厅印发《内蒙古自治区基本农田草牧场保护区规划试行办法》。[②]

农业部畜牧兽医司在内蒙古自治区赤峰市阿鲁科尔沁旗召开全国草牧场有偿承包使用现场会议，推广阿鲁科尔沁旗实行草牧场有偿承包使用的经验。与会代表对该旗实行草牧场有偿承包使用和草原建设的经验给予高度评价。会议决定，要在全国牧区大力推广阿鲁科尔沁旗的经验，力争用两三年的时间，在全国实行草牧场有偿承包使用。

针对草牧场有偿承包使用费，地方的随意性较大，征收的标准也不一样。2000 年，自治区人民政府根据国家税费改革精神，在税费改革试点工作中，为了减轻农牧民负担，取消了有偿使用草原的规定，农牧民可以无偿使用已经承包到户的草原。

中共十四届五中全会提出实行经济体制从传统的计划经济向市场经济、增长方式从粗放型向集约型两个转变，1996 年 9 月，自治区党委提出了“增草增畜，提高质量，提高效益”的“双增双提”战略。

1996 年 9 月 8 日，刘明祖在《内蒙古日报》发表题为《双增双提畜牧业可持续战略的选择》的署名文章。概括起来主要有以下六点：加大牧区改革力度，把草场彻底划分到户；加快草原建设步伐，大力提高饲草的产出水平；依靠科技进步，推进畜牧业增长方式的转变；提高畜产品加工能

---

① 内蒙古自治区畜牧厅修志编史委员会编纂《内蒙古畜牧业大事记》，内蒙古人民出版社，1997，第 215 页。

② 内蒙古自治区畜牧厅修志编史委员会编《内蒙古自治区志·畜牧志》，内蒙古人民出版社，2000，第 525 页。

力，实现畜牧业产业化；完善法规体系，改善畜牧业发展的环境；坚持因地制宜原则，实行分类指导。

1996 年 11 月 20 日，自治区人民政府发布了《内蒙古自治区关于进一步落实完善草原“双权一制”的规定》。“双权一制”是与“草畜双承包”责任制相配套的深刻变革。“双权一制”即草牧场的所有权、使用权和承包责任制，是牧区畜牧业经营体制的一项重大改革。1989 年到 1995 年，草牧场承包责任制进一步完善，承包形式有三种，即承包到户、承包到联户、承包到浩特。

1996 年到 1998 年，根据《内蒙古自治区进一步落实完善草原“双权一制”的规定》，内蒙古牧区落实了草牧场所有权、使用权和承包责任制，把草牧场使用权彻底承包到户。提出把草牧场彻底承包到户，并坚持 30 年不变。到 1997 年底，全区已落实“双权一制”的有 44 个旗县市，已承包草牧场 5100 万公顷，占全区可利用草牧场面积的 80.27%。

1998 年至 2002 年为全区草牧场“双权一制”落实工作完善阶段。2004 年全区已落实草牧场承包到户面积 8.34 亿亩，约占可利用草牧场面积的 81%。这一系列牧区经济体制改革措施从根本上调整和理顺了畜牧业生产关系和生产经营方式，巩固了牧区家庭经营的地位。至 2005 年，内蒙古牧区“双权一制”工作基本完成。“双权一制”的实施，结束了“草原无主、放牧无界、牧民无权、侵占无妨、建设无责、破坏无罪”的无序状态。

如果说草牧场二轮承包前，牧民由于受传统文化的影响，对草牧场的产权观念淡漠，对草牧场承包政策的长期性持怀疑态度，将收入更多地用于生活消费，那么二轮承包后草牧场使用权 30 年不变，加强了牧民草牧场使用权的权属意识，牧民把更多的资金用于生产建设，尤其是草牧场的围栏建设。牧民之间的互助劳动也开始引入市场机制，开始商品化，劳动力外购开始在大户中普遍流行，牧区社区互助文化也从这一时期开始逐步瓦解。

在“草畜双承包”的短短十几年内，内蒙古畜牧业的产业化迅速发展，到 1997 年，全区 326 家大中型企业中，以畜产品为原料的企业有 34 家；全区 20 家重点企业集团中，以畜产品为原料的企业集团有 3 家；按主营业务收入排序的前 100 家三资企业中，以畜产品为原料的就有 34 家；全区 100 个名牌产品中，以畜产品为原料的名牌产品就有 36 个，其中包括鄂尔多斯羊绒集团公司、内蒙古伊利实业集团股份有限公司、内蒙古草原兴发股份有限公司等。到 2005 年，内蒙古已经形成了一批生产能力强、发展潜力大的畜产品生产基地，具备了加工 180 万吨肉、7 万吨绒、450 万吨牛奶的生产能力，有 13 个品牌成为全国的驰名商标。[①]

1999 年以后，自治区先后出台了《内蒙古自治区草原承包经营权流转办法》《内蒙古自治区草畜平衡暂行规定》，规范了草原经营流转机制，优化了草原资源配置，确保了草原承包经营权流转的合理有序进行。

2002 年自治区党委、政府发布了《关于转变生产经营方式发展生态畜牧业的意见》。在饲养方式上，实现由自然放牧向舍饲半舍饲转变；在经营方式上，实现由粗放经营向集约化经营转变；在增长方式上，实现由单一数量增长型向质量效益型转变；在市场开拓上，实现由局部市场向国内、国际大市场拓展转变。

国发〔2002〕19 号文件《国务院关于加强草原保护与建设的若干意见》提出："加强以围栏和牧区水利为重点的草原基础设施建设。突出抓好草原围栏、牧区水利、牲畜棚圈、饲草饲料储备等基础设施建设，合理开发和利用水资源，加强饲草饲料基地、人工草地、改良草地建设，增强牧草供给能力。"《中华人民共和国畜牧法》第四章第三十五条规定："国家支持草原牧区开展草原围栏、草原水利、草原改良、饲草饲料基地等草原基本建设，优化畜群结构，改良牧畜品种，转变生产方式，发展舍饲圈养、划区轮牧，逐步实现畜草平衡，改善草原生态环境。"

2004 年 11 月 26 日，内蒙古自治区第十届人民代表大会常务委员会第十二次会议修订通过了《内蒙古自治区草原管理条例》，自 2005 年 1 月 1 日起施行。新修订的条例，为进一步完善和推进草原家庭承包进程提供了法律依据。该条例明确规定草原家庭承包是党在牧区的一项基本政策，通过草原家庭承包明确草原建设与保护的责、权、利，可以有效地调动广大牧民发展牧业生产、保护和建设草原的积极性，使草原保护建设与广大牧民的切身利益直接联系起来。新条例对草原承包的主体、承包经营期内进行调整的原则和条件、承包合同的主要内容、承包双方的权利和义务等内

---

① 内蒙古自治区概况编写组编写《内蒙古自治区概况》，民族出版社，2009，第 131 页。

容做出了明确规定。同时，为了规范对草原承包经营权流转的管理，新条例还明确规定了草原承包经营权转让的原则、转让的条件等内容。为了使草原得到合理的利用，新条例规定，草原承包经营者应当合理利用草原，采取措施保持草畜平衡；实行划区轮牧，均衡利用草原；提倡牲畜舍饲圈养，减轻天然草原的压力；割草场和野生草种基地实行轮割轮采。

家庭经营制在内蒙古牧区相对完整的确立，经历了七八年的时间。这是一个影响深远的改革，相对于农区，它在牧区的形成还别有一种意义。因为直到土地革命前，中国的农业长期保持着家庭经营，在土改之后到初级社建立前的短暂时期内，中国的农业仍保持着家庭经营的形式。但初级社建立之后，耕地实现了合作社统一经营，于是家庭不再是一个经营主体，而是逐渐变成一个单纯的消费单位。家庭经营就此在中国农村消失了 23 年，直到 1978 年实行改革开放后，它才重新确立其应有的地位。[①] 在历史上，牧区从来就没有形成过具有普遍意义的小牧经济，而“草畜双承包”改革后，小牧经济出现了。嘎查拥有草牧场的所有权，牧民获得了草牧场的使用权和经营权，降低了后续政府推进市场化进程中一系列资源配置的社会成本，也促进了内蒙古自治区市场经济的快速发展。

三　内蒙古牧区财税政策的衍变

（一）改革开放前的税收政策概述

1947 年 5 月，内蒙古自治区成立，相应地成立了内蒙古自治区税务局。内蒙古 1948 年召开全区第一次财政经济工作会议，并确立了“发展经济，保障供给，组织群众生产，改善人民生活，大力支援战争”的方针。当时税种中的牲畜交易税是 3%，交易成功后，由买方出，屠宰税从价税率为 4%，特殊情况予以免税。[②] 1952 年的农牧业税为 2688 万元，占当时收入合计的 20.2%；1957 年为 5550 万元，占当时收入合计的 17.7%。

---

① 陈锡文、赵阳、陈剑波、罗丹：《中国农村制度变迁 60 年》，人民出版社，2009，第 20~23 页。

② 范游恺主编《内蒙古财政五十年（1947~1999）》，中国财政经济出版社，1999，第 132 页。

1952~1957 年农牧业税年均递增 15.6%，有力地支援了当时的国家建设。[①]随着我国农村牧区集体经济体制的建立，1958 年《中华人民共和国农业税条例》公布，在全国范围内施行。该条例体现了轻税政策。我国的农业税率可以分为两类：一类是平均税率；另一类是纳税人适用税率。1958 年规定全国平均税率为常年产量的 15.5%，国务院又根据各地的不同条件，分别确定了各省、市、自治区的平均税率。这个税率的变化幅度为 13%~19%，内蒙古为 16%。1961 年中央又决定大幅度减轻农民负担，全国执行的平均税率由原来的 15.5%降为 11%，以后没有再做大的调整。由于农业税的负担额是以常年产量为依据确定的，评定后多年不变，随着农业生产的不断发展，常年产量总是低于实际产量，而且在征收过程中，又有一些优待和减免政策，实际负担率一般是低于税收的名义负担率的。例如，1958 年全国名义负担率为 15.5%，而实际负担率为 11%左右，1963~1965 年为 7.5%，20 世纪 80 年代至 90 年代降为 3%左右。[②] 20 世纪 90 年代后期全国平均农业税实际负担率仅为 2.5%，牧业做不到这一点。

牧业税是国家对在牧区、半牧区从事畜牧业生产，并取得畜牧业收入的单位和个人征收的一种税。它是国家参与畜牧业收入分配的一种形式，不是一个独立的税种，属于农业税。在税费减免以前，征收牧业税的有内蒙古、新疆、青海、甘肃、宁夏、西藏、四川、陕西 8 个省和自治区的 200 多个旗县市。国家除了控制牧业税占牧业总收入的比例以外，并没有制定全国统一的牧业税法，当时有关牧业税的规定，是有关省区根据中央精神，结合本地实际情况，因地制宜制定的。

我国牧业税实行比农业税更轻的税收政策。具体主要有以下三项政策。第一，轻税政策。牧区比农区经济条件更差，牧业税实行了比农业税更轻的税收政策。如在新中国成立初期，甘肃省的牧业税负担率仅为 3%，内蒙古仅为 2%左右，均轻于农区。第二，合理负担。在贯彻轻税政策的前提下，各地区、各纳税人之间的牧业税负担水平大体平衡。草原条件好，每人占有牲畜数量较多、牧业收入水平较高的纳税人负担水平略高一

---

① 范游恺主编《内蒙古财政五十年（1947~1999）》，中国财政经济出版社，1999，第 25 页。

② 李炜光编著《如何计算和缴纳农（牧）业税》，中国人民大学出版社，2000，第 29~33 页。

点，在牧区改革过程中，“不分、不斗、不划阶级”，但在税费负担上，牧主的税率高一点，贫困牧民的税率低一点。牧区合作化以后，国营牧场、公私合营牧场、合作经济组织以及社员的自留畜等的税费有所不同。第三，按主业征税的政策。牧业税对半农半牧区或兼营农牧业的纳税人，只按主业征税，即“征一不征二”。为了解决牧区兴办地方公益事业所需的开支，经省、自治区或自治州批准，可以征收一定比例的地方附加，附加比例最高不得超过正税的15%。①

内蒙古自治区在1948年到1956年合作化这一时期，对五种牲畜征收牧业税，税率实行有人口免征额的10级超额累计进税制。当时的计税方法以户为单位，在其占有的牲畜头数中，扣除上年新生的幼畜，每人扣除15只免征额后，统一折成绵羊单位，每300只为一级，一共11级，超过10级（3000只）以上的，按10级征收。其中在1952年将税率提高了一次，由于牧户的负担较重，1953年又下调了一次。1948～1952年税率为0.5%～5%，1952年为1%～10%，1953年下调为0.7%～7%，1957年为了减轻牧民负担，将原来的10级超额累计进税制调整为7级，税率相应调整为1%～7%。② 1958年，牧区和半牧区实现了人民公社化，取消了原来的超额累计进税制，改为以旗县为单位的有地区差别的比例税制。平均税率最高的地区为2.1%，最低的地区为0.5%，新的税率基本稳定在1958年的实际负担水平上。据1950～1960年的统计，内蒙古牧区总税率为0.89%，人均负担羊0.57只，折款5元，占牧区财政支出的7%。合理的超额累计进税制，对畜少的免征或少征，对畜多的多征。迂回调剂余缺，通过银行将征收牲畜中的母畜贷给贫困牧民，用于发展生产等。③ 这一财税政策对于消除当时牧区的赤贫户和贫困户起到非常积极的作用，这一制度遗产对于今后的防返贫工作具有重要的指导意义。

（二）内蒙古牧区按牲畜头数征税的征收管理

尽管“取”是改革开放前国家和农民利益分配的基本状态，但在当时

---

① 李炜光编著《如何计算和缴纳农（牧）业税》，中国人民大学出版社，2000，第99～103页。

② 范游恺主编《内蒙古财政五十年（1947～1999）》，中国财政经济出版社，1999，第213页。

③ 赵真北：《试述内蒙古牧业区的民主改革》，内部资料，1994。

“三级所有、队为基础”的人民公社体制下，农民只是集体组织中的生产者，农民个人并不直接负担开支，所有农民负担处于隐性化状态，农民没有切身的负担体验。① 实行家庭承包制以来，农牧民不再是集体经济组织的生产者，而是相对独立于集体经济组织的农业经营者，并形成了新的分配机制。1980 年，随着自治区牧业经济发展变化，根据中央的规定，全区将多年来按牲畜头数折成绵羊数计征的办法，改为按牧业收入计征，实行比例税制，一定五年内不变，增产不增税。为了使牧民休养生息，加快畜牧业发展，决定停征三年，保留税种。1982 年牧业税停征期满后，1983 年，自治区党委和政府决定恢复征收牧业税，考虑到牲畜分户经营等实际，再按牧业收入计征与现实有差距，遂改为按牲畜头数定额征收，全区平均税额核定为大畜每头 1.65~1.80 元，小畜每只 0.25~0.3 元。1989 年《内蒙古自治区牧业税征收办法》规定，牧区实行以头数定额征收的税制，提高了牧业税的征收标准，马、牛每年每头（匹）5 元，骆驼每峰 2 元，山羊每只 1.5 元，绵羊每只 1 元。1996 年牧业税再次进行调整，牛调整为 15 元，马调整为 10 元，骆驼为 2 元不变，山羊调整为 3.5 元，绵羊调整为 3 元。②

以 1999 年为例来说明牧区按牲畜头数纳税的牲畜结构。1999 年合计实有混合牲畜 5613 万头只。牛 439 万头，其中仔畜为 100 万头，免税的种牛和耕畜为 57 万头，计税的牛为 282 万头。马 139 万匹，其中仔畜为 20 万匹，免税的马为 58 万匹，计税的马为 61 匹。骆驼为 14 万峰，其中仔畜为 1 万峰，计税的骆驼为 13 万峰。山羊为 1847 万只，其中仔畜为 508 万只，免税的种畜为 43 万只，计税的山羊为 1296 万只。绵羊为 3174 万只，其中仔畜为 1084 万只，免税的种畜为 50 万只，计税的绵羊为 2040 万只。③

改革开放以来，我国牧业的轻税政策未得到良好执行。涉及牧民负担的税费，除了牧业税外，还有畜牧业特产税、屠宰税、苏木（乡镇）五统

---

① 陈锡文、赵阳、陈剑波、罗丹：《中国农村制度变迁 60 年》，人民出版社，2009，第 235 页。

② 范游恺主编《内蒙古财政五十年（1947~1999）》，中国财政经济出版社，1999，第 213 页。

③ 内蒙古自治区财政厅：《内蒙古自治区财政厅 1999 年度财政报告》，内部资料，1999。

筹（乡村两级九年制义务教育费、计划生育费、优抚费、民兵训练费、修路费）、嘎查（村）三提留（公益金、公积金、管理费）、劳动积累工和义务工以及农村牧区教育集资等（制度外收费将在后面介绍）。

畜牧业特产税归属农业特产税，农业特产税是农业特产农业税的简称，它是国家依法对从事农业特产生产经营，取得农业特产收入的单位和个人征收的税。[①] 1994 年我国对税收制度进行了全面改革，取消了产品税，并决定对原来属于产品税征收范围的农、林、牧、水产品征收农业特产税。[②] 按照国务院于 1994 年 1 月 30 日发布并开始实施的《关于对农业特产收入征收农业税的规定》，农业特产税按照农业特产品实际收入和规定的税率计算征收。农业特产品的实际收入，由当地征收机关按照农业特产品实际产量和国家规定的收购价格或市场收购价格计算核定。农业特产税对大宗应税农业特产品收入实行全国统一税率。不同产品的税率为 8%～31%。[③] 其中牛皮、羊皮、羊毛、羊绒、驼绒的税率为产品收入的 10%。农业特产税的地方附加是否征收，由省级人民政府确定，地方附加不得超过正税税额的 10%。[④]

1996 年 1 月 1 日起施行《内蒙古自治区农业特产农业税实施办法》，规定对畜产品收入征收特产税，税率为 10%，与国务院 1994 年 1 月 30 日发布的《关于对农业特产收入征收农业税的规定》相同，规定牛奶的税率为 8%。但是后来在实际执行中，并不是对畜产品收入征收，而是对牲畜牧业年度存栏数征收畜牧业特产税。如达茂旗特产税的标准为山羊每只 5 元，绵羊每只 1.2 元，骆驼每头 4.8 元。在特产税之外，还要按牧业年度存栏数征皮张税，皮张税是在流通领域屠宰牲畜的环节征收的特产税，在牧区是按存栏牲畜头数每年都征收的税，羊 0.5 元/只，羊羔 0.25 元/只，可以说每年要从牲畜身上收一次税。[⑤]

屠宰税是我国对规定的几种牲畜的屠宰行为，向屠宰单位和个人征收

---

① 李炜光编著《如何计算和缴纳农（牧）业税》，中国人民大学出版社，2000，第 643 页。

② 李炜光编著《如何计算和缴纳农（牧）业税》，中国人民大学出版社，2000，第 67 页。

③ 税目税率表以外的农业特产税税率，由省、自治区、直辖市人民政府在 5%～20% 内规定。

④ 李炜光编著《如何计算和缴纳农（牧）业税》，中国人民大学出版社，2000，第 79 页。

⑤ 达林太、滕有正、孟慧君：《征税方式对草原畜牧业的影响》，《内蒙古大学学报》（人文社会科学版）2003 年第 1 期。

的一种税。我国屠宰税以屠宰羊、菜牛等三种牲畜为课税对象。牲畜的所有者为纳税人。这种税收是地方建设资金的一项来源。[①] 按照 1994 年 9 月 1 日起施行的《内蒙古自治区屠宰税征收办法》，在自治区境内屠宰猪、牛、羊、马、骡、驴、骆驼的单位或个人均应缴纳屠宰税。屠宰税实行从价征收，税率为 3%。[②] 个人自养、自宰、自食的牲畜免征屠宰税；如有出售，出售部分仍应纳税。[③] 但上述从价征收、税率 3%以及自食免税的规定并未得到很好的执行，实际执行中是按存栏头数征收，大大加重了牧民负担。如达茂旗屠宰税的征收标准，牧业年度羊每只 1.5 元，羊羔每只 0.75 元，牛每头 1.26 元，马每匹 0.84 元。[④]

以 1999 年为例，牧区牧民人均负担税为 249 元，当年征收牧业税 14384 万元，征收屠宰税 7326 万元，畜牧业特产税 11000 万元。[⑤]

根据党的十五大和十五届三中全会提出的从根本上减轻农民负担，探索规范的农村税费制度的要求，2000 年根据中央的统一部署，并结合内蒙古自治区的实际情况，自治区在土默特右旗等 11 个旗县开展了以“四个取消，三个调整，一项改革”为主的农村牧区税费改革试点。取消了苏木五统筹，取消了农村牧区教育集资等专门面向农牧民征收的行政事业性收费、政府基金和各类集资，取消屠宰税；用三年时间逐步取消统一规定的劳动积累工和义务工；调整农业税政策，调整农业特产税政策，调整牧业税政策；改变嘎查（村）三提留征收办法。2002 年，国务院决定把包括内蒙古在内的 16 个省区市列入国家全面进行税费改革的试点地区。[⑥] 为确保减轻农牧民负担，维护农村牧区社会稳定，保证农村牧区基础政权正常运转必需的经费，自治区财政厅制定了《内蒙古自治区关于农村牧区税费改革自治区对盟市转移支付办法》，由于盟市税费减少，净减收的部分通过

---

① 中华人民共和国农业部畜牧兽医司编《畜牧业经济管理手册》，农业出版社，1993，第 123 页。

② 应纳税额的计算公式：应纳税额=屠宰后牲畜的实际重量×销售价格×适用税率。

③ 内蒙古自治区农村牧区费改税领导小组办公室编《内蒙古自治区农村牧区税费改革学习资料选编》，内部资料，2000 年 5 月 20 日，第 89~90 页。

④ 达林太、滕有正、孟慧君：《征税方式对草原畜牧业的影响》，《内蒙古大学学报》（人文社会科学版）2003 年第 1 期。

⑤ 内蒙古自治区财政厅：《内蒙古自治区 1999 年度财政报告》，内部资料，1999。

⑥ 内蒙古自治区财政厅编《内蒙古财政六十年（1947~2007）》，经济科学出版社，2007，第 65 页。

转移支付给予适当的补助。2004 年内蒙古有 6 个盟市取消了农牧业税，其他 6 个盟市按要求把农牧业税降低了 3 个百分点，2005 年内蒙古在全区范围内取消了农牧业税。在减免农牧业税的同时，政府开展苏木（乡镇）撤并工作，在 2001 年撤并苏木（乡镇）的基础上，2005 年进一步撤并苏木（乡镇），精简设置在苏木（乡镇）的工作机构，全区共撤并苏木（乡镇）594 个，占原来苏木（乡镇）的 48.14%。① 随着人员的精简，一些社会化服务机构也开始退出牧区，精干了苏木（乡镇）队伍，具有重大历史意义。

（三）按牲畜头数征税产生的影响

1. 不利于减轻牧民负担

按牲畜头数征税的方式不利于减轻牧民的负担，从牧业税负担来看，各省、自治区征收标准不高，但课税对象是牲畜存栏数，而不是牲畜出栏数（或出售数）。20 世纪 80 ~ 90 年代，在牧区商品经济尚不发达的情况下，畜牧业的商品率和出栏率是不高的，通常只有 20% ~ 30%，按 25% 计算，按存栏数征收的税额是按出栏数征税额的 4 倍。存栏牲畜是牧民的生产资料，是动产，不是产品，因此这种税收在一定意义上已不是产品税，而是财产税。一般认为，所得税和财产税属于直接税，商品课税属于间接税，而直接税是税负不能转嫁的税种。因此对存栏牲畜征税，不利于减轻牧民的负担。

形成牧民负担较重的主要原因，除了高估农牧民人均纯收入，平摊农牧业税费以外，还在于“三乱”现象普遍存在。以达茂旗为例，牧民的税费各项加起来达 20 多项，造成牧民负担过重，尤其是这些税费基本上也是按牲畜存栏数征收的。

2. 不利于基层政府职能转变

牧区基层政府的主要职能应是维护地方政治稳定和民族团结，巩固边防，同时维护社会主义市场经济秩序，引导牧民发展生产，进行基础设施建设，保护草原生态环境，壮大集体经济，推广科学技术，提高牧民文化教育水平等。征收税费只是履行这些职能的手段，或者说是基层政权的任

① 内蒙古自治区概况编写组编写《内蒙古自治区概况》，民族出版社，2009，第 131 页。

务之一。但在按牲畜头数征税的情况下，苏木（乡镇）、嘎查（村）干部却往往将大部分精力用于征收税费，而不是去履行帮助牧民发展生产等主要职能。1983 年实行政社分开，内蒙古牧区行政恢复了苏木（乡镇）、嘎查（村）两级机构，减少了基层政权对生产活动的直接干预。集体畜群作价到户经营时，绝大部分机械设备和生产设施同样作价转归牧户经营，致使牧区集体经济统一经营项目很少，经济实力很弱。嘎查（村）经费的主要来源是按牲畜头数向牧民收取一定的管理费。

1989 年 9 月 29 日起施行的《内蒙古自治区牧业税征收办法》明确规定："牧业税收入除自治区集中 20%外，其余全部留给旗县。旗县可拿出 10%补助农村、牧区以及为农牧业生产服务的教育、卫生方面；5%用于牧业税征收经费；65%作为畜牧业生产发展基金。"① 但涉牧税收实际上很少用于发展畜牧业生产，而是被大量用于各种各样的非生产性开支，人员经费就是一个大头。纯牧区一般地广人稀，一个苏木只有两三百户一千多人，但一个苏木乡干部却有五六十人。"尽管在 1993 年，中共中央、国务院曾明令取消了中央国家机关 37 项涉及农民负担的收费、集资和基金项目以及 43 项达标升级活动，纠正了 10 种错误的收费方法。但这只是冰山一角，各级地方政府还有各自的集资、摊派和收费项目，税外负担成了农民负担的主体。"② 税费负担不仅要关注农民税费负担绝对水平的下降，而且应该突出税费负担的结构调整，包括缩小地区间的差异，更多地减少低收入阶层农民的负担，控制和矫正社会身份在农民负担中的影响等。③ 在牧业旗苏尼特右旗，牧民和公职人员比为 1∶1.26。在地广人稀的牧区，要养活这么多人，就只有采用按牲畜头数征税的方式。

3. 淡化了基层政府的草场产权观念

1985 年国家放开农副产品市场，除几种主要的畜产品外，其余的几乎都可以上市。在 1988 年以前，国家对畜产品的价格还进行了几次提价，但对牧民的主要生产、生活资料仍进行计划体制下的高度统一、集中供给，并享受政府的津贴。对市场比较紧缺的产品，政府实行专营专卖，只有牧

---

① 李炜光编著《如何计算和缴纳农（牧）业税》，中国人民大学出版社，2000，第 134 页。

② 张晓山、李周主编《新中国农村 60 年的发展与变迁》，人民出版社，2009，第 374 页。

③ 史清华：《农户经济可持续发展研究——浙江十村千户变迁（1986~2002）》，中国农业出版社，2005，第 307 页。

区的牧民才能享受国家的供应。从“草畜双承包”到1988年这段时期，牧民集中享受了计划经济到市场经济转变过程中的主要经济利益。1990年以后，随着社会主义市场经济体制的逐步完善和国家对畜产品的全部放开，价值规律逐渐发挥了作用，畜产品的价格出现了大起大落。

面对市场经济冲击的新情况，绝大多数牧民无所适从，牧区开始出现无畜户。失去牲畜的牧民对政府不履行纳税义务，但集体承包给他的草场仍在，这就出现了资源配置不合理——草场闲置现象。同时，一部分发展起来的牧民按理论计算，在自己草场上放牧严重超载。这一部分养畜大户便开始占用周围养畜少的牧户承包的草场。受历史原因和传统草场公有文化的影响，再加上按牲畜头数征税方式对草场产权观念的淡化，牧民对自己的草场更缺乏农民对土地的那种权益意识。综上所述，在草场产权仍不清晰的情况下，牧民存在重牲畜产权、轻草场产权的观念。

4. 加剧了草原生态恶化

改革开放后高成本的上层建筑导致了草原退化。以2003年乌拉特中旗桑根达来调研为例，整个苏木财政供养人员为91人，主要缴纳税费人员为1159人，干部与牧民的比为1∶12.74。财政收入都来自草地畜牧业。非牧民与牧民的比为1∶2。非牧民的构成复杂，有的是饲草料基地的农民，他们有牧业户口，但无承包草场，他们的牲畜也赶到无围栏草场放牧；但也有相当一部分是非本地居民，包括挣工资的干部、受雇的“羊倌”、下岗工人、有牲畜的企事业单位职工；还有一部分是无牧业户口的当地原手工业者，如毡匠、铁匠等。这类非牧民的牲畜数量约占牧区牲畜总数的30%，显然草场的负担变得十分严峻。按牲畜头数征收各种税费的税收制度，成为非牧民养畜户盲目发展牲畜数量的强大推动力。

据调研，桑根达来苏木91名干部饲养了15000只羊，平均每名干部饲养165只羊。773名牧民在日历年度饲养的牲畜是31000头只，平均每名牧民饲养的牲畜是40头只，牧民在日历年度的载畜量是每头只62亩，当年核定的载畜量是49亩，牧民没有超载。饲草料基地的310名农民饲养了10000头只牲畜，平均每人32头只，他们集体有草场40000亩，每人有水浇地15亩，他们的载畜量是每头只4.4亩，严重超载。其他非牧户包括工业总厂的工人、下岗工人、外来务工人员共71人饲养了5000头只牲畜，平均每人70只头牲畜，他们没有草场，靠挤占牧民的草场放牧或替牧民放羊时顺便放自己的牲畜。其他非牧户大都是过去供销社或是粮站的职工、工业总厂的工人，相较于牧民来说他们有一定的外联性社会资本，能获得比牧民多的资源来扩大再生产。牧民和饲草料基地的农民就相对差了许多，他们一方面要对付自然灾害，另一方面要缴高额的税费，扩大再生产就陷入了一种萎缩状态。多年来，按牲畜头数征税的方式促使畜牧业向数量扩张型发展，大量非牧户饲养牲畜却没有草场，草原生态环境出现了不断恶化的趋势。

四　改革开放以来流通领域的变化

改革后的畜产品流通大体上形成了以国营、股份制和私营畜产品加工与供销企业为主，个体商贩为辅，产供销一条龙的畜产品供销体系。加入这个链条的，既有大公司，也有中小企业，还有数量庞大的个体户，包括畜产品经销商、牲畜和畜产品贩运者、经纪人和信息传输者等。在销售环节，既有大宗产品的批发商，又有遍布城乡走村串巷的零售商贩。

（一）政府派购畜产品、牧民自销剩余部分阶段（1979~1984 年）

这一阶段，我国国民经济虽然进入了改革开放的新时期，但经济的主流仍然是沿袭计划经济体制，市场调节只是在某些方面试探着进行，理论界对于应实行何种经济体制尚在争论和探讨中。牧区的主要畜产品由国营食品部门和供销部门收购，同时“户养户有”的牲畜私有化格局，迫使畜产品流通体制面临多元化经营的改革。这一时期，大部分生产资料分配处于由国家垄断组织控制的状态，因此，这些生产资料在充满竞争的自由市场销售会引起很大的市场扭曲，实际上存在人为制造生产资料短缺现象，导致“黑市”和腐败的发展。这些垄断组织常常采取“限制性策略”与农牧民保持易货贸易和现金混合的贸易体制，比如用一些紧缺的生产资料换取羊毛。这种控制农牧业生产资料的垄断权力给这些商品带来了市场扭曲，这种扭曲限制了发展。①

---

① 约翰·W. 郎沃斯、格里格·J. 威廉目森：《中国的牧区》，丁文广主译，甘肃文化出版社，1995，第 388~389 页。

国家在逐步放开对牲畜流通限制的同时，对畜产品购销价格也进行了调整，在一定程度上搞活了市场。1979 年，国家颁布绵羊毛收购标准，改良半细毛收购价格由每千克 2. 21 元调整为 2. 15 元；一等改良细毛收购价格由每千克 2. 21 元调整为 2. 13 元；紫山羊绒收购价调为每千克 6. 13 元。1983 年 5 月，自治区人民政府决定“调整牛肉、山羊绒价格”，菜牛收购价提高 18%，山羊绒提高 16. 67%。1983 年山羊绒的价格调整为每千克 17. 64 元。[①] 羊绒购销差价的确定，从 1950 年就基本形成，它照顾了产区地理、交通、代购、保管、损耗、税金、利息、经营和利润等各项因素，不同时期国家都做了明确规定。[②]

为了进一步放开市场和价格，从根本上解决价格背离价值的问题，1983 年 12 月，全国农村工作会议召开，决定改革畜产品派购制度，畜产品市场和价格全部放开，取消了对牛、羊收购的派购政策，牛、羊按三类商品管理，允许多渠道、多成分、多形式经营。

1983 年牛肉的收购价调整为每 50 千克 110. 0 元，羊肉为每 50 千克 91. 40 元，随后的几年基本维持这个水平。[③] 1984 年牛、羊价格实行随行就市、协商议定。内蒙古自治区从 1984 年起，将牛、羊由二类商品改为三类商品，实现议购议销，允许多渠道经营。由于收购渠道单一，议购议销实际上是政府办的商业机构和牧民之间的议购议销。畜产品的派购制度实际上并没有取消，一直持续到 1993 年。

（二）逐步引入市场机制（1985~2009 年）

1984 年，自治区人民政府报经国务院批准，取消对牛、羊收购的派购政策后，同时把皮张、毛、绒等畜产品的收购列入指导性计划，实行合同购销。

1. 畜产品市场放开

1985 年 6 月，内蒙古自治区畜牧局、轻工业厅转发内蒙古自治区经委

① 陈文、暴庆五、额尔敦布和编《草原畜牧业经济研究》，内蒙古大学出版社，1992，第 110 页。

② 内蒙古党委政研室：《内蒙古畜牧业政策选编》第 8 卷，1987，第 169~177 页。

③ 陈文、暴庆五、额尔敦布和编《草原畜牧业经济研究》，内蒙古大学出版社，1992，第 110 页。

《关于对〈细毛羊科技攻关地区的羊毛实行工牧直拨报告的复函〉的通知》，从1985年开始，实行羊毛工牧直拨试点。[①] 但价格由政府制定，1985年一级细羊毛为每千克5.8元，改良绵羊毛为5.02元，土种绵羊毛为4.62元。[②] 工牧直拨只在内蒙古牧区的一定区域内实行，其实工牧直拨也是计划体制的一部分，理论上牧民可以将羊毛直接拿到企业销售，或者企业直接到牧民家收购。由于指导性计划的干预和企业拥有对羊毛分级的决定权，其实牧民完全没有议价的权利。

由于沿海和内地乡镇企业的发展，国家为鼓励牧民发展畜产品生产实行有计划的调节，畜产品实行多渠道经营后，市场竞争使畜产品价格不断上调。1985年菜牛收购价格为每50千克170元，羊肉收购价格为每50千克120元。1985年，牛皮、羊皮开始出现紧缺，自治区将牛皮每500克的收购价调到3.6元，羊皮调到9.80元/张。1987年，区内外牛皮、羊皮销售市场活跃，价格上扬，牛皮达每500克6.50元，比上年提高83.3%，羊皮达到16元/张，比上年提高63.2%。[③] 20世纪90年代后，全区牛皮、羊皮价格一度达到最高水平，牛皮达到每500克30~35元，羊皮达到35~50元/张。

1986年，自治区规定牛、羊收购列入指导性计划，实行合同订购，并在主产区规定先完成计划、后放开市场的政策。指导性计划和合同订购其实是半计划经济的产物，面临市场经济由供需关系决定价格的挑战，羊毛羊绒市场却恰好经历了放开市场最初阶段几乎人人都可参与的无序混乱局面。1983年，政府规定白山羊绒收购价为每500克8.22元。1985年羊绒市场放开，1988年白山羊绒收购价涨到每500克128.83元以上，比1984年上涨10倍以上。1984年细羊毛价格为每千克4.86元，1988年为8.26元，1989年上涨为10元。[④] 这种局面一直持续到20世纪80年代末90年

---

① 内蒙古自治区畜牧厅修志编史委员会编纂《内蒙古畜牧业大事记》，内蒙古人民出版社，1997，第170页。

② 陈文、暴庆五、额尔敦布和编《草原畜牧业经济研究》，内蒙古大学出版社，1992，第110页。

③ 陈文、暴庆五、额尔敦布和编《草原畜牧业经济研究》，内蒙古大学出版社，1992，第110~112页。

④ 陈文、暴庆五、额尔敦布和编《草原畜牧业经济研究》，内蒙古大学出版社，1992，第110页。

代初。这一时期政府的指导性计划或合同订购，其实是对部分畜产品实行限价的垄断经营[①]，目的在于保护地方工业和财政收入，结果把商业流通职能变为了畜产品原料的分配职能，部分恢复了产品经济的旧秩序，推迟了商业改革的进程。

1988 年 8 月，自治区人民政府规定，进一步放开牛、羊市场，允许区内外企事业单位、集体、个人经营和运销。牛羊和牛羊肉的价格一律实行市场调节。国营食品公司的购销价格也下放企业自定。1989 年牛肉平均零售价格调整为每 50 千克 289.0 元，羊肉为每 50 千克 305.0 元。20 世纪 90 年代以后，牛肉的零售价基本维持在每 50 千克 700 元左右，羊肉维持在每 50 千克 800~1000 元。图雅在《牧区肉畜流通体制改革初探》一文中，对当时肉畜流通领域的不规范做了这样的评价："牧区的肉畜收购价格，放开又收回，几经反复，至今没有摆脱向城市偏斜的不等价交换的格局，这几年，饲料、网围栏材料以及能源等生产资料价格上涨较多，致使草原畜牧业的生产成本有较大幅度的增加，肉畜收购价格提高的大部分已经抵消。"[②]

2. 畜产品价格博弈中的市场经济和计划经济

1985 年，自治区人民政府决定将细毛和改良毛价格在国家牌价的基础上上浮 20%。1986 年又在 1985 年的基础上上浮 25%，其中优良土种毛可上浮 66%，以此作为收购中的最高指导限价。至 1988 年，绵羊毛的实际收购价格与 1984 年比，上涨了 2~3 倍，一度引发全区性的"羊毛大战"。许多无证经营者加入了"羊毛大战"的行列，而东部沿海地区已有一定技术基础的乡镇毛纺工业，中、西部异军突起的毛纺、地毯等行业的国营、集体、乡镇企业，更加剧了"羊毛大战"。国营、供销商业与其他企业，特别是乡镇企业、个体之间收购条件的不平等，转变为各种身份合法的市场主体同身份不合法的非市场主体之间无计划无规则的竞争，"羊毛大战"一时成为羊毛和羊毛制品价格轮番上涨，倒买倒卖、掺杂假冒盛行的一场

---

① 陈文主编《草原畜牧业经济探讨》，内蒙古社会科学杂志社，1989，第 151~152 页。

② 图雅：《牧区肉畜流通体制改革初探》，载陈文主编《草原畜牧业经济探讨》，内蒙古社会科学杂志社，1989，第 202 页。

乱战，畜产品流通领域的市场无序程度大大增加。[①] 各类皮包公司充斥各个地区的大小旅馆，羊毛、羊绒原料中掺入土与石块的比例达到了1∶4。在这种新旧体制并存和转轨时期的体制性断层与商品经济发展初期的市场规则空白相叠加的情况下，出现了市场低水平组织程度条件下的非市场交易行为。1988 年底，国家采取紧缩银根、治理整顿措施，对绵羊毛的收购价重新做了调整，并且开始推行净毛计价办法，至 1990 年，全区一等改良毛每 500 克的收购价控制在 3. 17 元之内，比 1989 年下降 31. 2%。国家实行“双紧”政策后，畜产品加工企业因缺乏资金而收缩经营规模，这种政策效应传递到畜产品市场，随之出现了畜产品流通滞阻、积压的情况。直到 1989 年，信贷政策松动以后，畜产品市场才开始复苏。[②]

1991 年 5 月，国家经委、农业部、商业部、纺织工业部、轻工业部、工商行政管理局、技术监督局、物价局联合发布《关于加强绵羊毛产销管理的通知》，自治区人民政府办公厅发布《关于认真做好净毛计价工作的通知》，进一步强调对绵羊毛的产销实行指导性计划管理。[③] 并将绵羊毛的销售（调拨）价格进行了细化，明确了绵羊毛价格是由在购销中各利益相关者利益分配所产生的各项费用共同组成的。其中，增加的成分包括基层代购手续费 6. 38%，边远地区运费补贴 0. 5%，利息 1. 74%，商品流通税（产品税）10. 1%，利润 3%，损耗 0. 5%，经营管理费 2. 5%，保管费 0. 73%。并明确自治区人民政府每年及时召开一次皮张、绒毛购销会议，安排经营部门，规范经营市场，制订指导计划和指导价格，以确保皮、毛市场健康有序发展。畜产品市场全面放开时的宏观调控行为，导致 1991 年羊毛的价格又比 1990 年下降 2. 5%。

政府这一对毛绒价格的干预政策对当时畜牧业经济发展的作用是有限的。“主产区的牛羊肉的价格放开，但普遍以最高限价的形式对羊毛和羊绒的价格实行地方性的政府干预。这当然是出于，在使用价值形态上，它

① 陈文、暴庆五、额尔敦布和编《草原畜牧业经济研究》，内蒙古大学出版社，1992，第 283 页。

② 陈文、暴庆五、额尔敦布和编《草原畜牧业经济研究》，内蒙古大学出版社，1992，第 287 页。

③ 内蒙古自治区畜牧厅修志编史委员会编纂《内蒙古畜牧业大事记》，内蒙古人民出版社，1997，第 213 页。

是主产区毛纺工业的原料；在价值形态上，它的价格背离价值，经营毛绒有利可图，成为商业、工业和地方财政的重要经济来源。谈到底，普遍坚持最高限价，旨在保护地方工业和地方财政，牧民反对。”① “强制性低价收购虽然可以干预毛、绒等产品的流通，但是通过掺假、混杂和地下市场又使它回到一般商品的等价交换上来。”② 刚刚放开的市场之混乱和无序竞争以及投机囤积、掺杂假冒等行径不但严重伤害了畜产品生产者的切身利益，还波及以牧区畜产品为原料的加工企业，内蒙古当时的多家利税大户毛纺企业，正是在那个混乱年代中破产的。陈文、刘明升在《牧区畜产品价格改革》一文中指出，脱离市场价格和正常比价关系，对部分价格实行最高限价的干预，必然会形成两种价格，事实上是价格双轨制和变形的派购制，为各种投机商业提供了生长的土壤，是每每令出不行，禁而不止的根本原因。③

3. 派购制度取消，引进市场体制

1984 年 9 月，内蒙古自治区牧工商联合公司成立。这个公司是隶属于内蒙古自治区畜牧局的专业公司，主要任务是组织全区各种畜场所产畜产品的经营业务和种畜的提供。这一公司的出现意味着政府的行政职能开始向服务职能转变，同时也预防了部门利益在市场化进程中的流失。1988 年 9 月，内蒙古自治区首次举办中国美利奴（科尔沁型）细羊毛、鄂尔多斯细羊毛呼和浩特拍卖会，拍卖成交羊毛 27 批，计 130036.79 千克（折净毛量），成交额 8009790.88 元，在商品市场化中率先迈出了重要一步。④ 1990 年，全区牛奶平均收购价提高到每千克 0.54 元。1987 年牛奶销售价格每千克 0.60 元，至 1990 年后才逐步涨到 1.00 元以上，1995 年涨到每千克 1.5 元。

从 20 世纪 80 年代开始，一些旗县公司先后建成一批冷冻厂和冷冻冷藏库，至 20 世纪 90 年代共建成冷冻厂 96 处、冷冻库 92 座，冷藏容量达

---

① 陈文主编《草原畜牧业经济探讨》，内蒙古社会科学杂志社，1989，第 148 页。

② 陈文主编《草原畜牧业经济探讨》，内蒙古社会科学杂志社，1989，第 148~149 页。

③ 陈文、刘明升：《牧区畜产品价格改革》，载陈文主编《草原畜牧业经济探讨》，内蒙古社会科学杂志社，1989，第 151 页。

④ 内蒙古自治区畜牧厅修志编史委员会编纂《内蒙古畜牧业大事记》，内蒙古人民出版社，1997，第 194 页。

到 8.01 万吨，改变了收购牲畜长途赶运的状况。同时，收购牲畜评估“肉斤”的办法也逐步被过秤称重取代。[①] 这一活畜收购靠肉眼评估的方法一直从旅蒙商时期沿用到 20 世纪 90 年代初，随着在市场经济推动下派购制度的取消，终于退出牧区畜产品收购体系。

1990 年后，内蒙古自治区各地特别重视牲畜和畜产品市场的建设。先后建成和完善达拉特旗羊绒市场、土牧尔台毛绒和皮张市场、呼和浩特白塔皮毛市场、集宁皮件一条街、呼和浩特绒线一条街、锡林浩特牧民一条街、通辽市余粮堡牲畜市场等一批沟通城乡流通的集市，进一步方便了群众，活跃了市场，促进了畜产品市场经济体制的建立和完善。[②] 随着市场的建立，政府在 1993 年取消了持续 10 余年的统派购任务。牧民每年大概按牧业年度牲畜头数的 10% 缴纳统购任务，统购价是市场价的 1/60 ~ 1/10。如果一家牧户有 500 头只牲畜，那么统派购任务应该为 50 ~ 70 头只，如果市场价是每头只牲畜 300 元，那么统派购价格为 5 ~ 30 元，具体由食品公司收缴，公安、工商配合执行。随着统派购制度的取消，大量流通企业的行政职能被取消，多年来依附牧民生活的大部分流通企业供销社、食品公司开始破产。“历史上，畜产品统派购制有两个基本特征，以强制性的低价收购取代一般的商品交换；以行政手段取代价格对生产的调节。”[③] 流通领域的完全市场化应该从取消统派购算起。

随着改革开放的不断深化，畜产品经营政策的放开，牧区的出栏量逐年增加。1995 年，全区收购商品牛 69.95 万头、商品羊 1103.20 万只、绵羊毛 5.73 万吨、山羊绒 0.31 万吨、牛皮 57.9 万张、绵羊皮 747.3 万张、山羊皮 311.4 万张，分别是 1978 年的 5.43 倍、3.94 倍、6.93 倍、1.89 倍、2.38 倍、0.88 倍、2.17 倍。[④] 按社会收购量计算，2005 年牛为 278.88 万头，比 1978 年增加了 20.45 倍；羊为 4614.73 万只，比 1978 年增加了 31.96 倍。2007 年牛肉产量为 39.4 万吨，羊肉产量为 80.82 吨，牛奶产量为

---

① 内蒙古商业志编纂委员会编《内蒙古自治区志·商业志》，内蒙古人民出版社，1998，第 131 ~ 132 页。

② 内蒙古自治区畜牧业厅修志编史委员会编著《内蒙古畜牧业发展史》，内蒙古人民出版社，2000，第 320 ~ 321 页。

③ 陈文主编《草原畜牧业经济探讨》，内蒙古社会科学杂志社，1989，第 148 页。

④ 内蒙古自治区畜牧业厅修志编史委员会编著《内蒙古畜牧业发展史》，内蒙古人民出版社，2000，第 344 ~ 356 页。

950.9 万吨，绵羊毛产量为 99.9 万吨，山羊绒产量为 6746 吨。[①]

4. 环境政策介入对畜产品流通的影响

由于环境政策的介入，农牧区实行围封转移战略后，舍饲和半舍饲便成了畜群的主要饲养方式，补充饲料导致饲养成本大增，再加上玉米价格呈持续上升的态势，饲草料价格也有不同程度的上涨，直接推动了主要畜产品价格上升。以锡林郭勒盟（简称“锡盟”）为例，锡盟连续多年为平衡草畜、维护生态平衡而实施围封转移、轮牧、禁牧等政策，限制牧户牲畜的头数，致使牲畜存栏数量降低，对畜产品的价格也产生了较大影响。据调查测算，冬天需补饲 150 天，加上休牧 45 天，共需补饲 195 天，一只两岁羊每天按 2.00 元最小补饲量计算，一年需 390 元的饲养成本，而一只两岁羊在 2007 年以前最高售价仅为 250～300 元，牧民每饲养一只羊在 2007 年以前要倒赔 100 元左右，牧民饲养成本的增加，促使畜产品价格持续上涨。截至 2008 年 6 月，锡盟大畜和羊存栏 1324.78 万头只，比 2007 年同期减少 107.55 万头只，下降 7.51%。其中羊存栏 1212.87 万只，同比减少 116.83 万只，下降 8.78%，小畜头数连续三年减少。[②] 以锡盟东苏旗为例，牲畜总数量从 1999 年牧业年度的 198.7 万头只下降到 2007 年度的 120 万头只，牲畜数量的减少，自然造成牲畜出栏逐年减少、肉源不畅和畜产品价格上涨的态势。

2007 年 7 月以来，活畜收购价格大幅提高。其中活羊平均收购价为每只 450 元，同比增加 45%以上；活牛平均收购价为每头 4000 元，同比增加 50%。收购价格的提高带动了销售价格的提高。2008 年第一季度锡盟畜产品价格上涨情况主要体现在以下几方面：羊肉价格由 2007 年 7 月的 16 元/千克涨到 26 元/千克，涨幅达 62.5%，牛肉价格由 2007 年 7 月的 16 元/千克涨到 28 元/千克，涨幅达 75%；小包装礼品盒肉类产品，由于精加工产品增多，附加值提高，增值幅度更大，羊肉价格达到 38 元/千克，牛肉价格达到 36 元/千克，平均每个羊单位产值达到 400 元，比 2007 年提高 130 元，同比提高 48.1%。[③]

---

① 根据内蒙古自治区统计局历年统计数据整理。

② 锡林郭勒盟统计局编《锡林郭勒盟统计年鉴 2008》，2008。

③ 《达林太调研笔记》，锡林郭勒盟农牧业产业办访谈整理，2009。

随着畜产品价格的上涨，特别是肉食品价格的上涨，城乡居民的家庭食品消费开支明显增加，农牧民购买欲望受到抑制，生活水平有所下降。据调查，一个中等家庭每月光食品消费开支就多支出75元，其中肉食品消费50余元。过去大多数牧民以肉为主食，肉食品价格上涨后，一斤手扒肉由过去的16元左右涨到30多元。

总的来说，流通领域的改革同时也推动了牧区生产经营改革的进展，但这一过程也带来了一些问题，如生产规模太小、太分散，单家独户，生产效益太低，还有流通、畜牧业技术进步和渠道衔接等一系列的问题，靠牧民自己很难解决。

（三）改革开放时期的内蒙古自治区对外贸易

1984年流通领域逐步引入市场机制后的积极变化，也明显表现在对外贸易方面。先是扩大了牲畜和畜产品出口的规模与地域，然后在经济融入全球化的方向上又向前迈进了一步。

1. 对外贸易的发展

内蒙古对外贸易始于1947年，当时主要是与苏联进行易货贸易，出口少量的活羊、活牛等，进口一些医疗设备、布匹和运输工具。1950年后，又逐步扩展到东欧国家。1960～1978年，由于国际形势的变化，对外贸易发展缓慢，除了与苏联、东欧国家及蒙古国政府间协定贸易的5个商品中有2个来自内蒙古牧区，即活牛和带皮山羊肉由自治区自营出口外，其余商品全部调拨给天津、大连口岸公司出口。

改革开放后，随着整个流通领域改革活力的释放，内蒙古地区畜产品的对外贸易进入了新的发展阶段，特别是1980年以后，内蒙古逐步开展自营业务。[①] 出口贸易发展到世界60多个国家和地区。活羊、活牛、冻猪肉、皮、毛、绒以及蜂蜜、肠衣等一直是重要的创汇物资。[②] 1953～1986年，供应外贸出口物资总值33325.5万元，为国家创汇11602万美元。其中绵羊毛出口9394.9千克，山羊毛出口382.6万斤，驼毛出口398.2万

① 内蒙古自治区概况编写组编写《内蒙古自治区概况》，民族出版社，2009，第424～435页。

② 内蒙古商业志编纂委员会编《内蒙古自治区志·商业志》，内蒙古人民出版社，1998，第58～61页。

斤，羊绒出口 850.6 万斤，牛皮出口 42 万张，羊皮出口 435 万张，活牛出口 42121 头，活羊出口 19.02 万只，黄羊肉出口 516.5 万斤。[①] 1995 年，全区出口贸易创汇总额达 60840 万美元，其中土畜产类出口创汇额达到 7611 万美元，占创汇总额的 12.52%。[②] 1998 年对外贸易出口总额为 82343 万美元，其中土畜产类为 7463 万美元。2007 年对外贸易出口总额为 294741 万美元，其中动物及动物产品出口额为 3753 万美元，比 2006 年的 2963 万美元增加了 26.66%，出口涉及 14 个国家和地区。

2. 活畜出口创汇

活畜出口是从 1947 年开始的，1960 年又通过天津、大连口岸公司出口活牛，供应港、澳地区。至 20 世纪 80 年代，随着改革开放的深化，出口活畜的数量逐年增加，出口地区范围逐步扩大。1983 年，在向港、澳地区出口的同时，开展向中东地区出口活羊的业务，当年向科威特国出口乌珠穆沁肥尾活羊 1.1 万只，创汇 54 万美元。1983~1987 年共向科威特国出口乌珠穆沁羊 246156 只，1988 年出口 3.9 万只，1983~1988 年，累计出口 30 万只，累计创汇 1000 万美元。外商评价极好。[③] 由内蒙古自治区家畜改良站、畜牧科学院主持承担的国家科委“八五”星火计划“北方肉羊产业技术开发”项目，1991~1995 年连续 5 年累计出口活羊 57.58 万只，创汇 2184.99 万美元，平均每只活羊创汇 37.95 美元，折合人民币售价比当时国内市场高出将近一倍。[④] 国内外市场的拉动，激发了牧民大力发展养羊业、努力提高绵羊出栏率和商品率的积极性。1983 年后，内蒙古地区每年向港、澳地区出口活牛都在 1 万头以上，至 1986 年，发展到 1.5 万~2 万头，年创汇达 600 多万美元。最高的 1990 年出口活牛 21329 头，创汇 713.69 万美元，每头牛平均售价 334.62 美元，折合人民币近 3000 元。1986~1990 年，累计出口活牛 9.10 万头，创汇 3007.8 万美元。[⑤] 1998 年，

① 内蒙古自治区供销合作社联合社编《内蒙古自治区供销合作社史料》第 2 辑上册，1988，第 452 页。

② 内蒙古自治区统计局编《内蒙古统计年鉴 1996》，中国统计出版社，1996。

③ 内蒙古自治区畜牧厅修志编史委员会编纂《内蒙古畜牧业大事记》，内蒙古人民出版社，1997，第 163~194 页。

④ 内蒙古自治区畜牧厅修志编史委员会编纂《内蒙古畜牧业大事记》，内蒙古人民出版社，1997，第 247 页。

⑤ 根据历年内蒙古统计年鉴汇总。

出口活牛 5825 头。2007 年，出口活牛 10473 头。

3. 主要畜产品的出口创汇

20 世纪 50 年代初，自治区按照国家的统一部署，开展了对苏联和东欧国家的出口贸易。当时，出口的主要畜产品有肉类、羊毛、羔子皮、獾子皮、猪鬃、马尾、湿皮、驴肠衣、马肠衣、驼毛、羽绒、蜂蜜等，以及多种畜产品的加工制成品。① 出口的形式主要是易货贸易。1956 年出口总额达 4438 万元，其中牛羊肉达 11211 吨，羊毛达 916.99 吨。② 1963 年出口总额为 10045 万元，完成计划的 155.9%，比 1962 年增长 30.3%。至 1970 年，全区畜产品出口额已达 8400 万元，比三年调整时期增长 1.5 倍。1995 年，在农畜产品出口创汇中，绒毛的出口创汇额占 40.23%，活畜占 7.23%，肉类占 15.6%，蛋类占 0.33%。肉类罐头出口，始于 20 世纪 50 年代末。当时国家投资兴建的集宁肉类联合加工厂首次加工出口羊肉和咸牛肉、咸羊肉罐头，主要销往苏联、东欧国家和阿拉伯国家。至 1990 年，累计出口牛、羊肉罐头 0.97 万吨。其中“长城”牌咸牛肉罐头在苏联等国十分畅销，多次被轻工业部评为部优产品。③

冻肉出口始于 20 世纪 70 年代初期。随着全区肉类加工企业的增加和冷藏条件的改善，肉类出口不断增加。“六五”时期，年均肉类出口达 2400 多吨，“七五”时期达 1 万吨以上，年平均创汇达 1742.7 万美元。1992 年，仅牛肉出口一项就达 12382 吨，创汇达 2132.3 万美元。④ 1998 年出口冻牛肉 1681 吨，2007 年鲜、冻牛肉出口 929 吨，鲜、冻羊肉出口 3053 吨。⑤

毛绒出口及创汇是从 20 世纪 50 年代后期中国土畜产公司内蒙古分公司正式成立以后发展起来的。如东胜羊绒厂，1979 年以补偿贸易方式引进了日本分梳机设备，用旧设备 1200 吨原绒只能分梳出 300 吨中等的无毛

① 《当代中国》丛书编辑委员会：《当代中国的内蒙古》，当代中国出版社，1992，第 432 页。

② 内蒙古自治区供销合作社联合社编《内蒙古自治区供销合作社史料》第 2 辑上册，1988，第 194 页。

③ 内蒙古商业志编纂委员会编《内蒙古自治区志·商业志》，内蒙古人民出版社，1998，第 136 页。

④ 内蒙古自治区畜牧业厅修志编史委员会编《内蒙古自治区志·畜牧志》，内蒙古人民出版社，2000，第 442 页。

⑤ 内蒙古自治区统计局编《内蒙古统计年鉴 2008》，中国统计出版社，2008，第 418 ~ 423 页。

绒，用新设备能分梳出500吨上等的无毛绒，这200吨的增产值，即可收回该厂全部的投资且有余。1987年该厂出口羊绒衫19.9万件，羊绒衫成为内蒙古主要的出口创汇商品。[①] 1981~1985年，累计出口毛、绒2169.48吨，其中无毛绒637.36吨。1992年，出口毛、绒910吨，其中无毛绒586吨，占出口毛、绒数的64%。这一年毛、绒出口创汇4344万美元，平均每吨创汇47736.26美元，成为全区出口贸易商品中位列玉米、甜菜粕、羊绒衫之后的第四大类创汇产品。[②] 1998年，出口绵羊毛190吨，山羊毛509吨。2007年出口已梳山羊绒422吨。

4. 畜产品制成品的出口

畜产品制成品的出口，包括长毛绒，精、粗纺呢绒，绒线，羊绒衫，长毛绒大衣，呢绒服装，皮鞋，毛毯，地毯，羊剪绒挂毡，坐垫，毛皮服装，皮褥子等和各种皮革服装。三年调整时期，全区累计出口畜产品制成品创汇额为408万美元；"三五"时期为342万美元；"四五"时期达632万美元。到1992年，仅羊绒衫一项就出口40.6万件，比1991年增长86.8%；1993年达到49.7万件，比1992年增长22%；1994年达到100万件，比1993年又增长1倍还多；1995年，羊绒衫出口达到169.53万件，比1994年增长69.53%，鄂尔多斯集团等多家羊绒集团的产品成为全区出口创汇的拳头产品，几乎代替了自治区全部的山羊绒原料出口。呢绒服装以"仕奇"西装为代表，已经成为蜚声海内外的名牌产品。[③] 1998年，出口羊绒衫163.55万件，羊绒围巾48323打，褥子6344条，地毯152072平方米。2007年，出口羊绒毛纺纱799858千克，毛纺机织物318万米，羊绒衫732351件，皮革衣服8564件，地毯1023046平方米。[④]

五 生产要素配置的市场化改革与产业全球化

西方发达国家从20世纪60年代开始转移产业，20世纪80年代产业

① 林蔚然、郑广智主编《内蒙古自治区经济发展史》，内蒙古人民出版社，1990，第433页。

② 内蒙古自治区畜牧业厅修志编史委员会编著《内蒙古畜牧业发展史》，内蒙古人民出版社，2000，第301~308页。

③ 内蒙古自治区畜牧业厅修志编史委员会编著《内蒙古畜牧业发展史》，内蒙古人民出版社，2000，第305~309页。

④ 内蒙古自治区统计局编《内蒙古统计年鉴2008》，中国统计出版社，2008，第420页。

转移已经达到了相对比较大的规模。当西方把劳动密集型产业都转移到第三世界发展中国家时，形成了产业资本全球化的矛盾转嫁。紧接着西方主导国家就进入了金融化，一些学者将20世纪80年代以来的变化叫作金融资本的全球化，这意味着金融产品及衍生产品支撑着产业对外转移，产业转移到发展中国家，获取了极大的超额收益，进入了现代化。联合国食物权问题特别报告员建议各国政府建立机制，应对农业领域的全球化，以便在商业系统和农民生产系统的发展之间取得适当的平衡。世界各地区的当地社区和农民以及世居社区和农民，对构成全世界农业生产基础的遗传资源的保存及开发已经做出并将继续做出的巨大贡献。金融全球化产业全球布局形成产业全球分工，人口规模相对大、劳动力资源总量大、劳动力价格低的中国是产业布局的首选之国。内蒙古也在在金融资本主导下的虚拟资本全球化中形成产业布局的过程中，开始了畜产品对外贸易、自然资源开发、土地、劳动力市场的产业全球化过程。这一过程看似特殊并相互独立，实则反映了内蒙古在现代转型中所产生的各种深刻问题。而这些问题的背后，是中国在市场化改革和全球化过程中所面临的机遇、挑战和危机。

（一）羊绒纺织企业于逆境中寻求突破

从过去的四大毛纺厂到后来多家绒纺企业兴起，纺织行业一直是内蒙古制造业中份额最大的行业。从2000年开始，资源资本化或资产化的繁荣导致物价水平上涨，进而通过联动效应带动各类土地、劳动力等成本上升，最终使该类劳动密集型产业失去了竞争优势，制约了羊绒产业的发展。以鄂尔多斯市为例，2001年，纺织行业在制造业中的占比为59.1%，到2008年下降为11.5%，7年间下降了47.6个百分点。

1. 鄂尔多斯市成为中国绒城和世界羊绒产业中心

2005~2007年，鄂尔多斯市绒山羊数量分别为679万只、746万只、743万只，分别占内蒙古自治区的23%；山羊绒产量分别为1723吨、1734吨、1616吨，分别占内蒙古自治区的25%；分别生产羊绒衫803万件、860万件、891万件，羊绒资源在全国乃至全世界均占绝对优势。[①] 鄂尔多

① 中国人民银行鄂尔多斯支行：《鄂尔多斯市羊绒产业的发展》，专题调研报告，2009。

斯市有出口业绩的企业中约50%是羊绒制品加工企业，产品远销日韩、北美、欧共体等30多个国家和地区。羊绒制品出口种类主要有无毛绒、羊绒纱、羊绒围巾、羊绒衫等。截至2008年，鄂尔多斯市羊绒加工企业超过200家，其中鄂尔多斯羊绒集团是世界上规模最大、实力最雄厚的羊绒加工企业，年生产能力为无毛绒1200吨、羊绒纱1800吨、羊绒衫500万件、羊绒围巾和披肩100万条、羊绒服装5万套、羊绒衬衫110万件。2007年羊绒制品实现产值12.88亿元，年销售收入26.13亿元，其羊绒制品占国际市场份额的30%、国内市场份额的40%，经评估，"鄂尔多斯"品牌价值为100.27亿元，由中国绒纺第一品牌成为中国纺织服装行业第一品牌。① 鄂尔多斯市是名副其实的中国绒城、世界羊绒产业中心。

2. 政策调整、原料、劳动力等价格要素上涨，行业出口受到较大影响

在人民币快速升值，国家出口退税政策调整，原料、劳动力等价格要素上涨等多种因素的作用下，羊绒纺织行业出口受到较大影响，截至2006年，鄂尔多斯市东胜区羊绒产业核心企业已达38家，从业人员近2万人，实现年销售收入50.7亿元，增加值14.1亿元。2007年全市羊绒产品出口20000万美元，同比下降9.09%，占当年全市出口总量的31.9%，同比下降27.5个百分点，其中无毛绒、羊绒纱、羊绒围巾的出口均呈大幅下降态势，同比降幅超过25%。2007年规模以上羊绒亏损企业由上年的8家增至11家，而更多的小型企业则纷纷转产，鄂尔多斯羊绒集团2007年营业利润率同比下降5.64个百分点。② 2007年全市53家规模以上羊绒制品企业实现工业增加值24.4亿元，同比增长2.9%，占全市规模以上工业增加值的5.2%，下降9.9个百分点。2008年前5个月全市规模以上羊绒制品企业实现工业增加值7亿元，同比下降2.8%，占全市规模以上工业增加值的3%。

2008年的情况尤为突出，大型出口企业如鄂尔多斯羊绒集团已将产业重心由羊绒加工转向冶金、化工行业，这种结构性调整在2008年上半年完全显现。鄂尔多斯市羊绒制品有限公司2008年羊绒初级产品出口规模压缩100万吨，成品出口压缩160万件，但其出口额反而有所增长，达7348万

① 中国人民银行鄂尔多斯支行：《鄂尔多斯市羊绒产业的发展》，专题调研报告，2009。

② 《达林太调研笔记》，鄂尔多斯市发改委访谈整理，2009。

美元，同比增长 56.07%。主要原因是该企业调整了出口结构，大量压缩初级产品出口规模，深入实施品牌战略，在提高产品技术含量上下功夫，提高了成品价格，在出口量减少的情况下，出口额实现增长。传统以羊绒原料和初级产品出口为主的中小型企业出口规模大幅下降，如内蒙古东达羊绒制品有限公司上半年出口额为 553 万美元，同比下降 14.92%。

3. 由于羊绒制品多是初级产品，产品价格提升空间有限

企业出口利润减少的原因主要是附加值低，产品价格提升空间有限。低附加值产品的价格提升空间有限，汇率的变动对这类企业的影响就显得很突出，这部分企业无法掌握未来定价汇率基础，多数企业已停止出口业务。如鄂托克旗伊吉汗羊绒制品有限责任公司以出口无毛绒为主，出口换汇成本在 7.7 元人民币/美元左右，利润率不到 3%，对人民币升值的承受能力较弱。支柱企业所受影响相对较小，如内蒙古鄂尔多斯市羊绒制品有限公司出口的羊绒制品，出口换汇成本为 7.3 元人民币/美元，产品毛利率约为 10%，人民币升值后仍有获利空间。[①] 如鄂尔多斯羊绒集团 2007 年前 7 个月，汇率变动已造成账面损失 1 亿美元。[②]

出口产品附加值含量偏低。以鄂尔多斯羊绒集团为例，为适应国际国内市场形势的变化，该集团加大羊绒衫等附加值含量较高的制成品出口比重，缩减无毛绒、羊绒纱等初级产品出口规模，提高商品出口盈利能力。2006 年该集团羊绒衫出口额为 1.39 亿美元，同比增长 11.12%，在羊绒制品外销收入中的占比为 75.31%，较上年增加近 10 个百分点；无毛绒和羊绒纱出口 2478 万美元，同比下降 14.9%，外销占比减少 2.3 个百分点。[③] 2006 年鄂尔多斯市羊绒衫出口仍以贴牌加工为主，鄂尔多斯羊绒集团自有品牌出口仅占羊绒衫出口总额的 10%，贴牌加工价格一般为 20~40 美元/件，国外经销商零售价则是贴牌价的 4~5 倍，大量的利润被国外的经销商拿走。在羊绒产业链中，改革开放和引进市场化后，牧民的羊绒价格为 40~100 元，企业的出口价格为 160~320 元，而国外经销商的零售价格为 800~1600 元。

---

① 经中国人民银行鄂尔多斯支行测算，人民币升值 2%，纺织行业的销售利润率将下降 4%~8%。

② 《达林太调研笔记》，鄂尔多斯羊绒集团的访谈整理，2009。

③ 《达林太调研笔记》，鄂尔多斯羊绒集团的访谈整理，2009。

4. 受国家出口退税和人民币升值等影响，农牧民手中羊绒大量积压

受国家出口退税和人民币升值等影响，鄂尔多斯市的羊绒生产企业收益普遍锐减，羊绒收购价格下滑，农牧民手中羊绒大量积压。2007 年 4 月开始收购时，无毛绒 65 万元/吨，后跌至 61 万元/吨。农牧民手中最好的羊绒每千克只卖到 240 元左右，由于价格低，加之农牧民惜售，2007 年鄂尔多斯市至少有 1/3 的羊绒积压在农牧民手中。据调查，鄂尔多斯市的羊绒大旗鄂托克旗全旗产绒量大约为 65 万千克，近 2/3 积压在农牧民手中。2008 年羊绒价格仍呈下跌态势，农牧民损失惨重。

5. 行业内部无序竞争，削弱了出口的盈利能力

2007 年，鄂尔多斯市的 200 多家羊绒企业中规模以上企业仅有 53 家，多数为技术含量较低的劳动密集型企业，属于家庭式的小作坊企业，出口业务发展很不稳定。该地羊绒生产加工企业一边大量注册成立，一边迅速衰败。鄂尔多斯市的众多羊绒制品企业中，具有设计能力的企业很少，对“鄂尔多斯”品牌的影响较大。同时，全市羊绒制品无论是出口还是内销，80%以上是粗纺羊绒衫、裤、围巾、背心等，款式单一，更新换代缓慢。另外，鄂尔多斯市的羊绒企业多年来习惯于在动荡起伏的绒市上投机取利，各自为战，为了争原料、抢市场，企业间哄抬羊绒收购价格、相互压价出口的现象时有发生。每遇原料紧俏，众多厂家就哄抬价格；每遇原料充足，各厂家又竞相压价，农牧民被迫宰杀山羊，形成了羊绒产业各链条之间的恶性循环。[①] 行业内部无序竞争，对羊绒市场的稳定造成了极大冲击。在世界市场上，鄂尔多斯山羊绒有资源优势、产品优势，但缺乏品牌优势。从总体来看，鄂尔多斯市出口产品附加值含量偏低，产品国际市场竞争力主要体现为劳动力成本优势和资源优势，而非品牌优势和科技优势，与国际知名品牌相去甚远。

6. 缺乏自主品牌，外销价格较低

尽管国际市场上 70%的羊绒制品产自中国，但真正以品牌销售的不到 20%，即便是“鄂尔多斯”也难以以自己的品牌销售，以自有品牌出口的仅占羊绒衫出口总额的 10%。国家税务总局自 2004 年 1 月 1 日起取消无毛绒 13%的出口退税，纺织品出口退税率由 13%降至 11%。而在此之前，无

---

① 《达林太调研笔记》，鄂尔多斯羊绒集团的访谈整理，2009。

毛绒出口企业一般以13%的退税资金抵作销售利润，外销价格较低。在此情况下，企业纷纷将无毛绒销售市场转向国内或对无毛绒进行深加工后出口，无毛绒出口总量明显下降。羊绒行业是劳动密集型行业，曾为缓解就业压力做出重要贡献，但鉴于鄂尔多斯市经济高速发展直接拉动了劳动力需求增加和劳动力成本上升，羊绒行业出现了一线工人供不应求甚至严重短缺的现象。据调查，2007 年仅东胜地区常年短缺的纺织熟练工就超过2400 人，旺季接近 4000 人，技术熟练的劳动者常年不足，而且劳动力价格的提升，也加重了企业成本负担。如 2007 年鄂尔多斯羊绒集团年末职工人数为 3017 人，同比减少 450 人，但职工实发工资为 5626 万元，同比增加 301 万元。为降低成本，鄂尔多斯羊绒集团选择在宁夏、合肥、阜阳建立外围加工基地。①

（二）公民环保意识对畜产品对外贸易的影响

从 2000 年沙尘暴肆虐开始，草原环境保护就受到广泛关注。一些地方政府采取对山羊实施圈养的措施，恢复草原生态环境，在一定程度上制约了山羊的规模发展。加之，山羊在恶劣的生存环境下，为抵御严寒做出的生理反应会使绒纤维更细更长，圈养的实施将对山羊绒的品质产生影响。受资源有限性的限制，羊绒原料严重短缺，原料供应已远远不能满足羊绒加工行业的需求。2006 年以来，羊绒原料短缺的问题已十分突出，为保证原料供应，鄂尔多斯羊绒集团等羊绒加工企业被迫远赴我国新疆、蒙古国等地采购原绒。

与此同时，受此环境政策影响，肉食品加工企业收购规模不断缩减，继而导致肉食品加工企业出现肉羊、肉牛短缺现象。如西苏旗苏尼特肉业有限责任公司，每年的肉制品订单仅依靠本地羊源无法完成，尤其是出口订单难以完成。2008 年，该企业与美国进口商签订 23 万只羊的订单合同，但 2007 年全年的加工量仅为 17 万只。该企业只能积极寻找代理加工企业，以扩大生产规模来满足客户的订单需求。

① 《达林太调研笔记》，鄂尔多斯羊绒集团的访谈整理，2009。

（三）畜产品企业返程投资，境外曲线上市

牛奶加工企业蒙牛公司通过境外运作，以红筹模式在香港成功上市，为某餐饮公司在境外上市提供了参考。某餐饮公司原是一家自然人发起的股份制民营企业，初创于1999年8月，2001年7月正式注册成立餐饮连锁有限公司。2006年初，该公司先后与20多家国际性基金机构洽谈，最后与欧洲具有较强实力的3I集团和普凯基金签订了投资意向书。2006年5月经外汇局内蒙古分局核准，该公司在英属维尔京群岛注册了海外特殊目的公司，并与上述两家公司确定了海外重组框架及引资方式，其外资并购协议很快获得了内蒙古自治区商务部门的批准。随后，经自治区外汇管理部门核准，该公司以外资并购和增资两种方式共引进国际战略投资2500万美元，随即变更注册为外商投资企业，实现了返程投资的目标。所筹资金以返程投资方式调回境内，60%用于开设自营餐厅和原有餐厅的翻新，10%用于收购特许经营餐厅，20%用于扩充和升级羊肉加工及汤底生产的产能与生产设施，其余款项主要用于改良公司设施和日常营运。[①] 该公司在自身发展的同时还带动了自治区畜牧业、农业蔬菜和经济种植业、其他服务业等相关产业的发展，直接带动10万多人就业。该公司已发展成为集第一、第二、第三产业于一体，具有民族特色的驰名品牌，也是我国最大的羊肉加工企业。

（四）受金融危机影响，畜产品市场低迷

位于科尔沁草原腹地的内蒙古科尔沁牛业股份有限公司是国家级农业产业化龙头企业，拥有当前世界上最先进的全自动屠宰加工生产线。多年来该企业所生产的科尔沁牛肉获得多项国际贸易认可和国家级有关认证，产品远销马来西亚和中东地区，出口业务占43%~50%，2008年成为北京奥运会指定牛肉产品。

2008年8月以来，由于大量出口订单业务取消，产品多数只能转内销，而内销价格比出口价格每千克低12元左右。企业采取公司加农户的经营模式，在牛肉产品价格低迷的情况下，由于养殖成本增加，养殖规模下

---

① 《达林太调研笔记》，内蒙古自治区产业办，2009。

降，肉牛活牛价格却不断上升。活牛收购价格已由 2007 年的 6 元/千克，涨到 2008 年的 16 元/千克，涨幅达 167%。2008 年该企业销售收入为 1.9 亿元，销售成本就达 1.78 亿元，企业利润总额仅为 228 万元，比 2007 年下降 86%。[①]

（五）草原牧区的自然资源开发阶段（2000 年至 2020 年）

2000 年 1 月，中央提出了西部大开发战略，国务院成立了西部开发办公室，明确部署国家的西部大开发战略应该从西部的资源入手，以西部地区相对丰裕的自然资源要素和广袤的市场，吸引东部地区的资金和技术要素。即实施资源发展战略，充分发挥西部地区市场潜力巨大、自然资源丰富两大优势，并以此为资本，积极与发达国家和国内发达地区合作，换取国外及东部沿海地区的资金和技术，从而实现优势互补，使西部地区的资源优势和经济潜能转化为现实的市场优势。[②] 草原牧区在市场化进程中经历了又一次转变。

内蒙古的煤炭、电力、天然气在国内市场所占的份额快速提高，后续能源资源大量发现，新能源不断开发，使内蒙古自治区成为中国当前及今后较长时期内最重要的能源基地之一。20 世纪 80 年代前后，国家在内蒙古建设了准格尔、霍林河、元宝山、伊敏等四大露天煤矿。1989 年，内蒙古开始打破区域分割向北京市场送电，随后提出“煤从空中走”的能源开发战略。2006 年 4 月，国家发展和改革委员会正式批复全国 13 个大型煤炭基地建设规划，内蒙古西部及东部地区的煤田分别被列入神东、蒙东（东北）大型煤炭基地开发范围。2007 年发布的《能源发展“十一五”规划》也提出，国家将适度加快包括内蒙古西部在内的“三西”地区煤炭资源的勘探与开发。2008 年初，一份由国家发改委、国务院发展研究中心、中科院、财政部、湖南大学以及内蒙古专家共同调研论证写出的《内蒙古能源发展战略研究》可行性论证报告通过终审，提出规划、建设秉承“节能优先，保障供给，煤为基础，多元发展”的内蒙古国家级战略能源基

---

① 《达林太调研笔记》，由通辽市农牧业产业办提供数据，2009。

② 王文长、萨如拉、李俊峰等：《西部资源开发与可持续发展研究》，中央民族大学出版社，2006，第 123 页。

地，缓解能源危机。[①] 在第十一届两会上，鄂尔多斯市市长特别强调，鄂尔多斯作为内蒙古煤炭资源最富集的地区，在建设标准上，应将鄂尔多斯作为国家级现代化能源基地来打造和建设，走现代化、集约化、大型化煤炭基地建设之路。这必将推动内蒙古牧区矿产资源的进一步开发，可能会引发部分经济、社会、生态环境问题。

（六）草原土地和劳动力市场化

1. 中国的农民工及中央一号文件

中国的农村 1984 年就开始出现了卖粮难，1985 年农民自发减少了 7000 万亩的种粮面积，大规模地种上了经济作物，农村的经济结构发生了重大变化。农副产品充足的供应强化了农村经济的市场化和农民进城的要求。虽然当时已经有了开通城乡的思路，中央同意考虑允许农民进城的建议，但由于城市管理部门反对，最后在 1986 年的中央一号文件中出现了一句加了限制条件的话："允许农民自理口粮进城务工经商。"[②] 中国的农牧民获得了进城务工经商的自由。

2. 内蒙古草场土地市场化

这一阶段实行草原承包和家庭经营制度，牧民拥有草场的长期使用权和经营权，使草场使用权的转让或征用成为可能。出于牧民对草场的经营能力不同、发展机遇不同，以及规模经济的需要等原因，草场经营权的流转市场开始出现并有所发展。多数草场在牧户间流转，也有一部分草场被转让用于开垦种植。另外，随着牧区工业化和城市化的开始，非牧业用地（征用或购置草场）的需求逐渐增加，也加快了草场土地市场化的进程。

3. 牧区劳动力市场化

开始同草场土地市场化相联系的，是草原牧区大量劳动力从畜产业游离出来，加入第二、第三产业，成为城镇就业者或农（牧）民工，也有少数成为农牧业的受雇用者，这些都促进了牧区劳动力市场的形成。当然劳动力市场不同于一般的商品市场，也不同于其他的要素市场，关键在于劳动者本身在劳动力交易过程中是能动的。劳动力市场化的过程，首先是劳

---

① 内蒙古自治区发改委：《内蒙古能源发展战略研究》，内部资料，2009。

② 温铁军：《我们是怎样重新得到迁徙自由的》，《中国改革》2002 年第 5 期。

动力个人经济自主权利逐步确立、有效实施和切实保障的过程，即劳动者成为市场主体的过程。因此，劳动者能成为市场主体，或者说自由、能自我支配，是劳动力市场化的一个前提条件。[①] 以刘易斯为代表的二元经济理论广为人知，该理论把一个发展中国家分为农业经济部门和现代经济部门，农业经济部门存在相对于资本和土地来说严重过剩的劳动力，因而劳动的边际生产力为零或负数。随着现代经济部门的扩大，在工资水平没有实质性增长的情况下，剩余劳动力转移到新型部门就业，就形成了一个二元经济发展过程。这个过程一直持续到某个时刻，这时劳动力需求的增长超过了劳动力供给的增长，继续吸引劳动力转移导致工资水平提高，迎来了刘易斯拐点。[②] 从内蒙古牧区的劳动力技能和劳动力结构方面分析，刘易斯拐点理论好像不太适宜牧区的劳动力转移。牧区是少数民族聚集区，少数民族是一个特殊的弱势群体，由于语言、文化背景相似或相近，农业劳动力进入城市，显然比牧区少数民族在语言、文化等方面更具有优势和竞争力。[③] 牧区的剩余劳动力受语言和文化的影响，大部分很难进入新型部门就业，也就等不到刘易斯拐点，这个过程如果快速推进，将是一个痛苦和付出代价的过程。

约翰·W. 郎沃斯等在《中国的牧区》一书中，对当时的牧区劳动力市场提出了这样的分析：大部分牧区处于偏远地区，妨碍了大部分流动人员外出打工。当然，居住在偏远牧区的汉族通常有一些生活在中国其他地区的亲戚，而且那里的工作也相对好找，这些亲戚可以“资助”从牧区前来打工的朋友。另一方面，少数民族中只有少数人的亲戚生活在条件较好的地区。[④]

内蒙古自治区农牧业厅农牧业经营管理站提供的数据显示，1998 年以前全区转移出的牧业劳动力人口不到 5 万人，2002 年以后突破了 5 万人，到 2007 年达到了 30 多万人。这说明 2002 年前的人口流动是市场在调节，

---

① 张晓山、李周主编《新中国农村 60 年的发展与变迁》，人民出版社，2009，第 300～302 页。

② 蔡昉：《人口转变、人口红利与刘易斯转折点》，《经济研究》2010 年第 4 期。

③ 敖仁其、额尔敦乌日图等：《牧区政策与制度研究》，内蒙古教育出版社，2009，第 164 页。

④ 约翰·W. 郎沃斯、格里格·J. 威廉目森：《中国的牧区》，丁文广主译，甘肃文化出版社，1995，第 382～384 页。

2002 年以后的快速增长可能与环境政策调节有关。

六　环境政策引入阶段（2000~2020 年）

前一阶段，牧区在经济市场化全面展开和经济社会加快发展的同时，也产生了两个不小的难题，牧民税费负担沉重和草原生态环境严重恶化。这两个问题也为草原牧区埋下了重大的危机，解决牧区经济、社会和生态的不可持续发展问题已经刻不容缓。

（一）环境政策引入的背景

对于牧民税费负担沉重的问题，政府从 21 世纪伊始着手调研策划，到 2002 年已逐步开始减轻农牧业税费，经过几年的努力，已实现了对农牧业免除税赋，非交易性收费也基本免除，极大地减轻了牧民的经济负担。这一具有战略意义的明智决策增强了牧民的经济实力，促进了牧区经济发展，也加快了市场化进程。对于草原生态环境严重恶化的问题，则引进了环境政策。“由于产权不清，存在着环境贡献者与环境受益者的利益非对称性，即如何鉴定生态环境产权，涉及具体的补偿行为时，难以确定生态利益的提供者、受益者，特别是在国家层面上实施东西部区域之间的生态补偿时，这个问题就更加的突出。”①

（二）主要抑损补偿环境政策的实施（2000~2009 年）

在这一阶段，草原牧区引入的国家环境项目，主要是针对草原生态保护、治理和建设，内容大体如下。西北地区成为中国荒漠化防治、草原保护的主要地区和热点地区，国家实施的重大生态保护项目包括三北防护林建设工程、退牧还草项目、重点公益林项目。采取的项目措施包括植树造林、禁牧围封、转移定居或称移民定居。在这一过程中，牧民被认定为超载过牧导致草原退化的主要责任人，国家开始减少牧民的牲畜数量、减少放牧时间和缩小放牧区域，在这个过程中，国家和牧民都付出了比较大的代价。

---

① 姚慧琴、任宗哲主编《中国西部经济发展报告（2009）》，社会科学文献出版社，2009，第 40 页。

1. 草畜平衡政策

实行草畜平衡政策，核定载畜量，达到遏制超载过牧的目标。内蒙古于2000年8月1日开始施行《草畜平衡暂行规定》。核定草场载畜量，实行草畜平衡政策是保护草原的关键措施，也是采用各种放牧制度的前提条件。

与草畜平衡、核定载畜量相对应的是分户建设围栏，但围栏招来的非议很多。2009年各地设置草场围栏已相当普遍，锡盟82%的草原已经围栏化，尤其是在正镶白旗等南部旗县，几乎全部草原已实现了围栏化。但在呼伦贝尔草原、锡林郭勒草原东部的一些地方，并没有全部围栏化。草场围栏化是与草原产权制度、放牧制度相一致，并是与之相配套的一项技术措施，应用得当可能大有裨益，应用不当反而有害。不能不分具体情况，要求一律设置围栏，或者一律不准围栏，要辩证地化解这个矛盾。

2. 禁牧休牧、退牧还草政策

这一政策对市场化的影响较大。国家规定："为恢复草原植被，在生态脆弱区和草原退化严重的地区实行围封禁牧。"《国务院关于加强草原保护与建设的若干意见》（国发〔2002〕19号）明确指出："推行划区轮牧、休牧和禁牧制度。为合理有效利用草原，在牧区推行草原划区轮牧；为保护牧草正常生长和繁殖，在春季牧草返青期和秋季牧草结实期实行季节性休牧；为恢复草原植被，在生态脆弱区和草原退化严重的地区实行围封禁牧。各地要积极引导，有计划、分步骤地组织实施划区轮牧、休牧和禁牧工作。地方各级畜牧业行政主管部门要从实际出发，因地制宜，制定切实可行的划区轮牧、休牧和禁牧方案。"农业部草原监理中心发布了《休牧和禁牧技术规程（试行）》。该规程指出休牧的目的是在植物生长发育的特殊阶段解除放牧家畜对其产生的不利影响，从而促进和保证植物的生长和发育。休牧（grazing land resting）是指短期禁止放牧利用，是一种在一年内一定期间对草地施行禁止放牧利用的措施。禁牧（grazing prohibition）是指长期禁止放牧利用，是一种对草地施行一年以上禁止放牧利用的措施。

2002年12月16日，国务院正式批准在西部11个省区实施退牧还草工程，计划从2003年开始，用5年时间，在蒙甘宁西部荒漠草原、内蒙古东部退化草原、新疆北部退化草原和青藏高原东部江河源草原，先期集中治理10亿亩草原，约占西部地区严重退化草原的40%。内蒙古于2003年4月全面启动退牧还草工程，是任务最多的自治区，涉及12个盟市的65个旗县，总规模为6亿亩，工程分两期进行：一期到2010年实现退牧还草4.5亿亩，二期到2015年实现退牧还草1.5亿亩。

2003年国家制定了退牧还草补偿标准，饲料粮补助期限为5年，每亩草场全年的补助标准如下。蒙甘宁西部荒漠草原、内蒙古东部退化草原、新疆北部退化草原，每亩草场全年禁牧补助饲料粮5.5千克，季节性休牧3个月补助1.375千克；青藏高原东部江河源草原，每亩草场全年禁牧补助2.75千克，季节性休牧3个月补助0.69千克。如补贴商品粮可按饲料粮的0.64折算，从国储库到牧民家的运费由地方政府配套支付。①

2005年国家增加了退牧还草工程的补助内容，禁牧、休牧、划区轮牧围栏建设，青藏高原地区每亩投资25元，其他地区每亩投资20元，其中中央补助70%，地方和个人承担30%。对工程区内部分重度退化草场实行补播，每亩补助草种费10元。青藏高原地区饲料粮补助年限提高到10年。从2004年起，原则上将饲料粮改为现金补助，每千克按0.90元计算。2002年至2004年全国退牧还草建设总规模达到1.9亿亩，总投资33.65亿元。②

3. 生态移民政策

这一政策是为适应禁牧、休牧政策而采取的牧民搬迁及转产措施。2002年，锡林郭勒盟在围封转移战略指导下率先启动生态移民工程，截至2006年底，内蒙古已实施退牧还草工程面积累计11398万亩，其中禁牧4341万亩，休牧6417万亩，划区轮牧640万亩。完成总投资22.0256亿元，其中国家投资16.0106亿元，地方投资6.015亿元。移民9227户42572人，其中农民1300户5400人，牧民7927户37172人。共建移民安置区93处，集中安置移民7336户32886人。国家累计投资2.34亿元（全部为国债资金）为移民每人补贴0.5万元，不足部分由农牧民自筹解决。移民中第一产业内部转产的有29345人，其中包括奶牛业20631人，种植

① 内蒙古自治区农牧业厅农牧业经营管理站：《内蒙古退牧还草试点方案调研》，内部资料，2006。

② 内蒙古自治区农牧业厅农牧业经营管理站：《内蒙古退牧还草试点方案调研》，内部资料，2006。

业 2252 人，西门塔尔牛养殖 5160 人，肉羊及绒山羊养殖 827 人，獭兔养殖 175 人，肉猪养殖 300 人。从第一产业转到第二、第三产业的有 13227 人，其中从事运输业的有 932 人，从事餐饮业的有 1241 人，从事加工业的有 685 人，还有从事商贸、服装业和民族工艺品行当以及其他方面工作的人。[①]

4. 植树种草和风沙源治理政策

这一政策，如“环京津风沙源治理工程”、毛乌素沙地治理等一系列工程的实施，给严重退化沙化的北方草原带来了生机。但由于配套的后续政策没有制定，这一政策也为经济社会的可持续发展埋下了隐患。

（三）增益性的生态奖补政策

2008 年前后，国务院发展研究中心农村部启动了一系列草原生态治理调查课题，这一系列调查研究，对草原地区由原来的惩戒式抑损补偿转为增益补偿起到了决定性作用。

1. 生态奖补的提出

2010 年中央一号文件《中共中央　国务院关于加大统筹城乡发展力度进一步夯实农业农村发展基础的若干意见》（2009 年 12 月 31 日）第 12 条指出：“构筑牢固的生态安全屏障……切实加强草原生态保护建设，加大退牧还草工程实施力度，延长实施年限，适当提高补贴标准。落实草畜平衡制度，继续推行禁牧休牧轮牧，发展舍饲圈养，搞好人工饲草地和牧区水利建设。”内蒙古自治区人民政府出台的一号文件《促进牧民增收》也指出：“自治区人民政府各有关部门要积极争取国家项目资金，进一步加大国家对草原生态保护建设和牧民生产生活的支持力度。”

2011 年 4 月 6 日国务院总理温家宝主持召开国务院常务会议，在该会议上温总理指出：“但必须清醒地看到，草原生态总体恶化趋势尚未得到根本遏制，草原畜牧业粗放型增长方式难以为继，牧民收入水平总体偏低，牧区发展仍然面临不少特殊的困难和问题。”温总理同时对牧区的发展提出，要加强草原生态保护建设，提高可持续发展能力。把保护基本草

① 内蒙古自治区农牧业厅农牧业经营管理站：《内蒙古退牧还草试点方案调研》，内部资料，2007。

原和保护耕地放在同等重要的位置。“实施禁牧补助和草畜平衡奖励，充分调动牧民保护草原的积极性。”会议还要求到2020年，全面实现草畜平衡，草原生态步入良性循环，牧区经济结构进一步优化，牧民生产生活条件全面改善，基本实现全面建设小康社会目标。党中央、国务院、自治区党委、政府的一系列政策，为牧区的生态恢复和发展注入了新的希望。

2. 草原生态补偿应属于增益补偿

生态补偿不同于对一般市场经济行为的补偿，它更多地依赖市场以外的资源重新配置，即由于存在市场失灵的因素而依赖政府行为。生态补偿的核心思想是使那些保护生态系统服务价值但又不能直接从市场中得到相应收益的人，得到一定的经济补偿。按照补偿实施的目的，草原生态补偿可分为抑损补偿和增益补偿。抑损补偿是一种赔偿性的补偿方式，增益补偿是一种激励性的补偿方式，即对生态保护和建设者给予经济上的补贴，对于生态保护和建设具有更积极的意义。增益补偿使人们更自觉、更主动，实施起来也更具可行性，但它要动用更多的社会财富。内蒙古自治区一号文件提出的奖励补偿制度，表明政府对草原的生态补偿开始由原来的抑损补偿向增益补偿转变，这也是该项目实施的一个重要历史契机。

七　总结与讨论

纵观几十年来我国草原牧区的变化进程，其发展趋势明显加快，这是社会经济演进规律使然，有其客观必然性，是不可避免的。一些市场社会主义的倡导者通过对垄断的资本主义和市场的社会主义进行比较，认为在经济运行的大部分时间内竞争是不成立的。实际上全球化是通过贸易、资金流动、技术涌现、信息网络和文化交流使世界范围内的经济高度融合。草原地区市场化的动因，从根本上来说，就在于牧区经济发展的需要和牧民对致富目标的追求。牧区经济要发展，就必须融入社会分工和市场化这个大熔炉中，大力提高经济的市场化程度。这是牧区经济兴旺发达的必由之路。制度不仅要与经济社会密切相关，也要顺应经济社会的变化做出适当的调整和改革。同时，制度的变迁，不仅要考虑这一制度系统内部的成本和收益，还要考虑到经济的整个制度系统所施加的外部性。如果外部性是负的，就必须考虑这一制度变迁所引起的整个政治经济系统的成本和收益。改革开放以来，随着金融资本全球化进程的推进，世界各国的经济伴随着商品和劳务的广泛输送、国际资金的流动、技术的传播，形成了相互依赖的关系，其直接表现为贸易、资本流动和技术转让。内蒙古市场化进程中的资源资本化问题，应该理解为一个动态的全球化过程。在具有社会公共资源性质的草牧场的经营（使用）过程中，牧民所依赖的草原畜牧业产业的弱质性，决定了牧民增收在全球化的大背景下，更需要政府的支持。制度与经济社会只有处在一个不断互构的过程之中，才能使经济社会持续发展。

第二讲　改革开放以来内蒙古草原牧区社会发展变化

改革开放后农业管理体制的发展和变迁，是由高度集中的计划管理体制逐步走向市场化的过程，是由单一的行政计划、控制走向利用市场机制进行间接调节的过程。[①] 下面从宏观角度对改革开放以来内蒙古草原牧区社会发展在国家、市场和牧民之间的互动中遇到的挑战和问题做一简单的分析。

一　改革开放以来牧区社会发展变化特点

村落是社会学对农村社区的分析单元，又是农村社区的结构形态，有必要先把牧区中的“浩特”与农村社区中的“自然村”做一些比较。

（一）牧区社区经历了由出现到逐步削弱的一个过程

自然村是自然而然形成的村落，在其形成过程中，一般很少有行政力量的干预。由于人口和家庭数量较多，居住比较集中，密度较大，自然村也能基本发挥社区的整体功能。浩特是指相对集中的牧民居住点，一般由几户人家组成，与农业社会的自然村是两个不同的概念。

清朝对蒙地实行盟旗制度，进一步确定牧界，牧民被限制在旗境之内或王爷牧主所辖牧场之内，不能随便易地迁徙。1947~1957 年，国家实行自由放牧制度，牧民可以跨区域放牧，当时推行年轻人游牧、老年人定居的半游牧半定居政策，在定居点出现了具有业缘意义的简单社区。随着牧

① 张晓山、李周主编《新中国农村 60 年的发展与变迁》，人民出版社，2009，第 235 页。

区人民公社的建立，统一生产、统一分配、集体农庄制取代了社区，社区特征消失或者社区退缩到畜群点。随着畜草双承包制的引入和人民公社的解体，牧民的家庭功能被强化，牧户间自主地出现了微小社区。

1998 年草场二轮确权以后，牧民彻底定居下来，只能在自己的草场上放牧，同时草场使用引入了市场机制，出现了完全以市场供销为规则的租借、协商。牧区税费减免以后，牧民的单位以家庭为主，牧区社区不断瓦解和削弱。内蒙古牧区不同时段的社区和特征见表 2-1。

表 2-1　内蒙古牧区不同时段的社区和特征

时段	生产规模	技术特征	劳动分工	权力等级	家庭结构	社区特征	社会特征
1949 年前	家庭经营	游牧	单一畜产品生产、依赖外部进行交换	牧民主要生产者、王公、贵族拥有经济军事权力	母主家庭（matrifocal family）为主的扩展家庭	逐水草而居，很难形成稳定的社区	科层制、部分人身依附的氏族制社会
1949～1957 年	家庭经营、互助组、合作社	生产游牧、居住出现了半定居	牧民生产产品、多元经济组分销售、加工	牧民主要生产者、国家取缔了特权阶层行使管理	扩展家庭（extended family）	半定居，出现了简单的业缘社区	政治动员性社会
1958～1983 年	集体经营	半游牧、半定居	劳动分工精细、集体生产、国家代表全民统购统销	二元经济结构下的类城镇居民	核心家庭（core family）	统一生产、统一分配、集体农庄制取代了社区，社区特征消失	国家社会一体的政治性社会
1984～1997 年	家庭经营	定居放牧、舍饲	个体生产、市场配置生产要素	社会分层	扩展家庭（extended family）	彻底定居小牧回归、劳动互助出现了牧区社区	国家社会一体的政治性社会
1998～2004 年	家庭经营	定居放牧、舍饲比例增加	家庭生产的社会化	社会资本开始决定家庭的收入	扩展家庭减少、核心家庭增多	牧区社区在消失	国家社会一体的政治性社会

续表

时段	生产规模	技术特征	劳动分工	权力等级	家庭结构	社区特征	社会特征
2005~2017年	家庭经营	舍饲、放牧	中老年人为家庭生产者、年轻人多为消费者	制度（资本）决定牧户收入	核心家庭（core family）	社区特征基本消失	国家社会一体的政治性社会

资料来源：《达林太调研笔记》，2000~2019。

（二）快速市场化下的牧区社会结构逐步分化

实际上1978年以后，中国开始了一场新的乡村社会动员运动，这场运动的经济内涵是家庭联产承包责任制的推广，而政治内涵则是乡村民主自治选举的实行。[①] 20世纪80年代早期的农村改革瓦解了大部分的农村公社并引进了家庭联产承包责任制，宣告家庭耕作新时代的到来。虽然土地的所有权仍掌握在国家手中，在法律上仍然实行国家所有制，但土地使用权已转移给家庭。在这里引入的所有制归类为一种混合了部分私有化的公共所有制。虽然家庭没有获得出售土地的权利，但大部分家庭获得了为期15年的使用权和经营权，该使用权和经营权每30年更新一次。

以承包制为标志的土地改革使内蒙古牧区引入了市场机制，在市场化的进程中，草原牧区发生了许多过去从来没有的变化。一方面，由于草地的条块分割，草地生产力下降，依附于草地的畜牧业不断萎缩，生产成本逐年增加，牧民收入下降；另一方面，包括过去由集体提供的医疗、教育，一些由政府提供的社会化服务，使牧民的生产和消费快速市场化。同时后税收时代的撤乡并镇，使牧区的牧民和国家的关系由原来的经济和社会关系，演变为单一的社会管理关系，这一切导致牧区的两极分化等社会问题。

可以说1978年以来，牧区的分化主要是制度与市场的作用。一部分人抢占先机，利用草场产权的不完备而扩大畜群，利用国家的增畜增产政策迅速致富。改革开放以来，由于市场机制的引入，尽管草场的所有权是集

① 张晓山、李周主编《新中国农村60年的发展与变迁》，人民出版社，2009，第236页。

体的，不会出现由土地买卖造成的牧区社会结构分化，但利益格局的失衡，是造成牧区社会分化的一个重要原因。

（三）牧区社会组织及变迁

在经济市场化进程的强力影响下，内蒙古牧区社会组织发生了深刻的变化，主要表现在两个方面：一是以牧业社会化服务组织为代表的多样化牧民社会组织的兴起；二是苏木（乡镇）等行政性组织机构的合并和减少。

1. 人民公社前牧区生产社会组织的多样性（1947~1957 年）

20 世纪 50 年代后期，席卷全国的人民公社化运动将农村牧区的各种社会组织铸就成大一统的政社合一的机构——人民公社，当时被誉为“由集体所有制向全民所有制过渡的最好的组织形式”“由社会主义向共产主义过渡的最好的组织形式”。在此之前，农村牧区的社会组织还有一定程度的多样性，从经济组织来看，比起农村的合作社、供销社和信用社三社分立的迅速兴起，人民公社使牧区的合作化进程更加稳健。从一份内蒙古的历史资料可以看出，1957 年，苏尼特左旗牧区还没有生产合作社，基本的社会组织形式是互助组，出现了供销社，同时保留了一部分单干户，都拥有一定的人口、牲畜数量和其他生产生活设施（见表 2-2），多样的组织生产形式，促进了当时经济和社会的发展。

表 2-2　苏尼特左旗 1957 年社会调查

	供销社	常年互助组	季节性互助组	小计	单干户	其他	总计
单位数（个）	8	112	29	149	0	0	149
户数（户）	161	1373	174	1708	124	167	1999
人口（人）	554	4835	572	5961	448	180	6589
劳动力（人）	287	2216	322	2825	213	88	3126
牲畜数量（头只）	32682	303959	45596	382237	26720	50252	459209
蒙古包（顶）	181	1674	215	2070	152	212	2434
房屋（间）	47	493	495	1035	81	1056	2172
车（辆）	184	1495	193	1872	169	217	2258

续表

	供销社	常年互助组	季节性互助组	小计	单干户	其他	总计
棚（个）	8	1296	49	1353	163	9	1525
圈（个）	176	591	50	817	46	13	876
抽水机（台）	7	42	8	57	1	8	66
帐篷（顶）	354	3533	547	4434	240	156	4830
打草机（台）	2	0	0	2	0	0	2

资料来源：根据苏尼特左旗农牧业局畜牧业经营管理站历史资料整理。

2. 改革开放以后牧区社会组织的变化

改革开放以后，在经济市场化大潮的推动下，内蒙古牧区社会组织发生了巨大的变化。社办企业、供销社、信用社、妇联、学校等社会组织也开始有了自主活动的较大空间。但此时牧区的经济经营模式，仍然不能满足广大牧民与社会化大市场对接的需求，以畜牧业社会化服务组织为代表的牧民组织的兴起很好地满足了这一新的需要，同时带动了牧区其他一些科技、信息、文化等牧民自主组织的产生，为牧区公民社会的兴起创造了条件。

内蒙古牧区社会组织发生深刻变化的另一个主要表现是苏木（乡镇）等行政性组织机构的合并和减少。1978~2007 年内蒙古牧区基层组织变动情况见图 2-1。

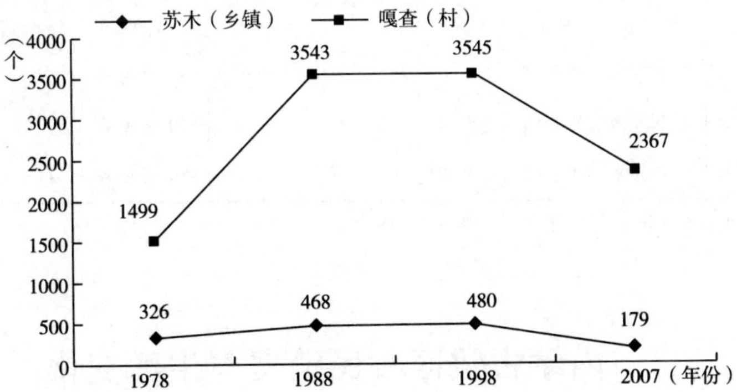

图 2-1 1978~2007 年内蒙古牧区基层组织变动

资料来源：《内蒙古统计年鉴 2008》。

改革开放之初，为适应施行家庭经营制度的需要，内蒙古牧区苏木（乡镇）组织曾有一个阶段被细化，数量大增，苏木（乡镇）的个数由1978年的326个增加到1998年的480个，嘎查（村）由1978年的1499个增加到1998年的3545个。2002年前后推行牧区税费体制改革，免除了牧业税和行政性收费，牧区基层财政体制有了很大改变，牧区基层组织也发生了很大变化，集中表现为苏木（乡镇）区划的合并和扩大。到2007年，内蒙古牧区的苏木（乡镇）组织已由1998年的480个锐减到179个，嘎查（村）数也由3545个减为2367个。1954~2017年典型牧区阿拉善左旗基层组织变化见表2-3。

表2-3 1954~2017年典型牧区阿拉善左旗基层组织变化

	基层组织数目	生产大队、嘎查（巴格）等数目
1954年	6个苏木	36个巴格
1958年3月	20个苏木	20个巴格
1958年9月	17个人民公社	107个大队
1960年	17个人民公社	107个大队
1961年4月	19个人民公社	92个大队
1970年	27个人民公社、3个镇	—
1980年5月	23个人民公社、3个镇	150个生产大队、24个居委会
1983年	23个苏木、3个镇、1农场	150个嘎查、24个居委会
1990年	23个苏木、5个镇、1个行政管理区、1个农场	156个嘎查、37个居委会
1999年	19个苏木、9个镇	159个嘎查、53个居委会
2005年	5个苏木、8个镇	139个嘎查
2010年	5个苏木、8个镇	139个嘎查
2017年	6个苏木、9个镇、4个街道	139个嘎查

资料来源：《达林太调研笔记》，2000~2019年。

二 内蒙古牧区牧民消费与生活变化

中国“十一五”规划中特别指出：“要进一步扩大国内需求，调整投资和消费的关系，增强消费对经济增长的拉动作用。”这实际是对客观经济规律的准确反映和科学运用。在中国，占人口大多数的仍然是农牧民，扩大内需的潜力也来自农牧民，市场要靠这些人拉动。农牧民属于消费倾向高、消费潜力大的群体，一旦收入大幅增长，消费必然会快速增长并促进生产力的增长。

（一）牧区牧民总消费水平的变化

2000 年以后，尽管农牧民消费已出现加速增长的迹象，但长期的二元经济结构导致的农牧民低收入、低消费状况尚没有根本改变。

1. 牧区牧民的消费低于城镇居民

2010 年，农牧民收入水平比城镇居民收入水平落后 10 年，消费水平落后于城镇居民消费水平 15 年左右，这些差距要靠我们以一系列新的惠农惠牧政策措施来改变。要通过一段时间的努力，改变有碍人们正常消费意识形成的医疗体制与政策、教育收费政策等公共政策，使农牧民不再担忧看不起病、上不起学，缩小城乡差距，大幅度提高农牧民收入，使农牧民真正免除后顾之忧，敢于适度消费，提高生活质量。

从牧区来看，收入是消费的决定因素，只有收入增加了，才能谈得上消费的提高和生活质量的改善。要转变凭单纯收入指标高估牧民生活水平的思想，实事求是地看待牧区、畜牧业和牧民问题。牧区经济的快速发展，是牧民生活消费水平提高的有效保证，合理公平的分配也会刺激牧民的消费。

2. 牧区牧民总消费水平的变化

牧民在许多方面同农民有很大区别，但是由于种种原因，中国的牧民在一定政策意义上，一直包括在农民这个大群体之中，而它的特殊性未受到关注。人们对牧民一般化的了解和个性化的深入研究都不够。基于研究的需要，本书把内蒙古牧区牧民消费的变化状况单独列出，予以关注。1990~2007 年内蒙古居民人均消费支出情况见图 2-2。

1978 年牧民平均每人全年生活消费支出约为 188 元，当时没有牧户消费支出调查统计，因为社员基本没有生产支出和积累，因此牧户纯收入大体相当于消费支出。

1988 年牧民平均每人全年生活消费支出为 681.45 元，1998 年为

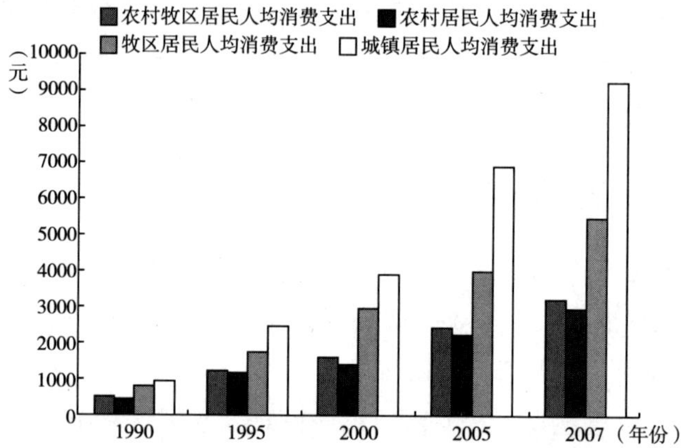

图 2-2　1990～2007 年内蒙古居民人均消费支出

资料来源：历年内蒙古统计年鉴。

2608.08 元，2000 年为 2958.94 元，2007 年为 5487.05 元（见图2-3）。[①] 按可比价格计算，2007 年内蒙古牧民平均每人全年生活消费支出约为 1978 年的 5.01 倍。

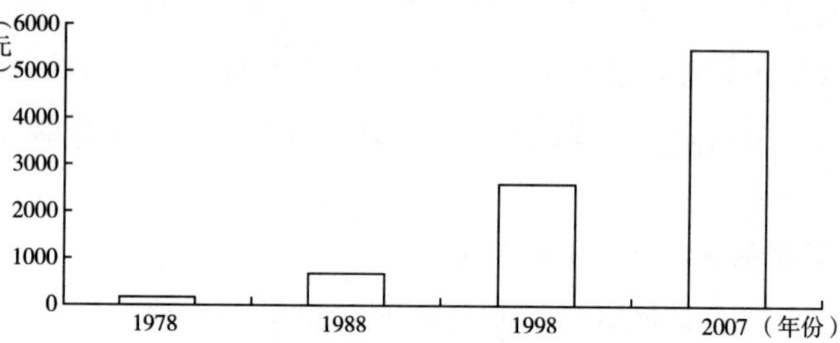

图 2-3　1978～2007 年内蒙古牧民平均每人全年生活消费支出

资料来源：国家统计局内蒙古调查总队编《内蒙古经济社会调查年鉴（2008）》，中国统计出版社，2008。

（二）内蒙古牧区牧民消费结构的变化

据统计资料分析，1988～2007 年牧民消费结构中排前三项的是吃、

① 国家统计局内蒙古调查总队编《内蒙古经济社会调查年鉴（2008）》，中国统计出版社，2008。

住、教育。尤其是纯牧区由于商品依赖性强，生产生活的绝大部分要靠市场交易来实现。牲畜既是生产资料又是生活资料，如果没有牲畜，牧民的生存都会受到威胁，这也和中国的农区不同。

1. 在生活消费支出中食品消费仍旧排在第一位

在消费水平提高的同时，内蒙古牧民家庭消费结构发生了很大的变化。一是恩格尔系数下降，食品消费支出占生活消费支出的比重，由1988年的46.2%下降为2007年的32.5%；二是反映现代生活消费的家用电器、交通通信、文教娱乐用品及服务消费等支出，占生活消费支出的比重明显上升，与2004年相比，2005年牧民消费支出中交通通信、文教娱乐用品及服务、其他商品及劳务三项增长幅度最大，分别达到了36%、34%、39%。[①] 2000年人均文教娱乐用品及服务消费支出为387.44元，比1995年增加16倍多，2007年人均文教娱乐用品及服务消费支出为643.02元。撤乡并镇政策的实施，使部分乡镇学校被取消，为了方便和照顾子女上学，"陪读"现象在牧区已较为普遍，这使文教娱乐用品及服务费用有所增加。据2006年统计资料分析，其他商品和劳务增加了41%，交通通信增加了38%，文教娱乐用品及服务增加了36%。内蒙古自治区2005年的CPI指数在2004年的基础上增长了1.8%，扣除CPI的影响，同比都在上升，价格上涨使内蒙古牧区牧民平均个人生活消费支出比2004年上涨了14%。2007年和2006年相比，交通通信减少了，文教娱乐用品及服务在下降，由于近几年燃料费用大幅上涨，其他商品及劳务费用上涨幅度还会呈上升趋势，其他商品及劳务支出增加了78.59%。由于畜牧业规模的缩减，部分牧民家庭向农业以及第二、第三产业转移。扣除CPI的影响，其他商品及劳务增长幅度最大为66.29%，牧区出现劳动力"倒灌"，即部分其他产业的劳动力开始向牧区的第一产业转移，这可能与畜产品价格上涨、劳动力价格上涨、休禁牧劳动量增加有关。同时由于劳动力价格的上涨，其他商品及劳务费用也迅速上升。牧民消费支出的增加部分来源于畜牧业生产费用的分流。[②]

内蒙古自治区2007年的CPI指数在2006年的基础上增长了1.07%，扣除CPI的影响，同比都在上升，价格上涨使内蒙古牧区牧民平均每人全

---

① 内蒙古自治区统计局编《内蒙古统计年鉴2006》，中国统计出版社，2006。

② 《达林太调查笔记》，内蒙古自治区农牧业厅农牧业经营管理站访谈，2006。

年生活消费支出比2006年上涨了7.25%。同时，由于集体经济的双层经营基本上以家庭经营为主，生产性消费支出大幅度上升，家庭经营费用支出占全年总支出的比重，由1988年的24.68%猛增到2007年的43.84%。涉及公共领域的消费，牧民家庭的教育消费持续上升，仅次于吃、住列第三位。这一方面反映了牧民对子女教育问题越来越重视；另一方面也反映了牧区由于分散居住、交通不便、长期住校或家长陪读等原因，上学成本高，甚至有些家庭为了孩子的学业还要贷款、借债。

从消费排序看，1980年依次是吃、衣、用、住等；1988年依次是吃、衣、住、用等；2000年依次是吃、住、衣、用等；2007年依次是吃、住、衣、用等（见图2-4）。从消费排序可以看出：改革开放以来，在牧民的生活消费中，食品消费支出一直排在第一位。据2006年统计资料分析，2005年比2004年食品消费支出增加4.5%，2007年比2006年食品消费支出增加17.11%。

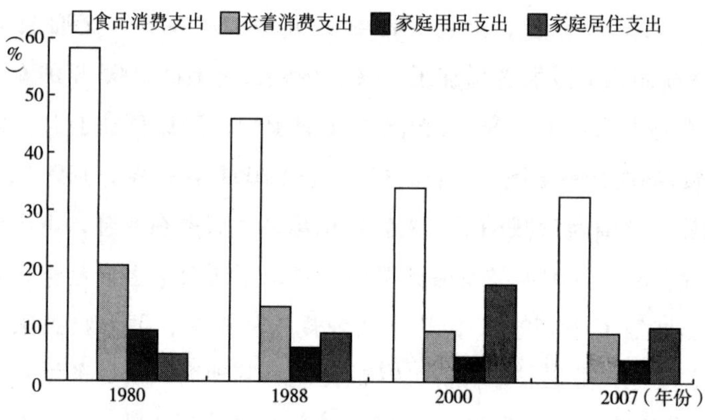

图2-4　1980~2007年内蒙古牧区牧民家庭消费结构变动

资料来源：历年内蒙古统计年鉴。

从消费类别看，改革开放以来牧民家庭的消费结构发生了一定的变化。牧民家庭消费支出中食品消费支出在增长，而比重整体呈下降趋势（见图2-5）。1980~2000年，食品消费支出由117.00元增至1000.02元，比重由58.21%降至33.80%，2007年增至1782.52元，比重降为32.50%。

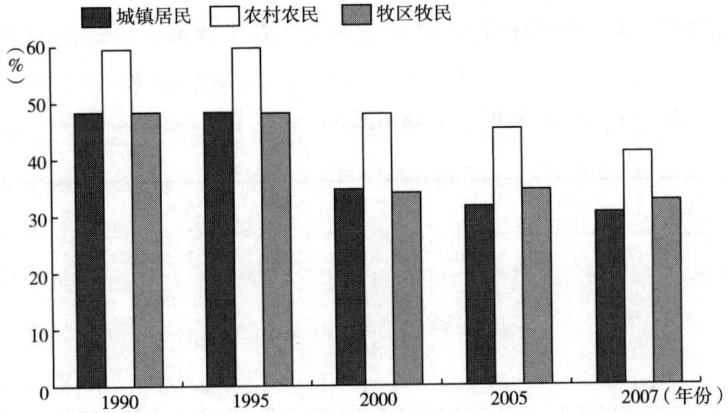

图 2-5　1990~2007 年内蒙古自治区居民恩格尔系数的变动

资料来源：历年内蒙古统计年鉴。

2. 从食品内部结构看，牧区牧民由吃饱向吃好方向发展

主食支出 1995 年达到新高之后下降，而比重却一直下降。1980~1995 年从 44 元增至 288.07 元，比重从 1980 年的 21.89% 降至 1995 年的 16.35%、2000 年的 8.92%；2007 年主食支出为 310.61 元，比重降为 5.66%。副食支出在增长，比重总体呈下降趋势。1980~2000 年副食支出从 32.00 元增至 395.61 元，比重从 15.9% 降至 13.37%；2007 年副食支出为 750.43 元，比重降为 13.68%。考虑到物价上涨因素，说明内蒙古牧区牧民由吃饱向吃好方向发展。

食品消费在总量有所增加的同时，品种结构明显改善。主要表现在粮食消费略有增加，而蔬菜和肉类、家禽、蛋类消费量增长幅度较大。在食物方面，随着饮食结构的变化，饮食消费结构也产生了极大的变化。在饮食消费中，商品食物增多了，牧民自己生产的食物所占的比重降低了。在一些牧区，牧民在夏天购买冷冻肉，而在传统社会里，不仅一年四季的肉类是自产的，而且其他一些食物，如炒米也是自己生产的。1978 年和 2007 年牧民人均全年食用油消费量均为 3.03 千克，1978 年食用植物油占食用油消费总量的 26.7%，2007 年上升为 92.1%，食用动物油所占比重则相应下降（见表 2-4）。动物油逐步被植物油代替，反映了食品商品化正在取代传统的自我供给。2007 年人均消费肉类是 44.48 千克，和 1956 年牧民消费的肉类66.5千克相比，有所下降。[①] 2007年牧民人均消费粮食为158.92千克，与1956年人均消费粮食130千克[②]相比有所增加。

表2-4 1978~2007年牧民家庭人均全年主要食品消费量变化

单位：千克

年份	粮食（成品粮）	蔬菜	植物油	动物油	肉类	家禽	蛋类
1978	147.50	41.00	0.81	2.22	23.84	0.01	0.49
1988	148.98	90.38	1.54		30.00	1.32	0.40
1998	209.36	57.01	2.61	0.30	36.11	0.17	0.54
2007	158.92	55.35	2.79	0.24	44.48	1.21	1.13

资料来源：国家统计局内蒙古调查总队编《内蒙古经济社会调查年鉴（2008）》，中国统计出版社，2008。

3. 衣着消费支出、家庭用品支出在增长，比重呈下降趋势

1980~2000年，人均衣着消费支出从41.00元增至266.35元，而比重则从20.40%降至9.00%。2007年人均衣着消费支出为482.02元，比重降为8.78%。考虑到物价上涨因素，说明牧民家庭衣着消费支出呈下降趋势。

家庭用品支出1995年以后下降，总的比重趋势是下降的。1980~2000年，人均家庭用品支出从18元增至140.83元，比重从8.96%降至4.76%。2007年为240.45元，比重降为4.38%。

4. 牧民家庭居住支出及比重呈先上升后下降的趋势

1980~2000年，家庭居住支出从10.00元增至507.22元，比重从4.98%升为17.14%。2007年为547.43元，比重降为9.98%。这说明1980~2000年这一时段，牧民家庭对改善住房条件的要求增强。牧民家庭居住支出快速增长，这一方面反映出牧民家庭越来越重视住房质量和舒适程度，另一方面反映出盖房等所需的材料价格昂贵。

（三）牧民的居住面积和耐用消费品的变化

1. 家庭户型的变小和人均居住面积的增加

家庭户型变小，由几世同堂变为年轻人分家，平均每户常住人口由

① 林蔚然、郑广智主编《内蒙古自治区经济发展史》，内蒙古人民出版社，1990。

② 林蔚然、郑广智主编《内蒙古自治区经济发展史》，内蒙古人民出版社，1990。

1978 年的 5.94 人减少为 2007 年的 2.68 人；劳动力增加，在户型大为缩小的情况下，户均整劳动力和半劳动力由 1978 年的 2.45 人增加到 2007 年的 2.68 人。又据自治区农调队的调查，牧户常住人口在下降，1996~2007 年平均增长率为-1.89%，调查牧户的户型在缩小，每户常住人口平均增长率为-1.86%，平均每个劳动力负担人口也在下降。随着家庭户型的变小，牧民家庭生活方式的变化，人均居住面积在增长。2000 年牧民人均居住面积为 15.95 平方米，其中砖木结构面积为 7.92 平方米。2007 年牧民人均居住面积为 22.47 平方米，其中砖木结构面积为 14.01 平方米。与 1985 年、1990 年、1995 年相比有不同程度的增长。

2. 牧民耐用消费品

居民消费水平的提高还表现在消费质量的改善和提高上。2000 年牧民家庭平均每百户拥有电视机 87.96 台，其中彩色电视机 29.63 台；录音机 78.24 台、摩托车 75 辆、洗衣机 6.48 台（见表 2-5）。与 1995 年相比，电视机、录音机、摩托车趋于饱和状态，而新的高档耐用消费品彩色电视机、照相机、电冰箱、洗衣机增长较快。牧民家庭的生活环境和精神文化消费也都有很大的改善和提高。在出行方面，牧区消费变化更是巨大，摩托车普及化。

表 2-5　1978~2007 年牧民家庭平均每百户耐用消费品拥有量变化

年份	自行车（辆）	缝纫机（台）	电风扇（台）	风力发电机（台）	电视机（台）	录音机（台）	洗衣机（台）	摩托车（辆）
1978	26.25	27.50	—	—	—	—	—	0.00
1988	88.00	79.00	—	42.00	42.00	49.00	5.00	30.00
1998	65.83	92.50	1.25	48.75	74.17	73.33	7.92	68.75
2000	—	—	—	—	87.96	78.24	6.48	75
2007	11.82	—	—	—	109.09	—	37.73	117.73

资料来源：国家统计局内蒙古调查总队编《内蒙古经济社会调查年鉴（2008）》，中国统计出版社，2008。

牧民家庭平均每百户耐用消费品拥有量的变化，充分反映了牧民出行方式和联络方式的改变、家务劳动的机械化和社会化、文化娱乐生活的丰富等。基本的出行工具，自行车拥有量由增到减，而平均每百户摩托车拥有量由1978年的0辆增加到2007年的117.73辆；进入21世纪，安装电话的牧民增多，青壮年中手机的普及率大幅度提高，现代通信工具迅速进入牧民家庭；洗衣机从无到有，说明家务劳动开始机械化；电视机从无到有，至2007年已发展到平均每百户拥有109.09台，说明牧民的文化生活在改善。统计年鉴年度统计数据是一个累计数据，如果就现阶段的统计年鉴分析牧民每百户耐用消费品拥有量，而不考虑其购买年代、使用期限及购买时价，就会得出一些很意外的结论。据我们实地调研，牧民的电视机有一大部分是20世纪80年代购买的，其使用年限已经有20多年，其实已经属于报废产品，但这一部分往往也包含在统计年鉴中。

3. 典型牧区苏尼特左旗牧民主要耐用消费品

从耐用消费品拥有量来看，在城市已经普及的彩色电视机在苏尼特左旗百户牧民中只有26台，其中有17台是2000年以前购买的，在城市基本快要普及的计算机在苏尼特左旗百户牧民中只有1台，百户牧民只有6台电冰箱（见表2-6）。

表2-6 苏尼特左旗百户牧民主要生产设施及耐用消费品拥有量

项目	计量单位	1995年前购买	1996~2000年购买	2001~2005年购买	2006~2008年购买	总计
空调	台	0	—	—	—	—
电冰箱	台	—	3	1	2	6
风力发电机	台	39	32	7	1	79
移动电话	部	—	—	19	84	103
电话机	部	—	3	13	4	20
彩色电视机	台	9	8	6	3	26
黑白电视机	台	59	9	3	—	71
计算机	台	—	—	—	1	1
影碟机	台	5	7	5	3	20
热水器	台	—	—	—	1	1
照相机	架	—	—	1	3	4
收音机	台	79	11	9	3	102

资料来源：依据调查结合统计年鉴数据制表（2008）。

从耐用消费品的购买年代分析，有1/3是1995年以前购买的。在调研的百户牧民中，使用风力发电机的有62户，占拥有量79台的78.4%，靠蜡烛照明的有38户。

（四）牧民的生活消费与生产消费增长相互影响

研究牧民的生活消费，必须考虑其与生产消费的关系，在经济市场化不断推进的过程中，伴随着30多年来的经济增长，物价水平也在不断攀升，消费品价格和畜牧业生产资料的价格也日益上涨。由于牧民居住分散，并且远离城市，牧民在购买所需要的生活用品和生产资料时，还需要支付额外的交通和运输费用。畜牧业经济的脆弱性，使生产消费支出受很多不确定因素的影响，这也会影响牧民生活消费的支出。又由于牧民教育、卫生的市场化，生活消费的商品化，牧民生活的自给性消费逐步减少，反过来又制约了生产消费的支出，生产消费减少，往往不利于畜牧经济的持续发展，反过来又会影响牧民生活水平的提高。

1. 改革开放以来生产消费增加挤占了生活消费的支出

图2-6是1978~2007年内蒙古牧区牧民不同时段的各类消费支出，从图中可以看出牧民的各类支出逐年攀升，生产消费支出和生活消费支出的差距在缩小。

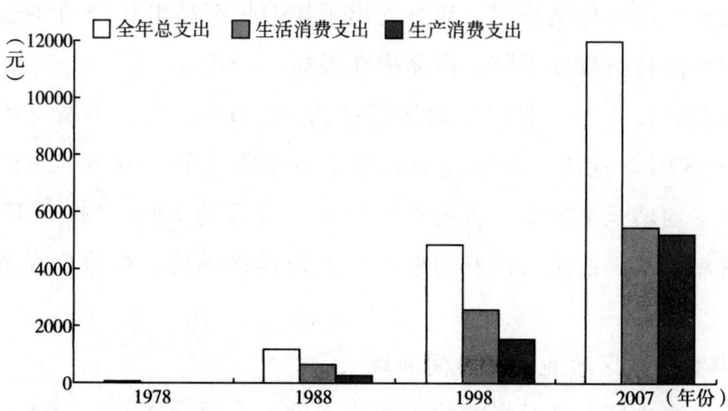

图2-6　1978~2007年内蒙古牧区牧民不同时段的各类消费支出

资料来源：历年内蒙古统计年鉴。

从表 2-7 可以看出，牧区牧民的生产费用在逐年上升，在收入逐年减少的状况下，生产费用的上升也挤占了牧民的生活消费支出。

表 2-7 内蒙古牧区调查牧民不同时段平均每人支出类别及年支出

单位：元

支出	1995 年	2000 年	2005 年	2007 年
总支出	3348.88	6569.29	8843.59	11940.71
家庭经营费用支出	1092.50	2599.41	4085.68	5235.18
生活消费支出	1762.18	2958.9	4655.48	5487.05
其他非生产性支出	494.2	1010.98	102.43	1218.48
现金支出	1308.13	2223.48	3911.17	5076.3
生产费用	509.33	833.36	1910.02	2306.06
缴纳税金和上交	0	219.15	9.09	9.11
生活消费支出	798.8	1170.97	1992.06	2761.13

资料来源：内蒙古自治区农调队历年调查数据。

1996~2007 年，调查牧户 12 年中总支出的平均增长率为 11.18%，调查牧户 12 年中现金支出的平均增长率为 11.96%（见图 2-7）；同期调查牧户的现金支出平均增长率，比总支出平均增长率高出 0.78 个百分点，说明生产和生活自给率在下降，商品率在提高。

同期调查牧户生产费用平均增长率为 13.41%；生活消费支出平均增长率为 10.89%。这两项都超过了调查牧户总收入和纯收入，生产费用和现金支出平均增长率较高，说明这一时期被调查的 2060 户牧户 12 年间的生产经营靠不断压缩生活消费和缩小生产规模来维持，即牧户经济在不断萎缩。

2. 内蒙古牧区牧业生产中间消耗

牧业生产中间消耗是影响牧民纯收入的一个重要指标，与牧民的生活消费呈负相关。影响畜牧业生产中间消耗的因素有很多，有宏观的经济政策因素，也有微观的如灾害、社会化服务、市场供给等因素。

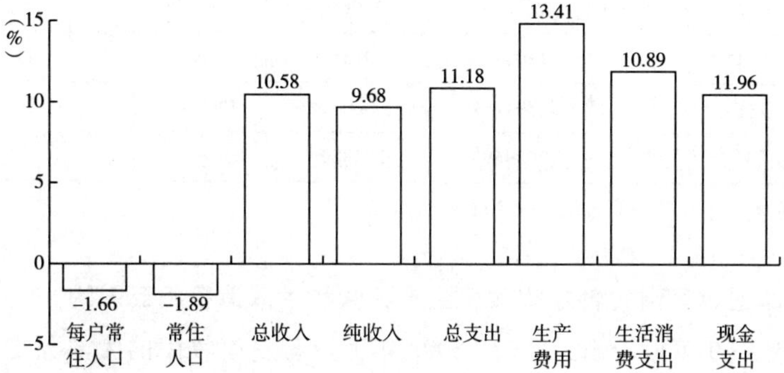

图 2-7　1996~2007 年内蒙古牧区调查牧户人口、收入和各项费用平均增长率

资料来源：根据内蒙古自治区农调队的历年调查数据制图。

2006 年的统计年鉴显示，2005 年牧业生产中间消耗比 2004 年增长了 21.82%，其中饲料饲草价格上涨幅度最大，为 25.49%，燃料、用电量、畜牧用药品增长幅度超过了 20%。从表 2-8 可以看出，2006 年牧业生产中间消耗比 2005 年又增长了 11.39%，其中燃料上涨的幅度最大，为 15.79%；饲料饲草、用电量、畜牧用药品的增长幅度均超过了 8%。2007 年我国 CPI 指数比 2004 年上涨了 9.6%，牧民家庭平均生活消费支出进一步加大，同时用于牧业生产投入分向消费支出的比重增大，牧业生产规模在 2006 年的规模上进一步萎缩。

表 2-8　2005~2006 年内蒙古牧区牧业生产中间消耗

单位：万元，%

	2005 年	2006 年	增加值	增长
用种量	37270	40348	3079	8.26
饲料饲草	1614500	1804556	190056	11.77
燃料	42284	48961	6677	15.79
用电量	41994	45660	3666	8.73
畜牧用药品	35092	38485	3393	9.67
其他	37286	40065	2779	7.45

续表

	2005 年	2006 年	增加值	增长
物质消耗小计	1808425	2018175	2096. 50	11. 59
生产服务支出小计	291267	320824	29557	10. 15
牧业中间消耗合计	2099693	2338899	239207	11. 39

资料来源：2007 年内蒙古经济社会调查年鉴。

3. 典型牧区阿拉善左旗牧民生产经营和生活消费相互影响

从表 2-9 可以看出，2003~2008 年阿拉善左旗牧民的大部分支出逐年增加。能代表牧民扩大再生产的购置生产性固定资产支出一直不高，2003 年是 358 元，在 2003 年的总支出中只占 5. 1%。2008 年购置生产性固定资产支出是 433 元，考虑到物价的上涨，该项支出应该是下降了，这说明牧民的扩大再生产处于萎缩状态。受物价上涨和牧民转移集中的影响，牧民的生活消费支出逐年增加。

表 2-9 2003~2008 年阿拉善左旗牧区住户调查数据

单位：元

支出	2003 年	2004 年	2005 年	2006 年	2007 年	2008 年
总支出	7022	8060	9866	12122	12027	14444
家庭经营支出	3307	3945	4475	6268	6797	7463
购置生产性固定资产	358	441	965	338	203	433
生活消费支出	2971	3287	3902	4081	4600	5271
财产性支出	8	51	107	958	—	146
转移性支出	334	336	417	477	427	1131
税	44	—	—	—	—	—

注：2003 年牧民开始舍饲圈养，购买舍饲设施增加。

资料来源：根据阿拉善盟统计年鉴整理。

2004 年牧业税减免，但嘎查管理费和一事一议等转移性支出总体仍呈增加趋势。在城市，所有的公共用品都由政府提供，在牧区牧民的公益劳动及其贡献，没有纳入货币化计酬范围，不由国家财政负担，牧区的道路及公共设施建设还得通过牧民经过一事一议解决。

三　改革开放以来牧区教育变化

牧区经济市场化进程的深入推进，需要大批新型牧民，他们应该是有文化科学知识、懂经营管理的人才，是“走出去”能转产就业的人才。与城市相比，牧区社会事业发展依然落后，在教育方面，牧区受教育水平远远低于城市。

（一）改革开放以来内蒙古民族教育的成就

改革开放初期，我国义务教育管理体制仍然延续了改革前“国家办学，政府管理”的模式。1985 年 5 月，我国召开了改革开放以来的第一次全国教育工作会议，会议通过了《中共中央关于教育体制改革的决定》。针对活动不足、教育资源不合理等问题，先从教育体制入手，有系统地进行改革。在加强宏观管理的同时，坚决实行简政放权，扩大学校的办学自主权。关于义务教育体制，该决定明确要求发展基础教育的责任交给地方，有步骤地实行九年义务教育，九年义务教育由地方负责，分级办理。[①]

《中共中央关于教育体制改革的决定》于 1985 年公布，此后，教育体制改革在全国各地展开，农村教育管理权开始下放到地方。内蒙古自治区在贯彻中央精神的基础上，大力发展民族教育，到 1988 年全区各级高等学校蒙古族在校生有 7490 人，平均每万人中有 24.4 人，不仅高于全区的水平，而且高于全国的水平。[②] 内蒙古自治区民族教育的发展基本情况如下。第一，以蒙语授课为主，形成了从学前教育到高等教育的教学体系，并且从三年级开始加授汉语课。据统计，全区接受蒙语授课的学生占蒙古族学生总数的 66.8%。其中高等学校、中等学校和初等学校分别有 44%、63.8%、69.1% 的蒙古族学生接受蒙语授课或加授蒙古语文。第二，以汉语授课为主，到小学三年级加授蒙语课，直到高中为止，高中以上接受汉语授课。第三，

---

① 陈锡文、赵阳、陈剑波、罗丹：《中国农村制度变迁 60 年》，人民出版社，2009，第 292 页。

② 林蔚然、郑广智主编《内蒙古自治区经济发展史》，内蒙古人民出版社，1990，第488 页。

从小学起接受汉语授课。这种情况大多数是散居在汉族人口中的蒙古族学生及城市居民和干部子女，其附近没有蒙语授课的民族学校，或者学生已经失去本民族语言。这种情况下，可根据群众的意见和需要而定，政府不强求。第四，东部的三个自治旗，因为有语言没有文字，用什么语授课，由三个自治旗政府根据当地的情况自定，自治区没有硬性规定。根据牧区居住分散的特点，牧区的民族教育大多采取了“两主、一公”的办法，即寄宿制为主，助学金为主，公办中小学。由于当时政策扶持得当，1988 年在全区的各类学校中少数民族学生有 67.64 万人，占学生总数的 18.9%，高于全区少数民族人口 17.9%的比重，其中蒙古族学生 57.16 万人，占 15.9%，高于其占总人口 14.8%的比重。[①] 到 1996 年底，全区 106 所普通中专中，有 38 所设置了民族班，19 所普通高等院校中，有 10 所设置了民族语言授课专业和民族班，50 年累计毕业少数民族学生 11.74 万人。1947 年全区有少数民族中小学 381 所，在校少数民族学生 2.31 万人，到 1996 年已发展到了 3180 所，在校少数民族学生达到 79.63 万人，分别是 1947 年的 8.3 倍和 34.5 倍，50 年累计毕业少数民族学生 332.05 万人。[②]

在这种形势下，内蒙古牧区的教育事业有了较快的发展，到 2000 年底，九年制义务教育已基本普及，初中毕业生升学率达到 50%以上，到大中专院校和职业学校读书的人数也不断增加。2000 年普通高等学校蒙古族在校生为 1.35 万人，占普通高等学校在校生数的 18.8%。2007 年普通高等学校在校生为 284057 人，蒙古族在校生为 71175 人，占普通高等学校在校生数的 25%。普通中学在校生为 1480251 人，其中高中在校生 561400 人，其中蒙古族 128678 人，其他少数民族 20442 人；初中在校生 918851 人，其中蒙古族 202185 人，其他少数民族 3485 人。职业中学在校生为 151258 人，其中蒙古族 22829 人，其他少数民族 3485 人。小学在校生为 1584593 人，其中蒙古族 321562 人，其他少数民族 40643 人。2008 年全区普通高等学校年末在校生为 31.67 万人，其中少数民族在校生 9.81 万人，少数民族在校生中有蒙古族 8.63 万人；年末在校研究生为 10722 人，其中少数民族在校研究生 3831 人，少数民族在校研究生中有蒙古族研究生

① 林蔚然、郑广智主编《内蒙古自治区经济发展史》，内蒙古人民出版社，1990，第489 页。

② 内蒙古自治区统计局编《内蒙古统计年鉴 1997》，中国统计出版社，1997。

3382人；普通高中年末在校生为54.11万人，其中少数民族学生14.59万人，少数民族学生中有蒙古族学生12.48万人；普通初中年末在校生为87.54万人，其中少数民族学生21.13万人，少数民族学生中有蒙古族学生18.37万人。①

（二）内蒙古牧区教育存在的问题

1. 牧区的学校逐年减少

在看到成绩的同时，也应当看到其中的问题也很多。这些问题的集中表现是民族小学特别是牧区的蒙古族学校数、在校生数逐年减少，学习本民族语文的牧区、城镇学生在减少。在城镇的学生中，学习蒙古语文的干部子女的减少尤为严重。这种现象是从20世纪90年代中期开始的。1995年全区有民族小学2978所，2000年减少为2188所，6年内减少790所，减幅为26.5%。1995年全区有民族中学259所，2000年减少为225所，6年内减少34所，减幅为13.1%。1995年学习蒙古语文的在校小学生为258082人，2000年减少为194471人，减少63611人，减幅为25%。

同时，牧区职业教育有所滑坡，2000年与1999年相比，牧区职业中学减少16%，职业中学在校生减少32%，职业中学教师减少25%。2006年与2003年相比，职业中学减少了10%，2006年牧区的职业中学在校生仅为4243人，与2003年相比，减幅为67.74%（见表2-10）。下降速度不得不引起重视。

表2-10　1996~2006年内蒙古33个牧业旗学校、在校生和教师数量统计

单位：所，人

年份	学校			在校生			教师		
	普中	职中	小学	普中	职中	小学	普中	职中	小学
1996	480	—	3554	247029	—	512828	—	—	—
1997	464	—	3289	253412	—	506617	—	—	—

① 根据历年统计年鉴数据整理。

续表

年份	学校			在校生			教师		
	普中	职中	小学	普中	职中	小学	普中	职中	小学
2003	287	20	2017	395280	13152	395186	22792	1041	34902
2006	301	18	1174	389110	4243	364303	24268	423	32531

注：2000 年前是 24 个牧业旗，为了统计口径一致，1996 年和 1997 年按 2001 年以后的 33 个牧业旗的统计汇总数据；教育厅 2006 年公布的数据和统计年鉴有出入：全区各类民族中小学 817 所，在校学生 37.44 万人，其中民族语言授课的 716 所，在校学生 27.27 万人（教育厅公布数据）。

资料来源：1998 年、2004 年、2007 年内蒙古统计年鉴；2004 年、2007 年中国民族统计年鉴。

内蒙古牧区的普通中学由 1996 年的 480 所，下降到 2006 年的 301 所，下降了 37.29%；小学由 1996 年的 3554 所下降到 2006 年的 1174 所，下降了 66.97%，下降速度非常快。内蒙古 33 个牧业旗中学在校生数和各类专业技术人员都低于全区的水平（见图 2-8、表 2-11）。

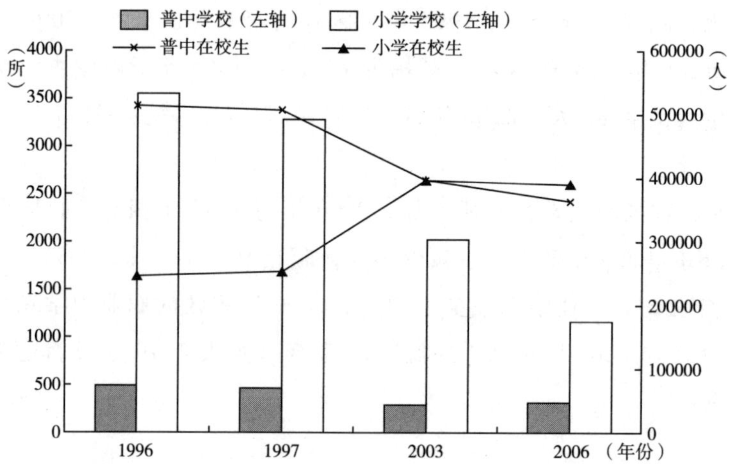

图 2-8 1996~2006 年内蒙古 33 个牧业旗的普通中学和小学数量及在校生的变动

资料来源：内蒙古统计年鉴。

表 2-11 2005 年内蒙古 33 个牧业旗教育科技状况

	学龄前儿童入学率（%）	中学在校生数（人/万人）	各类专业技术人员（人/万人）
牧业旗	99.9	636	201
全区	99.9	761	223

资料来源：《内蒙古统计年鉴 2006》。

2. 教师学历层次较高，但学科结构配置不合理

全区牧区中小学教师合格率分别为97.4%和90.8%，高于全区平均水平。但学科结构配置很不合理，一方面是教师学历层次较高，但教非所学；另一方面是一些急需学科，如英语、计算机、汉语文、现代技术、音体美专业教师短缺，不能满足教学需求。由于编制、经费的限制，有些急需的教师分配不下去，严重影响课程的全面开设、学生的全面发展以及教学质量。自治区实施的旨在提高农村牧区中小学教学质量的远程教育网络工程，全区的覆盖率仅达到76%。在被调查的26所蒙授学校中，有10所不具备开展远程教育的条件，占被调查学校的38%，而且民族语言教学软件开发滞后，牧区中小学生无法平等享受优质教育资源。[①]

2006年，内蒙古自治区教育厅启动了“民族教育发展工程”。2007年自治区人民政府出台了《关于进一步加强民族教育工作的意见》和《自治区民族教育发展工程实施方案》，自治区财政厅、教育厅印发了《内蒙古自治区义务教育阶段中小学蒙语授课寄宿生生活补助费管理暂行办法》。这些政策措施的出台，对民族教育健康发展起到了积极的促进作用。

（三）“普九”[②] 达标与牧区民族教育

1. “地方负责，分级管理”的九年义务教育

1986年4月，《中华人民共和国义务教育法》颁布，为义务教育体制和筹资提供了法律依据。“地方负责，分级管理”的义务教育管理体制确立之后，随着普及九年义务教育的逐步深入，为了不断适应改革过程中的新情况、新问题，国家出台了一系列与之相关的政策、法规，对各级政府的管理职责和权限不断做出补充和完善。[③] 1992年《中华人民共和国义务教育法实施细则》规定，地方各级人民政府负责实施义务教育学校的事业费和基本建设投资。农村依法征收教育附加，由乡级人民政府负责统筹安排，主要用于支付国家补助、集体支付教师工资，改善办学条件和补充学

① 孙最龙：《内蒙古牧区义务教育中存在的问题及建议》，内蒙古自治区农调队调查报告，2004。

② 普及九年义务教育。

③ 陈锡文、赵阳、陈剑波、罗丹：《中国农村制度变迁60年》，人民出版社，2009，第292页。

校公用经费等。1993 年《中国教育改革和发展纲要》提出，继续完善分级办学、分级管理的体制。1994 年《国务院关于〈中国教育改革和发展纲要〉的实施意见》具体规定了国家、省、地市、县乡各级政府对义务教育的责任。基础教育实现在国家宏观指导下主要由地方负责、分级管理制。县级政府在组织义务教育的实施方面负有主要责任，包括统筹管理教育经费，调配和管理中小学校长、教师，指导中小学教育、教学工作等。[①] 乡政府负责落实义务教育的具体工作，有条件的、经济发展水平较高的地区，义务教育经费可由县、乡共管，充分发挥乡财政的作用。1999 年 6 月《中共中央　国务院关于深化教育改革　全面推进素质教育的决定》提出："继续完善基础教育主要由地方负责、分级管理的体制。根据各地实际，加大县级人民政府对教育经费、教师管理和校长任免等方面的统筹权。"

"地方负责、分级管理"的教育管理体制突破了基础教育由国家统包统管的旧模式，加强了地方政府在基础教育管理和投入方面的责任，在一定程度上调动了地方政府的积极性。这一体制下，中央政府只负责制定大政方针和宏观规划，管理和检查的权力交给了地方，管理体制由高重心向低重心转移。[②]

2. "普九"达标学校和基层政府债务

由于义务教育的举办权和管理权层层下放，事实上形成了乡镇直接举办和管理义务教育的体制，但乡财政财力十分有限。内蒙古自治区农村牧区教育工作认真落实了"以县为主"的管理体制，旗县级政府的统筹职能得到强化。截至 2004 年，全区"两基"达标旗县已有 80 个，"普九"人口覆盖率达 76.58%。38 个边境旗市和牧区旗县，有 28 个实现了"两基"达标。鄂伦春、鄂温克、达斡尔 3 个少数民族自治旗已率先普及九年义务教育。[③] 为达到"普九"验收标准，学校和基层政府举债搞建设，欠下了大量的债务。为了确保农村社会和谐稳定，国务院于 2007 年制定了《关于开展清理化解农村义务教育"普九"债务试点工作的意见》，选择内蒙

① 陈锡文、赵阳、陈剑波、罗丹：《中国农村制度变迁 60 年》，人民出版社，2009，第 292 页。

② 陈锡文、赵阳、陈剑波、罗丹：《中国农村制度变迁 60 年》，人民出版社，2009，第 293 页。

③ 内蒙古自治区教育厅：《内蒙古自治区教育公报》，2004。

古自治区等部分省（区）开展清理化解“普九”债务试点工作。对此中国人民银行呼和浩特中心支行对地处内蒙古自治区东、中、西部的呼伦贝尔市、赤峰市、巴彦淖尔市（以下简称“三市”）开展了调查。截至2005年12月31日，被调查地区“普九”建设实际投资322015.6万元，负债146345.86万元，负债率45.45%。按建设项目划分主要有以下几类债务。危房改造和新扩建项目，实际投资215404万元，负债106179.8万元，负债率49.29%；校园维修建设项目，实际投资41368.1万元，负债1337.87万元，负债率3.23%；仪器设备、计算机、电教器材购置项目，实际投资33343.4万元，负债15613.71万元，负债率46.83%；购买图书项目，实际投资7610.1万元，负债3853万元，负债率50.63%；弥补公用经费项目，实际投资12290.1万元，负债7361.58万元，负债率59.90%，其他项目支出11999.9万元、负债11999.9万元，负债率100%（见表2-12）。[①]

表2-12 内蒙古三市“普九”债务按建设项目划分债务构成

单位：万元，%

	危房改造和新扩建项目	校园维修建设项目	仪器设备、计算机、电教器材购置项目	购买图书项目	弥补公用经费项目	其他项目支出
实际投资	215404	41368.1	33343.4	7610.1	12290.1	11999.9
负债	106179.8	1337.87	15613.71	3853	7361.58	11999.9
负债率	49.29	3.23	46.83	50.63	59.90	100

资料来源：中国人民银行呼和浩特中心支行专题调研报告，2006。

3. 按债权人构成划分有以下几类债务

欠金融机构9763.9万元，占全部债务的6.67%；欠村集体8343.5万元，占5.7%；欠建筑承包商86375.03万元，占59.02%；欠图书经销商2967.9万元，占2.03%；欠设备供应商11859.01万元，占8.1%；欠教师9242.57万元，占6.32%；欠学生家长3207.46万元，占2.19%；欠其他债权人14586.49万元，占9.97%（见图2-9）。[②]

① 中国人民银行呼和浩特支行：《内蒙古普九债务问题的专题调研》，内部资料，2006。

② 夏祖军、罗晶、史生荣：《发自内心的感激——内蒙古化解农村牧区义务教育债务纪实》，《中国财经报》2008年6月13日。

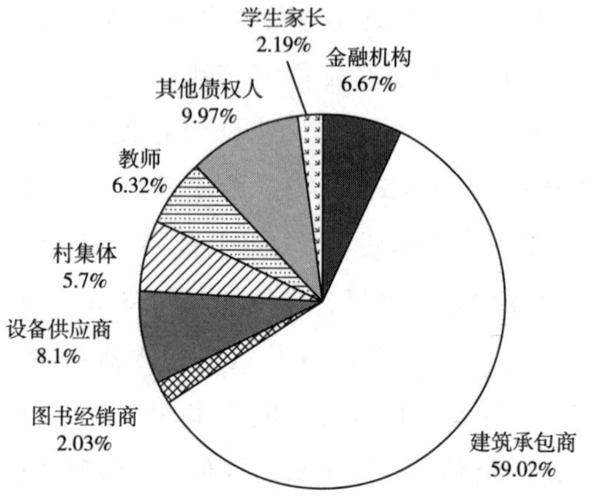

图 2-9　内蒙古三市“普九”债务按债权人构成分类

资料来源：中国人民银行呼和浩特中心支行专题调研报告，2006。

2006 年初，内蒙古自治区教育厅筹备召开了实施农村牧区义务教育经费保障机制改革工作会议，会同内蒙古自治区财政厅制定完善了实施方案和配套文件，加强了对经费使用和管理的监管力度，从制度层面保证了改革的顺利实施。2007 年自治区全面启动化解农村牧区义务教育债务工作，召开了化解农村牧区义务教育债务工作电视电话会议，明确提出 2008 年底前完成 39 亿元的农村牧区义务教育债务化解工作。内蒙古农村牧区义务教育债务化解工作开始锁定债务，还债资金由中央和自治区财政给予 70%的补助，市本级补助 10%，其余 20%由县财政预算安排，全部债务在 2008 年内化解完毕。

4. “普九”政策扶持力度不断加大

农村税费改革基本完成后，我国农村面临的主要问题之一，就是多年形成的农村债务，农村“普九”债务尤为突出。这些债务形成的时间长，数额巨大，涉及面广，成因复杂。不尽快解决这一问题，农民负担就可能出现反弹，农村综合改革进程就可能受到影响，并危及农村税费改革成果。[①] 2002 年前后进行的牧区基层财政体制改革和行政机构调整，带来了苏木（乡镇）区划的合并和扩大，苏木（乡镇）组织减少了一半以上，嘎查（村）

① 夏祖军、罗晶、史生荣：《发自内心的感激——内蒙古化解农村牧区义务教育债务纪实》，《中国财经报》2008 年 6 月 13 日。

数量也有了一定程度的减少。由于苏木（乡镇）的撤并和贯彻国务院“以县为主”的农村义务教育的新管理体制，牧区的学校也有了不同程度的合并和减少。这种改变的好处是，集中办学能节省一部分教育经费，提高教学质量。以内蒙古锡林郭勒盟为例，在锡林郭勒盟中小学教育布局调整中，一些城镇学校规模迅速扩大，寄宿学生大量增加，虽然政府投入了大量资金改善办学条件，但是仍然存在学生宿舍和食堂短缺问题。全盟尚有1万余名学生在校外租住，给学校管理带来困难。[①] 这些在外租房居住的学生，也增加了学生家长的经济负担，特别是年龄幼小的学生，需要生活护理、家长陪读，不仅加大了家庭支出，也影响了牧户的生产劳动。牧区学校的减少，是牧民生活消费支出、教育支出增大的主要原因，也增加了牧民生产消费支出。

从2004年起，内蒙古免除全部农村牧区义务教育阶段学生的学杂费，向贫困家庭学生免费提供教材，并补助寄宿生活费。加快农村牧区中小学远程教育工程建设，学校覆盖率要由目前的85%提高到100%。积极调整财政支出结构，增加基础教育投入，在已有84个旗县实现“两基”达标的基础上，巩固提高“两基”达标水平。[②] 截至2006年10月，内蒙古农村牧区义务教育阶段学校已全部纳入义务教育经费保障机制改革实施范围，标志着以中央和自治区财政投入为主，盟市和旗县财政适当负担为供给原则的农村牧区义务教育经费保障新机制已全面建立。截至2007年，自治区财政已将2006年秋季中央拨付和本级安排的2.7亿元秋季义务教育“两免一补”专项经费下发落实，惠及全区200多万名中小学生。义务教育经费的落实，大大缓解了内蒙古自治区地区间教育发展水平的不平衡及义务教育投入责任不明、经费不足、学校办学条件滞后、群众教育负担过重的局面。

5. “普九”后的“两主一公”办学模式没有完全落实到位

“普九”后的“两主一公”办学模式是内蒙古自治区在发展民族教育中总结出的成功经验，《中华人民共和国民族区域自治法》以法律形式对此做出了明确规定。但在一些地方，这一办学模式并没有完全落实到位。

① 张云华：《锡林郭勒盟超前发展牧区教育调查》，“国家草原项目效果评估与草原治理政策完善”研讨会主题报告，2009。

② 李云平：《内蒙古加强发展农村牧区义务教育》，新华网，2006年5月30日，http://news.sina.com/0/2006-05-30/092990663689s.shtml。

一是没有完全实现寄宿制。2004 年全区民族中小学应有住校生 17.5 万人，实际住校生只有 13.6 万人，尚有近 4 万名学生在校外租用民房，占应有住校生的 22.3%，中小学生在校外租房存在许多隐患。二是助学金落实不到位。《内蒙古自治区民族中小学助学金暂行办法》（内财教〔2003〕567 号）规定，牧区民族中小学生享受助学金补贴，具体标准由各地确定，但最低标准为小学生 60 元/月、初中生 80 元/月。可一些地方民族学校的助学金没有得到落实，已落实的标准太低。乌兰浩特市发放助学金的标准仍停留在 20 世纪 60~70 年代的水平上，难以适应物价逐年上涨的实际需求；科右前旗财政每年只能保证旗一中 4 万元的助学金，其他学校的助学金则无力保证；巴林右旗民族小学助学金标准仅为每生每学年 44 元。在被调查的 135 户牧户中，有 50 户表示其子女没有享受过助学金，占被调查牧户的 37%；在被调查的 26 所学校中，有 7 所学校表示没有得到助学金，占被调查学校的 27%。助学金落实不到位，已经影响到控辍工作和学校正常的教学秩序。①

2005 年内蒙古农村牧区小学公用经费到位率仅为 41.7%，部分旗县中小学出现零拨付，学校教育资金捉襟见肘，个别学校甚至因取暖费不足而提前放寒假。2005 年 12 月，中央下发《国务院关于深化农村义务教育经费保障机制改革的通知》，无疑是为内蒙古自治区广大农村牧区中小学义务教育雪中送炭。尽管各级政府加大了对教育的投入力度，但对于牧区旗县来说，受交通和其他一系列因素的影响，牧民子女教育支出依然很高。锡林郭勒盟有关部门 2007 年 5 月对西苏旗的一项调查显示，在牧民生活消费支出中，教育支出仅居食品消费支出之后，居第二位，户均支出 2278 元，占 20%。据调查，44 名在校生人均年教育支出达 4091 元，已成为家庭的一大负担。虽然国家对义务教育阶段的学生给予“两免一补”，锡林郭勒盟也对就读高中、大学的贫困牧民子女给予补贴，但与孩子在校的食宿等各项花销相比，补助占比不大，特别是有陪读的家庭支出更大。② 对锡林浩特市 53 户牧户的抽样调查显示，牧民子女教育支出依然是最大的支

① 孙最龙：《内蒙古牧区义务教育中存在的问题及建议》，内蒙古自治区农调队调查报告，2004。

② 张云华：《锡林郭勒盟超前发展牧区教育调查》，“国家草原项目效果评估与草原治理政策完善”研讨会主题报告，2009。

出，尽管政府已通过“两免一补”政策扶持牧区教育事业，但教育支出仍占全部生活消费支出的15.3%，户均支出2803元。[①] 2009年对阿拉善盟、锡林郭勒盟、呼伦贝尔市79户牧户的调研结果显示，阿拉善盟教育支出占生活消费支出的比例是21%，锡林郭勒盟是19%，呼伦贝尔市是27%，有些牧民为了让孩子念书不惜举债。子女教育是广大牧民最关心的利益问题，也是对牧民来说最直接、最现实的利益问题。

6. 内蒙古牧区职业教育发展比较滞后

发展职业教育，可以显著提高第一产业的就业吸纳能力，提高劳动力在第二产业的就业能力，扩大劳动力在第三产业的就业范围，从而摆脱劳动力转移的困境。调查发现，由于受地理位置、经济发展、民族语言、传统生产方式等因素影响，内蒙古牧区职业教育发展比较滞后，发展规模、专业设置、师资力量、实训条件等尚不能很好地满足牧区学生学习职业技术、技能的要求，与培养技能型普通劳动者的要求也有一定的距离。据锡林郭勒盟教育局有关同志介绍，全盟2009年实训设备折现才800多万元，实训条件不足。职业学校与企业和沿海地区的合作已初步开始，但愿意合作的企业还较少，一些沿海联办院校及用工企业要求的条件也比较严格，对顺利推进牧区职业教育的对外发展有一定影响。[②]

2003年，温家宝总理在全国农村教育工作会议上指出：“没有农村全面‘普九’，没有农民素质的全面提高，就很难实现全面小康。”[③] 加快民族教育特别是牧区义务教育的发展，是落实民族教育政策，提高民族整体素质，推动牧区经济持续、健康、快速发展的根本。

7. 由于教育发展滞后，牧区劳动力素质较低

从2005年开始，内蒙古自治区实施“农村牧区劳动力转移培训阳光工程”，通过旗县、乡、村三级农牧民培训网络，年培训200万人次。各级农牧民文化技术学校在校总人数稳定在86万人左右。每年扫除青壮年文

---

① 那日森、娜仁：《建设社会主义新牧区过程中政府、基层组织、企业和牧民间的博弈分析及政府的选择》，调研报告，2007。

② 张云华：《锡林郭勒盟超前发展牧区教育调查》，“国家草原项目效果评估与草原治理政策完善”研讨会主题报告，2009。

③ 《在全国农村教育工作会议上的讲话》，中华人民共和国教育部网站，2003年9月19日，http：//www.moe.gov.cn/jyb_sjzl/moe_364/moe_902/moe_903/tnull_8106.html。

盲2万人以上，开展扫盲后的实用技术培训达30万人以上。[①] 从2006年内蒙古自治区农牧业厅农牧业公报的主要数据中可以看出，农牧业从业人员是755.6万人，文盲和小学文化的占46.1%，高中文化的占5.3%，大专及以上文化的只占0.5%。

再看典型牧区锡林郭勒盟的劳动力文化程度，文盲和小学文化的占48%，初中文化的占45%，高中和大专及以上文化的劳动力占7%，劳动力素质普遍较低。[②] 这说明在市场化进程中，牧区劳动力资源的整体素质并没有提高，有的地区还在下降，这反过来制约着牧区的市场化进程。典型牧区苏尼特左旗的劳动力受教育程度较低，小学文化的和文盲占全部劳动力的54.4%，这一因素影响了牧区的发展。

四　改革开放以来牧区的医疗卫生事业

改革开放以前，中国的医疗保险主要分为三部分。城市事业单位的公费医疗，国有企业及部分集体企业的劳动保险医疗即企业保险，以及农村的合作医疗。但是这一制度的设立有其特殊的历史背景，它们既不是从社会保障出发，也不是由政府的卫生机构承担责任，其作用主要是管理全国大大小小的医疗机构。[③] 1980年，全国农村已经有90%的行政村实行了合作医疗。[④] 农村合作医疗制度使我国以落后国家的经济水平取得了较高的国家卫生水平，其做法和成绩得到了世界卫生组织的充分认可。[⑤] 20世纪80年代初期农村经济体制改革以后，农村集体经济的公共积累下降，集体经济在许多地方受到削弱，甚至解体，对农村合作医疗的支持迅速大幅度减少。农村合作医疗失去了转移的经济来源，加上内部管理本身存在不完善之处，农村合作医疗运转遇到了很多困难，许多地方的农村合作医疗迅

---

① 内蒙古自治区教育厅：《2006年以来内蒙古农村牧区教育改革工作情况》，2006。

② 锡林郭勒盟统计局编《锡林郭勒盟统计年鉴2008》，2008。

③ 李楯：《艾滋病在中国：法律评估与事实分析》，社会科学文献出版社，2004，第133~164页。

④ 夏杏珍：《中国合作医疗制度的历史考察》，当代中国研究所第三次国史学术年会会议论文，2003。

⑤ 陈锡文、赵阳、陈剑波、罗丹：《中国农村制度变迁60年》，人民出版社，2009，第300页。

速解体。到1989年，全国农村合作医疗的覆盖率跌至4.8%，农村合作医疗制度基本失去作用。[①] 改革开放后，内蒙古牧区的合作医疗体制也随着牧区集体经济的解体，完全失去了作用。

（一）牧区医疗卫生状况

医疗卫生事业一直是草原牧区工作的薄弱环节，在改革开放以前，虽然有“把医疗卫生工作的重点放到农村去”的指示和政策，但落实情况并不理想，牧区的医疗卫生条件远远落后于城市。当时牧民就医基本是靠嘎查（村）的“赤脚医生”和苏木（乡镇）的卫生所，但是苏木（乡镇）和嘎查（村）的医疗设备和技术很差，大一点的病就必须到旗里的医院就诊，就医非常困难。改革开放以后，牧民的生活有了一定的改善，对医药的需求也有所增加，但受医药市场化和承包风的影响，许多牧区卫生所和“赤脚医生”经营困难，一些私人诊所兴起，由于服务无明确的规则，收费高昂，牧民就医求药更加困难。

1. 牧区的卫生资源都低于全区的平均水平

到2000年底，内蒙古有各类医疗卫生机构4427个，其中设在城市的县及县级以上医院、疗养院所、妇幼保健所站和卫生防疫站等有2292个，属于城乡牧区共有的门诊部（所）有1902个，只占各类医疗卫生机构总数的43%。而城乡共有门诊部（所）中的大部分在城市，牧区却很少，牧区医疗卫生机构更为缺乏。2000年底，内蒙古各类医疗卫生机构有医疗床位66903张，其中设在城市的县及县级以上医院、疗养院所有65140张，占全部医疗床位的97.4%，除去城市其他医疗卫生机构的医疗床位，牧区拥有的医疗床位寥寥无几。[②]

2005年全区有医疗卫生机构3715个，33个牧业旗仅有996个；全区每万人拥有卫生人员数为43人，33个牧业旗仅为34人，比全区少9人；全区每万人拥有床位数为28张，33个牧业旗每万人拥有床位数为22张，比全区少6张（见表2-13）。典型牧区苏尼特左旗全旗南北长335公里，

① 陈锡文、赵阳、陈剑波、罗丹：《中国农村制度变迁60年》，人民出版社，2009，第300页。

② 内蒙古自治区统计局编《内蒙古统计年鉴2001》，中国统计出版社，2001。

东西宽160公里，总面积为34251.7平方公里，总人口为3.4万人。[①] 2006年医院、卫生院共计13个，床位88张，医院、卫生院卫生技术人员189人，医生94人，平均约365平方公里只有一位医生，可见医疗资源的匮乏。[②]

表2-13 2005年内蒙古33个牧业旗卫生状况

	医疗卫生机构（个）	每万人拥有卫生人员数（人）	每万人拥有床位数（张）
牧业旗	996	34	22
全区	3715	43	28

资料来源：《内蒙古统计年鉴2006》。

2008年底，全区医疗卫生机构为7423个，其中，医院471个，乡镇卫生院1329个，社区卫生服务中心（站）690个，妇幼保健院（所、站）115个，疾病预防控制中心（防疫站）137个，卫生监督所（中心）100个。与上年比较，医疗卫生机构减少220个，其中：社区卫生服务中心（站）有所增加，医院、乡镇卫生院、卫生监督所（中心）和疾病预防控制中心（防疫站）略有减少。2008年底，全区医疗卫生机构床位为81407张，其中，医院床位58754张（占72.17%），乡镇卫生院床位14451张（占17.75%）。与上年比较，医疗卫生机构床位增加11696张，其中，医院床位增加6296张，乡镇卫生院床位增加1331张。全区每千人口医院卫生院床位数由2007年的2.74张增加到2008年的3.04张。医院按床位数分，100张床位以下的医院286个，100~199张床位的医院107个，200~499张床位的医院51个，500~799张床位的医院21个，800张及以上床位的医院6个。[③]

和全区相比，33个牧业旗平均拥有的卫生资源都低于全区的平均水平。医疗卫生机构平均数比全区的平均水平低73%；医院低于全区平均水

① 苏尼特左旗人民政府：《苏尼特左旗志》《苏尼特左旗政府工作报告》，2008。

② 国家统计局内蒙古调查总队编《内蒙古经济社会调查年鉴（2007）》，中国统计出版社，2007。

③ 《内蒙古自治区2008年卫生公报》。

平 69%；乡镇卫生院低于全区平均水平 14%。总床位低于全区平均水平 51%；医院床位低于全区平均水平 59%；乡镇卫生院床位低于全区平均水平 6%；医院职工低于全区平均水平 81%；乡镇卫生院职工低于全区平均水平 21%（见表 2-14）。上述牧区医疗卫生设施不足的状况显然无法满足广大牧民看病就医和不断提高健康水平的需要，其中的根本问题是牧民的经济状况还比较困难和国家对牧区扶持不足。

表 2-14　2007 年内蒙古 33 个牧业旗和全区 101 个旗县市医疗卫生机构状况

项目	33 个牧业旗	全区 101 个旗县市	牧业旗平均：全区旗县市平均
医疗卫生机构（个）	673	7643	27：100
其中：医院（个）	49	478	31：100
乡镇卫生院（个）	558	1980	86：100
疗养院（个）	0	8	—
妇幼保健院（所、站）（个）	33	114	89：100
疾病预防控制中心（防疫站）（个）	33	140	72：100
专科疾病防治院（所、站）（个）	0	54	—
诊所、医务室、卫生所及护理站（个）	0	4869	—
其中：总床位（张）	11007	69438	49：100
医院床位（张）	6969	52458	41：100
乡镇卫生院床位（张）	4038	13120	94：100
疗养院（张）	0	1217	—
妇幼保健院（所、站）（张）	0	2441	—
专科疾病防治院（所、站）（张）	0	202	—
医院职工（人）	7972	126155	19：100
乡镇卫生院职工（人）	4970	19264	79：100

资料来源：《内蒙古统计年鉴 2008》和《内蒙古自治区卫生厅 2008 年卫生公报》。

2. 卫生技术人员普遍存在“三低”现象

对锡林浩特市 53 户牧户的抽样调查显示，2005 年在全部生活消费支出中牧民看病费用占14.8%，户均每年花费2710元并且全部自费，负担很重。[①] 据2009年对阿拉善盟、锡林郭勒盟、呼伦贝尔市97户牧民的调查结果，阿拉善盟牧民看病费用在生活消费支出中所占的比重是16.9%，锡林郭勒盟是12.3%，呼伦贝尔市是10.1%。

内蒙古自治区卫生厅厅长在《内蒙古自治区三少民族和边境旗县卫生工作调研报告》（2007年8月1日）中指出："卫生厅在项目实施过程中，向三少民族和边境旗县牧区给予政策倾斜。部分卫生院仍靠老三件（听诊器、血压计、体温计）开展诊疗，手段落后单一、诊断准确率低的问题较为突出。"农村牧区卫生人员工资待遇低。由于设备简陋，医疗水平上不去，农村牧区医疗机构普遍效益差，收入低。国家政策规定，乡镇的卫技人员的工资属全民的100%由财政拨给，但在被调研的17个乡镇卫生院医务人员中，经济条件相对好的乡镇能拿到100%或90%的工资，差的只能拿到60%~70%，给经济负担已经很重的基层卫生院造成很大压力，也使农村牧区卫生三级服务网络的"网底"功能更显得薄弱。"农村牧区卫生技术人才较为缺乏，结构不合理。在调研中发现，农村牧区卫生人员不仅数量不足，而且多以卫校或中专毕业的卫生技术人员为主，缺少大专以上层次的卫生技术人员，医疗技术水平低，普遍存在学历低、职称低、技术低等'三低'现象。"

（二）内蒙古牧区合作医疗试点状况

1. 改革开放后中国农村合作医疗试点

20世纪90年代以后，在合作医疗消失和医疗卫生领域市场化改革的联合作用下，农民的健康缺乏保障。为了探索建立适应农民的医疗保障制度，1997年国务院批转了卫生部、国家计委、财政部、农业部、民政部联合提出的《关于发展和完善农村合作医疗的若干意见》（国发〔1997〕18号），这是我国建立农村新型合作医疗制度的开始。经过多年的探索，取得了一定的经验。2002年10月，中共中央、国务院颁布《关于进一步加强农村卫生工作的决定》，提出了建立新型农村合作医疗制度的任务。

① 那日森、娜仁：《建设社会主义新牧区过程中政府、基层组织、企业和牧民间的博弈分析及政府的选择》，调研报告，2007。

2003年卫生部、财政部和农业部联合发布了《关于建立新型农村合作医疗制度的意见》（国办发〔2003〕3号），构建了我国新型农村合作医疗制度的实施原则和政策框架，提出了施行政府主导下农民自愿参加，个人、集体和政府共同筹资，以大病统筹为主的农民医疗互助制度，建立了新型农村合作医疗制度目标。[①] 与原有的合作医疗相比，新型农村合作医疗有以下几个特点：在筹资上采取“个人缴费、集体扶持和政府资助相结合”的方法；在管理体制上以县（市）为单位进行统筹。考虑到给农村家庭带来沉重负担的主要是大病，新型农村合作医疗将保障重点放在大病上。

在试点初期，中央财政对中西部地区除市以外的参加新型农村合作医疗的农民按每人10元安排合作医疗补助金，地方财政对参保人员补助不得低于10元，农民筹资水平为每年人均10元。

2. 内蒙古自治区是国家新型农村合作医疗保险试点

内蒙古自治区是国家新型农村合作医疗保险试点之一，政府推出了农村牧区新型合作医疗保险制度，其基本含义是逐步实行农村牧区基本医疗保障制度，建立牧民个人医疗账户，实行大病统筹，按比例报销。其资金由个人参保和中央及地方财政补贴组成，比例为1∶1∶1或1∶2∶1等，对于贫困地区，中央和地方财政出资份额要大一些。起初，牧区这一制度的推行，在比较富裕的地区快一些，在比较贫困的地区迟缓一些。截至2006年，在内蒙古牧区调查的2020户牧户中，参加合作医疗保险的牧户有1231户，参加过保险的有77户。[②] 牧民参保的金额不大，一般每年每人为10元或20元，加上中央及地方财政补贴，牧民平均每年每人的医疗保障金额为几十元。截至2008年底，全区已有98个旗县市开展了新型合作医疗，参合农民1180.47万人，参合率为94.69%。2008年筹资总额达10.85亿元，为参合农牧民报销医药费共计9.9亿元。[③]

这项农村牧区新型合作医疗保险制度的实行，对解决牧民的看病困难起到了一定的作用，特别是牧民看大病，能得到一定比例的补助。下面以通辽市新型农村合作医疗保险试点为例来分析内蒙古牧区合作医疗的发展

---

① 陈锡文、赵阳、陈剑波、罗丹：《中国农村制度变迁60年》，人民出版社，2009，第301页。

② 内蒙古自治区统计局编《内蒙古社会调查年鉴2007》，中国统计出版社，2007。

③ 内蒙古自治区卫生厅：《2008年内蒙古自治区医疗卫生事业发展统计公报》，2008。

和存在的问题。

从2004年开始，奈曼旗成为内蒙古首批试点旗县之一，到2006年，又将开鲁县、扎鲁特旗和科左后旗陆续列入试点旗县。截至2007年，新型农村合作医疗保险在通辽市全面铺开，试点地区总数达到9个，参加新型农村合作医疗保险的农牧民达到202.9万人，参合率为91.25%。①

通辽市新型农村合作医疗保险采取的是由政府行政独立运作和管理的模式，以旗县为单位进行统筹，保险基金筹资方式为农牧民个人缴费、集体扶持和政府资助相结合（见表2-15）。各级卫生行政部门内部设立合作医疗办公室，具体负责本地区的合作医疗管理工作。

表2-15　2004~2006年通辽市新型农村合作医疗保险基金筹资方式

单位：元

年份	个人	旗财政	市财政	区财政	中财政央	合计
2004	10	3	3	4	10	30
2005	10	3	3	4	10	30
2006	10	5	5	10	20	50

资料来源：根据通辽市合管办提供数据制表，2008。

保险基金管理方式：按照以收定支、收支平衡和公开、公平、公正的原则进行管理，实行专款专用、专户储存、封闭运行，任何单位和个人不得挤占挪用合作医疗保险基金。统筹管理合作医疗保险基金，按照规定合理筹资，及时审核支付合作医疗保险基金。

通辽市新型农村合作医疗保险制度实施以来取得了一定的成效。以奈曼旗为例，新型农村合作医疗保险制度实施以来，政府将全旗医疗机构的180种常用西药和40多种常用中成药零售价格在原物价部门规定的基础上下调20%~30%，印发价格表在全旗医疗卫生单位张榜公布，全旗所有医疗卫生单位执行统一的药价标准，让农牧民看病买药心中有数。据调查，截至2006年末，通辽市先行试点的4个旗县中有22.4万名农牧民得到了合作医疗补助，补助金额达到3083万元，其中，142名参保农牧民患者补助达到封顶线1.5万~2万元。仅2007年第一季度，全市参保农牧民中就

① 《达林太调研笔记》，通辽市合管办的调研，2008。

有21190人次享受新型农村合作医疗保险基金补助，补助医疗费用780.39万元。[①]

3. 内蒙古牧区合作医疗试点的发展状况

随着健康意识普遍增强，农牧民看病就医人数明显增多。据对科左后旗的调查，全旗30所医院农牧民就诊人数与2005年比都有不同幅度的上升，平均增长11.26%。2006年科左后旗旗外住院率降至11%，旗级住院率升至59.27%，乡镇卫生院住院率达到12.8%。相应的医疗机构的营业收入也有所增加，各乡镇卫生院收入月均增幅达16%以上。[②]

各级政府对农村牧区医疗机构设备更新、房屋建设等资金投入明显增加，并加大了对医疗人员的培训力度。农村牧区医疗机构的服务条件有了明显改善，服务能力显著提高。据对奈曼旗的调查，2005年全旗共有15所乡镇卫生院被列为新型农村合作医疗卫生服务体系建设项目单位。项目建设投资总额为745万元，其中国债资金640万元，地方配套资金105万元。2006年，内蒙古财政拨付44万元为旗乡经办机构和新型农村合作医疗定点机构配备了计算机、打印机、复印机等现代化办公设备。在专项资金的支持下奈曼旗医院新建了传染病房楼，旗蒙医院建成了高标准的蒙药制剂室，建设并开通了120急救绿色通道，定点医疗机构的服务能力明显提升。

（三）内蒙古牧区合作医疗的发展和存在的问题

1. 合作医疗筹资成本高、筹资水平低、资金筹集艰难

牧民个人缴纳的部分是按最低10元缴纳，一个5口之家每年要缴50元，对于贫困家庭来说是一笔不小的支出，向农牧民筹资难。[③] 同时，合作医疗保险都是定点限额报销，村中心卫生室、镇中心卫生院、旗县卫生院都有不同的报销比例，年门诊费、住院费也有不同的报销额度，年累计报销数量也有最高限额，不得突破。在报销费用的过程中，还得出示合作

---

① 《达林太调研笔记》，通辽市合作医疗管理办公室访谈，2008。

② 《达林太调研笔记》，通辽市合作医疗管理办公室访谈，2008。

③ 《达林太调研笔记》，通辽市劳动就业局的访谈，通辽市农村劳动力流动性大大加强，到2006年底，全市农村牧区外出就业每年在3个月以上的人口已达50万以上，给保险费的筹集带来了很大的困难。

医疗保险证、身份证等证件，手续程序繁杂，而可用合作医疗保险基金的又不多，定点医疗单位报销的标准低，农牧民享受的报销范围和幅度都不大。

以奈曼旗为例，奈曼旗 2005 年财政收入为 1.3 亿元，财政支出为 5.18 亿元，收支相抵财政赤字 3.88 亿元。2006 年 4 个试点旗县财政收支相抵依然赤字。[①] 在实际运作中，由于旗县、苏木财政一直处于吃紧的状态，地方财政筹资困难，旗县财政资金到位情况堪忧。按照规定各级财政给予的补贴是逐级到位的，如果下一级的资金没有到位，上一级的财政是不会给予资金补贴的，农牧民自筹部分变得尤为重要，因此各镇村均加大了农牧民个人缴纳工作力度。但是农牧民对新型农村合作医疗保险了解甚少，参保积极性较低，为了保证较高的参合率，很多工作人员不得不挨家挨户进行宣传、说服，再加上通辽市农村牧区居民居住分散、交通不便，更增加了筹资成本。

2. 缺乏社会扶持能力

虽然新型农村合作医疗保险实行的是以个人缴费为主，集体扶持和政府资助相结合的筹资方式，但是乡村经济薄弱，集体经济缺乏扶持能力。就通辽市而言，90%以上的村集体组织负债，无资金投入合作医疗，村集体组织扶持资金的空缺，增加了筹资难度，对保险制度本身也是一个冲击。

3. 大病统筹基金报销比例偏低、农牧民个人负担较重

2006 年通辽市 4 个试点旗县补偿农牧民住院医疗费用共计 3083 万元，占住院农牧民患者总费用的 29%，农牧民个人负担率为 71%。4 个试点旗县统筹医疗费用报销封顶线最低为 5000 元，最高为 20000 元，新型农村合作医疗保险基金累计结余 3491 万元。由于试点旗县所确定的报销比例和封顶线相对偏低，农牧民个人负担仍然较重。[②] 如 2006 年科左后旗新型农村合作医疗保险基金筹集 1138 万元，农牧民住院患者平均医疗费补助比例为 33.24%，农牧民个人负担率为 66.76%。当年基金补助支出 562 万元，年

① 《达林太调研笔记》，通辽市合作医疗管理办公室访谈记录，2008。

② 《达林太调研笔记》，通辽市合作医疗管理办公室访谈记录，2008。

末基金结余714万元，基金沉淀率为42.90%。①

4. 基层医疗机构基础条件较差，服务水平低

对通辽市试点旗县所属98个苏木（乡镇）卫生院基本情况的调查结果显示，苏木（乡镇）医疗机构基础设施薄弱，服务水平较低。4个试点旗县98个苏木（乡镇）卫生院现有医疗技术专业人员2158人，其中，高级职称35人，占1.62%；中级职称268人，占12.42%。4个试点旗县98个苏木（乡镇）卫生院只配有人工呼吸机32台，产床监护仪27台，制氧机32台，普通麻醉机14台，口腔综合治疗机31台。且部分设备陈旧老化，一些卫生院没有接诊住院患者的能力，村卫生室设施简陋，无专设工作间，满足不了参保农牧民的医疗需要。②

（四）牧区合作医疗保险还需要不断完善

新型农村合作医疗保险由卫生、财政、民政、计生、审计、药监等七部门共同管理，这种多头管理、责任不清、权力既分割又交叉的管理模式影响工作效率。

1. 各级政府均设立合管办增加牧民负担

各级政府均设立合管办，组织机构庞大，费用开支过高，增加了农牧民负担。政府办理新型农村合作医疗保险，专业性差，资金运用能力匮乏。工作人员不熟悉保险办理、审核、补助支付业务的相关理论知识和专业技能，缺乏相关专业人员，难以保证补助支付工作顺利进行。通辽市的新型农村合作医疗保险是政府以制定政策的形式推进的，在保险基金出现支付危机的情况下，只能采取修订政策的方式应对，或降低支付标准，或追加补助资金，这两种被动的解决方式会引起农牧民不满或造成财政困难。

2. 内蒙古牧区发展合作医疗还任重道远

通过以上分析可以看出内蒙古牧区发展合作医疗还任重道远。从牧民参保和政府补贴的资金投入来看，金额都偏小，并不能真正解决牧民看病难、看病贵的问题；患病牧民通常经济比较困难，也拿不出很多钱参保，

① 《达林太调研笔记》，通辽市合作医疗管理办公室访谈记录，2008。

② 《达林太调研笔记》，通辽市合作医疗管理办公的访谈记录，2008。

且报销制度不完善，很多牧民看完病很难得到报销。有些牧民尽管加入了合作医疗，但因为不好报销，看完病不去报销的情况也很多。2009 年在某旗调研时，一位牧民告诉我们，他将不再缴 20 元的合作医疗费，原因是没有办法报销，去医院看病比较下来还是在小门诊看病方便便宜。因此，要解决牧民的医疗困难，政府的财政投入应有大幅度增加。牧区牧民居住分散，交通不便，就医困难；医疗机构、设备和人员配备不足。这些都需要政府大力解决。

内蒙古自治区卫生厅厅长在《内蒙古自治区三少民族和边境旗县卫生工作调研报告》（2007 年 8 月 1 日）中指出："新型农村合作医疗制度实施方案亟待进一步完善。基金收缴方面，尚未找到一个成本较低、简便有效的筹资方式。目前我区多数地区实行个人参合资金收缴办法，工作量大、成本高，给基金筹集带来很大的困难，在一些地广人稀的牧区，筹资成本超过了牧民缴纳的参合资金，农牧民缴费长效机制有待完善。同时，由于总体筹资水平低，与农牧民的医疗消费需求不适应。大病统筹方面，还不能完全解决因病致贫、因病返贫的问题。农牧民到旗县以外的大医院就诊报销比例相对较低，使患病群众得不到及时救治，也影响了农牧民参合的积极性。"

五　牧区城市化的进展

在内蒙古工业化和市场化的进程中，草原牧区必然要推进一定程度的城镇化和城市化。这是因为城市的聚集经济效益和先进的生产力，是拉动整个城乡市场经济发展，包括推进牧区经济快速发展的强大动力，它也使人类经济活动向更集约的空间布局。从实践看，内蒙古严格意义上的城市化进展还是比较缓慢的。

（一）中国农牧区的城市化现代性发展状况

世界上大部分发达国家的城市化率高于工业化率。一般而言，一个国家的第二产业和第三产业大都集中在城市，第三产业从业人口往往占总人口很大的比重，这就是一般而言城市化率高于工业化率的原因。在中国，城市化率常年低于工业化率，由于种种原因，中国的工业化是在割断城乡要素自由流动的基础上实现的。[①]

1. 中国的城市化与农民工

城市化率指含建制镇城市人口占总人口的比重。2005年，按照户籍登记人口计算，我国的城市化率是27.7%[②]，国家统计局公布的城镇化率数据是按居住地统计的，按地域常住人口登记的原则确定，2005年城市化率达到43%，两者有多达15.3个百分点的差额，即外来人口，很多是常年在外务工的农民工。[③] 根据目前的统计制度，只要在城镇居住6个月以上（含6个月）的人口即统计为城市（常住）人口。2009年我国的城市人口为6.2亿人，城市化率达到了46.6%，其中包括在城镇打工6个月以上的农民工。[④] 但大多数进城农民工却不能在城市完成劳动力的再生产，不得不在城乡之间流动：他们年轻时进城务工，年老时回到农村；自己在城市务工，却依托农村的土地赡养父母、养育子女。这些进城务工经商的农民工，不能真正算作城市人口，而只是城市中的过客，他们必须依托农村来完成劳动力的再生产，来建立生命的意义与价值体系。[⑤]

2. 统计意义上的城市居民决定中国质量不高的城市化

这些统计意义上的“城市人口”，由于没有真正的城市居民身份，不能享受相应的社会保障和公共服务，其消费行为特征与城市居民完全不同，这就使我国的城市化在某种程度上只是“半拉子”、质量不高的城市化。[⑥]“现代化”几乎是人类也包括中国人必须承受的“宿命”，从政治上看，现代化是建立民族国家的过程。中国重工业优先发展的赶超战略成为决策者的共识，将以重工业为代表的资本密集型产业作为工业化发展的突破口，不利于大量吸纳劳动力，还需要大量的资本投入，而中国的现代化

---

① 白南生：《城市化与农村劳动力流动》，载李强主编《中国社会变迁30年》，社会科学文献出版社，2008，第90页。

② 杜鹰等：《走出乡村——中国农村劳动力的实证研究》，中国经济出版社，1997，第90页。

③ 盛来运：《中国农村劳动力流动过程中的经济学分析》，博士学位论文，中国人民大学，2006。

④ 国务院发展研究中心课题组：《农民工市民化对扩大内需和经济增长的影响》，《经济研究》2010年第6期。

⑤ 贺雪峰：《新农村建设与中国道路》，“中国合作经济与农村可持续发展高级讲习班”会议发言，2009。

⑥ 国务院发展研究中心课题组：《农民工市民化对扩大内需和经济增长的影响》，《经济研究》2010年第6期。

是在本社会内部缺乏现代化积累的情况下强行启动的，工业化不得不依赖工农产品剪刀差来实现内部积累。①

3. 内蒙古牧区城市化趋势

改革开放以前，内蒙古的牧区经济尚处于自给性为主、商品经济为辅的状态，除旗政府所在地和少数交通枢纽及工矿开发点以外，广大牧区几乎没有城镇的发育。牧区内部的劳动力除了向农业转移外，向第二、第三产业转移就业都不太可能，城镇与牧区处于严重的隔绝状态。城镇人口的增长只能依赖人口的自然增长。

随着经济市场化大潮的到来，内蒙古牧区城镇化进程异常迅速。2005年在牧区 309 个苏木（乡镇）中，已建成建制镇 78 个；到 2007 年，在牧区 179 个苏木（乡镇）中，已建成建制镇 83 个。在这些建制镇中，有些已建设得有一定的规模和现代化水平。由于城镇化的发展，牧区基层设施也有了较大改善，2007 年在 2367 个嘎查（村）中，自来水受益村有 453 个，通汽车村达到 2033 个，通电话村达到 2000 个。但从畜牧业经济的发展水平看，机械化、半机械化劳作在畜牧业生产中并不占主导地位，几千年一贯制的手工劳动并没有发生实质性或根本性转变。内蒙古牧区总体上还是一个商品经济欠发达、市场经济体制尚待进一步完善的发展地区。内蒙古牧区面临如下结构偏差：同等收入水平的高工业化低服务业；产业结构的高工业化与就业结构的低工业化；同等人均 GDP 下的低城市化；高工业化和低城市化并存。

（二）内蒙古牧区进一步城市化的潜在条件

工业化、城市化、现代化和牧区市场化是互相促进的，缺一不可。进入 21 世纪以来，促进城市化的几个动因加强了。

1. 畜牧业产业化与城市化

改革开放以前，中国的农牧业机械化发展一直较慢，实行经济市场化以后，牧区畜牧业机械化发展很快。但牧区的产业化程度还是比较低的，牧区畜牧业产业化支撑其现代化和城市化的发展还是比较困难的，推进牧

---

① 白南生：《城市化与农村劳动力流动》，载李强主编《中国社会变迁 30 年》，社会科学文献出版社，2008，第 91 页。

区畜牧业产业化是提高牧区城市化率的一个必要条件。

2. 环境政策与城市化

始于20世纪初的环境政策，使一部分牧民进入了农业园区，相应地也改变了身份，有的甚至连户籍也由原来的农业户籍转变成非农业户籍。这一部分人仍依赖第一产业生存，并且新选择的产业不足以支撑其在小城镇巨大的生活消费支出。据2009年调查，这一部分城镇人口基本上又回到了原来的居住地从事原来的放牧生产，失去生产资料的一部分人游离在小城镇中，依靠政府的低保生活，极有可能加剧社会风险。所以，环境政策促进的城镇化率是很低的。

由于环境政策介入，在基本户数上涨的过程中，牧区人口数在2002年以后出现下降，一部分人口转移到农业园区去了，这部分人会被计入城市人口，从统计上提高了城市化率。由于有草场，这部分人同时也属于牧户。

3. 矿产资源开发等工业建设与城市化

尽管2002年以来牧区的工矿业开发提高了一定程度的工业化，但牧区的城市化率还是很低的。不论是现代化较高的工矿业，还是生产率较低的粗放式工矿业开发，实际对当地城市化的拉动是很低的，尤其是对牧区牧民的转移基本贡献不大。马克思认为，在城市化过程中，随着人口的集中，出现了生产的集中、消费的集中、财产的集中和政治的集中。[①] 但以上的小城镇都没有体现马克思所谓的集中，没有相应地改善牧区牧民的地位。

（三）牧区城市化潜在的问题

社会学家费孝通在《小城镇再探索》中这样描述发展小城镇的好处：一方面农业剩余劳动力需要转移，另一方面城镇劳动力就业压力也很大，人口分布调整的一个更现实的途径就是发展小城镇，就地消化和转移农村剩余劳动力，防止出现大量农村劳动力进城找活干，构成人口蓄水库。20世纪90年代，小城镇被认为是大战略，因为小城镇可以促进乡镇企业适度集中和结构调整，带动农村第三产业特别是服务业的发展，为农民创造更

① 《马克思恩格斯全集》，人民出版社，2006，第57页。

多的就业岗位。

1. 牧区牧民“走出去”的特殊困难

内蒙古其他牧区小镇的人口和建设规模也有一定的发展，当然这些建制镇中有许多依赖的产业还是农牧业，其他产业发展还是缓慢的，没有体现出小城镇吸纳剩余劳动力的功能。当然城市化的过程既是一个产业发展的过程，也是一个渐进性发展的过程，它不是通过行政指令一夜之间就能完成的，不是为了提高城市化率通过项目将劳动力转移出去。中国社会不是个人主义支配社会，农村劳动力外出打工行为更被视为整个家庭内部的劳动分工，社会网络的积累会提高迁移的强度。[①] 陆绯云发现，农民工离开家乡以后，总会在流入地依赖其地缘关系构造一个以同乡为纽带的亚社会结构，也就是说，他们的社会网络更多是以传统的血缘和地缘关系为主建构的。[②] Colin G. Brown、Scott A. Walldron 等认为，与经济增长和发展有关的结构调整过程，必然会导致跨地区跨行业的人口流动，会不可避免地对牧民造成影响。与其他地区的农民相比，牧区居民人口调整的障碍和成本要大一些。牧区落后的教育和低下的技术水平限制了牧民职业的选择。另外，牧区很少有合适的就业机会，牧民外出打工就涉及重新安置的问题。同时他们还认为，正如影响牧区和城镇生活一样，在季节性放牧和定居生活方式中，文化也成为关键因素。如果大的人口迁移会影响种族的融合和一些社会政治问题，结构调整政策必须要将这些文化和社会因素考虑进去，一旦将文化、社会和政治因素考虑进来，那么单纯从财政角度来看，合理的牧民和牧区社会结构调整政策和措施就变得不合理了。[③]

Robin Reid 在《生存型牧业人口的贫困和脆弱性》一文中指出，放养牲畜可以为牧区家庭提供的另外一种资源就是社会网络（Dyson-Hudson and Dyson-Hudson）。在很多牧业系统，牧民通过与亲朋好友交换牲畜建立复杂的关系，并且通过交换形成盟约。这些有更强的盟约形式的“安全网”家庭，不易在干旱或者市场失灵的情况下受到损害。失去牲畜的家庭很容易受到损害，而且经常会有一段时间被迫离开牧区，直到他们在此建

---

① 白南生：《中国的城市化》，《管理世界》2003 年第 11 期。

② 陆绯云：《同乡关系网络与中国大陆的“民工潮”》，《世纪中国》2001 年第 3 期。

③ Colin G. Brown、Scott A. Walldron、Johm W. Longworth：《中国西部草原可持续发展研究》，赵玉田、王欧主译，中国农业出版社，2009，第 184 页。

立起畜群，并通过他们的牲畜恢复对其他牧户的义务。[1] 牧区的牧民受语言和生产方式等条件的制约，社会网络往往建立在居住地所在嘎查或苏木，而这里又不能为他们提供就业的条件，所以畜牧业的就地产业化可能是牧区城市化最好的选择。

2. 牧民在城市生存的特殊困难

内蒙古牧区的牧民渴望城市化的生活，而不是以产业结构调整的形式将他们集中在城市边缘生活。国外一些研究者研究的城市化是指农村的居民迁往城市这一过程，在这一过程中，迁移的农民不仅仅在所从事的职业上发生了转换，而且在地域和生活方式上也发生了相应的变化，即默认城市化与农民市民化同步进行。而中国的城市化并不具备此特征，受户籍制度特别是附在户籍制度上的城市居民福利和农村居民福利差别的限制，大部分在城镇居住半年以上被称为城市人口的农民工，仅仅只是实现了职业上的转换，其生活方式和消费观念等仍未发生转变，仍未成为真正意义上的“市民”。中国这种特殊的“城市化”模式，使城市化对经济增长的促进作用大打折扣。[2] 据测算，有一个孩子的一对农民工夫妻如果要满足进城居住的基本条件，最少需要在城市连续工作 21 年，阻碍农民工进城定居最大的几个障碍是住房、子女教育和年老后的养老保障预期，其中住房问题尤为突出。[3] 这里我们套用贺雪峰的村庄概念来分析内蒙古的草原牧区，祖祖辈辈的共同生活建立了稳定的人际关系，这赋予了他们生活的意义，也使他们有了共同应对社会风险的能力。依托不多且贫瘠的草地，可以衣食无忧，居住条件宽敞；因为有预期、有稳定的人际关系，可以在牧区中生产出各种价值与意义。一句话，同样的收入水平，在牧区可以过得舒适，可以过得体面而有尊严。

要促进农民工市民化，政府必须调整支出结构，增加公共服务支出，

---

① Robin Reid：《生存型牧业人口的贫困和脆弱性》，“北亚牧场的贫穷，脆弱性和弹性：中国和蒙古以社区为基础的牧场管理的案例研究”研讨会论文，2009，第 14~17 页。

② 国务院发展研究中心课题组：《农民工市民化对扩大内需和经济增长的影响》，《经济研究》2010 年第 6 期。

③ 国务院发展研究中心课题组：《农民工市民化对扩大内需和经济增长的影响》，《经济研究》2010 年第 6 期。

包括农民工的医疗、社会保障、子女教育以及保障住房建设。[①] 如果中国的城市化要避免所有其他发展中大国的贫民窟式的城市化，必然要实施建设社会主义新农村战略。[②] 内蒙古牧区的城市化进程，也可以借鉴某些农村的发展经验。

---

① 国务院发展研究中心课题组：《农民工市民化对扩大内需和经济增长的影响》，《经济研究》2010 年第 6 期。

② 贺雪峰：《新农村建设与中国道路》，“中国合作经济与农村可持续发展高级讲习班”会议发言，2009。

第三讲　从宏观经济指标看内蒙古草原牧区的变化

市场化在给内蒙古牧区经济带来发展和结构升级，带动国民收入增长的同时，也加速了草原生态系统的利用。在这个加速发展的市场化进程中，中国的沿海与内地迅速地发展，内蒙古牧区的落后局面也有所改变。

一　内蒙古牧区经济与畜牧业经济

改革开放以来，内蒙古经济发展速度加快，特别是2008年以来，GDP增长率连续多年位居全国第一。相对而言，内蒙古的牧区经济和畜牧业经济增长落后于全区的GDP增长，下面将通过一些经济指标对内蒙古牧区经济和畜牧业经济做一些分析。

（一）内蒙古自治区经济发展概况

1. 内蒙古自治区财政收支状况

统计数据显示，2001年至2006年，内蒙古自治区GDP由1545.8亿元增加至4791.5亿元，增长了2.1倍，年均增长25.4%。在经济快速发展的带动下，地方财政收入和支出实现了大幅增长。内蒙古自治区财政收入由167.7亿元增加至713亿元，增长了3.2倍，年均增长33.57%；内蒙古自治区财政支出由336亿元增加至915亿元，增长了1.7倍，年均增长22.18%；财政支出大于财政收入，财政收支缺口逐年扩大，由105.5亿元增加至202亿元，增长了近91.5%，年均增长13.87%。[①] 为扶持地方经济发展，弥补地方财政收支缺口，中央逐年加大对内蒙古地

① 历年内蒙古统计年鉴。

区的财政转移支付力度，由 168.3 亿元增加至 234.1 亿元，增长了 39.2%，年均增长 6.82%，低于全国财政转移支付平均增长水平 11.3 个百分点，占全国财政转移支出总额的比重由 3.2%下降至 2.6%，下降了 0.6 个百分点。[①]

2001 年至 2006 年，全区财政转移支付占财政收入和财政支出的比重呈现逐年下降趋势。虽然财政转移支付的规模不断扩大，但与财政收入和财政支出相比，其增长速度呈现大幅度回落趋势，至 2005 年已呈现负增长。[②]

2. 内蒙古东、中、西部地区发展不平衡

以人均经济指标进行计算，2006 年，内蒙古东、中、西部地区人均 GDP 分别为 12480 元、41248 元、21322 元，同比增速分别为 16.1%、23.1%、18.4%。其中，中、西部地区人均 GDP 分别高于全区平均水平 105.7%和 6.3%，而东部地区则低于全区平均水平 37.8%。2000 年，人均 GDP 最高的鄂尔多斯市与最低的乌兰察布市相差 8125 元，而到了 2008 年，鄂尔多斯市与兴安盟人均 GDP 相差 90962 元，其比例由 3.02∶1 变为 9.15∶1。

从图 3-1 可以看出，2006 年内蒙古东、中、西部人均财政收入分别为 1529 元、6348 元、2797 元，同比增速分别为 29.7%、28.1%、24.1%。[③] 其中，中部地区人均财政收入高于全区平均水平 110%，而东、西部地区则分别低于全区平均水平 48.7%、6.2%。人均财政支出分别为 2372 元、6482 元、4347 元，同比增速分别为 19.4%、35.6%、33.9%。其中，中、西部地区人均财政支出分别高于全区平均水平 69.4%、13.6%，而东部地区则低于全区平均水平 38.0%。[④] 区域经济发展的不平衡，必然会造成贫困牧区资本和人力资源的进一步流失，不利于牧区经济社会的发展和生态环境的恢复。

3. 内蒙古牧区经济增速低于内蒙古农区

改革开放以来内蒙古经济总量和人均收入均有大幅度增长，但从内蒙古 24 个典型牧业旗的经营收入、生产费用来看，牧民收入的增速从 1993 年开

① 内蒙古自治区人民政府：《内蒙古自治区政府工作报告》，2007。

② 历年内蒙古统计年鉴。

③ 内蒙古自治区人民政府：《内蒙古自治区政府工作报告》，2007。

④ 历年内蒙古统计年鉴和政府工作报告。

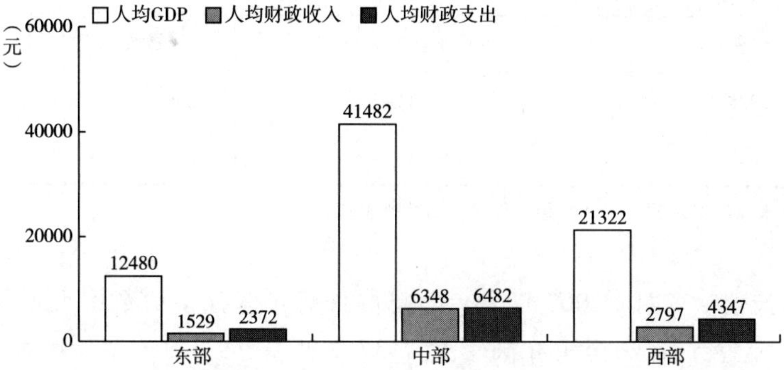

图 3-1　2006 年内蒙古东、中、西部人均 GDP、财政收入、财政支出

资料来源：《内蒙古统计年鉴 2007》。

始出现明显的下降趋势，2001 年底开始出现负增长。2007 年，33 个牧业旗农牧民的人均纯收入低于全区农牧民人均纯收入，其中有 18 个排在全区 101 个旗县市的 50 名之后。33 个牧业旗 2007 年的 GDP 为 1192.4 亿元，占全区 GDP 的 19.6%，而大部分牧业旗的人均 GDP 低于全区平均水平。[①]

（二）内蒙古畜牧业经济的发展与变化

1. 内蒙古畜牧业的发展与牲畜周转加快

改革开放以来，内蒙古畜牧业总产出增长很快（见表 3-1），考虑到其间畜产品物价指数上涨约 5.83 倍，2007 年内蒙古畜牧业总产出约为 1978 年的 11.4 倍，需要说明的是，这里的畜牧业总产出既包括农区也包括牧区的畜牧业产出。

表 3-1　1978~2007 年内蒙古畜牧业总产出

单位：万元

年份	畜牧业总产出	指数（上年=100）
1978	84200	—
1988	447432	109.0

① 历年内蒙古统计年鉴。

续表

年份	畜牧业总产出	指数（上年=100）
1998	1773911	103.1
2007	5596517	106.0

资料来源：据内蒙古统计局相关年份公布数据整理。

统计数字表明，2007年末，内蒙古日历年度牲畜头数中大畜为1978年的1.25倍，羊为1978年的2.13倍（见表3-2）。但由于出栏率和产出率明显提高，畜产品产量和商品率增幅远高于牲畜头数。2007年牛肉产量和羊肉产量分别达到1979年的13.43倍和12.87倍（见表3-3）。2007年山羊绒产量达到6689吨，为1994年的2.56倍。牛奶产量增长更快，2007年达到950.9万吨，比1990年增长24.7倍。

表3-2　1978~2007年内蒙古草食家畜总头数

单位：万头只

年份	牧业年度牲畜头数			日历年度牲畜头数		
	羊单位	大畜	羊	羊单位	大畜	羊
1978	6348	697.5	2860.5	5674.6	659.3	2378.1
1988	7370.3	792.3	3408.8	6565.8	734.6	2892.8
1998	9472.5	817.8	5383.5	7099	677.3	3712.9
2007	13971.6	1039.4	8774.6	9177.7	822.7	5064.2

资料来源：据内蒙古统计局相关年份公布数据整理。

表3-3　1979~2007年内蒙古草食家畜的畜产品产量

年份	当年出售和自宰的肉用牛（万头）	牛肉产量（吨）	当年出售和自宰的肉用羊（万只）	羊肉产量（吨）
1979	30.2	30230	490.8	62820
1988	57.6	73058	612.6	84484
1998	129.1	175554	1797.0	270026
2007	247.0	406104	4874.9	808277

资料来源：据内蒙古统计局相关年份公布数据整理。

同样需要说明的是，这里的畜产品产量包括农区和牧区的畜产品产量，而除了山羊绒产量以外，农区的畜产品贡献率比牧区要大得多。牧区畜产品的快速增长主要是在20世纪后期，并在第九个五年计划（1996~2000年）期间达到了高峰，以后则放慢了速度，甚至停滞不前。

从牧业年度来看，内蒙古的大畜头数，2007年比1978年增长了0.49倍，其中农区的奶牛和肉牛增加较快。2007年农区大约有改良畜和奶牛440.46万头只；2007年牧区的大畜有598.94万头，与1978年相比，牧区的大畜实际上在减少，减幅大约为14.13%。同时2007年与1978年相比，羊增长了2.07倍。这说明30年来，内蒙古草食家畜头数的增长主要是小畜的增长，按羊单位计算（大畜均按5个羊单位计算）增长了1.2倍。从日历年度来看，30年间草食牲畜由约5674.6万个羊单位增加到约9177.7万个羊单位，增长了0.62倍。

大畜出栏率由1978年的5.5%，提高到2007年的20.1%。1978年羊出栏率为16.9%，1988年下降到15.14%，其间正好是政府倡导数量畜牧业的时期。这一时期也是牧民将牲畜拥有量作为财富标志的一个时期，这也与市场上绒毛需求超过肉食需求的供需关系有关，山羊的生理特征决定了其没有绵羊周转快。1998年的羊出栏率提高到30.03%，这一时期草畜矛盾加剧，提高出栏率可能是牧民对个体经济的理性选择，也与市场肉食品需求的拉动有关。到2007年羊出栏率提高到42.3%，这一时期的出栏率提高，原因比较复杂，有环境政策介入的作用，也有市场需求的作用。在牲畜总头数提高不大的情况下，提高出栏率，必然会出现超强度使用母畜的结果，这一行为也必然会使畜牧业经济失去可持续发展的潜力，也会加剧草原的利用强度，增加牧民配套的其他经济资源投入，即从草地系统外购置饲草料来维系出栏率，同样会增加牧民的饲养成本。

从图3-2可以看出，除了1988年羊出栏率有所下降外，其余各个年度的出栏率都呈上升趋势，1998年以后上升趋势加剧。

2. 内蒙古畜牧业的发展主要是农区的畜牧业

内蒙古牲畜头数由1978年的4162.3万头只增长为2007年的10854.4万头只。这里的牲畜头数包括典型牧区、半农半牧区、农业区（农区）、城市工矿区、林猎区等五大经济区的牲畜头数。其中农区、半农半牧区和城市工矿区牲畜头数比牧区增长快。这使内蒙古的畜牧业经济出现了新的格局，一

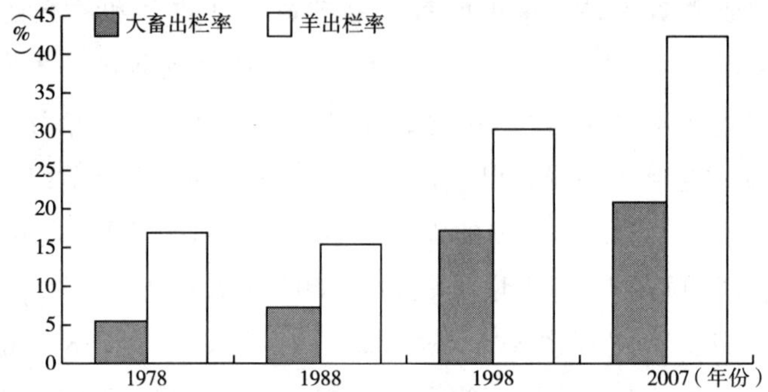

图 3-2　1978～2007 年内蒙古牲畜出栏率

资料来源：历年内蒙古统计年鉴。

方面，在牧区草原连续几十年利用比较充分，接近饱和的前提下，市场的巨大拉动使资源衰竭过程加剧，草地生产力大幅下降，完全依靠天然草地增加牲畜失去了资源保障；另一方面，包产到户后农区和半农半牧区的农民首先解决了温饱问题，由于农业生产效率的提高，在一段时期内出现了粮食卖难的现象，创造了通过将粮食转换为饲料，利用农区廉价的劳动力和大量的秸秆发展农区畜牧业的条件。同时，城市工矿区的奶牛业和舍饲畜牧业的快速增长，也提高了内蒙古牲畜存栏的统计数据。下面将以农业大市巴彦淖尔市和牧业大市呼伦贝尔市为例加以说明。1995 年和 2007 年内蒙古呼伦贝尔市和巴彦淖尔市农牧区牲畜头数见图 3-3。

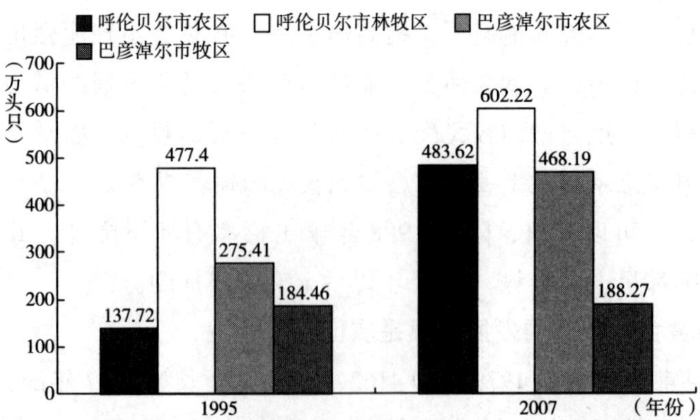

图 3-3　1995 年和 2007 年内蒙古呼伦贝尔市和巴彦淖尔市农牧区牲畜头数

资料来源：内蒙古历年统计年鉴。

农业大市巴彦淖尔市是内蒙古的主要产粮区，而其阴山北部的乌拉特草原有面积更为广袤的天然牧场，在草原牧区放牧的牛、羊、骆驼曾在全市畜牧业中占有半壁江山，但牧区牲畜增长停滞不前，农区畜牧业则快速发展。表 3-4 中的数据显示，农业大市巴彦淖尔市牧区草食牲畜数量，由 1995 年末的 184.46 万个羊单位，增加到 2007 年的 188.27 万个羊单位，总量几乎没有变化，但结构变化很大。而牧区所占比重，则由 1995 年的 41.75%下降到 2007 年的 28.68%。

表 3-4　1995 年和 2007 年巴彦淖尔市农牧区牲畜比重变化

单位：万头只，%

	1995 年日历年度牲畜头数				2007 年日历年度牲畜头数			
	大畜	其中骆驼	羊	羊单位	大畜	其中骆驼	羊	羊单位
乌拉特中旗	2.28	—	113.49	—	0.63	—	119.78	—
乌拉特后旗	3.1	—	42.60	—	1.03	—	59.27	—
牧区小计	5.38	1.47	156.09	184.46	1.66	0.92	179.05	188.27
巴彦淖尔市	29.16	1.47	406.24	441.87	20.82	0.92	551.44	656.46
牧区所占比重	—	—	—	41.75	—	—	—	28.68

资料来源：根据内蒙古统计局相关年份公布的数据整理。

牧业大市呼伦贝尔市农区牲畜所占的比重也一直在上升，2006 年全市牧业年度牲畜总数达到 1538.4 万头只，纯增 56 万头只，同比增长 3.8%，其中扎兰屯市、阿荣旗、莫力达瓦旗等农区三个旗市的牲畜总数达到 960 万头只，占全市的 62.4%，同比增长 9.5%，明显快于全市的增长速度，更远高于林牧区增长速度。

农区三旗市的草食牲畜总量占全市的比重，按羊单位计算，已由 1995 年末的 22.51%上升到 2007 年末的 44.54%；而以林牧区为主的另外 10 个旗市的草食牲畜总量，则仅由 1995 年末的 474.4 万个羊单位增加到 2007 年末的 602.22 万个羊单位，只增长了 27.01%，远低于农区三旗市 251.16%的增长比例（见表 3-5）。

表 3-5　1995 年和 2007 年呼伦贝尔市农牧区牲畜比重变化

单位：万头只，%

	1995 年日历年度牲畜头数				2007 年日历年度牲畜头数			
	大畜	其中骆驼	羊	羊单位	大畜	其中骆驼	羊	羊单位
扎兰屯市	8.29	—	16.72	—	11.4	—	54.94	—
阿荣旗	6.08	—	12.52	—	12.8	—	128.39	—
莫力达瓦旗	6.49	—	4.51	—	17.56	—	91.32	—
三旗市计	20.76	—	33.75	137.72	41.76	—	274.65	483.62
林牧区十旗市	58.68	—	180.77	474.4	58.51	—	309.67	602.22
呼伦贝尔市	79.44	0.17	214.52	611.89	100.27	0.17	584.32	1085.84
农区所占比重	26.13	—	15.73	22.51	41.65	—	47.00	44.54

资料来源：根据内蒙古统计局相关年份公布的数据整理。

根据呼伦贝尔市天然草场明显退化等实际情况，市政府近几年已提出“控制草原畜牧业，大力发展农区畜牧业”的指导意见。按照这一意见执行，农区也许会出现和牧区类似的问题。

3. 典型牧区锡林郭勒盟的牲畜数量变动

最能代表内蒙古牧区牲畜数量发展趋势和潜力的锡林郭勒盟，全盟 12 个旗县市基本上都是牧区，只有一个半牧区太仆寺旗和一个农业县多伦县，但这两个旗县在畜牧业中所占的比重很小，比重变化也不大。以 1995 年、2000 年和 2007 年为例，这两个旗县牲畜数量之和占全盟的比重分别为 7.07%、4.03%、7.75%（见表 3-6）。因此，完全可以用锡林郭勒盟的数据来反映内蒙古牧区牲畜数量发展趋势。

表 3-6　1995 年、2000 年和 2007 年锡林郭勒盟畜数量变化趋势

年份	牲畜数量	锡林郭勒盟	太仆寺旗	多伦县	纯牧区
1995	大畜（万头）	135.53	6.3	5.31	91.43
	其中骆驼（万峰）	2.19	—	—	—
	羊（万只）	855.11	16.36	29.46	94.59
	羊单位	1534.95	48.67	59.9	92.93

续表

年份	牲畜数量	锡林郭勒盟	太仆寺旗	多伦县	纯牧区
2000	大畜（万头）	97.41	3.94	4.05	91.80
	其中骆驼（万峰）	1.04	—	—	—
	羊（万只）	1641.53	16.36	29.46	97.20
	羊单位	2129.62	36.06	49.71	95.97
2007	大畜（万头）	69.45	4.22	10.22	79.11
	其中骆驼（万峰）	0.6	—	—	—
	羊（万只）	743.11	10.32	2.07	98.33
	羊单位	1090.96	31.42	53.17	92.25

资料来源：根据内蒙古统计局相关年份公布的数据整理。

从锡林郭勒盟1995～2007年草畜数量变化可以看出，在20世纪90年代后期，锡林郭勒盟（以及内蒙古自治区）牲畜数量有一个快速发展时期，此后在三年干旱和环境政策介入的情况下，牧区各地纷纷下调养畜规模，从而出现牲畜存栏数明显减少的情况。

牧业年度和日历年度之间的差为出栏率，从图3-4可以看出，1980～1989年出栏率基本维持着一个较合理的等距离变化趋势，这比较符合畜牧业发展的规律，既兼顾草原畜牧业利用天然草场投入低的自然特征，也符合草畜的生理生长周期，同时兼顾了市场对多种畜产品的需求，也是合理规避自然灾害和市场风险最合理的一种配置。1990～2004年，牧业年度和日历年度的喇叭口不断加大，这一加大的过程势必会打破畜牧业低投入、高产出的格局。

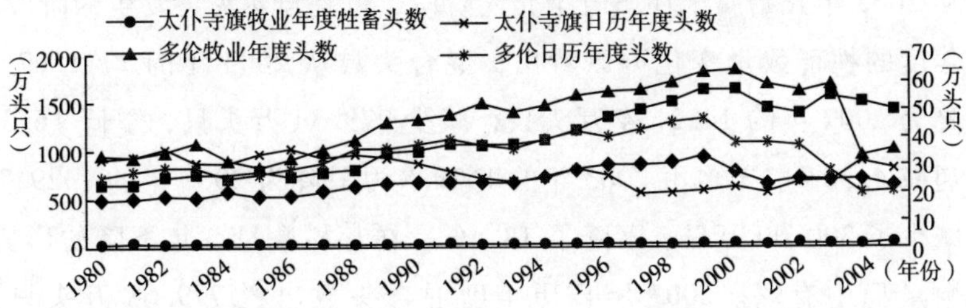

图3-4　1980～2004年锡林郭勒盟牧区和农区牲畜头数变动

资料来源：锡林郭勒盟历年统计年鉴。

也许有的学者会把这一现象视为科技进步带来的集约化效果，其实这一说法是有违草原畜牧业的内部科学规律的。在这一时期，学界提出了"引种入牧"，即发展石油畜牧业的观点，利用国际和国内的低粮价，以及在草原地区开发饲料地的方法，来提高畜牧业的产出。这一时期畜牧业的产出确实在加大，但牧民几乎一半的收入都用在了购买饲草料和开发饲料地上。这一时期将近一亿亩天然草场开发为饲料地和人工草场，国家的农业开发项目投入也是新中国成立以来最大的。在草原退化严重地区酝酿的牧区开发饲料地计划，是因饲草料不足而提出的。它的逻辑是草场提供的牧草不足以饲养现有牲畜，开发家庭每户 1 公顷的饲料地，可凭借井水浇灌保证饲料地较高的收成。这种做法不过是把大面积草原超载过牧的负担，转移到小面积的饲料地上罢了，是试图用局部加重负担来缓解整体超负荷的计划。这一目标难以实现，因为局部正是整体的一部分。所谓"面"上减负，实际上整体并没有得到减负。因此牧区开辟饲料地的做法应从经济成本、对资源和环境的损害等方面，以长远目光加以重新审视和检讨、论证。①

锡林郭勒盟 2000 年末的牲畜数量为 2129.62 万个羊单位，比 1995 年末增长 38.74%；但到 2007 年末，牲畜数量减少到 1090.96 万个羊单位，不但比 2000 年下降了 48.77%，而且比 12 年前的 1995 年下降了 28.93%。由于违背了草原畜牧业特有的规律，大多数地区 2002 年以后牲畜数量直线下降是必然的结果。这还没有体现这一行为造成的生态环境成本。

4. 典型牧区环境政策介入以后畜牧业的变化

下面再从典型牧区环境政策介入以后锡林郭勒盟的牲畜存栏数量、出栏数量和主要畜产品产量来看畜牧业经济的变化。

从 2002 年开始属于环境政策介入阶段，也是自然灾害发生的阶段，从牧业年度的牲畜数量变化可以看出，混合头数从 2003 年的 1711.67 万头只，降为 2007 年的 1432.34 万头只，减少 279.34 万头只，下降 16.32%，年均递减 4.36%。羊也由 2003 年的 1629.8 万只降为 2007 年的 1329.71 万只，减少了 300.09 万只，下降了 18.4%。在存栏数量逐年下降的形势下，出栏数量稳中有增。2007 年日历年度混合头数出栏 779.68 万头只，较

① 额尔敦布和：《草原利用不当与荒漠化》，中日荒漠化会议论文，2002。

2003年增加41.62万头只，增长5.64%。2007年全盟牛羊肉总产量达18.16万吨，较2003年增加2.74万吨，增长17.76%，年均增长4.17%。山羊绒、绵羊毛产量均有所下降，2007年较2003年分别减少300吨、1612吨，降幅分别为28.96%、12.64%。这说明在市场和环境政策的双重拉动下，传统草原畜牧业内部出现了紊乱。总头数下降，出栏率提升可能会影响后备母畜的培育，对畜牧业的可持续性产生影响。

表3-7　2003~2007年锡林郭勒盟牧业年度牲畜存栏数量、出栏数量和主要畜产品产量

单位：万头只，吨

年份	存栏数量			出栏数量			主要畜产品产量			
	混合头数	牛	羊	混合头数	牛	羊	羊肉	牛肉	山羊绒	绵羊毛
2003	1711.67	68.56	1629.8	738.06	19.45	713.96	125817	28425	1036	12756
2004	1664.29	76.5	1576.65	799.87	22.05	773.9	128500	32901	892	12790
2005	1577.26	81.35	1486.15	762.09	27.12	732.04	122210	44906	739	12505
2006	1454.2	77.5	1366.97	728.98	25.86	700.6	130932	44819	671	12700
2007	1432.34	91.9	1329.71	779.68	31.2	745.3	128983	52654	736	11144

资料来源：锡林郭勒盟历年统计年鉴。

Colin G. Brown、Scott A. Walldron和John W. Longworth在《中国西部草原可持续发展研究》中指出，在许多牧区，家畜和畜产品是当地经济的重要组成部分，然而，大部分中国的家畜生产，包括反刍家畜及其产品，更多在农区而非牧区，因而，主要畜产品价格决定于农区而非牧区，许多发展规划和对策对牧区来说是无效的干预，甚至会付出一定的代价，就是由于忽略了这一点。① 出现以上发展趋势绝非偶然，它不仅是草原生态环境衰退、畜牧业基本生产条件恶化的结果，也是系统外支援不当和系统内外利益分配不当的结果，如不大力调整相关的“三牧”投资政策，草原牧区的畜牧业振兴将是不可能的。也有学者认为，城市居民羊肉消费量的增加，必然会引起羊肉需求量的大大增加，推算结果表明，国民收入增长

① Colin G. Brown、Scott A. Walldron、John W. Longworth：《中国西部草原可持续发展研究》，赵玉田、王欧主译，中国农业出版社，2009，第155页。

1%的时候，羊肉的需求量就增长 1.43%。[①] 中国的国民收入在不断提高，意味着羊肉的需求不断增长，草原畜牧业向农区畜牧业的转移，也会加剧农区生态系统的恶化，又必然会使越来越多的粮食向饲料粮转变，农区所担负的粮食安全重任会更加艰巨，长此下去，会影响整个国家的粮食安全。这样配置的畜群必然会影响畜牧业经济的抗风险能力，也可能会影响草原旅游文化产业的发展。因此，振兴草原畜牧业，减轻副食品对粮食的依赖已变得非常迫切。

（三）内蒙古牧区与半农半牧区的经济发展状况

改革开放以来，内蒙古自治区整体经济势头较好。但是牧区以及半农半牧区经济增长严重落后，甚至受到了巨大的挑战和冲击。下面就内蒙古牧区、半农半牧区各类县域经济的发展状况做一些分析。

1. 牧区生产费用逐年增长但增速明显减缓

十一届三中全会以后，内蒙古自治区党委和政府制定了一系列畜牧业发展政策措施。“六五”时期牧区经济总量比改革开放初期的 1980 年增加了 2.5 倍，年均增长 22.3%；“七五”时期经济总量比“六五”时期又增长了 2.2 倍，年均增长 17.9%；“九五”末期，由于受到多方因素的制约，特别是受到资源衰退的制约，虽然牧区经济总量跟随全区经济的增长而继续增长，但增速明显减缓。截至 2002 年，内蒙古牧区经济总量为 56.7 亿元，比 2001 年下降了 3.3%。收入下降地区主要集中在西部的 5 个纯牧业盟市，平均降幅为 11.9%。其中第一产业下降 14.9%，牧业收入下降 15.6%，都超出了全区的平均水平。而 5 个盟市的经济总量占牧区经济总量的 48%。从收入形态看，主要体现在出售牲畜及畜产品的货币收入上，2003 年牧民家庭现金收入比上年减少了 11.4%，其中出售牲畜及畜产品收入比上年减少了 3.6%。

“十五”末期，牧区牧民家庭经营收入总量达到 20.4225 亿元，2007 年牧区牧民家庭经营收入总量达到 31.38889 亿元，人均经营收入达到 5284 元。虽然家庭经营收入总量和人均经营收入均有大幅度增长，但从内

① 额尔敦布和、恩和主编《内蒙古草原荒漠化问题及其防治对策研究》，内蒙古大学出版社，2002，第 123 页。

蒙古 24 个牧业旗的经营收入、生产费用来看，牧民收入的增速从 1993 年开始出现明显的下降趋势，2000 年底开始出现负增长。

从图 3-5 中可以看出，牧民的生产费用整体呈增长趋势，从 2000 年开始，生产费用已超过牧民的经营收入，截至 2007 年，余额连续 8 年为负值。这说明牧民生产费用增加的速度已超过牧民经营收入增加的速度。

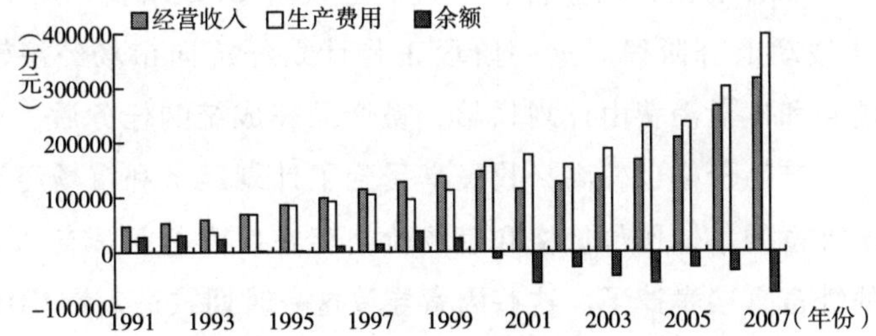

图 3-5　1991~2007 年内蒙古 24 个牧业旗生产经营状况

资料来源：内蒙古自治区农牧业厅农牧业经营管理站统计数据。

33 个牧业旗 2007 年的地方财政收入总额为 49.3 亿元，占全区总额的比重不足 5%，有 23 个排在全区 101 个旗县市的 50 名之后。33 个牧业旗的财政出现严重赤字，财政赤字从 1985 年的 4.47 亿元增加到 2006 年的 100 亿元，增加了 21.4 倍。这一现象说明牧区的财政来源中转移支付所占的比重还比较大，由于畜牧业经济的萎缩，资源开发对牧区旗县的贡献率极低，牧区的整体经济发展水平还落后于其他地区。1985~2006 年内蒙古 33 个牧业旗财政收入与财政支出见图 3-6。

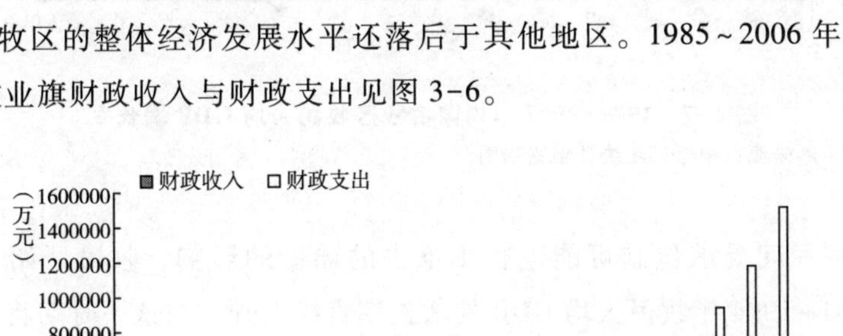

图 3-6　1985~2006 年内蒙古 33 个牧业旗财政收入与财政支出

资料来源：内蒙古自治区农牧业厅农牧业经营管理站数据。

33 个牧业旗 2007 年的农牧民人均纯收入为 3936.33 元，全区是 3953 元，有 18 个排在全区 101 个旗县市的 50 名之后。33 个牧业旗 2007 年的 GDP 为 1192.4 亿元，占全区 GDP 的 19.6%。大部分旗县的人均 GDP 低于全区平均水平。

2. 改革开放以来牧区牧民人均 GDP 增长率的变化

从图 3-7 可以看出，内蒙古牧区牧民的人均 GDP 增长率从 1980 年到 1986 年处于波动上升阶段。这一阶段正是计划经济向市场经济转轨的时期，生产消费和生活消费由计划供给，畜产品完成统购任务后，可以交付市场销售，畜产品价格也较高，牧民享受到了计划经济和市场经济的双重实惠。由于牲畜的集体作价价格和市场价格存在巨大差距，有部分牧民将刚分到户的牲畜直接卖掉了。这些因素导致这一时期牧民人均 GDP 增长率在曲折中上升。1986~1991 年牧民的人均 GDP 增长率快速上升，又快速下降，主要是国家通过宏观调控整肃市场，加上受国际市场的影响，这一时期的畜产品价格偏低。

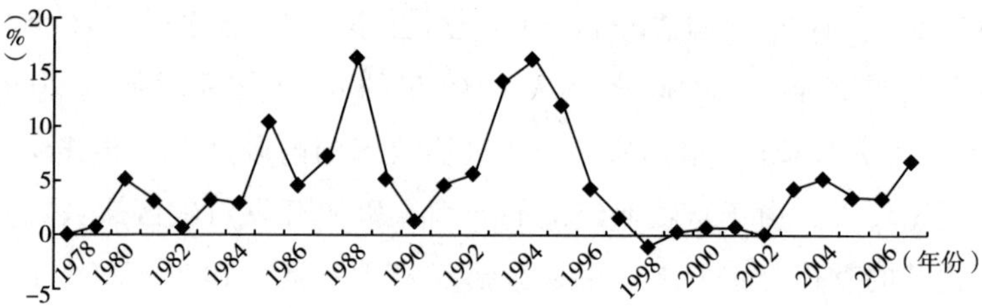

图 3-7　1978~2007 年内蒙古牧区牧民人均 GDP 增长率

资料来源：根据历年统计年鉴制图。

同时民间受承包制可能进行不下去的谣传的影响，牧民开始变卖牲畜。1991~1994 年牧民人均 GDP 的增长率直线上升，与这一时期将牧民的低价派购任务畜取消有关。[①] 取消派购任务畜，使牧民的人均收入明显增加，将交与政府的 10%的任务畜交与市场销售，牧民的获利是原来的 5~8 倍，这也促使牧民的人均 GDP 增长率上升。同时内蒙古的畜牧业产业化发展也很快，就地加工使畜产品对外依赖度降低，市场价格逐渐趋于平稳。

① 《达林太调研笔记》，达茂旗的银泉口述整理，2007。

1995~1998 年，牧民的人均 GDP 增长率直线下降。这一时期国际市场不景气，由于此时畜群结构不太合理，山羊绒出口拉动了牧民畜群向小畜尤其是山羊发展，但由于羊绒产业链分配严重失衡，牧民从羊绒产业中获利并不高。此外也与放牧半径缩短，畜群结构不合理造成牧民抗风险能力降低，大畜在频繁的自然灾害中逐步减少有关。这一时期草地生态恶化也造成牧民饲养成本的加大。这一系列原因导致牧民的人均 GDP 增长率下降。1998~2002 年，内蒙古牧区出现了新中国成立以来罕见的持续干旱，各类自然灾害和生物灾害叠加发生，牲畜损失惨重，畜产品质量低下，市场价格也不是特别好。由于此时市场机制已经完全取代了牧区社区互助文化，互助减灾的传统文化彻底消失，牧民家庭也彻底原子化了。这一系列原因导致这一时期牧民的人均 GDP 增长基本停滞。2003 年以后，环境政策开始介入，环境项目的投资促使牧民的人均 GDP 开始缓慢恢复。

3. 内蒙古牧区和半农半牧区发展缓慢和经济落后没有改变

从 1988 年的资料分析来看，内蒙古牧区、半农半牧区人均 GDP 最高的为阿拉善盟，为 1910 元，最低的为乌兰察布盟，为 586 元，在全区的 53 个牧区、半农半牧区旗县中，有国家级贫困旗县 14 个，自治区级贫困旗县 13 个，两项相加占牧区和半农半牧区旗县总数的 50.94%。

表 3-8　1988 年内蒙古牧区、半农半牧区人均 GDP、贫困状况

单位：元，个

盟市	人均 GDP	国家级贫困旗县	区级贫困旗县	牧区、半农半牧区旗县总数
赤峰市	630	6	1	7
呼伦贝尔市	1233	0	0	7
兴安盟	654	1	0	4
哲里木盟	861	1	3	7
锡林郭勒盟	1098	0	4	10
乌兰察布盟	586	2	2	4
伊克昭盟	914	4	3	7
巴彦淖尔盟	1167	0	0	4
阿拉善盟	1910	0	0	3

资料来源：内蒙古自治区统计局编《奋进的内蒙古 1947—1988》，中国统计出版社，1989。

区域经济发展的实践表明，牧区和半农半牧区的生态环境和畜牧业发展的形势是严峻的，仅靠矿产资源的开发和土地的出让推动牧区生态恢复和畜牧业发展的效力是很有限的。应该调整现行的机制和政策，寻求实现整个牧区畜牧业以及全部经济可持续发展的路径。矿产资源开发不当可能会造成生态环境的进一步恶化，大量的土地出让会造成土地面积的减少，会进一步挤压当地人的生存空间。当然有些学者认为，可以将部分失去土地的农牧民转移出去，但受素质与技能的影响，这一部分转移出去的农牧民很难找到就业机会，反而会加剧社会风险。

（四）典型牧区苏尼特左旗的经济发展

苏尼特左旗（简称“东苏旗”）位于内蒙古锡林郭勒盟西北部。苏尼特左旗是一个以蒙古族为主，汉族和其他少数民族共居的边境旗。2008 年有 2 个苏木 3 个镇 49 个嘎查（村），总人口为 3.4 万人。[①] 全旗草场面积 3312738 公顷，占全旗总面积的 96.7%；耕地面积 0.3 万亩。该旗天然草场是锡林郭勒大草原的一部分，属于干草原向草原化荒漠过渡地带，依据天然草原植被的性质和生产力水平可分为干草原草场、荒漠草原草场、草原化荒漠和湖盆低地草甸草场四大类型。[②]

对比近些年全旗的经济发展，苏尼特左旗的畜牧业发展和牧民生活水平提高是相对缓慢的。从历史的角度纵向比较看，苏尼特左旗的畜牧业在 1975 年就达到了高峰，此后并没有明显的发展。牲畜总量大体上维持在 100 万头只左右，或者更低，羊单位数则由 1975 年的 1862093 个，减少到 2007 年的 894800 个，只及 1975 年的 48.05%。

从表 3-9 和图 3-8 可以看出，从 1975 年开始，大畜数量呈波动下降趋势，直接影响了畜牧业抵御自然灾害和抗市场风险的能力。这既与市场因素有关，也与政策因素有关。市场因素主要是农区的机械化使役畜逐渐

① 苏尼特左旗人民政府：《苏尼特左旗志》《苏尼特左旗政府工作报告》，2008。

② 全旗处于半干旱、干旱荒漠草原地区，属于温带干旱、半干旱大陆性季风气候，降水稀少，日照充足，风力强，年平均气温 1~2.5 摄氏度，年平均降水量 209 毫米。全旗围栏草场 2451 万亩，春季休牧 4648 万亩，常年禁牧 488 万亩，标准化划区轮牧 65 万亩。公益林补偿面积 92.83 万亩。实施京津风沙源治理等重点生态建设工程，四年累计完成国家投资近 2 亿元，治理面积 131.26 万亩，转移牧区人口 6574 人。2007 年雨水比较充沛，牧草长势良好。《苏尼特左旗政府工作报告》，2008。

退出了拉车拉犁的行列，作为使役动力的大畜由原来的役用变化为单一的肉用，小畜周转快，毛绒价格上涨迅速，牧民理性地选择了发展小畜。政策因素是草场承包导致放牧半径缩短，长距离迁徙采食的大畜很难在自家的草场上度过自然灾年，小畜则能通过购买饲草料来维持母畜的再生产。后税收阶段牲畜的整体减少与环境政策的介入有关，由于牧业税减免，牧民和政府只有社会关系，牧民与地方政府的经济关系已不大，与环境恢复项目款相比，牧民对财政的贡献完全可以忽略不计，压缩牧民的牲畜头数已成为一种经济需要。再加上三年干旱，由于饲养成本加大，非牧户自然退出了畜牧业生产，这也从一定程度上造成了牲畜数量的减少。从苏尼特左旗的畜群结构来看，1960~1980年的畜牧业内部结构比较合理，这一时期也是畜牧业发展较快的一个时期（关于畜群结构的问题在后面将专门加以论述）。

表 3-9　1945~2007 年苏尼特左旗畜牧业发展统计

单位：头只

年份	牲畜总量	大畜	小畜	羊单位	出栏牲畜	自食牲畜
1945	149020	34566	114454	287284	19981	12232
1950	245487	55893	189593	469058	20466	11629
1960	633124	121731	511393	1120048	38620	20690
1965	964352	203684	760668	1779088	86791	35892
1975	1027834	208814	818023	1862093	92505	69052
1980	811725	154900	656825	1431325	52800	70018
1985	775277	147854	627423	1366693	148663	63415
1990	935901	124774	811127	1434997	204386	59200
1995	917300	127344	789956	1426676	313867	42800
2000	977700	115565	882135	1459960	408788	43867
2007	672000	55700	616300	894800	277388	17896

资料来源：据苏尼特左旗统计局相关年份公布数据整理。

从畜产品产量来看，改革开放以来，出栏牲畜数量有了大幅度的增加，而牧民自食牲畜数量则明显减少，这一改变与牧民的贫困因素有关。

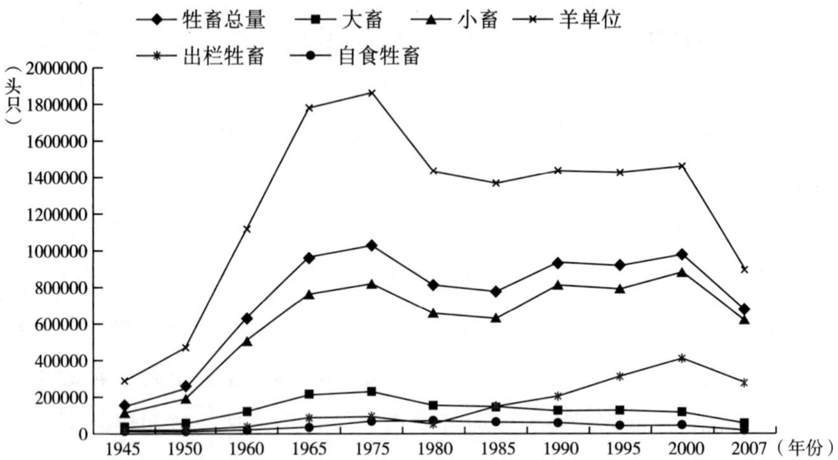

图 3-8　1945～2007 年苏尼特左旗牲畜头数变化

资料来源：据苏尼特左旗统计局相关年份公布数据整理。

从苏尼特左旗牧民人口变动与对应的自食牲畜数量可以看出这样一个规律：1945～1965 年，牧民自食牲畜数量呈上升趋势。这也符合新中国成立以来经济复苏，生活改善，牧民对肉食的需求不断提高的规律。1965～1980 年属于集体时期，肉食由集体提供，这一时期牧民自食牲畜数量达到最高水平，数量也最平稳，符合集体时期成员食品由集体内部提供，无须对外交换的史实。1980～2000 年是牧民的牲畜由劳动产品变为商品的过程，受市场价格的调节，牧民的自食牲畜数量整体缓慢下降。2000～2007 年牧民的自食牲畜数量开始直线下降，与这一时期收入减少、生活贫困有关，牧民不断缩减自食牲畜数量（见图 3-9）。这与我们田野调查得到的结论相同，牧民在夏季自食羊的数量已经很少了，更多的是选择用牲畜换钱购买其他廉价的食品。

从图 3-10 可以看出，苏尼特左旗的羊绒和驼毛产量，从 1975 年开始下降，羊绒产量从 1985 年又开始回升，这与价格因素有关，完全符合市场规律。羊绒产量从 1995 年又开始下滑，与持续的干旱和环境政策介入有关。羊毛产量从 1975 年开始上升，并出现了一个猛增的过程，这个时期正好是将苏尼特羊改良成细毛羊的阶段。1990 年羊毛产量开始下降，这是牧民又开始改良回原来的苏尼特羊的一个过程，市场需求制约调节着牧民的生产。

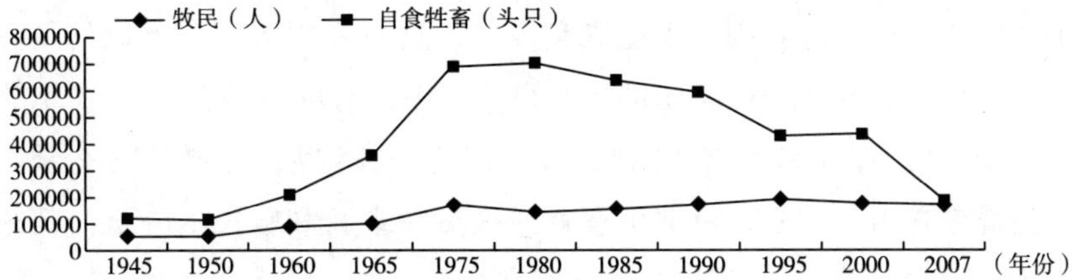

图 3-9　1945~2007 年苏尼特左旗牧民人口变动与对应的自食牲畜数量的变动

资料来源：依据苏尼特左旗历年统计年鉴绘制。

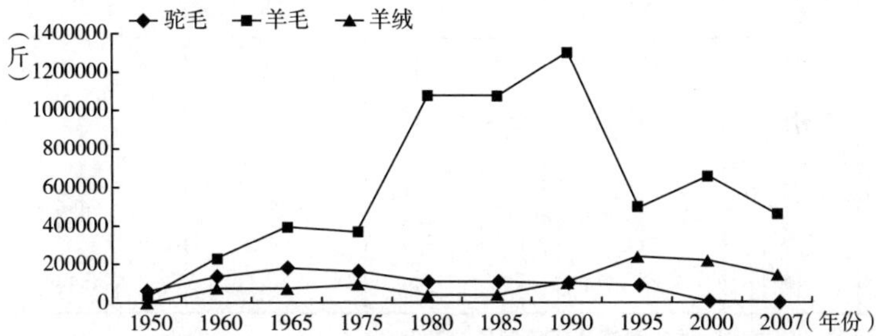

图 3-10　1950~2007 年苏尼特左旗绒毛类畜产品产量变化

资料来源：据苏尼特左旗统计局相关年份公布数据整理。

从图 3-11 可以看出，皮张类畜产品产量从 20 世纪 90 年代开始增加，这应该与牧民调整出栏加快周转有关，也与牧区的市场化进程中供需关系调整加快有关。这一行为也为草地的退化埋下了伏笔。20 世纪 90 年代苏尼特左旗开始加工肉食品，结束了长期卖活畜的历史。

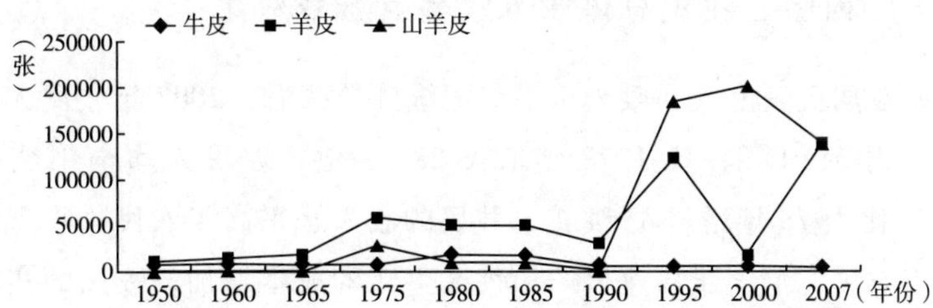

图 3-11　1950~2007 年苏尼特左旗皮张类畜产品产量变化

资料来源：据苏尼特左旗统计局相关年份公布数据整理。

从草原和畜牧业生产建设来看，改革开放以来，拖拉机和摩托车发展较快，而其他机械增长则远不能满足需要，这也在很大程度上制约了苏尼特左旗畜牧业的发展。在调研的100户牧民中，有围栏的有71户，有拖拉机的有15户，有汽车的有19户，其中二手车15辆，主要是嘎查领导所有，负责嘎查内的治安，汽油由嘎查的扶贫贴畜款和牧民的一事一议来解决。从购买的时段看，2001年前购买的占大多数（见表3-10）。

表3-10　2008年苏尼特左旗100户牧民主要生产设施拥有量

项目	计量单位	1995年前购买	1996~2000年购买	2001~2005年购买	2006~2008年购买	总计
围栏	处	17	31	13	10	71
饲料地	处	3	1	2		6
拖拉机	台	12	1	2		15
汽车	辆	3	12	3	1	19
摩托车	辆	45	27	9	13	94

资料来源：依据实际调研和统计年鉴制表，2008。

二　内蒙古牧区居民收入水平的变化

在分析牧区、半农半牧区经济时，我们已看到牧民收入的变化态势，考虑到这个问题的重要性，有必要对牧区居民收入水平变化做进一步分析。

（一）内蒙古牧民总体收入水平及城乡对比

从城乡居民家庭人均收入水平对比统计数据看，2007年牧民人均全年纯收入达到5510元，比1978年增长28.31倍；农民人均全年纯收入为3750元，比1978年增长4.64倍。牧民的收入水平高于农民，收入增长速度也高于农民，但由于牧业生产和牧区生活的成本增加，牧民的实际收入却低于农民，下面将做专门分析。

1. 内蒙古牧民收入趋势分析

第一，牧民收入总水平。改革开放30年来，内蒙古牧民收入有了大幅度的提高，2007年牧民人均全年纯收入达到5510元（见表3-11），扣除物价上涨因素，是 1978 年的 6.25 倍。其中三个十年的增长情况是：第一个十年期末是期初的 1.74 倍，第二个十年期末是期初的 2.47 倍，第三个十年期末是期初的 1.17 倍，增长的幅度都较明显。

表 3-11　1978~2007 年内蒙古牧民人均收入水平对比统计

单位：元

年份	总收入	全年纯收入	家庭经营收入	工资性收入	转移性和财产性收入
1978	197.00	188	51.00	133.00	13.00
1988	1371.47	850	1321.38	14.01	36.08
1998	4686.66	2516	4593.79	26.54	66.33
2007	11387.68	5510	10313.66	481.10	592.92

资料来源：据内蒙古统计局相关年份公布数据整理。

从收入结构看，由于牧区经济市场化的深入发展，家庭经营收入在全年总收入中的占比快速增长，由 1978 年的 26%上升到 2007 年的 91%，转移性和财产性收入所占比重则由 7%下降到 5%，工资性收入下降得更多，由 67.5%下降到 4%。

第二，牧业收入是牧民家庭经营收入的主要来源。表 3-12 数据显示，1980 年后，牧业收入一直是牧民家庭经营收入的主要来源，收入来源比较单一。

表 3-12　1978~2007 年牧民家庭经营收入构成

单位：%

年份	1978	1980	1985	1990	1995	2000	2007
家庭经营收入	100	100	100	100	100	100	100
农业收入	1.1	1.0	3.4	3.3	3.1	0.9	14.55
林业收入	—	—	—	0.1	0.04	0.1	0.27
牧业收入	47.1	82.4	83.3	85.8	92.4	96.78	83.58
手工业收入	—	—	—	0.1	—	—	—
采集捕猎收入	21.6	12.1	5.4	5.8	2.8	—	—
工业收入	—	—	—	0.1	—	0.2	0.56

续表

年份	1978	1980	1985	1990	1995	2000	2007
建筑业收入	—	—	—	0.1	0.03	—	—
运输业收入	—	—	2.8	0.4	0.1	0.4	0.51
生产劳务收入	—	—	—	2.9	1.4	—	—
商业饮食服务收入	—	—	—	—	—	0.1	—
其他收入	29.4	4.4	5.1	1.5	0.2	0.5	5.87

资料来源：历年内蒙古统计年鉴。

随着家庭承包经营制度的引入，牧民从集体经济中得到的收入越来越少，2000 年以后就基本消失了。①

牧民的家庭经营收入从改革开放以后呈飞速上涨的趋势，尤其是 1985 年以后基本上属于牧民收入的主要部分，2007 年以后牧民的非生产性收入略有上涨，但在牧民的收入构成中所占比重非常小。由于收入来源单一，其抗风险能力必然较低。

第三，牧民的名义收入增长率和实际增长率。扣除物价上涨因素，牧民收入的实际增长率从 20 世纪 80 年代后呈逐年下降的趋势，进入 20 世纪 90 年代以后，下降趋势加快。究其原因主要可能在这几个方面：草地资源衰退、生产成本上涨、政策扶持减弱等。

内蒙古牧区的牧民在 1978~2007 年的 30 年间人均实际纯收入增长非常缓慢，扣除物价上涨因素，30 年间一直没有突破 1000 元。2002 年全区牧区人均名义收入水平为 1761 元，只相当于全国平均水平的 71%，而全国农区农民同期收入水平为 2451 元。

第四，牧民的相当可支配收入。在调查的 2060 户牧户中，1995~2007 年总收入平均增长率为 9.55%；1995~2007 年纯收入平均增长率为 9.71%。调查牧户的非现金收入增加，非现金收入在 2000 年、2005 年、2007 年，分别占纯收入的 48.64%、37.16%、32.99%（见表 3-13）。这说明牧民的生活自给性供应收入在下降。

① 达林太、郑易生：《牧区与市场：牧民经济学》，社会科学文献出版社，2010，第160 页。

表 3-13　1995~2007 年内蒙古牧区牧民分类收入变化

单位：元

收入	1995 年	2000 年	2005 年	2007 年
总收入	2272.4	3440.31	5345.92	6787.27
现金收入	—	2448.89	4235.13	5483.17
非现金收入	—	991.42	1110.79	1304.1
纯收入	1300	2038.21	2988.87	3953.1
相当可支配收入	—	1046.79	1878.08	2649

资料来源：内蒙古自治区农调队历年调查数据。

在纯收入中，除去非现金收入，牧民的相当可支配收入非常少，其购买力就不会很高，这也会影响牧民生产和消费的扩大，这也是纯收入掩盖了真实收入的又一个原因。

2. 内蒙古牧区农牧民收入和城乡居民收入差距

第一，内蒙古牧区农牧民和城镇居民的收入对比。从城乡对比来看，2007 年城镇居民人均可支配收入达到 12378 元，是牧民人均纯收入的 2.25 倍。2007 年与 1978 年相比，城镇居民人均可支配收入增长 40.12 倍，牧民人均纯收入增长 28.31 倍，牧区牧民与城镇居民收入的差距在拉大（见表 3-14）。

表 3-14　1978~2007 年内蒙古城乡居民人均收入及指数对比

单位：元

年份	农牧民人均纯收入						城镇居民人均可支配收入	
	农牧民人均纯收入		农民人均纯收入		牧民人均纯收入			
	绝对数	指数（1978=100）	绝对数	指数（1978=100）	绝对数	指数（1978=100）	绝对数	指数（1978=100）
1978	131	100.0	126	100.0	188	100.0	301.0	100.0
1988	547	219.3	500	209.4	850	233.4	915.8	174.8
1998	1982	379.2	1911	341.5	2516	345.2	4353.0	334.5
2007	3953	655.0	3750	564.2	5510	624.9	12378.0	810.8

资料来源：国家统计局内蒙古调查总队编《内蒙古经济社会调查年鉴（2008）》，中国统计出版社，2008。

2002 年至 2008 年，内蒙古自治区 GDP 增速连续 7 年居全国第一，同时城乡居民收入差距由 3965 元扩大到 9775 元，收入比由 2002 年的 2.90

扩大到2008年的3.10。[①] 城乡居民收入差距将延续近几年的趋势继续扩大，且居民收入增幅近年平均低于GDP增速8个百分点左右。当然，内蒙古自治区城镇和牧区的差距拉大，不仅仅体现在收入水平上，更体现在社会事业和公共服务上（这将在后面做专门的叙述）。从表3-14可以看出，1978年以后内蒙古牧区的牧民、农民、城镇居民的收入都在增长，但农牧民和城镇居民的收入差距在逐年拉大。不仅如此，牧民收入增长的单项指标掩盖了牧区的整体情况，很多相关指标被忽略，比如生产和生活支出、社会服务等的市场化，福利待遇、生产生活环境条件改善水平等实际都低于城镇居民和农村农民。内蒙古自治区农牧业厅农牧业经营管理站曾对48个旗县牧区、半农半牧区的450个苏木（乡镇）3429个嘎查（村）进行统计调查，涉及牧户41.5万户，人口169万人。从统计资料看，2000年牧民人均所得为1772元，比上年减少7.5%；2001年为1631元，比上年减少8%。2007年牧民人均纯收入为5510元，实际收入比统计数据要低得多（后面的实证研究将对此问题做专门的说明）。

第二，内蒙古农牧民和城镇居民不同时段收入增长速度。从内蒙古统计年鉴抽样调查数字看，1979～2007年，牧民人均纯收入平均增长12.80%，而同期城镇居民人均可支配收入和农村农民人均纯收入分别平均增长14.19%、12.88%，牧民人均纯收入平均增长速度分别低于其1.39个百分点和0.08个百分点（见表3-15）。

表3-15　内蒙古农牧民人均纯收入和城镇居民人均可支配收入不同时段的平均增速

单位：%

	1979～2007年	1979～1985年	1986～1990年	1991～1995年	1996～2000年	2001～2007年
牧民	12.80	22.97	6.90	15.60	12.40	10.95
农村农民	12.88	19.12	11.00	14.60	9.10	16.02
城镇居民	14.19	14.15	11.60	19.80	12.50	17.46
农牧民	12.94	20.40	10.10	15.00	9.40	14.91

资料来源：据历年内蒙古统计年鉴计算。

① 内蒙古自治区农牧业厅农牧业经营管理站：《内蒙古农区与牧区农牧民增收问题调查》，内部资料，2009。

如果分阶段看，1979~1985年，牧民人均纯收入平均增速为22.97%，而同期城镇居民人均可支配收入和农村农民人均纯收入的平均增速分别为14.15%、19.12%，牧民人均纯收入平均增速分别高于城镇居民人均可支配收入和农村农民人均纯收入8.82个百分点和3.85个百分点。这一时期属于改革开放初期，承包制促进了农牧民生产效率的提高，这一时期内蒙古农牧民人均纯收入的平均增速高于城镇居民人均可支配收入6.25个百分点，牧民人均纯收入平均增速居于首位，畜牧业发展也很快。1986~1990年，牧民人均纯收入平均增速为6.90%，同期城镇居民人均可支配收入和农村农民人均纯收入平均增速分别为11.60%和11.00%。牧民人均纯收入平均增速分别低于城镇居民人均可支配收入和农村农民人均纯收入4.7个百分点和4.1个百分点。这一时期由于畜产品市场竞争混乱无序，国家实施紧缩银根等宏观调控，1985年以后出现的以畜产品加工为主的牧区乡镇企业纷纷破产，国家对畜产品收购进行了管制。由于畜产品收购高度垄断，价格极低，这一时期牧民人均纯收入平均增速低于同期城镇居民人均可支配收入和农村农民人均纯收入。1991~1995年，牧民人均纯收入平均增速为15.60%，同期城镇居民人均可支配收入和农村农民人均纯收入平均增速分别为19.80%、14.60%；1996~2000年，牧民人均纯收入平均增速为12.40%，同期城镇居民人均可支配收入和农村农民人均纯收入平均增速分别为12.50%、9.10%；2002~2007年，牧民人均纯收入平均增速为10.95%，城镇居民人均可支配收入和农村农民人均纯收入平均增速分别为17.46%和16.02%。

1986年以后，牧民人均纯收入增长低于城镇居民人均可支配收入，2001年以后，牧民人均纯收入增速低于农村农民人均纯收入5.07个百分点。2001年牧民人均纯收入为3277元，比上年减少2.3%。牧民人均纯收入中现金收入为2320.17元，实物收入为956.95元，现金收入比上年减少19.4%，实物收入增加101.7%。[①] 这也足以说明牧户收入的萎缩状况。

从2001年以前各阶段收入平均增速看，牧民总体均略高于农村农民，略低于城镇居民（1979~1985年特殊时期除外）。从以上的统计数据看，

① 内蒙古自治区农牧业厅农牧业经营管理站：《内蒙古农区与牧区农牧民增收问题调查》，内部资料，2009。

改革开放以后内蒙古牧区牧民的边际效益逐年递减。牧民收入受市场需求制约，有效需求不足，畜产品供求格局发生了变化。进入 20 世纪 90 年代中后期，我国经济特征由过去的需求短缺变为需求过剩，市场有效需求不足成为经济发展的突出问题。随着农区畜牧业的兴起，畜产品有效需求不足必然会导致竞争更加激烈，生产与发展受到制约，经济效益也会随着下降。随着经济的发展和人民收入水平的提高，城乡居民的恩格尔系数逐步下降，畜产品的供求矛盾已由以总量为主转向了以结构为主。当然，在市场经济条件下，牧区的生产要素会源源不断地流向城市，包括资金和劳动力资源。

如果从宏观的增长速度上看，“六五”时期经济增长速度为 30.6%，而“七五”、“八五”和“九五”时期分别为 14.6%、14.2%、6.8%。[①] 1999 年以后，牧民人均收入水平连续下降。1998 年到 2002 年，全国城镇居民人均可支配收入平均每年增长 8.6%，农村农民人均纯收入平均每年增长 3.8%，而同期内蒙古牧区牧民人均纯收入平均递减 1.9%。[②] 2002 年牧民人均纯收入虽然增长了 8%，但它并不是来自生产经营性的增收，而是全面推进税费改革，减免税费的结果，仅这一项政策措施就使牧民人均增收 109.2 元，占总增收的 84%。

（二）牧民收入水平的地区差异性及其影响因素

1. 从宏观上看牧民收入水平的差异

内蒙古不同牧区牧民的收入水平有较大差距，这种差距长期存在，并有扩大的趋势。据内蒙古自治区农牧业厅农牧业经营管理站的统计资料分析，2002 年内蒙古牧区经济总量比上年下降 3.3%，除服务业、运输业有所增加外，其他各行业的收入都存在不同程度的下降，这是继 2001 年负增长以来的第二次负增长。从地区分布上看，经济总量的下降集中在中西部地区的锡林郭勒、乌兰察布、巴彦淖尔等盟市，平均降幅为 11.9%，其中第一产业降幅达到 14.9%，牧业降幅达到 15.6%，均超出全区的平均水

① 内蒙古自治区农牧业厅农牧业经营管理站：《内蒙古农区与牧区农牧民增收问题调查》，内部资料，2009。

② 内蒙古自治区农牧业厅农牧业经营管理站：《内蒙古农区与牧区农牧民增收问题调查》，内部资料，2009。

平，而其总收入占全区总收入的 48.2%。从产业结构上看，第一、第二、第三产业发展不平衡。2002 年三次产业分别比上年增加-3.2%、-24.7%、8.6%。第一、第二、第三产业的结构比为 90∶3.2∶6.8。从经营形式上看，2002 年牧民家庭经营收入总量占牧区经济总量的 97.4%，仍是牧区经济发展的主力，嘎查集体经营收入仅占 0.3%。从出售产品收入情况看，2002 年第一产业出售产品收入占经济总量的 69.4%，比上年下降 4.6%，其中出售牲畜及畜产品收入比上年下降 3.6%。由于出售牲畜及畜产品收入占出售产品收入的 76.8%，出售牲畜及畜产品收入的增减，直接影响内蒙古牧区经济总量的增减。出售牲畜及畜产品收入，少数地方有所增长，主要下降地区是中西部，平均下降 13.2%。下降的主要原因是牧区绒毛市场不景气，绒毛产量下降，出售数量减少。据统计，2002 年出售绒毛产品收入比上年下降 15%，其中因价格因素下降 11%，因出售数量因素下降 4%。

从表 3-16 内蒙古自治区农调队的定点调查数据看，牧户的收入呈上升趋势，4000 元以上的牧户在增加，低收入户在减少，这可能与国家采取的低保政策、退牧还草补贴有关。禁牧户几乎不存在生产开支，其劳动收入和政策补贴收入可以视为纯收入。

表 3-16　内蒙古牧区牧民不同时段按纯收入分组户数占调查户的比重

单位：%

收入	2000 年 （2036 户）	2005 年 （2060 户）	2007 年 （2060 户）
500 元以下	4.17	4.17	3.35
500～800 元	6.78	3.35	3.05
801～1000 元	7.17	3.79	1.55
1001～1500 元	22.94	9.17	6.13
1501～1700 元	8.94	4.32	3.54
1701～2000 元	10.56	8.5	4.95
2001～2500 元	13.31	13.79	9.18
2501～3000 元	8.69	11.6	10.78
3001～4000 元	8.6	16.99	15.73
4000 元以上	8.84	24.32	41.74

资料来源：内蒙古自治区农调队历年定点调查数据。

2. 典型牧区牧民收入差异

为了更宏观地分析内蒙古不同牧区人均纯收入的差距及其影响因素，这里选取具有代表性的三个牧区盟市锡林郭勒盟、阿拉善盟和鄂尔多斯市加以分析说明（见表3-17），虽然这些盟市农牧区也有部分种植业，但畜牧业仍然是其主要的农业生产门类，特别是锡林郭勒盟和阿拉善盟的畜牧业在农业中占有极大的比重。

表 3-17　2007 年内蒙古部分盟市牧区人均纯收入差距及影响因素

地区	草场（万亩）	牧业从业人员（人）	牧业从业人员人均草场（亩）	第一产业从业人员比重（%）	农牧民人均纯收入（元）
全区	98705.3	762887	1294	77.15	3953.10
锡林郭勒盟	28717.2	134168	2140	90.32	4051.11
阿拉善盟	18505.2	19075	9701	88.96	5072.88
鄂尔多斯市	8426.9	79009	1067	75.13	6123.14

资料来源：据内蒙古统计局相关年份公布数据整理。

按照传统的牧区人均纯收入分布分析模式，一个地区人均草场越多、草场质量越好，人均纯收入就会越高，反之亦然。但是牧区人均纯收入水平分布状况，已不再充分遵循上述规则。按照对同类草场可比性的理解，阿拉善盟牧业从业人员人均草场9701亩，在上述三个盟市中是人均草场规模最大的，人均纯收入也应该最高；锡林郭勒盟牧业从业人员人均草场2140亩，人均纯收入应该列于其次；鄂尔多斯市牧业从业人员人均草场1067亩，人均纯收入应该最少。但实际情况并非如此。2007年，上述三个盟市农牧民人均纯收入的排序是鄂尔多斯市6123.14元，阿拉善盟5072.88元，锡林郭勒盟4051.11元。这一排序明显遵循新的市场经济发展规律，主要表现为经济市场化程度高的地区有较高的人均纯收入，反之亦然。

当然，笔者并不否认人均草场拥有的多少和好坏对牧区人均纯收入特别是牧区畜牧业效益的重要影响，但是可以肯定，当今拥有草场数量的多少，已不再是影响牧区贫富的决定性因素。其主要原因是草原生态系统十分脆弱，改善生态环境任务艰巨，促使牧民增收的基本条件和物质基础亟待加强；经济总量相对小，财政实力相对弱，资源综合开发利用水平较低，工业对畜牧业经济的拉动和支援作用还非常有限；第三产业发展相对滞后，服务业比重较低，交通、水资源等方面的建设水平远不能满足草原畜牧业发展的需要；政府的各项涉牧政策需要做实事求是的总结，并做相应调整。

三　政府补贴：农牧区之间存在差异

事实证明，有效的涉农政策对规避农业风险起到了一定的作用。而相比之下，牧业风险更大，因为自然灾害对牧户的打击往往是毁灭性的。牲畜对于牧民来说，既是生活资料、生活必需品和收入来源，又是不可或缺的生产资料。往年一些受灾严重的牧区，牲畜因缺草缺水死亡、减产及被迫被提前大量宰杀，不仅造成牧民收入减少、生活困难，危及牲畜过冬，而且直接导致来年的畜牧业生产和扩大再生产难以为继。在个别连年遭受自然灾害的地方，出现了开垦草原复耕的现象，牧民生活与草原生态保护间不时会发生矛盾和冲突。

（一）涉农补贴和涉牧补贴

牧民总收入中包括来自政府的各种补贴，但是与农业补贴相比有一定差距。十六大提出了建设社会主义新农村的目标，增大了对农村的投入。随着政府投资力度的不断加大，农业补贴已经成为一个比较完整的补贴政策体系。而国家对牧民的补贴不仅比较少，而且同农民相比还存在很大的差异。[①]

例如，对于农业生产，国家实行“四项补贴”（即粮食直补、良种补贴、农机具购置补贴和农资综合补贴），种植面积每亩各项补贴达60~100元，并长期坚持，而对于牧区就缺乏相应的有效扶持政策。

再比如，为促进生猪和奶业持续健康发展，国家对能繁母猪、良种母牛饲养（主要在农区）给予大范围的补贴；对饲养肉牛、肉羊（主要在牧区）等开展的良种养殖补贴、饲料补贴则完全是由地方政府实行并出资。

---

① 《达林太调研笔记》，根据特力更先生“商贸漫游与草原牧区可持续发展”会议发言整理，2009。

又例如，对于退耕还林的土地，国家财政给予8年补贴，且2008年又延长补贴期限5~8年，每亩补贴近100元。对于畜牧业，草原禁牧、休牧资金补贴措施多是由地方政府出台并负担，受地方财力制约，存在补贴资金不足、期限短的问题，也有补贴不到位的问题。并且国家对部分地区（如京津风沙源治理工程项目区）发放的草场禁牧补贴，期限也较短，一般为5年，金额低，每亩不足5元，到期后虽继续实行禁牧但补贴取消。由于大部分补贴又与畜牧业产业结构调整和牧区的城市化打包进行，项目工程几乎占据了补贴的绝大部分，牧民得到的补贴非常少。下面就农牧业补贴做一些简单的对比分析。

2007年惠农补贴涉及内蒙古自治区的项目已达到13种之多，国家补贴投入达249896万元（见表3-18），除去一些技术性、风险性的间接补贴外，增加了大量的惠农直接补贴和价格波动补贴。

涉牧补贴政策从2000年开始，2007年国家涉牧补贴累计投入36902.6万元，补贴种类只有5种。其中，奶牛冻精补贴和疫病防治疫苗补贴属技术性间接补贴，不是补贴给牧民的，而是补给相关技术部门；退牧还草补贴中国家补贴的只是饲料粮，补贴比重却占到涉牧补贴总额的14.7%，基本没有惠及牧民的生活；奶牛后备母牛补贴在农区以及城郊地区投入比例较大；肉牛、肉羊、细毛羊、绒山羊补贴是在没有国家投入的情况下，由自治区党委、政府特别安排2020万元对牧区54个旗县的牧民进行补贴。①2008年惠农补贴数额比2007年还高，但涉牧补贴基本没有太大的变化。

表3-18　2007年内蒙古涉农补贴

项目名称	总额（万元）	中央（万元）	自治区（万元）	补贴标准	补贴规模
劳动力转移培训阳光工程	2400	2400	3100	344元/人	全区9万人
新型农民培训	730	730	0	1万/村	730个村
科技入户	260	260	0	20万元/旗	13个旗县

① 《达林太调查笔记》，根据特力更先生“商贸漫游与草原牧区可持续发展”会议发言整理，2009。

续表

项目名称	总额（万元）	中央（万元）	自治区（万元）	补贴标准	补贴规模
种植业保险补贴	40400	10100	20200		
良种补贴	8800	6700	2100	马铃薯 80 元/亩，玉米、大豆、小麦、油葵均 10 元/亩	61 个旗县
测土配方施肥	3690	3690	0	新建旗县 70 万～100 万元，续建 50 万元	26 个旗县
粮食直补	57500	39000	18500	8.3 元/亩	
农资综合补贴	114600	114600	0	16.5 元/亩	
农机具购置补贴	8600	7800	800	不超过 5 万元	60 个旗县
能繁母猪保险补贴	4512	2820	1692	60 元/头	全区
基础母猪补贴	3604	2297	1307	50 元/头	全区
养猪小区补贴	4200	4200	0		12 个盟市
生猪良繁体系建设补贴	600	600	0	100 万元×4 200 万元×1	
总计	249896	195197	47699		

资料来源：内蒙古自治区农牧业厅相关部门。

表 3-19 2007 年内蒙古涉牧补贴

项目名称	总额（万元）	中央（万元）	自治区（万元）	补贴标准	补贴规模
退牧还草补贴	5432.6	5432.6	0	禁牧 5.5 千克/亩，休牧 1.375 千克/亩	禁牧 760 万亩，休牧 1350 万亩
疫病防治疫苗补贴	13990	13990	0		全区
奶牛后备母牛补贴	13440	10080	3360	500 元/头	18 个旗县
奶牛冻精补贴	2020	0	2020	30 元/头	18 个旗县
肉牛、肉羊、细毛羊、绒山羊补贴	2020	0	2020		54 个旗县
总计	36902.6	29502.6	7400		

资料来源：内蒙古自治区农牧业厅相关部门。

（二）牧民与农民补贴的差异

第一是补贴性质不同。从补贴性质上看，国家给农民的各项补贴属于激励性质的较多，而给牧区牧民的补贴之中有相当一部分实际是“补偿”而非补贴，是在实行“草畜平衡”政策和“退牧还草”工程后，由于牧民为草原生态的恢复做出牺牲而对其进行的补偿性补贴，生产规模被缩小，或禁止放牧，在禁牧、休牧过程中付出的代价即生产和生活困难增大，属于被动性质。而且随着经济的发展和社会的进步，这种单一的、补偿性的补贴方式势必会严重制约牧区草原畜牧业的发展。

第二是补贴范围和年限不同。横向比较看，只有被国家划定在“退耕还草”项目区内的牧民才有连续 5 年补贴，5 年后此项补贴是否继续具有不确定性。而那些对内蒙古草原生态起着重要作用的牧民只要不在项目区内就没有补贴。在项目区内的牧民忧虑的是如果 5 年后国家取消项目补贴，不知将如何进行生产和生活。[①] 项目区内的牧民基本没有生产资料牲畜，生产设施由于缺乏维护，基本上处于报废状态，这是必须要考虑的问题。

四　内蒙古牧区人口数量构成及行业分配变化

1947~2007 年，内蒙古牧区人口数量变化总的趋势是从增长到减少再转入相对稳定，这是由人口的自然增长和机械移动共同作用的结果。从转移出来的劳动力的收入和福利看，不完全是由低工资向高工资的市场流动规律在起作用。

---

① 何忠伟在《中国农业补贴政策的效果与体系研究》中指出，根据 WTO 的规则和中国加入 WTO 所做出的承诺，中国在农业补贴方面可以享受的权利主要有以下几个方面：绿箱政策、不超过 8.5%微量许可的黄箱政策、蓝箱政策。目前我国对这三方面权利利用情况如下：一是当前我国农业中对生产者的直接支付、不挂钩的收入支持、收入保险和收入安全网计划中的政府资金补贴、通过资源停用计划提供的结构调整援助、农业生产者退休或转业补贴等绿箱政策还未得到充分利用；二是按中国承诺的黄箱政策综合支持量 8.5%计算，黄箱政策还有相当的使用空间。

（一）内蒙古牧区人口数量及构成变化

1. 内蒙古自治区历年各民族人口变动

内蒙古自治区汉族人口从1947年的469.6万人，增长到2007年的1898万人，增长了304.17%，蒙古族人口由1947年的83.2万人，增长到2007年的427.7万人，增长了414.06%（见表3-20）。

表3-20　1947~2007年内蒙古自治区历年各民族人口变动

年份	汉族（万人）	蒙古族（万人）	回族（万人）	满族（万人）	朝鲜族（人）	达斡尔族（人）	鄂温克族（人）	鄂伦春族（人）
1947	469.6	83.2	4.4	1.7	5601	16281	4998	905
1950	565.9	84.7	4.6	1.8	5921	16932	5269	916
1960	1049.8	121.4	9.4	3.2	14056	30420	6935	1135
1971	1358.2	169.7	13.2	6.8	13884	40440	11038	1364
1980	1632.7	209	15.3	10.3	16193	56399	14722	1699
1990	1749.1	328.5	18.7	40	22380	70959	22494	2976
2000	1832.5	386	20.9	47	23278	76374	26546	3704
2007	1898	427.7	21.3	50.6	24117	83610	29085	5000

资料来源：内蒙古自治区历年公安户籍统计。

由于国家对少数民族采取了人口增长宽松政策，新中国成立以来，蒙古族人口的增长幅度超过了汉族人口的增长幅度。

2. 内蒙古牧区总人口的变动

内蒙古牧区的人口数量变化总趋势是从增长到减少再转入相对稳定，具体表现如下：在20世纪中期，牧区人口经历了从高出生高死亡到高出生低死亡的转变，这是社会局势稳定和医疗卫生条件改善的结果；20世纪后期，随着计划生育政策的落实，牧区人口转入低出生低死亡的阶段。从人口的机械移动来看，近半个多世纪以来，牧区人口曾经经历了一个迁入和迁出交错互动的过程，即由前期大量非牧业人口迁入牧区谋生和发展工矿业，转变为后期牧区大量非牧业人口到城市打工和转产就业的迁出。这种人口自然增长和机械移动的共同作用，推动了牧区人口数量的增减。

内蒙古牧区人口1949年为26.3万人，2000年增长为192.92万人，增长了633.54%。其中，种植业从业人口38.5万人，牧业从业人口34.9万人。而同期全国人口由5.4亿人增长到12.6亿人，增长了133.3%，牧区人口增长速度远高于全国人口增长速度。2007年末，内蒙古牧区居民有399561户1501005人，仅占自治区总人口的6.24%。[①] 在这期间，牧区人口增长过快，原因有很多，但主要是人口移动的机械增长，如实行农垦政策，移民到草原开垦种植，建立国营农牧场；20世纪60年代初到“文化大革命”，内地一些农民和贫民逃荒到边远牧区开垦或放牧；知识青年上山下乡，到牧区安家落户；牧区工矿企业发展，引来大批外来人口等。

无论是资源开发者，还是流动人口，初来时似乎与当地草原没有多大关系，但渐渐有人会以改善生活、贴补经济为名养牛养羊，打草放牧；此外，企业调整，一大批下岗人员从企业退出来，安置这些人员又要种地养畜，占用草地；流动人口对草地的侵害更是五花八门，有时以采蘑菇为由破坏草地资源，有时因挖草药到处破坏植被；更有甚者，以耕地开发的名义长期无偿占用草原搞粮食生产赚钱，导致草地荒漠化加剧。以鄂温克族自治旗为例，从1949年到2000年人口增长21.2倍。仅1960年，大量外来人口涌入该旗，当年人口增长近60%。1970年，该旗境内新建大雁煤矿，又有大量人口迁入，当年全旗人口净增6851人，年增速为269.32‰。1976年，该旗境内又开始新建伊敏煤电企业，当地仅有82户374人，而到1990年就增至4156户17547人。[②]

1995~2007年，在经济市场化和工业化、城市化大潮的冲击下，内蒙古牧区人口总量经历了一个从增长到减少的过程。内蒙古牧区的人口增长在世纪之交达到了高峰，2000年为192.92万人，到2007年已下降到150.1万人，7年下降22.2%。[③] 原因可能是牧区20世纪迁徙来的一部分机械性移民有一定的外联社会资本，熟悉农业和牧业生产，也有一定的技能，由于近几年的干旱和环境政策的介入，他们首先自发地转移出去从事

① 内蒙古自治区统计局编《内蒙古统计年鉴2008》，中国统计出版社，2008。由于统计口径的不同，本书可能会出现不同的牧业人口数。

② 额尔敦布和：《草原利用不当与草原荒漠化》，载额尔敦布和等主编《内蒙古草原荒漠化问题及其防治对策》，内蒙古大学出版社，2000，第159页。

③ 达林太、郑易生：《牧区与市场：牧民经济学》，社会科学文献出版社，2010，第176页。

了其他的产业。造成统计人口下降的另一个原因，是政府采取环境政策介入，采取转移和转产进行生态移民，这部分人口自然就从牧区统计数据中消失。这一部分牧区人口由于转产不成功，大部分又回到了牧区，理论上应该还算牧区人口。这也是造成农牧业经营管理站的牧业人口和统计年鉴中的牧业人口经常不一致的原因。

（二）牧区人口的行业分布变化

改革开放以来，内蒙古市场化进程加快与牧区经济的发展是和产业结构的调整与升级密切相关的，牧区产业结构的改变可以由从业人员构成的纵向变化看出。

1995~2000 年内蒙古牧区牧业从业人员占比下降，这与自然灾害和环境恶化、牧民转产有关，转产的大多是有一定技能和外联资本的机械性移民。2007 年牧区的牧业从业人员占比有较大幅度的增长，这与环境政策介入有关，环境政策介入的草场补贴和税费减免，使部分转移出去的牧业人口又回来从事畜牧业生产。

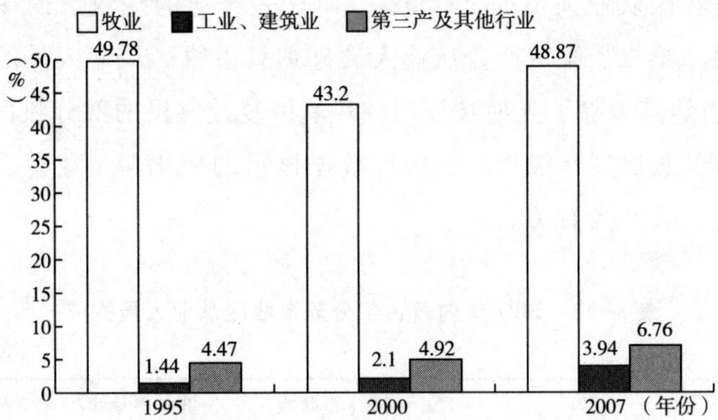

图 3-12　1995 年、2000 年和 2007 年内蒙古按行业划分从业人员占比变化

说明：未包括牧区经营饲草料基地的种植业者。

资料来源：内蒙古历年统计年鉴。

从按行业划分的从业人员变化，可以看出内蒙古牧区产业结构的调整和升级。在 1995 年以前，牧区经济基本上是单纯的放牧经济，虽然 1984 年以后牧区多种产业结构开始形成，但到 1995 年，牧区工业、建筑业的从业人员仅为 1 万人，只占牧区从业人员的 1.44%，第三产业及其他行业的从业人员约为3.1万人，占牧区从业人员的4.47%。到2007年，工业、建筑业的从业人员占比已达3.94%，第三产业及其他行业的从业人员占比已达6.76%，即非农牧业从业人员已占牧区从业人员的10.70%（见图3-12）。这也与内蒙古资源开发产业工人的大量涌入带动了服务业发展有关，但从事第三产业及其他行业的大多不是原来的牧业人口，而是外来人口居多。

从横向比较来看，由于区位条件和经济发展水平的差异，内蒙古牧区不同区域间的产业结构和经济市场化水平也存在明显的差异，这从2007年内蒙古部分盟市牧区从业人员构成中可以看出。本书选取鄂尔多斯市代表经济较发达的牧区，该市8个县域中，有4个牧业旗和4个半农半牧业旗区，全市工业化带动了牧区经济的快速发展和产业结构升级。同时选取锡林郭勒盟和阿拉善盟代表普通的纯牧区，因为在锡林郭勒盟的12个县域中，只有1个口岸城市、1个农业县和1个半农半牧业旗，所占经济比重都不大，其余9个都是牧业旗市；阿拉善盟只有3个纯牧业旗。

牧区经济市场化水平的高低还可以用三次产业的比重来衡量。从表3-21可以看出，代表经济较发达牧区的鄂尔多斯市，其第二、第三产业从业人员已占牧区从业人员的29.55%，而代表普通的纯牧区的锡林郭勒盟和阿拉善盟，第二、第三产业从业人员分别只占牧区从业人员的9.68%和11.04%。当然其中除了土地被征用或环境恢复被移民的部分牧民外，游离到其他产业的牧民还是极少的，统计数据显示的变化与工业开发导致的大量外来产业工人涌入有关。

表3-21　2007年内蒙古部分盟市牧区从业人员构成

单位：人

地区	全区	锡林郭勒盟	鄂尔多斯市	阿拉善盟
牧区从业人员	6719742	278376	346227	41127
第一产业	5125023	251421	243900	36586
农业	4362136	117253	164891	17511
牧业	762887	134168	79009	19075
工业	296958	1912	21515	667
建筑业	437316	10200	19103	152
交储邮政	132968	1592	18129	708

续表

地区	全区	锡林郭勒盟	鄂尔多斯市	阿拉善盟
信息服务	13166	111	1151	164
批发零售	207632	2559	16029	1340
住宿餐饮	129756	2237	14182	694
其他	376923	8344	12218	816

资料来源：据内蒙古统计局相关年份公布数据整理。

再以鄂尔多斯市服务业变化为例，分析工业化对牧区劳动力的带动作用。20 世纪 90 年代中后期该地服务业投资开始升温，尤其是“十五”时期以来，服务业固定资产投资总量保持了快速稳定发展态势。2008 年，全市第三产业完成固定资产投资 335.5 亿元，同比增长 21.9%，占当年全社会固定资产投资总额的 31.3%。其中，旅游、物流和金融等投资比例不断提升，项目逐年增多。服务业吸纳从业人员稳步增长，居三次产业之首，在解决地区就业问题中发挥着主导作用，但对牧业人口的就业贡献率不是很高。由于受资本、技术的制约，农牧民很难在迅速发展起来的服务业（旅游、物流和金融）中就业。由于人口涌入的分母效应，从统计数据上看，当地的牧业人口在逐年减少。在 2005 年之前，从业人员结构以农牧业为主，第一产业从业人员占比一直居于首位。随着服务业的快速发展，其吸纳的从业人员也在稳步增长，从 2006 年开始，第三产业从业人员超越第一产业从业人员，居三次产业之首。2008 年，全市服务业共吸纳从业人员 34.9 万人，较 2001 年增加 16.9 万人，服务业从业人员占整体从业人员的比重由 24.0%提高到 39.2%[①]，连续三年位居三次产业之首。据相关部门估计，2008 年该市服务业吸纳的从业人员中 90%来自其他地区。

在全国农村改革的大背景下，内蒙古牧区也原封不动地照搬农村“包产到户”和变集体经营为家庭个体经营的“基本经验”，展开了自己的经济改革。如果说中国的土地承包制是向小农的回归，那么内蒙古的“草畜双承包”则是把畜牧业的第一性生产和第二性生产统一起来，或说将生产者与畜牧业生产的两个主要要素结合在一起，实现了人草畜的统一。由于

① 《达林太调研笔记》，鄂尔多斯市劳动就业局访谈整理，2009。

历史上没有完全意义的“小牧经济”，“草畜双承包”产生了历史上从未有过的完全意义上的“小牧经济”，实现了劳动者对草地使用权的拥有，这样做是为了兼顾效率与公平。同时，集体对草场的所有权又体现了国家对土地的最终所有权，可以避免私有化带来两极分化。但是实践表明这种考虑过于简单，没有认识到内蒙古草原的“小牧经济”与小农经济的不同处境与特点，因而相应的或配套的政策没有出台，出现了很多意想不到的问题，加剧了草原的利用强度，增加了牧民配套的其他经济资源，即从草地系统外购置饲草料来维系出栏率，同样加大了牧民的饲养成本。当然，相较于农业生产，国家对牧业生产的优惠政策相对缺失。在市场经济条件下，牧区的生产要素会源源不断地流向城市，包括资金和劳动力资源。

第四讲　牧区社会化服务组织、金融服务与产业化

改革开放以前，草原牧区的产业供应链是非常简单的。当时的物流主体是集体所有制的牧区供销合作社，国营商业企业也参加一部分供销经营，牧民个人的贸易行为则受到严格限制。内蒙古产业链和供应链体系，是计划经济体制下由国家统购统销体系经过逐步市场化改革而成。在这一市场化变迁过程中，首先放开的是蔬菜、水果、禽蛋一类农副产品，然后是肉类、水产品，最后是粮棉油等主要农产品。牧区产业链和供应链体制的改革，首先是建立合同订购和市场收购的多渠道流通体制，改革畜产品的价格体系，打破畜产品独家经营的格局，取消畜产品的派购制度，打破基层供销合作社的公办模式，变公办为民办，发展农畜产品批发市场，允许农牧民进入流通领域。经过 30 多年的衍生发展，形成了一个以农牧业生产经营与农牧民家庭相对应的“小生产、大市场”为特征，具有多种经济成分、多种经营形式、多种流通渠道的农畜产品产业链和供应链体系。①

一　牧区产业供应链发展变化

1983~1994 年，牧区畜产品进入市场的流通形式基本上仍然在维持“牧户—供销合作社（食品公司）—加工企业”的简单关系，但牧民有了除缴售给国家以外的剩余畜产品的自由销售权利，前提是完成国家的收购任务。国家的收购任务每年由政府主管部门核定。例如乌审旗的牧户在这一时期的缴售任务是总牲畜数的 10%，供销合作社是唯一的收购企业。由

① 内蒙古自治区概况编写组编《内蒙古自治区概况》，民族出版社，2009，第 418 页。

于收购价格极低，政府财政从中受益，供销系统也得以运营。

随着改革开放的深入，草原牧区的产业供应链变得相当复杂，不仅批发与零售业、住宿和餐饮业、交运仓储和信息传输业成了产业供应链上的重要部门，邮政、计算机服务和软件等行业也加入这一供应链。在这个供应链中，既有国有和集体企业，也有私营和个体企业，但以前的国营食品公司和供销合作社则基本上已改制由个人承包了。

以奶产品为例，在整个产业链条中，有奶牛出售者、经纪人、兽医和配种员，这些是基础生产资料奶牛的提供者和维护者；还有饲草料的生产者和供应者，有普通的奶户及规模化养殖大户，这些是产业链的基本环节；还有奶站经营者连接奶产品生产和加工环节；奶产品加工公司是整个链条的核心环节，再经过奶产品的批发商、零售商和摊贩，直至广大的奶产品消费者；利益相关者还包括政府部门、提供金融资本的商业银行以及专利技术提供者。

在以国有、股份制和私营畜产品加工与供销企业为主、个体商贩为辅的畜产品供销体系中，个体商贩是连接牧民和加工企业及批发商的重要环节，他们往往被称为“二道贩子”①，他们骑着摩托车走村串户，了解行情，传递信息，在收购季节则开着货车或专用运畜车上门收购。“二道贩子”的作用有多大，可举一个旗县的例子来说明。2002 年 10 月，达林太、额尔敦布和与暴庆五等研究人员对苏尼特左旗 54 户牧民做过抽样调查，在秋季卖肉时期和春季卖毛绒时期，个体商贩到牧户家上门收购的次数少则 2~3 次，多则 4~5 次。54 户牧民中，在 2002 年收购季节，只有 3 户牧民将 6 头牛卖到本旗屠宰场，其余出栏的牛羊等牲畜全部由个体商贩上门收购。这些个体商贩主要来自本旗境内，其次来自河北省张家口等地和二连浩特，还有来自锡林浩特和乌兰察布等地的。这说明在现行牧区的畜产品供销体系中，由于牧户居住分散，集中销售畜产品风险较大，而单个牧户在家坐等个体商贩收购获益却高得多，这应该与农村的情况有很大区别。这 54 户牧民中的多数是在本旗境内购买饲料，也有一少部分去锡林郭勒盟的阿巴嘎旗、东乌旗和西乌旗进行采购。

---

① 后来发展成牧区经纪人。

在牧区畜产品流通中，除了个体商贩以外，畜产品购销经纪人也是重要的中间环节。牧区畜产品购销经纪人是在畜牧业经济活动中为促成畜产品交易而从事居间、行纪或者代理等经纪业务的公民、法人和其他经济组织。他们了解畜牧业生产状况，掌握市场需求，通过经纪活动，把畜产品组织起来推向市场，使畜产品流向全国乃至世界市场。

“2005 年，内蒙古自治区工商行政管理局出台了《转发关于进一步贯彻（落实）〈经纪人管理办法〉的意见有关问题的通知》。各盟市工商局按照自治区工商局的部署要求，纷纷出台扶持农村牧区经纪人发展的政策规定。”①

二　草原牧区的信息化发展状况

“十五”计划和“十一五”规划及随后的实施方案，都强调了在农村建设现代、有效的市场经济的重要性，进而强调了建立和完善“农村市场信息系统”的必要性，这也是 21 世纪头 20 年经济建设和改革的主要任务之一。党的十七大报告提出“统筹城乡发展，推进社会主义新农村建设。解决好农业、农村、农民问题，事关全面建设小康社会大局”，要“全面认识工业化、信息化、城镇化、市场化、国际化深入发展的新形势新任务”②。《中共中央　国务院关于推进社会主义新农村建设的若干意见》中更明确指出要积极推进农村信息化建设，充分利用和整合涉农信息资源，强化面向农村的信息服务。加快农村牧区信息化发展已经成为世界各国和中国各级政府的共识。从信息化和建设社会主义新农村新牧区任务要求的角度分析，农村牧区信息化的含义应当既包括农业产业信息化，也包括农村牧区社区信息化。从信息化的意义和功能看，信息化既是新农村（牧区）建设的一项重要内容，又是促进新农村（牧区）建设的一项有力措施和手段。信息技术作为现代科技的主要内容，信息资源作为信息时代的重要资源，两者在现代农牧业发展中将具有不可替代的作用。党的十七大强调要把完备基本公共服务体系作为工

① 封迅：《内蒙古农村牧区经纪人的培育和规范》，《中国工商管理研究》2007 年第 10 期。

② 十七大报告辅导读本编写组编《十七大报告辅导读本》，人民出版社，2007，第 21 页。

作目标，解决农村公共产品供给缺失问题成为建设新农村面临的紧迫任务。

利用现代信息技术手段将复杂的农牧业技术以简单、易懂、易学的方式表现出来，可以建立不受时空限制的推广网络，全方面、多途径、高效率地将农牧业科技成果和先进实用技术源源不断地送到农村牧区和农牧民手里，加快农牧业技术转化为现实生产力。

为使这样的服务更好地惠及乡村人口和乡村经济，农业部市场与经济信息司司长在联合国粮食及农业组织关于该论题研究的前言中写道："我们希望继续加强同国际组织和相关发展中国家之间的合作交流，以相互借鉴在信息服务方面的经验，共同推动世界农业与乡村经济的发展。"

（一）全国农村信息化状况

中国农业科技成果推广应用率只有40%左右，农业科技进步对农业的贡献率只有45%左右，而发达国家已达到70%～80%。[①] 1980～2000年，以微电子技术、光纤、无线通信技术及信息处理技术为主的信息和通信技术经历了飞速发展的时期，计算机迅速普及，新的通信技术和互联网技术成为社会和商业活动的手段。21世纪是信息技术高速发展并全面普及的信息化时代，信息和通信技术已成为社会和经济发展极为重要的推动力量。[②]

新疆兴农网信息服务平台（以下简称"农信网"），为农牧民提供农产品及农资价格行情、农业气象、专家咨询、乡村驿站等30多个栏目的信息服务，初步形成了覆盖农业和农村经济领域的信息采集和发布服务体系。用户日信息发布量已经达到500条，日信息更新量达1000余条，日点击量达8000～10000次。编辑通过农信网发送农业技术短消息4000余条、政策科技要闻5000余条。通过农信网促成了大量的农产品交易，据不完全统计，2007～2009年网上交易额超过2.2亿元。[③]

宽带网民规模达到3.2亿人，占整体网民的94.3%。手机网民规模为

---

① 李道亮：《零公里的探索——基层农业信息服务体系建设研究》，中国农业出版社，2007，第5～7页。

② 《达林太调研笔记》，王文生"农村信息化与农业和农村发展"会议发言整理，2009。

③ 《达林太调研笔记》，王文生"农村信息化与农业和农村发展"会议发言整理，2009。

1.55 亿人，占整体网民的 45.9%。农村网民规模达到 9565 万人，其中 14.8%在过去半年内访问过农村、农业类网站。网民中农林牧渔劳动者使用农村、农业类网站的比例为 42.7%。农村信息化建设不仅有利于促进农业由传统经验到科学量化、由粗放生产到精细农作、由分散封闭到有效获取，以及利用信息由主观判断到科学决策的一系列转变，而且有利于将现有单项农业技术、最新的科技成果和专家知识进行综合组装配套，实现精量化、规范化和集成化，改造传统农业，提高生产过程决策的科学性，提高效益。①

（二）内蒙古农村的信息化状况

鄂尔多斯市工商局开通了畜产品购销信息网，每月组织畜产品经纪人深入农牧户进行 3 次以上的价格调查，经纪人协会根据所采集的信息和其他省区市的畜产品信息，通过畜产品购销信息网开通经纪活动“绿色通道”。除国家法律法规明令禁止的行业、经营项目和经营方式外，农村牧区经纪人的经营范围不受限制。

截至 2007 年，鄂尔多斯市达拉特旗共发展农村牧区经纪人 857 户，建立各类农牧民经纪人协会 124 个，经纪人经手的业务量达 2.75 亿元，覆盖全旗 8 个苏木（乡镇）180 个嘎查（村），带动 2.4 万户农牧户走上了农牧业产业化道路。全旗 87%以上的肉制品及 60%以上的蔬菜、85%以上的葵花籽均通过经纪人销到外地。②

巴彦淖尔市工商局依托信息网络优势，引导农业经纪大户多元化发展。为农业经纪大户群体实施靠前服务，对有培养前途的经纪企业重点帮扶，完善现代企业制度，实现从传统的经纪手段向运用互联网、电子商务等现代信息技术手段的转变，实现经纪区域由以本地区为主向全区乃至区外、国外市场辐射的转变。③

---

① 《达林太调研笔记》，王文生“农村信息化与农业和农村发展”会议发言整理，2009。

② 《达林太调研笔记》，鄂尔多斯市经信委访谈整理，2009。

③ 磴口县经纪人秦子敬在互联网上开办的中国“华西商务”网站日点击量达 5 万次，成为全国名列前茅的商务网。对巴彦淖尔市的西瓜、油葵、蔬菜等农产品的购销起到了很好的推动作用。

（三）内蒙古牧区的信息化发展比较落后

相对于中国农村，内蒙古的纯牧业地区信息化水平很低，很难使用以上手段传递市场信息。2009 年 4 月、5 月、8 月笔者对阿拉善盟的阿左旗、阿右旗和锡林郭勒盟的苏尼特左旗进行了 4 次调研，调研内容涉及牧民如何在市场化进程中接收信息服务的情况，现归纳如下。

1. 阿拉善盟牧区获得信息的状况

阿拉善盟调研对象的基本情况：政府 7 个部门的 29 人，媒体工作人员 9 人，从事畜产品经营的小企业 8 家，提供信息服务的相关部门 8 个，牧户 20 户。调研牧户包括阿左旗牧户 13 户，阿右旗牧户 7 户，共 55 人，其中蒙古族 27 人。调研牧户中男劳动力 19 人，女劳动力 17 人，在读学生 19 人；从事牧业生产 12 户，从事其他产业 8 户。

据调研数据分析，在调研牧户中，小学文化程度的牧民居多，受教育程度较高的大都是在读学生（见图 4-1）。由于牧区牧民文化水平普遍偏低，报纸杂志仍然是部分有文化的嘎查干部的专属。

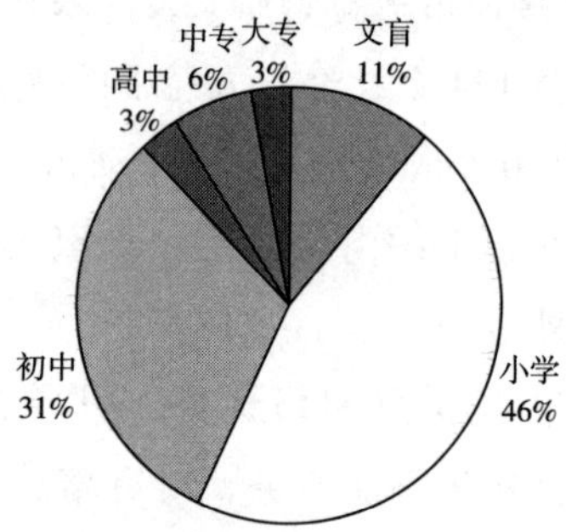

图 4-1　2009 年阿拉善盟调研牧户的文化程度

资料来源：依据调研数据制图。

调研数据显示，牧户的手机数量是 34 部（见表 4-1），其中二手手机居多。电视机大多是 20 世纪 80 年代初购买的，近几年出产的新型电视机，购买的牧民很少，电视机更新率极低。一方面由于使用风力发电机，供电成问题；另一方面可能与牧民收入减少有关。牧区信息接收终端匮乏、单一、落后，广播等传统媒体仍然受到牧区牧民的广泛信赖，收音机是牧户接收信息的主要工具。

表 4-1　2009 年调研 20 户农牧民信息产品拥有量

产品	计量单位	总计
手机	部	34
电话机	部	6
彩色电视机	台	14
家用计算机	台	1
收音机	台	15
报纸	份	2
杂志	份	1

资料来源：根据 2009 年 4~5 月的调研情况整理。

通过调研可知，由于阿拉善盟牧户居住分散、生产经营状况萎缩、信息产业尚不发达，针对牧区的电子产品没能充分开发，牧民获得各种信息很不方便。而且电视机作为接收终端，其使用成本较高，也无法传递一些局部和具体的信息，因此当地牧户从电视上几乎无法获得自己需要的信息。

2. 苏尼特左旗牧民的信息化状况

2009 年笔者对苏尼特左旗的 28 户牧民的信息接收状况进行了调研，具体调研情况见图 4-2。

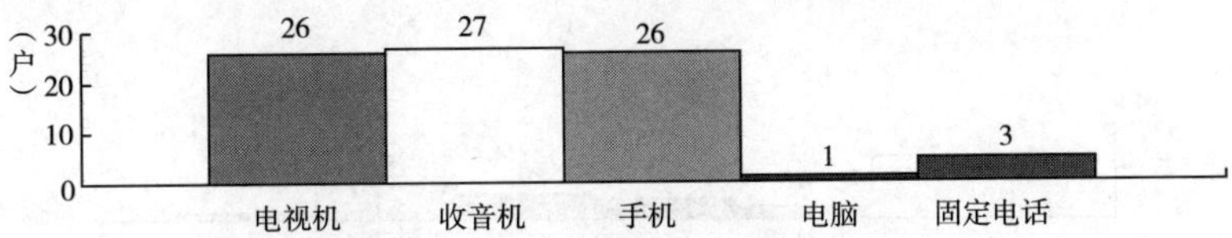

图 4-2　调研牧户接收信息的主要工具

资料来源：据 2009 年的调研数据制图。

2009 年，收音机、电视机和手机是牧民接收信息的主要工具，在调研的牧民中只有一户牧民有电脑，主要是供上学的孩子使用。调研地与旗政府所在地距离较近，手机网络覆盖较好，收音机是牧民非常喜欢的获得信息的工具，牧民对电视中插播的蒙语广告质疑较多。

通过对以上调研资料分析得出，牧民收集各类信息主要依靠收音机和电视机，其次是政府的宣传（见图 4-3、图 4-4、图 4-5、图 4-6）。牧区电脑网络发展缓慢，上网查收信息还很难做到。

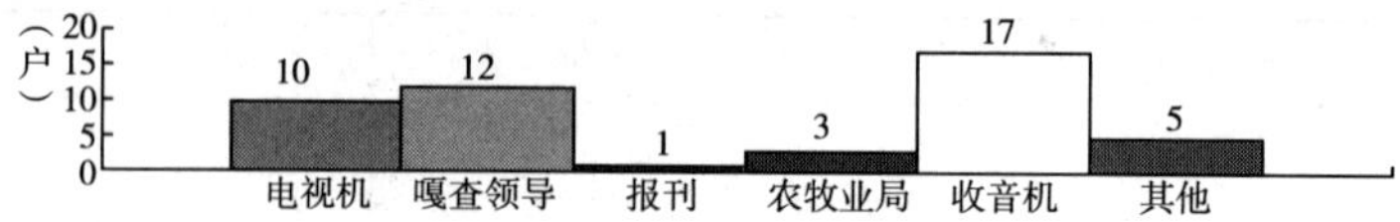

图 4-3　调研牧户政策信息获得渠道

资料来源：据 2009 年的调研数据制图。

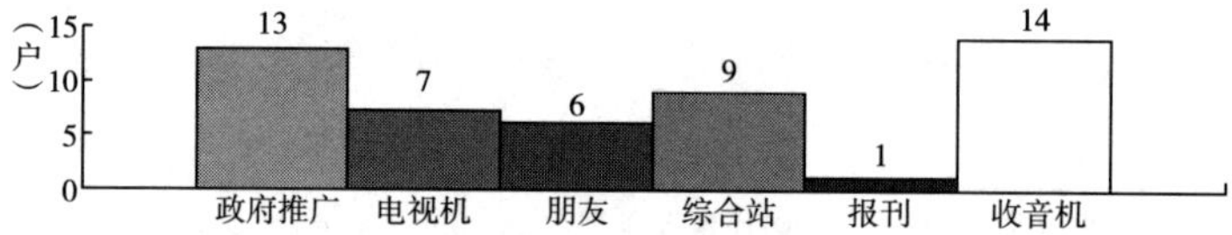

图 4-4　调研牧户的新技术信息接收渠道

资料来源：据 2009 年的调研数据制图。

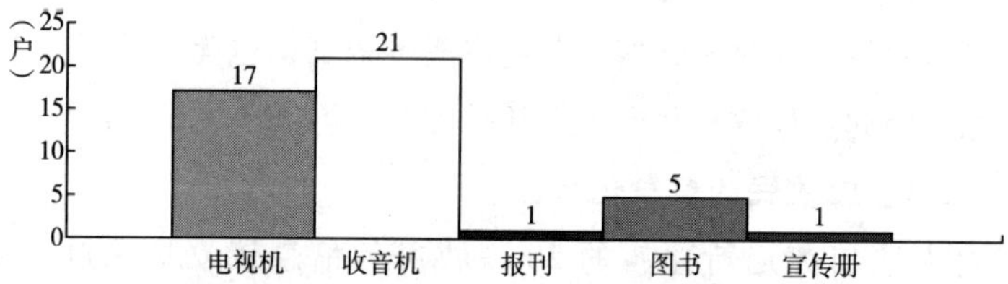

图 4-5　调研牧户文化知识信息接收渠道

资料来源：据 2009 年的调研数据制图。

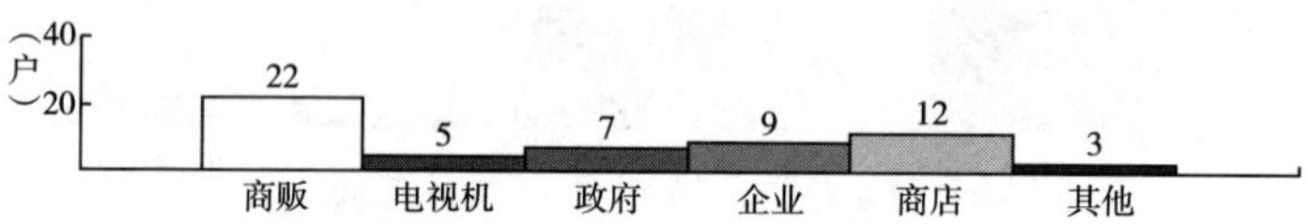

图 4-6　调研牧户市场信息接收渠道

资料来源：据 2009 年的调研数据制图。

3. 内蒙古牧区的信息化发展非常滞后

通过以上分析，可以清楚地了解到 2009 年内蒙古纯牧区苏尼特左旗的信息沟通状况：信息闭塞状况并没有得到根本改善，牧区涉牧信息量的增加与涉牧信息有效性的提升不同步，有效的信息沟通对经济发展的推动力和贡献力不足。从信息内容的提供来看，农牧民非常渴求的信息是科技信息、致富信息、市场信息和法律法规知识。但实际提供的信息内容却并不能真正满足牧民的需求，缺少有针对性、实用、贴近实际、可操作的个性化信息内容。

市场信息主要是靠流动商贩和商店口传，针对牧区的信息沟通又区别于新闻资讯类信息。[①] 涉牧信息更多是服务性的，这就需要双向的沟通交流。牧区大量的信息却常常是单向送达的，缺乏互动与交流，而单向传播很难真正解决实际问题，推动经济发展。

互联网虽然在信息送达上有传统媒介不可比拟的优势，但短时间内还不能在牧区普及。牧户获得的信息时常滞后于其他地区，这也影响了畜产品的价格。2009 年在阿拉善盟的调研情况也印证了以上结论。畜产品和生产资料的价格基本上是通过牧民口传，机械维修、金融信贷、兽医服务信息基本上来自相关的业务部门，草原管理信息主要来自政府，来自电视机和互联网的信息非常少（见图 4-7）。

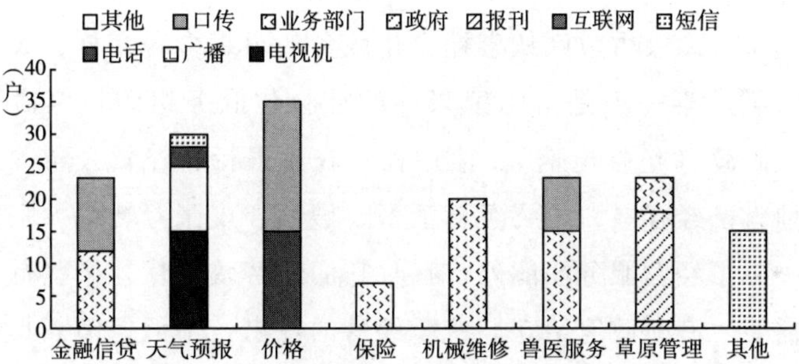

图 4-7 阿拉善盟牧民获得信息的主要渠道

资料来源：根据 2009 年 4~5 月的调研情况整理。

受信息送达网络所限，涉牧信息送达情况并不理想，难以做到准确全面。无论是传媒还是通信运营商，其在信息的送达方面都有不同的缺陷和局限性，而送达缺失对于信息来讲，就是效果尽失。研究人员认为新的信息和通信技术，能帮助落后地区跨越传统的发展阶段。而受终端设备成本和使用者自身技术水平的限制，牧区信息化的“落地”问题一直是一道无解的“加法”，被形象地称为“最后一公里”问题。

2009 年，做牧区信息沟通的部门很多，政府、通信、媒体、市场等，

① 陈冰琳认为，新闻资讯类信息只作为一般性的了解、告之，所以单向送达即可，2009“商贸漫游呼伦贝尔媒体培训会，海拉尔，2009 年 9 月 3 日”。

每一个部门都是既做内容又做渠道，而每一个部门无论是内容还是渠道都是不全面的。

三　牧区社会化服务组织的发展变化

在市场化的草原畜牧业经济中，参与牧区商贸发展的角色很多，除了上面说到的牧民、商贸个体户及公司企业、经纪人、牧区市场信息服务机构、政府设立的农牧业扩展服务机构以及地方政府管理部门等以外，还有一个十分重要的角色，那就是牧民社会化服务组织，后来也称“牧民协会”。

（一）牧区社会化服务组织的多元化与多样化

归纳起来，内蒙古牧区从事社会化服务的组织多种多样，大体可以划分为以下四类。第一类是由国家兴办的社会化服务组织。包括供销合作社、粮站、邮政（包括电信）、信用社、农业银行、外贸公司等。它们在改革开放前就已经存在，主要经营活畜、绒毛、皮张等传统大宗畜产品及专业服务。除了经营服务职能外，有时它们还替政府代行某些行政管理职能。根据需要，有时政府给它们垄断经营的优惠，不但保障其具有较高的盈利水平，而且有些亏损纳入政策性补贴范围，给予财政支持。政策放开后，企业化经营逐渐成为其经济行为的主导。第二类是隶属于政府职能部门的服务性事业单位。人民公社解体后，牧区的畜牧业经营管理站、兽医站、草原站、农机站、牧区打井队、造林队、牧区机耕队等都归于此类。它们过去由政府财政提供资金，提供无偿服务，在市场化改革中，它们有的改为通过提供服务获得收入维持自身的生存和发展，有的在转轨过程中被淘汰，也有的转变职能实行企业化经营。第三类是个体及私营的各类服务组织，在饲草料购销运输、加工和生产方面为牧民提供有偿服务。第四类是牧区大户为了解决自身走向市场中遇到的困难，在不触动家庭经营体制的基础上，自愿联合起来组成的牧民合作组织。这一类即下面着重观察的牧民社会化服务组织。

（二）牧民社会化服务组织的出现与发展

中国牧民社会化服务组织的出现有其深厚的历史渊源和雄厚的民俗基础，囿于草原生态环境与自然畜牧业产业特点，互助合作作为游牧民族的共同特征，历来是内蒙古草原牧区社会经济组织制度赖以形成的基础。

1. 历史渊源与现实需要

草原牧民团结互助的群体精神表现得甚为明显，这里地广人稀，在游牧中牧民要依靠团体的力量去应对自然风险，单个牧户在天寒地冻的环境中很难生存下去。内蒙古草原牧区的历史上一直存在在长期生产生活过程中牧民自发结成的简单有效的互助合作经济组织，其主要形式有"古列延"和"阿寅勒"，在呼伦贝尔草原这种组织也叫"呼尔其"（牧民亲友联合抗灾组织）。

由于畜牧业生产边际效益递减，畜牧业生产具有天然弱质性，缺乏自组织的组织代言，商贸信息落后。在畜产品从生产到消费者这一市场化的产业链条上，牧民处于相对不利的地位。随着内蒙古牧区牧户家庭经营制度的全面推行，商品经济得到较快发展，面对新矛盾，包括包产到户畜群结构被打乱引发的新矛盾，一些牧民采取新的"苏鲁克"制度，牧区出现了一些专营生产户、专门放牧马群的马倌、专门放牧骆驼的驼倌等。

1992 年在国家农业综合开发办公室的支持下，内蒙古草原示范项目全面展开。在国家项目的扶持下，牧区出现了一些专业大户。随着牧区经营家庭化和新专业化，商品经济越发复杂，社会化服务的需求也越迫切了。于是先后分化出一批专门从事牧区社会化服务的人及组织。他们在牧区社会化服务领域中的专业化经营和规模经营，大大降低了服务成本，从而巩固了自己的地位，也受到了牧户的热烈欢迎。这应该是最早的牧区牧民自组织的社会化服务组织。

2. 牧民社会化服务的特点

改革开放以来的各种公办社会化服务组织因长期计划经济体制下形成的官商作风效率低下、服务成本高昂，不能满足市场经济下的牧户需求。牧民在生产、流通、社会化服务过程中的利益损失相当严重，因此已经进入市场的牧户必须在社会化服务上寻找新的途径。在四种牧区社会化服务组织中，牧民社会化服务组织是牧民按专业自愿组织起来、自主经营的牧民合作组织。组织的领导成员由牧民按自己的意愿选出并接受牧民监督。牧民合作组织向牧民提供有偿服务，是为解决市场中遇到的社会化服务需求而联合起来的经济组织。这是一种与政府的社会化服务组织非常不同的新组织，其主要特点在于它是牧民自己组织起来实行自我服务的组织，它与牧民是息息相关的利益共同体，它正在成为牧区社会化服务组织中最具生命力的一种组织形式。

牧民社会化服务组织具有其他任何服务组织所不具备的强大优势和生命力。它的出现迫使其他社会化服务组织压低服务费用、降低盈利、提高服务质量，牧民利益受到了尊重和保护。在调研中牧民对其也非常认可，以锡林郭勒盟某旗为例，过去牧民每年的牲畜防疫都是由苏木综合站的兽医提供，药品也由他们提供，由于其具有垄断性，每年的防疫基本上是将药发到牧民家里，他们很少为牧民的牲畜进行防疫。即使他们来为牧民服务，其防疫也不规范，注射的针头在一个嘎查中只使用一个，结果传染病就由嘎查中的一只羊通过兽医的针头传染到整个嘎查。牧民社会化服务组织出现后，通过自我服务，畜群的质量在提高，牧民也学会了自我服务。

牧民社会化服务组织作为生产组织制度的创新，在内蒙古草原牧区复萌有其独特的条件。政府及其他的社会化服务组织主要集中从事皮毛、肉类等传统大宗畜产品的经营环节，并牢固地占领了市场。而牧民社会化服务组织所从事的新兴产业，如饲料地种植购销、兽药的购买、种畜的提供、草原运输业等领域，各种隶属于政府的社会化服务组织尚未进入，这些领域所需要的服务暂时只能靠牧户自己来完成。

3. 内蒙古牧民社会化服务组织的状况

社会化服务组织是牧区市场化过程中产生的一种新型组织，其发展必然会面临很多问题。

第一，合作程度较低，牧民从中受益不显著。牧民社会化服务组织发展的主要问题是合作程度较低，牧民从中受益不明显。社会化服务组织主要集中在技术合作（改良、繁育等）和畜产品流通环节，主要依托政府涉牧服务部门和畜产品加工企业的介入运行，而牧民自主组织的互助合作生产和加工组织较少。2006 年 4 月我们对锡盟 8 个旗 70 名牧民进行了调研，其中在西乌旗了解牧民对牧民新型组织有什么看法时，71%的牧民认为很好，22%的牧民认为政策可能不准许兴办，7%的牧民认为只要有条件他们也愿意加入。当问到他们对合作社的理解时，63.1%的牧民认为合作社可能就是同过去的集体经济一样的组织，30.4%认为合作社是一种新型的经济组织，8.3%的牧民不知道。从以上的调研来看，这样的产权结构使大部分牧民难以分享到新型社会化服务组织的收益，缺乏对牧民的产权激励。

第二，项目资金的推动使牧民的合作服务组织失去了自组织的功能。2007 年在社科基金“社会主义新牧区建设与发展”的资助下，我们专门对内蒙古草原牧区牧民自发的社会化服务组织进行了为期 3 个多月的调研，共调研农牧民社会化服务组织 105 个。在调研的牧区社会化服务组织中，属于上级政府推动并挂靠在政府农牧业部门的有 50 多个。这是因为近几年来农业部大力推进农村牧区合作经济组织的发展，每年都对农牧民的专业合作组织进行专项的资金资助，基层政府为了申请农业部的这个资助项目，相继包装或成立了一部分社会化服务组织，并将其改名为专业协会，专业协会大多挂靠在旗县的农牧业局。事实上这是基层政府以民间组织的形式在“垂钓”国家的专项项目资金，已经失去了原来的自发性、原创性。调查的另外 30 多个社会化服务组织已经与嘎查委员会合并，变为了基层政权组织的衍生品，其实质是嘎查政权组织之下的经济实体，协会负责人是嘎查领导人，但嘎查的牧民很难分享经济实体的收益。究其原因主要是内蒙古自治区的各级政府实施了一些专项的扶贫、农业开发对口帮扶项目，每个帮扶单位都和一些嘎查进行一对一的帮扶，帮扶单位为了使项目款绕过旗级财政和苏木财政进入帮扶嘎查，只好让嘎查将过去的社会化服务组织进行重新登记或成立一些新专业协会。原来由内在文化自发形成的领导人，自然变为了能承担民事责任的法人，经过重新登记，合作组织基本回到了嘎查领导的基层政权领导之下。用协会的账户来承接项目款，便于嘎查独立使用该资金，实施项目，因为嘎查从 1985 年以后就相继取消了独立公用账户。

第三，资本在逐步向牧民社会化服务组织渗透。在调研的 100 多个社会化服务组织中，有 20 多个属于牧区资本型公司，这些公司大都是由原来的社会化服务组织发展演变而来的，以畜产品加工为主，在所调研的牧区社会化服务组织中，仅仅有 3 个是由原来的社会化服务组织演变而来，其宗旨还没有脱离原来的服务目标，但持续发展可能很难维持。前 100 多个社会化服务组织大都和政府有紧密的联系，大多承接政府部门的项目，其服务内容也大都与实施的项目相关，对其成员的社会化服务比较少，其可持续性随着项目的终结而终止。3 个牧民自发的协会，大都有一个精英人物对其进行管理，其会员的参与性、决策性不是很高，协会的民主程度、透明度亦有待提高。

第四，牧民社会化服务组织在不断建立、不断解体。在以上调研的牧民社会化服务组织中，其“合作”主要集中在提供技术服务上，从事技术服务的社会化服务组织约占总数的 95.2%，已建有经济实体，有能力从事仓储、加工、运输的只占 4.7%，稳定性极差。随着牧户逐步掌握技术，长期停留在以技术和信息服务为主的牧民社会化服务组织，将逐步丧失对牧户的吸引力，这类组织的解体就在所难免，于是出现了牧民社会化服务组织不断建立和不断解体的局面。但从总体上说，仍呈现稳定增加的趋势。

牧区社会化服务组织的名称各异，有称为牧民协会、专业技术协会、服务协会、专业技术合作组织的，也有称为专业服务合作社的等。如按组织的规范要求来分析，调研的 105 个组织真正规范的只是少数，绝大多数或者是在其他服务组织基础上经过改造演化而来，资产并不属于或不完全属于牧民集体，如东苏旗肉羊协会是由一家肉食加工企业组建的，其部分合作组织领导成员，已经不再从牧民中选举产生，不再返还盈利，或者只将部分盈利以某种优惠间接返还服务牧民。可见牧区社会化服务组织还处在过渡形态。

四　改革开放以来牧区金融信贷发展

改革开放以来，内蒙古草原牧区随着经济市场化和结构的改变，在一些方面特别是非牧产业方面发展速度加快，资金运行表现出明显的流量增大和速度加快的特点，因而也引发了牧区金融经济的突出矛盾：一方面，多种行业发展资金需求迅猛增加，形成急切的资金需求；另一方面，传统的金融机构抱守既定的盈利法则，把草原牧区视为低盈利区域，缺乏改革的动力和组织资金供应、扩大信贷领域及规模的积极性，严重影响了牧区经济建设和草原生态保护的进程。

（一）融资困难是牧区经济发展的瓶颈

内蒙古牧区融资困难严重地影响了牧区经济和社会的发展。资本不足导致畜牧业及相关产业发展态势逐渐趋弱。更严重的是，畜牧业及相关乡镇小企业作为消化畜牧业劳动力以及吸纳牧区剩余劳动力的主要产业和部门，融资十分困难。这也成为牧区经济和社会发展的致命瓶颈。

1999 年以来，针对农村信用社支农（支牧）资金不足、支农（支牧）贷款利润小的实际情况，为带动农村信用社发放支农（支牧）贷款，根据国家有关政策，中国人民银行作为中央银行每年向其提供低成本资金即支农再贷款，并对农村信用社执行较低的存款准备金率，发行中央银行专项票据给予资金支持，扩大其贷款利率浮动区间的上限。同时国家还对其实行较低的营业税率和所得税免征政策。而农业银行和其他新型农村金融机构等同样开办支农（支牧）贷款业务却享受不到资金、税收等方面的优惠政策。此外金融机构发放的农牧业贷款多为一年期以内的贷款，“春放秋（冬）收”，不跨年度，遇灾情时贷款回收难，也导致金融机构支农（支牧）积极性不高。

1. 牧区资金需求增加和信贷规模不足

从全国来看，1993 年以来，我国农牧业信贷规模占全国信贷规模的比重为 3.1%~5.3%。农牧业增加值占 GDP 的比重 1993 年为 19.7%，2007 年虽然有所下降，但仍然达到 11.7%。同时，农村牧区非农牧产业在国民经济中还占了很大的比重。因此，农牧区信贷规模与农牧区经济在国民经济中的地位极不相称。

第一，牧区信贷规模与牧区经济在国民经济中的地位极不匹配。随着草原建设和畜牧业经济的发展壮大，牧民资金需求也越来越大。2008 年末，79 个旗县市人口达到 1452.59 万人（不含盟市所在地及市辖区）。其中有 33 个属于纯牧区，21 个属于半牧区，另外有 25 个降水变率基本上都超过 30%的农业旗县。从农业经济的角度讲，这 25 个旗县的农业受降水的影响，很难实现稳定的收益，畜牧业反倒成了这些旗县的主业。这些旗县处于农牧交错带，畜牧业发展很快，是内蒙古牛奶和肉食的主要产区。在这里讲金融影响的时候，就将这些县旗也放进来一起讨论，便于对内蒙古牧业受金融影响有更全面的了解。这一区域人口约占内蒙古自治区总人口的 60.18%。2006 年至 2008 年内蒙古 79 个旗县市的 GDP 分别为

1957.03 亿元、2756.04 亿元和 3427.85 亿元（见图 4-8），分别约占全区 GDP 的 40.42%、45.25% 和 44.16%[①]，2009 年第一季度 79 个旗县市的 GDP 约为 627.44 亿元，占比约为 42.98%。[②]

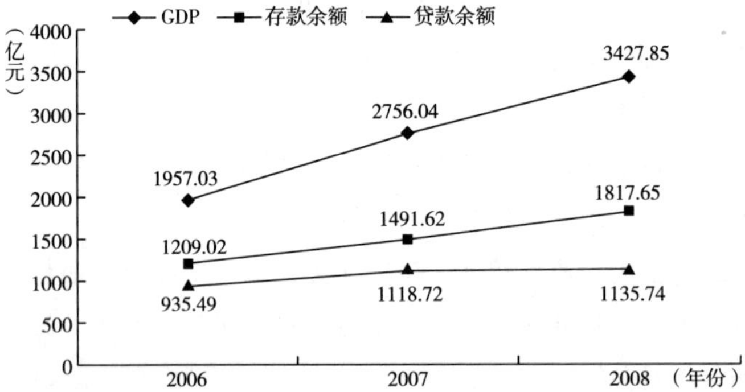

图 4-8　2006~2008 年内蒙古 79 个旗县市的 GDP、存款余额、贷款余额

资料来源：历年内蒙古统计年鉴。

从金融机构存款余额看，2006 年、2007 年、2008 年末县及县以下存款余额分别约为 1209.02 亿元、1491.62 亿元和 1817.65 亿元，分别约占全区存款余额的 29.95%、30.11% 和 28.66%；2009 年第一季度县及县以下存款余额约为 2083.81 亿元，约占全区存款余额的 29.57%。从贷款余额看，2006 年、2007 年、2008 年末县及县以下贷款余额分别约为 935.49 亿元、1118.72 亿元和 1135.74 亿元，分别约占全区贷款余额的 29.19%、29.69% 和 27.29%；2009 年第一季度县及县以下贷款余额约为 1475.07 亿元，约占全区贷款余额的 28.18%。[③]

从存贷比看，2006 年、2007 年、2008 年末县及县以下存贷比分别为 77.38%、75% 和 62.48%，呈逐年下降趋势。从百元 GDP 贷款余额看，2006 年、2007 年、2008 年分别为 48 元、41 元和 33 元，下降趋势明显（见图 4-9）。[④]

---

① 根据历年内蒙古统计年鉴汇总。

② 内蒙古自治区人民政府：《内蒙古财政年度报告》，2009。

③ 郝建虹：《金融对内蒙古县域经济的支持》，调研报告，内部资料，2009。

④ 郝建虹：《金融对内蒙古县域经济的支持》，调研报告，内部资料，2009。

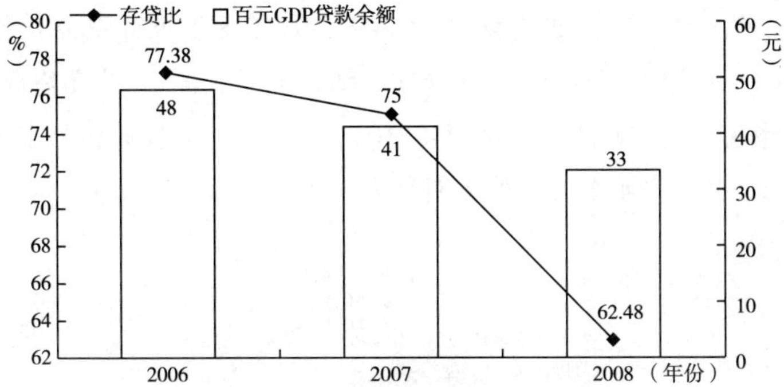

图 4-9　2006~2008 年内蒙古 79 个旗县市存贷比与百元 GDP 贷款余额

资料来源：内蒙古历年金融年鉴。

另据对锡林郭勒盟和呼伦贝尔市 181 户牧民的抽样调查，贷款的牧户占 51.4%，没有贷款的牧户占 48.6%。没有贷款的牧户中包含有过贷款，已经还了贷款，再次等待贷款的牧户。这表明广大牧户已基本上步入市场融资的轨道，对金融机构有了很大的依赖性。牧民贷款的用途，在舍饲地区，如生态移民村，主要是购买奶牛和饲料。而在游牧区，占第一位的用途基本上是草场建设，包括网围栏、盖棚圈、打机井、打草和购买牧业机械的耗油；占第二位的是生活用途，包括购买米、面、油、柴等生活用品；占第三位的是治病，许多牧户因病致贫；占第四位的是子女就学，所占比重也不小。①

第二，牧区金融机构收缩，金融服务“盲区”扩大。近年来，随着国有商业银行股份制改革进程的加快，其经营更趋谨慎和规范，而且经营策略向城市集中，对县域经济的支持力度有所减弱，支持份额不断下降。2008 年末，内蒙古 79 个旗县市拥有金融机构网点 2509 个，其中县支行级机构 472 个，平均每个旗县市拥有县级机构约 6 个，平均每 5790 人才拥有一家金融机构。农牧业贷款主要由农村信用社发放，国有商业银行和政策性银行很少介入。截至 2009 年 3 月末，农村信用社农业贷款余额为 1475.07 亿元。农业发展银行主要是为粮棉油等主要农副产品收购和储备

① 吉尔格勒：《城市化中猎牧民族的游牧与定居问题研究》，内部资料，2005，第 14 页。

提供资金，其支持份额基本稳定，截至2009年3月末农业贷款余额为505.79亿元，占全部县域贷款的25.4%。国有商业银行农业贷款余额为9.65亿元，占县域全部贷款的0.6%。邮政储蓄银行开展贷款业务不久，其农业贷款仅为0.48亿元（见图4-10）。在79个农牧业旗县市所有的贷款余额中，33个牧业旗的贷款余额只占1/3。

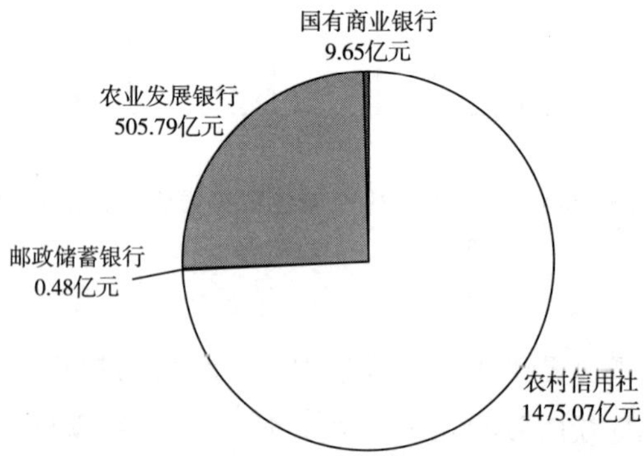

图4-10　2009年3月内蒙古79个旗县市各银行农业贷款余额

资料来源：中国人民银行呼和浩特支行专题调研报告，2009。

可见县域经济的资金需求仅靠农村信用社一家金融机构来满足，直接影响农村牧区资金的供应量[①]，资金缺乏成为制约牧区经济更快发展的一个主要因素。

2. 农牧区金融机构网点持续收缩

以巴彦淖尔市为例，1999~2005年其辖区金融机构减少137个，减少率为29%，其中农业银行减少65个，减少率为52.8%。从信贷资金供给上看，以农业银行为例，自1996年全面实行商业化经营后，农业贷款大幅减少，2004年农业贷款中的农户贷款停止发放，农村小额企业贷款基本不予发放。据统计，2003年至2006年农业贷款占贷款总额的比例分别为4.14%、3.14%、2.77%和1.59%。[②] 再以呼伦贝尔市新巴尔虎左旗为例，该旗金融机构经过撤并，由过去100%的覆盖率减至2个镇1个苏木，11个苏木（乡镇）中8个地区出现金融机构空白。1997年，全旗人口不足4万，但每1600人

① 郝建虹：《金融对内蒙古县域经济的支持》，调研报告，内部资料，2009。

② 郝建虹：《金融对内蒙古县域经济的支持》，调研报告，内部资料，2009。

就拥有1家金融机构；而2009年，每6000人拥有1家金融机构，2.2万平方公里的土地上每3142平方公里才设有1家金融机构。随着撤乡并镇的开展，农牧区农村信用社的营业网点也在向旗所在地收缩。①

农村信用社对农牧业的支持主要是短期贷款，而农牧民特别需要的中长期贷款则缺少借贷门径。如呼伦贝尔市2007年上半年农村信用社新增农业贷款10.47亿元，占全部金融机构新增农业贷款的95.3%。在全市农村信用社新增贷款中，短期贷款新增额占全市金融机构新增额的87.2%，中长期贷款新增额只占全市新增额的12.8%。②

广大牧民面临着担保难、贷款难，此外还有利息高、负担重，轻易不敢借贷的问题。而且在城市广泛推行的票据业务难以在县域地区开展，牧户或个体专业户难以得到在城市较为普遍的证券交易、网上银行服务等。

3. 信贷资金供给严重不足，对牧区经济运行产生较大不利影响

从旗县存贷款余额在全区所占的份额看，存款余额从1996年末占全区的35.90%下降到2008年末的28.66%，下降了7.24个百分点。贷款余额从1996年末占全区的37.97%下降到2008年末的27.29%，下降了10.68个百分点。③ 贷款占比下降速度更快。从存贷款增幅看，2006年到2008年，存款年均递增22.61%，而贷款年均增速只有14.93%，存贷款增速相差7.68个百分点。

2008年末，79个旗县市金融机构各项存款余额为1817.60亿元，贷款余额为1235.74亿元，平均每个机构拥有存款0.72亿元，贷款0.49亿元（见图4-11）。以呼伦贝尔市为例，2006年底各种金融机构存款余额为386亿元，贷款余额为189.8亿元，存贷差为196.2亿元，存贷比为49.2%，说明金融机构仍有相当大的借贷潜力。

乌兰察布市中国人民银行调查发现，一是有相当一部分涉农牧的小企业由于得不到银行及农村信用社贷款的支持，通过内部集资和民间借贷难以满足企业的正常需要，到手的加工合同不敢签订。二是部分企业借用民间高息资金，生产成本大幅上升。在调查中发现，企业使用民间资金，最

① 《达林太调研笔记》，呼伦贝尔市中国人民银行访谈整理，2008。

② 《达林太调研笔记》，呼伦贝尔市中国人民银行访谈整理，2008。

③ 郝建虹：《金融对内蒙古县域经济的支持》，调研报告，内部资料，2009。

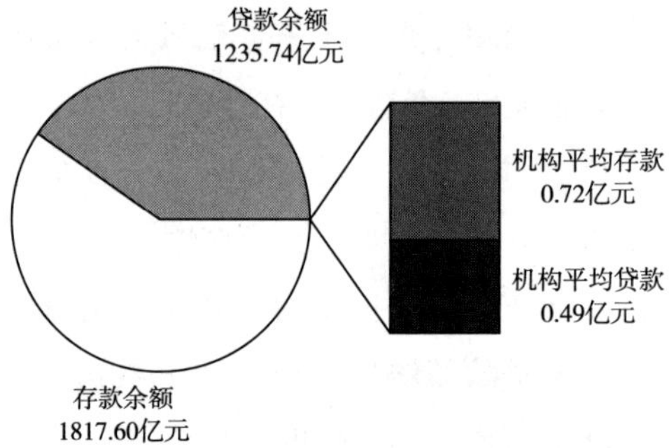

图 4-11　2008 年内蒙古 79 个旗县市存贷款余额与机构平均存贷款余额

资料来源：内蒙古自治区金融公报（2009）。

低年息 10%，最高年息 30%，一般为 12%~24%。三是银行信贷投入减少，在某种程度上强化了旗县政府招商引资。对赤峰市敖汉旗调查发现，存在招商引资快速发展而银行融资持续萎缩的现象。

内蒙古牧区畜牧业生产建设贷款和苏木（乡镇）企业贷款不足，严重地影响了牧区经济和社会的发展。资本不足导致经济体的发展陷入“贫穷陷阱”，不仅使贫困恶性循环，而且将使畜牧业及相关产业发展态势逐渐弱化。更严重的是，畜牧业及相关乡镇企业作为消化畜牧业劳动力以及吸收牧区剩余劳动力的主要产业和部门，一旦失去发展的源泉，转移牧区剩余劳动力将是一句空话，借贷困难已成为牧区经济和社会发展的致命瓶颈。

（二）金融机构借贷和资金外流

1. 牧区金融供给不足致使民间借贷较为活跃

由于牧区经济发展资金需求得不到满足，民间融资规模呈逐年扩大态势。这对支持牧区经济发展起到了一定的促进作用，但民间金融具有自发性、隐蔽性等特征，业务欠规范，存贷款利率较高，存在一定的金融风险。据调查，包头市达茂旗满都拉镇民间借贷年利率为 24%~48%，尽管利率水平很高，但借贷规模不减。①

2. 牧区金融资源大规模转移外流

在内蒙古牧区，人们看到了一种与全国农村牧区同样匪夷所思的现

---

① 《达林太调研笔记》，达茂旗调研访谈整理，2009。

象，一方面是牧区金融资源的匮乏，另一方面却是牧区金融资源的大规模转移外流。例如，在鄂尔多斯草原，依赖煤炭、天然气和盐碱等自然资源发展起来的许多大公司或业主，并不用他们的巨额财富投资草原建设和畜牧业发展，而是转向了城市，如北京、天津、山东威海等地，进行房地产置业和旅游业开发，甚至投至工商业、股票等盈利丰厚的空间。从资金流向看，近年来，县域资金流出、流入轧差后表现为净流出，且数量明显增多。资金流出的主要方式是县域金融机构上存资金。

2006~2008 年，79 个被调查旗县市信贷资金分别流出 410.28 亿元、529.59 亿元、619.56 亿元，累计流出 1559.43 亿元（见图 4-12）。[①] 县域金融机构的大量资金上存，使稀缺的金融资源流向大中城市，加剧了县域信贷资金供求矛盾。[②] 据一项对内蒙古呼伦贝尔市的调查，2007 年 6 月末，该市各项贷款余额为 209 亿元，比上年末增长 10.1%。2006 年末农牧业贷款占全部贷款的比重为 12.95%，2007 年 6 月末比重为 17.01%（农牧业贷款季节性强）。总体来看，金融机构并未将农牧业作为贷款支持的重点。贷款支持的重点是向大型企业集中投放，2006 年全市十大贷款企业增加贷款 33.3 亿元，其中煤炭、电力行业增加贷款 23.5 亿元，城市基础设施建设增加贷款 7.7 亿元。[③]

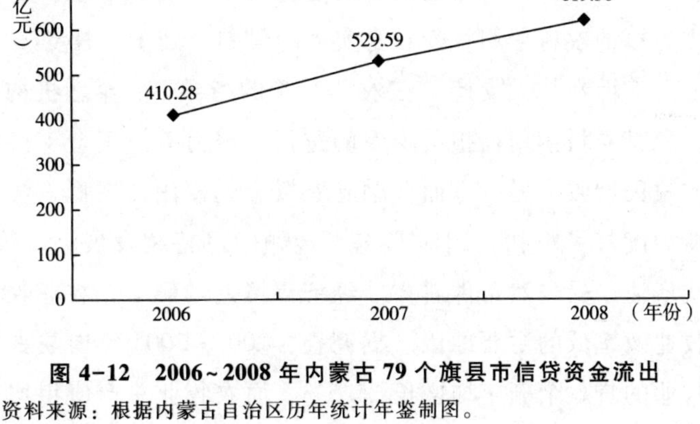

图 4-12　2006~2008 年内蒙古 79 个旗县市信贷资金流出

资料来源：根据内蒙古自治区历年统计年鉴制图。

① 郝建虹：《金融对内蒙古县域经济的支持》，调研报告，内部资料，2009。

② 郝建虹：《金融对内蒙古县域经济的支持》，调研报告，内部资料，2009。

③ 滕有正：《呼伦贝尔草原牧区生态经济调查》，内部资料，2007。

长期以来，金融资源不断从贫困地区流向发达地区，从农村牧区流向城市，从农牧业流向非农牧产业，导致农村牧区金融空洞化。这充分暴露出我国农村牧区金融体制的滞后性和不合理性。金融资源的匮乏必然会影响贫困地区农牧业生产结构的调整，影响农牧业先进技术的引进以及经济社会发展所必需的基础设施建设，农牧民增产增收的难度明显加大。

（三）形成牧民融资困难的原因

多年来，牧区资金回流城市、农牧民贷款难、供给不足、竞争不充分、效率低下、信用环境不好、资产质量差以及抵押担保物不足等，一直是令业界和决策层感到棘手的问题。牧区一般属经济欠发达地区，大多以牧业为基础，由于牧业的脆弱性，财政收入低，促进经济发展的资金匮乏，尤其是在建设新牧区中资金严重短缺，对信贷支持和金融服务需求强烈。但受外部环境、内部体制、机制、营运、人员等诸因素的多重影响，在服务牧区经济过程中金融宏观调控和政策方面会出现以下矛盾。

1. 牧区大多是基础产业，金融支持相对不足

牧区大多以牧业为基础产业，牧区金融服务本可以大有作为。但从实际情况看，牧区金融服务体系不健全，对牧区经济发展和建设的金融支持缺位严重。以锡林郭勒盟为例，2006 年 1~5 月内蒙古锡盟工、中、建行向电力发放贷款 3.4 亿元，占锡盟国有商业银行累计发放贷款的 66.7%。而作为支农主力军的农村信用社受自身实力的限制，处于一社支“三牧”的尴尬境地。一方面在加大支持“三农”政策的指导下，金融机构积极投入支农资金，尤其农村信用社担负支农的重任，努力筹措资金支持农牧业生产、促进农牧民增收。另一方面金融支农资金的使用效率低，使金融对农牧业的支持力度打了折扣，同时影响了金融的可持续发展。对牧区来讲，牧业是弱质产业，受自然条件恶劣、经济环境差的影响，牧业收益低，是金融支持牧业效率低的主要原因。据调查，2003~2005 年内蒙古锡盟金融机构对农牧业的贷款余额年均增长 25.5%，而农牧业总产值年均增长率仅为 15%，支牧投入与农牧业产出不成比例，使农牧区金融机构自身的可持续发展面临诸多困难。[①] 同时政策性金融机构职能发挥不充分，农业发展

① 《达林太调研笔记》，锡林郭勒盟的金融部门的工作人员访谈记录，2009。

银行只限于单一的国有粮棉油流通环节的信贷服务，对改善牧业生产条件、调整畜牧业产业结构和促进牧民增收作用相对较小。

一方面，牧区金融机构为不失去优质客户，在资金定价上处于被动地位，这就使商业银行不断向大企业“集中提供”低价格的信贷资金，通过利率调节优化经济结构，防范信贷风险的功能未体现；另一方面，由于各家国有商业银行逐渐退出农牧区金融市场，农村信用社在支牧中处于“一社支三牧”的地位，牧民只能接受较高的贷款利率。如内蒙古锡盟农村信用社从自身经营效益考虑，在利率执行上采取上浮的政策，77%的贷款上浮区间为［1.5，2］，且部分贷款利率“一浮到顶”。牧民本属收入弱势群体，盈利空间小，农村信用社这种“一浮到顶”的做法，不仅增加了牧民的生产经营成本，而且容易使部分黄金客户流失，从长远来看对农村信用社经营和牧区经济持续健康发展不利。

一方面，对牧区来讲，畜产品加工中小企业的发展和建设新牧区离不开金融部门的大力支持；另一方面，牧区投资渠道狭窄、投资品种单一。股票、保险、债券市场低迷，居民仍把储蓄作为首选的投资方式，居民的储蓄率高，但资金在促进牧区经济发展中的有效利用远远不足，表现为存差逐年增加，上划资金多，资金大量流出。如2003~2005年内蒙古锡盟的储蓄存款余额逐年增加，年均增长18.6%，2005年末城乡居民储蓄余额占各项存款的比例为70%，近3年10个旗县上划储蓄资金19.4亿元。尤其是受利益驱动，邮政储蓄机构加大揽储力度，使邮政储蓄较快增长，2006年5月底邮政储蓄存款余额占居民储蓄存款余额的11%。

2. 草原畜牧业的生产建设投资回报率低，牧区信贷成本高

我国农牧业生产有成本高、收益低，自然风险大的特点。加入WTO后，弱小分散的农牧户面临国际市场的冲击，市场风险加大。畜牧业生产的低收益、高风险使该产业本身难以承受高成本的借贷，因此也就成为信贷资本不愿光顾的领域。

在地广人稀的牧区，对高度分散的牧民提供零售金融产品与服务，成本巨大。它要求牧区金融的提供者，坚持不懈地开发符合牧民需要的产品和服务，同时不遗余力地压低运营成本。而封闭的牧区金融市场，又因为金融供给不足，金融服务与产品定价过高，金融服务方式单一。风险和收益不匹配，造成牧区生产建设融资困难和信贷资金大量外流。

3. 牧民信用评估和担保办法难以适应现实需求

信贷投放需要良好的信用环境相匹配，但从实际情况来看，牧区社会信用担保机制的不健全、银行信贷征信系统的局限性、政府一定程度的行政干预、信用环境建设缺乏政府主导的有效协调机制等，都对金融机构信贷资金使用的良性循环构成了威胁，从一定程度上影响了金融机构的投放力度和积极性。

牧区经济相对落后，需要贷款的牧民大多又比较贫困，自身很难提供贷款的抵押、质押或保证条件。但现有农村牧区金融机构在评估贷款安全的时候，仍然强调抵押担保的作用而不是借款人的偿还能力。草场或土地集体所有使牧户缺乏有效的抵押品，牧户的有效金融需求难以得到满足。

邮政储蓄小额质押贷款也是信用担保的一种形式。邮政储蓄或邮政银行与农村信用社等机构相比，资金实力雄厚，在吸揽存款、发放贷款等方面都具有一定优势，但由于掌握不够灵活，这方面业务进展缓慢。贷款方式也不适合牧区情况，因牧民收入具有周期性，余钱多用于扩大再生产，很难形成大额定期存单，而小额质押贷款上限又为定期存单的90%，因而不能满足广大客户需要。

五　政府与市场作用对畜牧业发展的影响

将内蒙古牧区的畜牧业发展到一个又一个新的台阶，几乎是自治区政府成立以来每个历史阶段的主要目标。从计划经济转变为市场经济之后，畜牧业也与其他大部分产业一样，其发展主要受市场影响，首先是产品市场，还有生产资料市场、资本市场和劳动力市场。改革开放以后内蒙古畜牧业发展很快，其推动力主要是市场对畜产品的需求，随着全国人民生活水平的提高，国内对畜产品的需求上升，价格水平也随之上涨。牧区和农区的畜产品生产在市场需求带动下快速增长，很快达到历史最高水平。

（一）内蒙古畜牧业产业化的现状

2007年全区农牧业产业化销售收入百万元以上加工企业实现销售收入1024.0亿元，实现增加值320.6亿元，约占全区工业增加值的20%。

农牧业产业化企业带动180万户农牧民加入产业化经营链条，企业从业人员达到38.2万人。由此可见，农牧业产业化经营已经成为加快农牧业结构调整和升级、增加农牧民收入的方法之一。但由于缺乏健全的农牧民组织体系，在保障企业利益的前提下，企业与农牧户的利益关系非常脆弱。

20世纪90年代中期以后，在全国农牧业产业化大潮的推动下，内蒙古的畜牧业产业化得到了较快的发展，到“十一五”期间已具备了相当的规模，这可以从销售收入百万元以上加工企业的经营情况中看出（见表4-2）。

表4-2 2002~2007年内蒙古农牧业产业化销售收入百万元以上加工企业经营状况

年份	企业数量（个）	同比增长（%）	销售收入（亿元）	同比增长（%）	增加值（亿元）	同比增长（%）	利润总额（亿元）	同比增长（%）	上缴税金（亿元）	同比增长（%）	带动户数（万户）	同比增长（%）
2002	775	21.5	313.6	53.2	94.2	59.4	23.6	67.4	13.4	52.3	86.8	25.4
2003	982	26.7	464.8	48.2	137.9	46.4	36.2	53.4	17.8	32.8	106.4	22.6
2004	1366	39.1	636.1	36.9	194.9	41.3	46.5	28.5	22.2	24.7	136	27.8
2005	1541	12.8	874.6	37.5	260.1	33.5	67.6	45.4	28.9	30.1	142	4.4
2006	1820	18.1	1159.9	32.6	375.9	44.5	90.5	33.9	42.7	47.8	158.1	11.3
2007	1959	7.6	1024.0	-11.7	320.6	43.2	68.2	-24.6	36.6	43.7	—	—

资料来源：内蒙古自治区农牧业产业办，2008。

农牧业产业化发展呈现良好的发展势头，企业数量由2002年的775个增加到2007年的1959个，增加了152.7%，销售收入由2002年的313.6亿元增加到2007年的1024.0亿元。上缴税金由2002年的13.4亿元增加到2007年的36.6亿元，增加了173.1%，经济效益显著增强。

（二）市场与政府干预下的乳业发展

下面以内蒙古发展非常快的乳业为例来说明产业化对牧区和牧民的影响。

1. 内蒙古自治区乳业状况

改革开放30多年来，内蒙古乳业发展非常快。下面从几个方面来分析内蒙古乳业的发展状况。

乳业的产量规模大大增加。从图4-13可以看出，内蒙古的牛奶产量和乳制品产量从2000年以后直线上升，农牧交错带的农民寻求转产，加上伊利等乳制品龙头企业的拉动，农民们选择了优先发展奶牛产业。可以说20世纪90年代乳业平稳发展，是一个市场推动下的产业扩张过程。

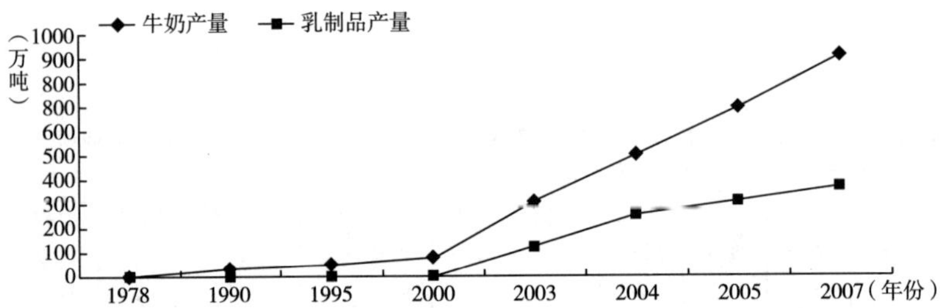

图4-13　1978~2007年内蒙古牛奶产量与乳制品产量

资料来源：内蒙古自治区统计年鉴，2008。

从表4-3中可以看出，内蒙古的牛奶产量在1985~1990年一直居于中国前二位，这一时期牧区各旗县几乎都有一家乳品厂生产乳制品，除呼伦贝尔外，其他牧区大部分牛奶来源是地方品种蒙古黄牛，主要产品是奶粉。1995~2001年这一时期，由于农区畜牧业的兴起，大量的秸秆开始转化为饲草，农民将收购价较低的粮食转换为饲料，加上又有充裕的劳动力，农区开始饲养集约化程度较高的奶牛。这一时期牧区的乳品厂纷纷转制，蒙古黄牛产奶量低的弱势逐步显现出来，没有办法与异军突起的农区乳业相媲美，内蒙古的乳业由1990年的全国第二位降为第三位。

2002年在政策和资金扶持下，内蒙古又占据了第二位。2003年在政府的直接参与下，草原牧区开始大建奶牛园区，内蒙古牛奶产量当年就排在中国第一位（见表4-3）。2005年统计数据显示全国牛奶产量有四分之一多来自内蒙古。

表 4-3　1985~2005 年内蒙古牛奶产量占全国产量的比重

单位：万吨，%

指标	1985 年	1990 年	1995 年	2000 年	2001 年	2002 年	2003 年	2004 年	2005 年
全国牛奶产量	249.9	415.7	576.4	827.4	1025.5	1299.8	1746.3	2260.6	2753.4
环比增长速度	119.0	66.3	38.7	43.5	23.9	26.7	34.3	29.4	21.8
内蒙古牛奶产量	24.4	37.0	48.6	79.8	106.2	165.2	308	497.9	691.1
环比增长速度		51.6	31.4	64.2	33.1	55.5	86.5	61.6	38.8
产量在全国中的排位	1	2	3	3	3	2	1	1	1
产量占全国的比重	9.8	8.9	8.4	9.6	10.4	12.7	17.6	22.0	25.1

资料来源：《中国统计年鉴（1996）》、2001~2005 年全国农业统计提要、内蒙古农村牧区经济基础资料。

2. 城乡居民对牛奶和乳制品的需求拉动了内蒙古的乳业

内蒙古乳业大发展的市场大背景是我国城镇居民对牛奶与乳制品的消费需求大幅度增加。2007 年末，内蒙古牛奶产量为 950.95 万吨，已连续 5 年居全国首位。

从表 4-4 中可以看出，1995~2007 年，我国城镇居民牛奶和乳制品消费量随着收入的增加逐年增加，由 1995 年的 7.33 千克增长到 2007 年的 24.87 千克。农村居民的牛奶和乳制品的消费大体也在逐年增加，农村居民和城镇居民牛奶和乳制品消费的差距由 1995 年的 11.45 倍缩小到 2007 年的 7.07 倍。城镇居民人均可支配收入与农村居民人均纯收入之比由 1995 年的 2.71 扩大到 2007 年的 3.33。如果从牛奶和乳制品的消费看，农村的农民正在逐步进入小康。

表 4-4　1995~2007 年全国城乡居民每人每年牛奶和乳制品消费情况

单位：元，千克

年份	1995	2000	2001	2002	2003	2004	2007
城镇居民人均可支配收入 1	4283.0	6280.0	6859.6	7702.8	8472.2	9421.6	13785.8
农村居民人均纯收入 2	1577.7	2253.4	2366.4	2475.6	2622.2	2936.4	4140.3
1÷2	2.71	2.79	2.90	3.11	3.23	3.21	3.33

续表

年份		1995	2000	2001	2002	2003	2004	2007
城镇居民	鲜奶	4.62	9.94	11.90	15.72	18.83	18.62	17.75
	奶粉	0.35	0.49	0.5	0.60	0.51	0.56	0.45
	酸奶	0.26	1.12	1.36	1.80	2.85	2.53	3.97
	合计 3	7.33	14.49	16.76	21.72	25.25	25.07	24.87
农村居民 4		0.64	1.06	1.20	1.19	1.71	1.98	3.52
3÷4		11.45	13.67	13.97	18.25	14.77	12.66	7.07

注：城镇居民乳制品消费合计中奶粉量按1∶7折算后得出。

资料来源：1996年、2001~2008年中国统计年鉴。

3. 乳品加工企业发展

乳品加工企业快速发展，2007年全区销售收入百万元以上乳品加工企业100家，不包括伊利、蒙牛区内各地所设分公司，较2004年增加13家；完成销售收入423.62亿元，实现增加值122.53亿元，利润总额为23.14亿元，分别是2004年的2.21倍、2.30倍和2.72倍（见表4-5）。[①] 乳品加工企业销售收入和利润总额分别占全区农牧业产业化加工企业的35.12%和24.65%。伊利、蒙牛两大集团销售额保持快速增长势头，2007年，两大集团实现销售收入405.28亿元，占全区乳业销售收入的95.67%；利润总额为14.8亿元，占比为63.96%，全国市场占有率达70%。内蒙古已成为全国重要的奶牛养殖和乳品加工基地。[②] 较大规模的企业越来越多。2005年，全区已有销售收入百万元以上乳品加工企业91家，规模以上企业61家，其中有4家乳品加工企业已被评定为国家农牧业产业化重点龙头企业，12家乳品加工企业已被评定为自治区农牧业产业化重点龙头企业，全区乳品加工企业销售收入年均增长速度均在50%以上，2005年液态奶产量为362.76万吨，占全国液态奶产量1145万吨的32%，居全国第一。2002年至2005年4年间，蒙牛、伊利两大龙头企业销售额年增长率呈两位数递增态势，尽管2006年和

① 内蒙古自治区产业化办公室，2008。

② 内蒙古自治区产业化办公室，2009。

2007 年的增速有所下降，但仍然在国内同行业中保持领先，2006 年两大集团拿下了全国乳业市场的半壁江山，2007 年全国市场占比上升到 70%。

从表 4-5 可以看出，内蒙古销售收入百万元以上乳品加工企业由 2004 年的 87 个增加到 2007 年的 100 个，增加值由 2004 年的 53.26 亿元发展到 2007 年的 122.53 亿元，企业发展速度加快，带动农牧户由 2004 年的 51.17 万户发展到 2007 年的 500 万户，大量农牧户加入奶牛这个产业。

表 4-5　2004~2007 年内蒙古销售收入百万元以上乳品加工企业情况统计

年份	企业个数（个）	销售收入（亿元）	增加值（亿元）	利润总额（亿元）	带动农牧户（万户）
2004	87	191.83	53.26	8.51	51.17
2005	91	248.92	67.67	15.58	58.26
2006	97	336.48	103.11	14.42	328.2
2007	100	423.62	122.53	23.14	500

资料来源：内蒙古自治区农牧业产业化办公室。

这一时段对于内蒙古乳品加工企业的发展来说是一个黄金时段。2004~2007 年企业的利润率分别为 4.4%、6.3%、4.3%、5.5%。企业在 2005 年和 2007 年的利润非常可观。2008 年上半年，国内乳品价格连续上涨，生产增长有所恢复，2008 年下半年，出现了“三鹿奶粉事件”，虽然成品奶价格未降，但是 2008 年底乳品进口快速增长，原料奶价格下降，乳业受到了重创。2008 年 9 月，“三鹿奶粉事件”之后，消费者对国产婴幼儿配方奶粉以及液态奶的消费大幅减少，严重影响到国内乳制品的生产，同时也波及典型牧区锡盟乳品加工企业。国家发改委宏观数据显示，2009 年 1~4 月，乳制品生产总量为 1.74 万吨，同比增长 13.0%，与上年 1~11 月累计同比增速相比回升 8.2 个百分点。利润总额由上年同期 397.7 万元转为亏损 55.9 万元，较上年 1~11 月亏损减少 1164 万元。亏损企业的覆盖面有所减小，亏损企业亏损额大幅下降。2009 年 1~4 月，亏损面为 12.5%，与上年 1~11 月的亏损面相比回落 12.5 个百分点；亏损企业亏损额累计达到 73 万元，比上年 1～11 月亏损额减少 1344 万元。[①]

（三）环境政策推动了奶牛运动

1. 奶牛运动的缘起

2003 年奶牛数量激增，原来平稳的增长变成了突变。这是环境政策造成的“奶牛运动”带来的。20 世纪末 21 世纪初也是内蒙古畜牧业发展的关键时期，经过几年平稳的增长，内蒙古畜牧业增长面临后劲不足问题。2001 年以后，内蒙古草原牧区也由于草地生态环境的恶化，开始寻找草地畜牧业结构调整的新路径。这时的理论界异常活跃，不同的理论构想不时碰撞出火花，“北繁南育”“农牧交错带优先发展”，就是在这一时期形成的。当时形成的以农牧交错带优先发展，用草原文化包装内蒙古畜产品的理论共识，为内蒙古畜牧业的产业化发展提供了非常扎实的理论基础，也铸就了后来的伊利、蒙牛、草原兴发等草原品牌。

2000 年后环境政策开始酝酿的时候，一些学者提出环境恢复应该和牧民的产业结构调整相结合，和内蒙古牧区的城市化相结合，应该大力发展集约化畜牧业。当地政府把集约化程度较高的奶牛产业作为草地畜牧业的替代产业，大量的牧民被转移出去发展奶牛产业。在政府的强力推动下，从 2003 年开始内蒙古奶牛存栏数量不断增长。2002 年以前农牧交错带的奶牛产业开始北移，一直靠天养牧的草原牧区也开始大量饲养奶牛。草原地区出现了很多集约化奶牛园区，这些奶牛园区承担了两个职能，一个是集约化畜牧业园区，另一个就是牧区的小城镇。在察右后旗的调查显示，有的农牧民的户口由原来的农业户转成了非农户。

2002 年内蒙古草原地区开始出现移民，政府安排这些转移出来的牧民养殖奶牛，即通过草地畜牧业结构调整来完成草地系统的生态恢复，通过饲养集约化的奶牛完成移民扩镇，提高牧区城市化率。中央财政的环境项目款、牧民卖掉牲畜的款、地方政府协调金融部门的贷款，都变成了奶牛的购买款，掀起了内蒙古的“奶牛热”。这次结构调整是政府直接参与的，开展得非常迅速。中国其他地区和国外的奶牛源源不断地被运往草原牧区，奶牛价格也在飞涨。这一政府直接参与的经济行为促成了内蒙古的奶

① 《达林太调研笔记》，内蒙古自治区农牧业产业办访谈数据整理，2009。

牛产业，也促进了内蒙古乳产品市场的发展。人们当时形象地将这一时期的行为说成是奶牛运动。在这次运动中获益最大的是奶牛贩子，不是所有的人都可以贩卖奶牛，因为在奶牛的购买链中需要很多政府的批文，否则没有办法检疫、报关、运输等。当然也有部分从来没有出过远门的牧民积极参与了这次运动，坐着飞机，去沿海的一些海关城市接牛。

2. 奶牛运动造成了新奶户的亏损

从图 4-14 可以看出，牛奶产量从 2000 年起就和奶牛存栏量不同步了，2003 年奶牛存栏量增速开始放缓。在政府的推动下，在恢复生态项目款的支持下，奶牛产业迅速扩张，奶牛存栏量直线上升。据统计，2002 年全区奶牛存栏量为 98.36 万头，到 2006 年增加到 301.56 万头，4 年增加了 203 多万头，但其中不少是属于从国内外引进的低产或被淘汰的奶牛。优良品种少、单产水平低、种群质量差和市场需求饱和，导致内蒙古奶牛养殖效益低、抗御市场风险能力弱。

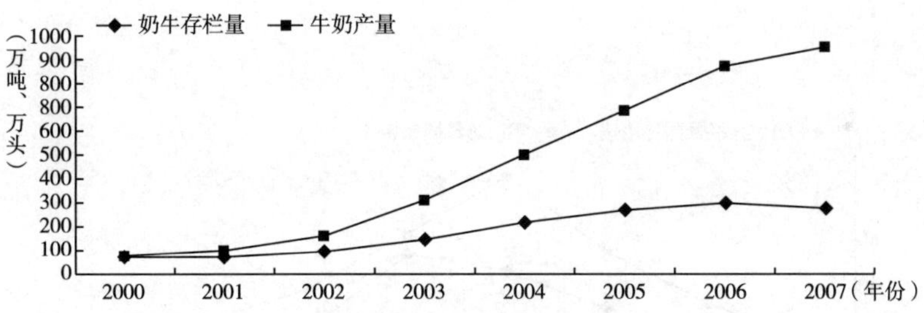

图 4-14　2000~2007 年内蒙古奶牛存栏量与牛奶产量

资料来源：内蒙古自治区产业化办公室，2009。

据调查，2007 年末呼伦贝尔市年产奶量 3600 千克以下的奶牛占存栏量的 37.5%，其中年产奶量在 1500 千克左右的奶牛占 17.5%。2006 年在锡林郭勒盟某奶牛园区的调查显示，日产 15 千克以上的奶牛只占 11.3%，日产 5~15 千克的奶牛占 74%，也有几年不产奶的奶牛。

由于奶牛产业的盲目扩张，奶牛和母牛犊价格大幅下降。① 2002~2004 年，政府大力推广补贴并协助牧户从银行获得贷款，牧户的饲养成本较

① 《达林太调研笔记》，呼伦贝尔市产业办访谈记录整理，2009。

低，企业纷纷在各地建奶站，奶牛和母牛犊价格一度分别达到 1.5 万~2.2 万元和 5000 元左右，截至 2007 年 9 月奶牛和母牛犊价格跌至 4000~6000 元和 300 元左右。[①] 奶牛价格的下跌，特别是母牛犊价格的下跌，使奶农收入大幅下滑。奶牛养殖业的收入来自两方面，一是出售牛奶，二是出售牛犊，主要是指作为后备乳牛的乳牛犊。

从 2004 年开始，大部分养殖户出现亏损。先是乳牛犊价格下跌，2005 年有些牧户开始出售奶牛，奶牛价格也由 2002 年的 20000 元左右下降至 7000 元左右，但购买者甚少。从图 4-15 可以看出，2003 年内蒙古奶牛存栏量同比增速达到了高峰，奶农通过出售奶牛来维系乳业。由于奶牛价格降得非常低，不能一步转产，奶农戏称为“卖牛养牛”，即卖掉一些牛，购买饲草料，给其他牛提供营养。2003 年以后奶牛存栏量同比增速开始下滑，由于通过卖牛改善其他牛的营养，这一时期年产奶量同比增速在上升。“卖牛养牛”一直持续到 2004 年 6 月，当奶农的这种经济行为再也没有办法持续时，年产奶量同比增速也开始和奶牛存栏量同比增速同步下滑。

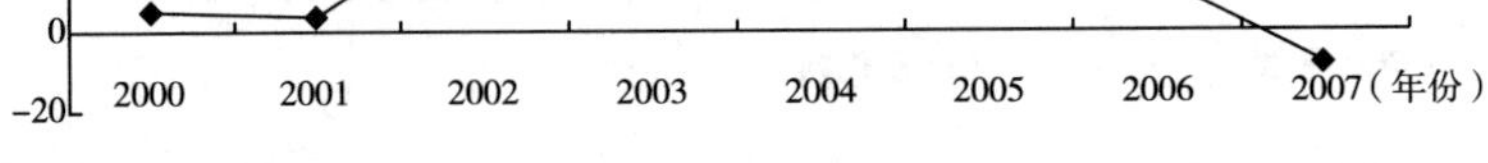

图 4-15　2000~2007 内蒙古奶牛存栏量同比增速与年产奶量同比增速

资料来源：内蒙古自治区产业化办公室，2009。

3. 奶牛运动成功的不多

从 2003 年起，政府将环境政策与产业转型和扩张战略结合起来，以数百亿元国家资金推动了一场奶牛运动，由于很多地方的执行违背了草原生态和草原畜牧业的规律，所以成功的地方不多，大多数新养牛户严重亏损

① 《达林太调研笔记》，锡林郭勒盟实地调研数据，2008。

甚至破产。其实从更大范围的畜牧业角度观察，这一强烈的产业推动也违背了市场经济规律。在干旱半干旱草原地区发展集约化养牛业，之所以从高峰很快降下来（有些像泡沫），是与整个中国、内蒙古乳业发展的基本市场条件制约分不开的。下面我们系统考察一下牧区奶牛业的市场条件。

（四）市场制约因素之一：饲料市场价格上涨

受国际、国内粮食价格上涨以及奶牛数量快速扩张的影响，奶牛养殖饲料价格普遍上涨，这一因素使奶农的奶牛养殖雪上加霜。

1. 饲料价格上涨对奶牛产业的影响

对内蒙古奶牛产业发展较快的包头市、呼伦贝尔市、通辽市、赤峰市、锡林郭勒盟、乌兰察布市、阿拉善盟的调查显示，2003 年至 2009 年，各地饲料价格均有较大幅度上涨。从表 4-6 可以看出，其中涨幅最高的包头市达到 76.9%，最低的乌兰察布市也上涨了 31.4%。典型牧区锡林郭勒盟和呼伦贝尔市饲料价格涨幅分别为 56.0%和 64.3%。

表 4-6　2003~2009 年内蒙古部分盟市饲料价格变动情况统计

单位：元/千克，%

地区	2003 年	2004 年	2005 年	2006 年	2007 年	2008 年	2009 年	涨幅
包头市	1.30	1.60	1.90	2.00	2.10	2.20	2.30	76.9
呼伦贝尔市	1.40	1.48	1.62	2.20	2.30	2.30	2.30	64.3
通辽市	1.44	1.44	1.72	1.72	1.72	2.00	2.00	38.9
赤峰市	1.60	1.65	1.72	1.80	2.00	2.10	2.15	34.4
锡林郭勒盟	1.41	1.55	1.60	1.66	1.68	2.10	2.20	56.0
乌兰察布市	1.56	1.72	1.82	1.83	1.88	2.10	2.05	31.4
阿拉善盟	1.40	1.58	1.70	1.84	1.90	2.15	2.20	57.1

注：表中“涨幅”为 2009 年较 2003 年涨幅。

资料来源：内蒙古自治区产业化办公室，2009。

这里的饲料一般指奶牛的全价配合饲料。锡林部勒盟、呼伦贝尔市、阿拉善盟作为中、东、西部的三个典型牧区，其奶牛饲料 2003~2009 年基本持续上涨。2003 年至 2005 年 6 月，三个典型牧区盟市的饲料上涨是同步的，这一时期的饲料主要是由一些大的饲料加工企业提供，如正大饲料等，牛奶加工企业也在派送，饲料市场还处于有序竞争状态，饲料的成分也基本稳定，以玉米为主，蛋白主要是缓释尿素，微量元素主要是矿物质，生产企业的技术成本即利润。

2005 年，西部的奶牛饲料厂开始大量出现，供应地主要是没有饲养奶牛经验的锡林郭勒盟牧区，这时饲料开始由农区秸秆中的纤维素和木质素替代了玉米，由于其核心成分质量下降，饲料的质量也相应下降。2003~2007 年的 5 年间，政府也参与了锡林郭勒盟饲料的采购和供应，牧民的休、禁牧补贴为 0.61 元/亩，有 0.31 元以饲料抵扣。2005 年饲料大涨价，锡林郭勒盟的饲料价格比较平稳，政府将饲料涨价的成本内部化了，因为转产的牧民基本上属于禁牧户，国家的补贴是 4.95 元/亩，政府也有能力将饲料涨价的成本内部化。2007 年由于奶牛的萎缩和退牧还草项目将结束，政府不再参与采购和供应奶牛饲料，2007 年后锡林郭勒盟的奶牛饲料开始市场化。

呼伦贝尔市一直就有养奶牛的历史，由于其水草条件较好，奶牛产业发展也较快。当地有大量的非牧户饲养牲畜，受环境政策影响较轻。尽管出现了 80 公里的奶牛带，但不是由环境移民构成的，是由政府打造的产业带。由于牧民有养殖经验和饲料好坏的鉴别能力，饲料全部在市场上购买。2005 年 6 月~2006 年 6 月，饲料涨幅较快，以后较平稳。这完全是由饲料市场的价格机制决定的。

相对于锡林郭勒盟和呼伦贝尔市，阿拉善盟的奶牛产业比较集中，主要在阿拉善左旗绿洲区的巴润别立和白音浩特的城郊区，养奶牛的成员也较复杂，有贺兰山移民，也有绿洲农业的农民，还有一部分城镇居民。阿拉善盟的饲料价格比较平稳，主要是因为这里的奶农外购饲料较少，饲料主要是自己利用玉米和秸秆配制，饲料价格主要取决于玉米的价格，由于玉米的价格平稳上涨，饲料价格也平稳上涨。

2. 玉米价格上涨对奶牛产业的影响

玉米是奶牛产业中主要的能量饲料来源之一，也是配合饲料中主要的原料之一，玉米价格上涨对奶牛产业的影响非常大。

2003~2009 年玉米价格涨幅比较高，最高的包头市涨幅是 157.1%，最低的锡林郭勒盟上涨 49.6%（见表 4-7）。包头市、通辽市和赤峰市的农区是内蒙古的玉米主产区，2003 年包头市的玉米每千克 0.70 元，是指玉米刚收割下地时的价格，水分较高。通辽市 2003 年由于肉牛的育肥产业搞得较好，拉动了玉米向饲料的转换，价格较高。

表 4-7　2003~2009 年内蒙古部分盟市玉米价格变动情况统计

单位：元/千克，%

地区	2003 年	2004 年	2005 年	2006 年	2007 年	2008 年	2009 年	涨幅
包头市	0.70	0.90	1.02	1.36	1.40	1.60	1.80	157.1
呼伦贝尔市	0.98	0.99	1.04	1.22	1.40	1.60	1.90	93.9
通辽市	1.10	1.06	1.12	1.20	1.50	1.50	1.75	59.1
赤峰市	0.96	1.00	1.10	1.16	1.46	1.60	1.75	82.3
锡林郭勒盟	1.27	1.32	1.43	1.51	1.62	1.80	1.90	49.6
乌兰察布市	0.93	1.09	1.20	1.31	1.59	1.75	1.80	93.5
阿拉善盟	0.95	1.18	1.22	1.41	1.54	1.60	1.80	89.5

注：表中“涨幅”为 2009 年较 2003 年涨幅。

资料来源：内蒙古自治区产业化办公室，2009。

受国际粮食价格上涨的拉动，内蒙古牧区的玉米出现了不同幅度的涨价。2003 年 3 个典型牧区盟市的玉米价格有一定的差异，阿拉善盟尽管是荒漠草原区，但 2003 年的绿洲开发较快，盛产玉米。呼伦贝尔市的草原地区也开垦了许多土地，种植玉米，这两个地区的玉米价格基本上和市场上的价格差不多。锡林郭勒盟尽管从 2002 年以来开垦了很多饲料地，但由于受土壤和水热条件制约，当年能产一点青玉米，产出基本上低于投入，且无霜期不定，籽实玉米产不出来。该地区玉米基本上是从外地输入，加上运费，其 2003 年的玉米价格是内蒙古所有盟市中最高的，甚至比 2006 年呼伦贝尔市的玉米价格高出 0.05 元。3 个盟市都受到了国际市场的冲击，锡林郭勒盟的玉米价格涨幅尽管不是很大，但长期维持在一个高价位上，其 2003 年的价格几乎是包头市的 2 倍，这对锡林郭勒盟奶牛产业的影响是非常严重的。

3. 人为的奶牛扩张进一步拉动了饲草价格飞涨

值得注意的是，上述饲料价格上涨在政府推动的奶牛运动的背景下，大大加剧了问题的严重性。由于受奶牛扩张的拉动，农牧交错带的秸秆也开始涨价，草原地区的青干草也随之大幅涨价。

从表 4-8 可以看出，包头市和阿拉善盟的青干草价格涨幅都达到了 300%，锡林郭勒盟的青干草价格涨幅较小，涨幅为 16.7%，但其 2003 年的价格本身就是其他盟市的 3~6 倍。

表 4-8　2003~2009 年内蒙古部分盟市青干草价格变动情况统计

单位：元/千克，%

地区	2003 年	2004 年	2005 年	2006 年	2007 年	2008 年	2009 年	涨幅
包头市	0.10	0.10	0.18	0.30	0.30	0.30	0.40	300.0
呼伦贝尔市	0.15	0.18	0.25	0.48	0.50	0.50	0.50	233.3
通辽市	0.10	0.16	0.20	0.420	0.40	0.42	0.44	340.0
赤峰市	0.16	0.20	0.28	0.34	0.38	0.44	0.40	150.0
锡林郭勒盟	0.60	0.60	0.60	0.70	0.70	0.68	0.70	16.7
乌兰察布市	0.18	0.20	0.26	0.38	0.38	0.40	0.50	177.8
阿拉善盟	0.10	0.15	0.15	0.20	0.30	0.40	0.40	300.0

注：表中“涨幅”为 2009 年较 2003 年涨幅。

资料来源：各盟市产业办和实地调研，2009。

2003~2009 年，3 个典型牧区盟市的青干草价格总体呈上升趋势，并且有一个共同的特点，就是青干草价格上涨到一定时段开始趋于平稳。2003 年锡林郭勒盟的青干草价格是阿拉善盟的 6 倍，是呼伦贝尔市的 4 倍，一直在高位运行了 7 年之久，实属罕见。受奶牛产业利益的驱动，锡林浩特市、阿巴嘎旗、东乌珠穆沁旗、西乌珠穆沁旗等锡林郭勒盟局部地区出现了反季节打草的行动，打草提前了 3 个多月。大部分草地采取了斩草除根式的方式，这样的打草方式 1 年可能会超过 30 年超载过牧对草地的破坏，这在历史上是绝无仅有的。在典型草原，为了使种子类的草籽实可以落地，多年生的牧草部分营养回到根部利于下一年生长，一般是在每年的 8 月开始打草，而过去牧民每年会推迟到 10 月开始打草。同时出现了很多草料经纪人，有些牧民不再去养羊，因为直接卖草就会获得很高的收益，这种行为使内蒙古的典型草地生态系统严重受损。奶牛饲养刺激的牧草涨价，传统的草原畜牧业灾年牧草短缺，使这一时期因灾年死亡的牲畜数量超过历史上的任何时期。此外这一时期出现了大力开垦草原的行为，据一项不完全调查，在这场奶牛运动中，内蒙古草原牧区的草原又被开垦了1000多万亩，开发地下水资源约100处。2007年笔者实地调研发现，这些为奶牛产业提供饲草料的土地都承包给了外地公司，有种土豆的，有种油菜和西瓜的。[①]

2008年的一项调查显示，锡林郭勒盟奶牛园区开发了大量的饲草料地，而2004年就开始转为种植非饲草料作物，仅这一项就为外地的农民解决了3000多个就业岗位。

（五）市场制约因素之二：企业原奶收购价格平稳

内蒙古自治区产业办的一位工作人员这样形容内蒙古奶牛产业，乳品企业与奶户之间形成了完全买方市场，价格被龙头企业垄断，奶户被企业牵着“鼻子”走，奶农利益不断受损。2007年9月之前，原奶收购价格一直处于偏低、不变或微涨态势。虽然市场上成品奶的价格近年来有所上涨，但是原奶的收购价格却没有什么大的变化，涨幅远远低于饲料价格，甚至个别地区还出现了原奶收购价格不升反降的现象。2007年赤峰出现了牛奶价格下降的情形，降幅为15%，原奶收购价格几年不涨或涨幅很小。[②]

在饲料、饲草、兽药、配种、水电费、劳务费价格大幅上涨，牛奶收购价格不涨或微涨的情况下，奶农收入大幅下降甚至亏损，严重挫伤了奶农养殖积极性。

再从表4-9来看3个典型牧区盟市的牛奶价格变动，阿拉善盟的奶牛产业发展有一定的自发性，奶农之间的横向自组织程度比锡林郭勒盟和呼伦贝尔市高，其在市场中的获益能力也较高，其靠近宁夏和甘肃，在地理区位方面也具备一定的优势。在2007年以前阿拉善盟的奶牛养殖户几乎没有与任何企业绑定在一起，在市场上的选择权较高，可以在宁夏、内蒙古、甘肃的市场进行选择性交易，也可以选择在当地的小加工厂加工，所以阿拉善盟的牛奶价格和其他盟市相比一直维持在一个较高的价位。呼伦

① 《达林太调研笔记》，锡林郭勒盟的苏尼特左旗昌图锡勒的饲料地承包给吉林省的一家公司去种西瓜，承包费极低，企业负责人这样讲：种地是有风险的，近几年到内蒙古草原的移民区承包土地，搞种植利润非常大。前期的投资近千万都是政府的项目款投的资，设备是一流的，几乎超过了美国农场，又不需要更新折旧，设备也不需要维护，什么时候坏了，就不承包了。雇工也非常的少，只带50人来就可以种1000亩地，非常经济。

② 内蒙古自治区产业化办公室，2009。

贝尔市的奶牛产业基本上是“公司+农户”的合作模式，由于政府确立了80公里的奶牛带，并引进了许多企业，企业入驻的条件就是政府必须保证奶源的供应，这样奶农就和企业绑定在一起了。企业掌握了整个产业链中的定价权，呼伦贝尔市的牛奶价格一直维持在一个较低的价位，甚至有时候比阿拉善盟的牛奶价格低一倍。锡林郭勒盟的牛奶价格介于阿拉善盟和呼伦贝尔市之间，其奶农大部分是强制性移民，奶牛产业与地方的产业结构调整、城市化率、环境恢复等社会功能融合在一起，政府可以通过对奶站的补贴等形式，使奶价长期维持在一个不变且不高的价位上，变化不是太大。

表 4-9　2003~2007 年内蒙古部分盟市原奶收购价格变动情况统计

单位：元/千克，%

地区	2003 年	2004 年	2005 年	2006 年	2007 年	涨幅
包头市	1.60	1.70	1.70	1.70	1.76	10.0
呼伦贝尔市	1.30	1.35	1.45	1.50	1.60	23.1
通辽市	1.72	1.72	1.72	1.72	1.76	2.3
赤峰市	2.0	1.80	1.80	1.70	1.70	-15.0
锡林郭勒盟	1.60	1.60	1.64	1.69	1.72	7.5
乌兰察布市	1.73	1.73	1.73	1.73	1.76	1.7
阿拉善盟	1.70	1.70	2.0	2.0	2.10	23.5

注：调研时 2008 年牛奶价格官方的数据还没有出来，据在锡盟、阿盟、呼伦贝尔市的典型牧户调研，2008 年的牛奶价格出现了先升后降的特殊情况，在 9 月 17 日以后，企业拒收牛奶。表中“涨幅”为 2007 年较 2003 年涨幅。

资料来源：内蒙古自治区产业化办公室。

（六）奶牛产业难以为继源于养殖业的脆弱市场地位

1. 收益难以高过成本

由于饲料价格上涨、奶牛疫病增多、饲养管理水平不高、科学养殖方法少、疾病控制能力差等原因，奶牛饲养综合效益低的问题凸显出来。随着奶牛养殖成本的上升，奶农入不敷出，亏损严重。以包头市为例，通过对 1 头奶牛养殖收益的测算来看①，1 头产奶期平均日产 18 千克的奶牛，

① 牛犊收益为公母平均数。

在2003年不计银行利息的养殖成本为6098元，收入为10726元，年收益达3393元，养殖户的养殖收益较为可观。2004年由于饲料价格上涨，奶牛养殖成本增加到7250元，年收益仅为707元；2005年，饲料价格持续上涨，牛价大幅下跌，奶牛养殖户亏损517元；到了2007年亏损已达1150元。[①] 混合饲料价格由2004年的1.6元/千克上涨为2007年的2.2元/千克，涨幅为37.5%，其中玉米价格由0.9元/千克上涨为1.7元/千克，涨幅达88.9%。[②]

按每头成年奶牛旺奶期（4个月）、淡奶期（5个月）和断奶期（3个月）日均分别需饲料16.5千克、8千克和4千克计算，仅饲料一项每头奶牛的养殖成本由2004年的5664元增加到2007年的7788元，增加了2124元，增幅达37.5%（见表4-10），远远高于原奶收购价格的涨幅，这还没有计算其他成本。

表4-10　2004~2007年包头市平均每头奶牛饲料成本变动情况统计

单位：元

年份	饲料成本			合计
	旺奶期	淡奶期	断奶期	
2004	3168	1920	576	5664
2005	3762	2280	684	6726
2006	3960	2400	720	7080
2007	4356	2640	792	7788

资料来源：包头市农牧业产业化办公室。

从内蒙古全区调查情况看，奶牛养殖户整体上是微利、无利或赔钱状态，有的地区甚至连续几年赔钱。[③]

从表4-11可以看出，阿拉善盟和呼伦贝尔市奶牛产业2003~2007年基本上属于微利，锡林郭勒盟的奶牛产业从2005年起就出现了亏损，2005年、2006年、2007年平均每头奶牛依次亏损133元、533元、1175元。

① 《达林太调研笔记》，实地调研数据，2009。

② 《达林太调研笔记》，官方的统计数据与牧民提供的稍有出入，这里采纳的是实际调研数据。

③ 赔钱的地区主要以纯牧区为主，个别地区的农牧户甚至出现返贫现象。

2004年有大部分的牧户带着奶牛回到了原居住地，开始在草地上放养奶牛，把奶牛当肉牛饲养，牧民开始大量缩减奶牛养殖数量。以东苏旗奶牛养殖基地为例，奶牛头数与奶农户数分别由2004年初的900头、128户减少到2008年初的270头、46户。①

表4-11　2003~2007年内蒙古部分盟市每头奶牛年平均收入与平均支出变动情况统计

单位：元

		2003	2004	2005	2006	2007
呼伦贝尔市	平均收入	6319	5838	5830	6360	7074
	平均支出	4380	4804	5167	5640	6553
	收支相抵	1939	1034	663	720	521
赤峰市	平均收入	13780	14280	12000	9000	10530
	平均支出	10360	11570	11600	11640	10998
	收支相抵	3420	2710	400	-2640	-468
乌兰察布市	平均收入	6640	6910	7140	7230	7360
	平均支出	5130	5260	6580	7210	7270
	收支相抵	1510	1650	560	20	90
锡林郭勒盟	平均收入	8220	8800	7250	7220	7155
	平均支出	6340	7023	7383	7753	8330
	收支相抵	1880	1777	-133	-533	-1175
阿拉善盟	平均收入	9000	8500	9000	9000	9000
	平均支出	6500	7000	6000	6500	7000
	收支相抵	2500	1500	3000	2500	2000

资料来源：内蒙古自治区产业办和各盟市产业化办公室，2009。

由于饲料价格的涨幅远远大于牛奶销售价格的涨幅，加之奶牛销售价格持续下滑，奶牛产业大面积亏损，牧户开始退出奶牛养殖。一些小型的牛奶加工企业受到了严重冲击，如阿巴嘎旗阿盛工贸有限责任公司，设备日加工能力10吨，2008年每天加工量仅为4吨，且是在自有奶牛100多

① 《达林太调研笔记》，苏尼特左旗昌图希勒奶牛园区的调研，2009。

头，自挤奶2吨的情况下完成，外部供奶量仅为2吨，奶源严重不足。[1]

据对全区部分盟市奶牛养殖效益的调查情况看，按每头奶牛年平均产奶4000千克计算，考虑饲料成本、人工工资、疾病治疗等费用支出，2002~2006年多数地区奶牛养殖效益逐年下降，个别地区奶牛养殖出现严重亏损。

2007年9月以后原奶收购价格上涨，才使2007年奶牛养殖效益有所改善，但包头市、锡林郭勒盟等个别地区仍处于亏损状态。

2. 市场主体地位不平等导致奶牛存栏量增速下降

2003年至2005年7盟市奶牛存栏量快速增长，但2006年以后，奶牛存栏量增速缓慢，个别地区甚至出现奶牛存栏量快速减少的现象，2007年全区奶牛存栏量为280万头，较上年下降了7.15%，其中包头市下降30%，呼和浩特市下降10%。2007年6月鄂尔多斯市奶牛存栏量同比减少2.8万头，巴彦淖尔市也减少了0.75万头[2]，锡林郭勒盟和呼伦贝尔市也存在不同程度的减少。

在一些地区已经出现把奶牛当作肉牛卖的现象，同样重量的牛，肉牛可以出肉600斤，毛斤可以卖到每斤4.2元，而奶牛当作肉牛卖，却只能出肉400斤，毛斤只能卖到每斤3.6元，这是养殖户迫不得已的行为。一般情况下，刚出生的小公牛会被卖掉，小母牛则留下做后备牛，但有一些地区出现了生下牛犊就卖掉的现象。[3] 在苏尼特左旗调查发现有些牧户为节省成本将生下来的小牛当场杀死，这在过去的纯牧区是绝无仅有的。这一现象直接导致2008年后备奶牛短缺，从而形成奶源危机。因为奶牛成本更高，从出生到产奶的周期要两年多，一旦出现断层，想要恢复就需要更长的时间，投入更大的财力。

奶牛存栏量的大幅下降，致使奶源供应紧张，在市场需求的拉动下，2008年初，企业间甚至出现了“抢奶”现象。蒙牛和伊利两大集团争夺奶源，奶价也开始上涨，2008年初，呼和浩特市的原奶收购价格由上年末的

---

① 《达林太调研笔记》，阿巴嘎旗农牧业局农牧业产业化办公室，2008。

② 内蒙古自治区产业化办公室，2009。

③ 专家曾呼吁，这种现象应引起高度重视，警惕奶牛养殖重蹈2006年猪存栏量降低形成断层，导致2007年猪肉价格连续上涨的覆辙，但没有引起重视，出现了2008年的“三鹿奶粉事件”。

1.84 元/千克提高至 2.60 元/千克，在个别地区的抢奶价提高至 3.50 元/千克，价格战一直持续到“三鹿奶粉事件”。[①] 企业间争夺奶源，不仅引起恶性竞争，增加生产成本，而且掀起新一轮的“奶牛热”。奶牛价格由 2007 年 6 月的 4000 元上涨到 2008 年上半年的 11000 元，上涨了 175%。奶牛价格快速上涨，许多地区农户购买奶牛的热情又被调动起来，由于奶牛存栏量减少，奶牛发展具有周期性，在不能快速提高产量的前提条件下，在巨大的市场拉动下，企业也降低了收奶的标准，就出现了牛奶加水，加蛋白粉、加脂肪、加火碱、加过氧化氢等的“三鹿奶粉事件”。[②] 这一事件的出现既是偶然的，也是必然的，当然企业的内部管理混乱，政府的监管不力是这一事件的主要成因。

3. 农牧民负贷严重，影响持续发展

随着 2002 年奶牛养殖热的兴起，各大乳品企业争抢奶源，蒙牛、伊利两大集团公司在内蒙古许多地区建立了分公司，在各级政府的积极推动下，内蒙古奶牛养殖业快速发展，2004 年进入高峰期。由于环境政策的介入，奶牛养殖群体迅速膨胀，奶牛价格大幅度上涨，而各地的农村信用社在政府担保下支持奶牛养殖发放了大量贷款。在内蒙古草原，牧区政府对养殖奶牛的移民牧户提供了一定的配套补贴。一头奶牛如果是 18000 元，牧户出 1/3，政府出 1/3，政府协助贷款 1/3。但随着饲料价格的上涨，奶牛养殖效益的下降，奶牛养殖贷款风险日渐显现。

2003 年 6 月至 2007 年 6 月，八盟市奶牛贷款余额年平均增长 9.5%，而不良贷款余额却以年均 44.4%的速度增长，不良贷款余额占奶牛贷款余额的比重也由 2003 年 6 月的 22.2%上升到 2007 年 6 月的 66.9%（见表 4-12）。

中国人民银行呼和浩特支行另一项调查显示，全区农村信用社累计发放奶牛贷款 33.66 亿元，截至 2007 年末，奶牛贷款余额为 15 亿元，其中不良贷款（五级分类口径）余额为 9.11 亿元，占奶牛贷款余额的 61%，

---

① 《达林太调研笔记》，实地调研数据，2009。

② 2009 年后旗某奶站的调查录音。由于成品奶销量剧增的市场拉动，奶牛产业的格局发生了巨大的变化，从 2007 年开始由原来的买方市场变为了卖方市场，奶源的奇缺和收购企业管理中滋生的腐败，致使部分奶站在缴牛奶时，蛋白脂肪不达标就加蛋白粉（三聚氰胺）、牛奶变酸了加火碱、细菌超标了加过氧化氢等。

占全区农村信用社不良贷款总量的 11.5%。奶牛贷款累计欠息已高达 2.1 亿元，已影响了农村信用社正常经营。①

表 4-12　内蒙古八盟市奶牛贷款变动情况统计

单位：亿元，%

贷款情况	2003 年	2004 年	2005 年	2006 年	2007 年	年平均增长
贷款余额	9.0	12.4	13.0	13.2	13.0	9.6
不良贷款余额	2.0	3.3	4.9	8.1	8.7	44.4
不良贷款余额占奶牛贷款余额的比重	22.2	26.6	37.7	61.4	66.9	—

资料来源：中国人民银行呼和浩特支行专题调研报告，2009。

由于奶牛贷款风险显现，截至 2009 年，仅有少数地区仍在发放奶牛贷款，其他地区已停止发放此类贷款，这对奶牛养殖业的可持续发展产生了较大的影响。同时，由于奶牛养殖效益下降，大量奶牛贷款难以偿还，2007 年以来中央银行 4 次加息，对本已入不敷出的奶农来说更是雪上加霜，奶农只好通过借高利贷维持生产。

（七）“三鹿奶粉事件”迫使一些奶农退出乳业、养殖业

2008 年 9 月发生的“三鹿奶粉事件”对乳业生产造成了严重的打击，事件发生后，乳品消费量明显下降，国家也加强了质量监管，乳品企业受影响停止收奶或者减少收奶，很多奶农只能倒奶。从 9 月 21 日到 11 月 18 日，奶农共倒掉牛奶 13.2 万吨。② 据在乌兰察布市的调研，“三鹿奶粉事件”也导致蒙牛、伊利一度陷入瘫痪状态，伊利从 2008 年 9 月 18 日停止收购原奶，蒙牛每日收购很少一部分，其余的皆以“不合格”的名义倒掉。调查显示，全区 9 月 18～21 日 4 天倒奶上千吨，有些奶农用奶浇地、喂猪，甚至开始给奶牛减少饲料以缩减产奶量。仅该市凉城县 9 月 18 日到 9 月 26 日奶站、奶农倒掉的牛奶就达 1200 吨，占原奶的 75%，经济损失达 324 万元。

① 《达林太调研笔记》，2009 年对金融部门的调查，数据由乌兰察布市中国人民银行提供。

② 王莉：《2008 年中国奶业分析及趋势展望》，载农业部农村经济研究中心编《中国农村研究报告》，中国财政经济出版社，2008，第 327 页。

阿拉善盟在 9 月 18 日到 10 月初，仅巴润别立的奶牛园区就倒了十几车牛奶，奶农和奶站人员为了推销拉着牛奶走遍了宁夏和内蒙古的市场。大批奶产品滞销，笔者从和林格尔县一处大型经销点了解到，事件发生后，该经销点由原来平均日销售液态奶 4000 箱缩减到 300 箱。

这一事件也波及了乳制品企业的生产。以锡盟乳制品行业生产为例，2009 年 4 月以来，乳制品行业缓慢回升。其中鲜奶市场已恢复近八成，受影响较严重的液态奶也恢复了六成市场。2009 年 1~4 月，乳制品生产总量为 1.74 万吨，同比增长 13.0%，与 2008 年 1~11 月累计同比增速相比回升 8.2 个百分点。2009 年 1~4 月，全盟规模以上乳制品企业生产液态奶 1.2 万吨，同比增长 20%，而生产奶粉 1607 吨，同比减少 1352 吨，下降 45.7%，其中锡林浩特市伊利分公司关闭奶粉生产线，减产奶粉 344 吨，锡市晶源乳业公司停产，减产奶粉 304 吨，多伦伊利分公司和西乌旗金鹰乳业由于市场销售差，生产量分别减少 249 吨和 455 吨。

“三鹿奶粉事件”之后，国家有关部门先后出台了一系列与食品安全相关的政策及法律法规，规定了乳制品生产许可证发放程序，实行了由行业主管部门审核、质监部门审批的行业准入程序，随着监管体系建立，市场销售量减少，生产企业产量大幅下降。到 2009 年 8 月，锡盟规模以上企业日处理鲜奶量仅为 240 吨，其中锡林浩特市伊利分公司有 160 多吨的处理能力，仅处理 83 吨，蓝旗圣元乳业公司处理 60 吨，多伦伊利分公司有 150 吨的处理能力，仅处理 30 吨，西乌旗金鹰乳业公司有 80 吨的处理能力，仅处理 18 吨，加上一些小型传统奶食品加工企业，日处理鲜奶量不足 500 吨，其余 800 多吨的鲜奶由奶农自己处理，以喂养犊牛、羊羔，奶农自制一些奶食品以及自行向城市居民送散奶等方式消化，造成奶农收入大幅下降，奶牛养殖积极性再次受挫。①

收奶标准的提高，乳制品企业收奶基地的压缩，使奶农送奶距离增大，一些奶牛被转为肉牛卖掉。奶牛市场更加疲软，各地奶农强烈反映养牛难，卖牛难，还贷难，卖奶难。受此影响，2008 年乳业生产增长速度明显下降。截至 2009 年初，伊利、蒙牛两家企业损失分别达到 1 亿元、1.28 亿元。

---

① 《达林太调研笔记》，锡林郭勒盟农牧业产业办，2009。

在全国启动“放心奶工程”以及出台《乳品质量安全监督管理条例》后，经过全区乳制品行业的治理整顿，各主要乳制品企业产品质量得到提高，在新的抽检中表现合格。再加上乳制品刚性需求的拉动和国家政策的支持，整个市场从2009年9月开始逐步回暖。

第五讲　市场化进程对草原生态变化的影响

纵观改革开放以来，市场化进程对草原生态环境正负两方面的影响，两者博弈的轨迹时有波动，但已显露的趋势表明，积极的影响已不足以抵消和胜过消极的影响。“一片片绝对和相对贫困的草原出现在中国的牧区，同时从宏观和微观上都出现了严重的生态问题。”Colin G. Brown 等人在《中国西部草原可持续发展研究》中指出，中国草原生态环境状况恶化可能与20世纪的经济、政策有关，变化的主发期可能是在20世纪的后20年，这与人类对环境的关注有关。尽管中国草原的问题不是刚刚出现，但是，直到最近才引起人们的注意，部分原因是中国的草原地处偏僻，远离中央决策层和快速发展、繁荣的东部沿海地区。草原退化及牧民生计问题是急于解决的很多问题中的两个，在制定解决草原退化和牧民生计问题的对策时，政府必须要考虑一些关键的问题和挑战。①

一　草原生态环境面临的严峻形势

土地荒漠化包括风沙活动引起的沙质荒漠化、水蚀引起的水蚀荒漠化、土壤盐渍化和其他因素所导致的土地荒漠化。21世纪以来，我国虽然已对此采取了更多的应对举措，取得了一定的成效，但并没有从根本上遏制草原生态恶化的势头，草原生态恶化的局面依然是严峻的。

---

① Colin G. Brown、Scott A. Walldron、Johm W. Longworth：《中国西部草原可持续发展研究》，赵玉田、王欧主译，中国农业出版社，2009，第1页。

（一）近四分之一世纪以来草原生态明显恶化

内蒙古自治区草原勘测设计院、内蒙古农牧学院、中国农业科学院草原研究所等单位组织调查内蒙古草地资源。1981~1985 年，按旗县进行了实地调查，编写出各旗县草地资源调查报告。1986~1988 年，按盟市和四大重点片牧区，即呼伦贝尔片、科尔沁片、锡林郭勒片和乌兰察布片进行了调查成果汇总和全区的全面系统总结。查清全区草原面积为 78.8 万平方公里，占全区土地总面积的 67.5%。其中，可利用草原面积为 63.59 万平方公里，占草原总面积的 80.69%。可利用草原亩产可食牧草量（干草），暖季为 42.87 千克，7.66 亩可养一只羊，共可养 5716.38 万个羊单位；寒季为 28.25 千克，13.70 亩可养一只羊，共可养 3767.1 万个羊单位；全年平均 21.36 亩可养一只羊，共可养 4465.66 万个羊单位。全区草原退化面积达 2503.68 万公顷，占可利用面积的 39.37%。1984 年 5 月编写出《内蒙古草地资源》等 7 项调查研究报告①，对草原的承载力提供了可供参考的理论依据。

20 世纪后期，我国草原生态环境恶化的形势是全局性的，在内蒙古全境，从东到西，嫩江—辽河平原草原、科尔沁草原与沙地、兴安西麓森林草原、呼伦贝尔—乌珠穆沁典型草原与浑善达克沙地、苏尼特—乌拉特荒漠草原、黄土高原暖温带草原与毛乌素沙地、黄土高原西部荒漠草原以及西部的草原化荒漠等各类草场，都有不同程度的退化、沙化、盐碱化等逆行演替趋势。②

1. 草原退化的含义与退化程度的分级

草原退化是指不合理的管理与超限度的利用，在不利的生态地理条件下，所造成的草原生产力衰退与环境恶化的过程。从生态学规律来认识，草原退化属于逆行生态演替。草地退化又往往是多因素叠加耦合作用的复杂过程。其主要表现是草原生物组成与植被退化、土壤退化、水文循环系统恶化、近地表小气候环境恶化等。过大的牧压和超负荷的收割，突破了

① 内蒙古自治区畜牧厅修志编史委员会编纂《内蒙古畜牧业大事记》，内蒙古人民出版社，1997，第 144~145 页。

② 刘钟龄、郝敦元、王炜、梁存柱：《草原退化与恢复演替的实验监测和机制的讨论》，“草原退化与可持续发展”会议论文，2006。

草地一些植物的再生能力和群落组织力，使植被的生物量减少，群落稀疏矮化，利用价值优良的草群衰减，劣质草种增生。伴随着植被的退化，动物种群（如鼠类、昆虫、土壤动物等）也发生消长。总之，草原退化是土地荒漠化的重要表现形式和类型，也是草原生态系统健康阈值的衰退。草原生态系统退化，使其物质与能量流程及收支平衡失调，打破了系统自我调控的相对稳态，下降到低一级能量效率的系统状态，是草原退化的生态学实质。①

刘钟龄等从 1983 年起连续在内蒙古典型草原带中部的锡林河中游进行草原退化序列的监测，并根据其对我国北方草原区草地退化的调查与测定，概括提出草原退化的分级标准（见表 5-1）。

表 5-1　草原退化的分级标准

单位：%

指标	Ⅰ度退化	Ⅱ度退化	Ⅲ度退化	Ⅳ度退化
植物群落的生物产量下降率	20～35	36～60	61～90	>90
优势植物种群衰减率	15～30	31～50	51～75	>75
优质草种群产量下降率	30～45	46～70	71～90	>90
植丛高度下降（矮化）率	20～30	31～50	51～70	>70
植物群落盖度下降率	20～30	31～45	46～60	>60

除表 5-1 中的主要指标外，草原退化的分级还应考虑以下指标：不可食植物产量下降率，退化演替指示植物增长率，轻质土壤侵蚀程度，中、重质土壤容重，硬度增高，可逆性与恢复年限（年）等。②

2. 草原退化的分布

根据 1999 年对内蒙古草原牧区的 TM 卫星遥感调查，按草原地带类型来看，森林草原地带的自然环境相对较好，退化的面积也较小，最干旱的荒漠草原地带锡林郭勒盟西部、乌兰察布盟北部、巴彦淖尔盟北部自然环境严酷性最突出，退化面积达 76%以上。

---

① 刘钟龄、郝敦元、王炜、梁存柱：《草原退化与恢复演替的实验监测和机制的讨论》，“草原退化与可持续发展”会议论文，2006。

② 刘钟龄、郝敦元、王炜、梁存柱：《草原退化与恢复演替的实验监测和机制的讨论》，“草原退化与可持续发展”会议论文，2006。

3. 草原沙化退化加剧

据20世纪末卫星遥感调查资料，内蒙古自治区荒漠景观面积为2895万公顷，占全区总面积的25.1%，其中含有831万公顷的沙漠景观。与20世纪80年代中期卫星图片对比可以清晰地看到，巴丹吉林、腾格里、乌兰布和、库布其这几大沙漠正在相互“握手”。全区草原景观面积为4135万公顷，占全区面积的35.9%，其中有898万公顷沙地景观。①

4. 草原植被面积减少，产草量下降

由草场资源遥感调查数据可知，20世纪90年代后期与20世纪80年代相比，内蒙古境内草原植被面积净减少510万公顷。内蒙古牧区天然草原第一性生产力（产草量）较20世纪50年代平均下降30%~50%。全区草原生态环境受到严重破坏的面积为972万公顷，占草原总面积的23.5%，其中有308万公顷的草原沙化，有217万公顷的固定沙地活化成为半固定沙地，有148万公顷流动沙地或裸沙地，有164万公顷的草原出现严重的水土流失，有90万公顷的草原砾石化，有45万公顷的草原盐渍化。此外，属于自然状态下形成的干谷冲沟、裸岩、盐碱斑等恶劣区域还有603万公顷，两者合计为1575万公顷，占草原总面积的38%，与20世纪80年代中期相比，增长了约18个百分点。②

（二）草原牧区的生态功能

内蒙古草原牧区的大陆性干旱和半干旱气候，在年度间与年际的差异表现出了非平衡生态系统特征，冬夏的热量差异也很大，草原生物群落就是在这种气候条件下协同演化的产物，形成了适应草原气候的自组织功能。干旱年份生物群落间相互补充，实现其最高生产力。动物群落也表现出极强的草原特征，在与草原协同进化的过程中，出现了适应寒冷气候和粗放牧养管理方式耐性很强的地方品种——蒙古高原五畜。这种由植物、动物、游牧人所组成的独特生态系统，适应了蒙古高原气候湿润系数差别，分化为不同的草原环境类型。表现出的这些景观生态多样性与异质

---

① 遥感作为监测荒漠化的主要手段和工具，如果不结合地表的工作，很难得出一个准确的结论，有时误差非常大。

② 张自学主编《二十世纪末内蒙古生态环境遥感调查研究》，内蒙古人民出版社，2001，第170页。

性，维护了动植物和无机环境之间的平衡关系，使其既有畜产品产出——游牧经济，又能使草原维护其生态服务功能，使草原生态—产业的复合系统，发挥出环境—资源—经济—社会的耦合效益。就是这种复合系统推动了蒙古高原游牧经济的发展，也构建了北方草原的生态安全体系。[①]

草原提供具体的产品和服务或任何特定的综合产品和服务的能力，是土地的生态特质。任何能够提供综合产品和服务的草原均具有五种主要相互作用的生态原理：历史遗迹、环境驱动因子、转移向量（主要是风和水）、资源再分配、基本土壤—地球模板。[②]

从表 5-2 可以看出，我国天然植被的生态效应最低价值为 47663 亿元，潜在价值大于 65823 亿元。

表 5-2　中国天然植被生态系统效益估算一览

单位：亿元

生态系统效益	当前价值	潜在价值
水土保持		
水源保护/防止干旱	2000	10790
防止水灾	29800	29800
防止土壤流失	3200	3200
保持土壤肥力/固氮作用	670	1440
防止泥沙沉积	1510	1510
防止沙漠化	540	2800
稳定海岸	20	20
调节气候与天气		
改善小气候与局部气候	未评估	未评估
防止水灾	43	43
防范风暴	30	30

① 达林太、娜仁高娃、阿拉腾巴格那：《制度与政策的历史演变对内蒙古草原生态环境的影响》，《科技创新导报》2008 年第 10 期。

② Kris M. Havstad：《牧场的生态系统功能》，2008 年世界草地和草原大会翻译小组译，载《草原牧区管理——核心概念注释》，科学出版社，2008，第 219 页。

续表

生态系统效益	当前价值	潜在价值
存储碳	4740	4740
固碳作用	200	200
控制污染	200	990
防止生物灾害	800	1600
生物多样性利用		
生物多样性直接价值	3360	6180
基于自然的旅游	120	120
再生能源		
提高水力发电效率	430	2360
最低价值	47663	65823

资料来源：该数据 2001 年由中国环境与发展国际合作委员会生物多样性工作组计算，具体计算方法参见保护中国的生物多样性网站，http：//www. chinabiodiversity. com。

尽管来自草原生态系统的产品和服务，对生活在草原上或邻近地区的这 10 亿人极为重要，但是许多服务缺乏具体的经济价值。与经济市场有关联且能创造具体价值，或者能够令人们保护其公众供应能力的服务种类非常少，服务价值往往基于普通产品的已知价值，如草原为畜群提供草料的价值。这些经济价值非常低，因为世界草原的生产能力相对较低。然而，市场对非传统服务的需求日渐增长，如碳汇或文化休闲服务。政策实施非常关键，适当的政策可以提供长效的激励和利益，从而支持生态系统服务和保护，因为经济价值更为明显和更为可用。①

二　草原沙化退化的原因简析

进入 21 世纪以来，内蒙古草原生态保护政策出台。关于这些政策措施及其效果，出现了一些争论。这在很大程度上源于对草原退化原因的不同理解。草原退化原因相当复杂，有气候的原因，也有制度的原因。

① Kris M. Havstad：《牧场的生态系统功能》，2008 年世界草地和草原大会翻译小组译，载《草原牧区管理——核心概念注释》，科学出版社，2008，第 221 页。

（一）草原沙化退化有自然的原因，如气候变暖、干旱少雨等

西部是中国四大高原和四大盆地的所在地，在高原与高原和高原与盆地的接合部，地形地貌十分复杂，生态环境非常脆弱。据竺可桢先生研究，历史上中国气候大致可分为四个温暖期和四个寒冷期。[①] 温暖期气候温热，水草增加；寒冷期气候干凉，风力强劲。在由暖到寒或由寒到暖的过渡阶段，气候振荡，灾害频繁，往往对西部脆弱的生态环境造成负面的影响。尽管西北地区和西南地区存在较大的差异，但无论是干旱的西北地区，还是多水的西南地区，都曾因风力侵蚀和水力侵蚀而发生过土壤退化。西北地区深处内陆，属于干旱、半干旱地区，气候干燥，沙漠较多。陕西、甘肃、宁夏、内蒙古大部分地方及新疆北部的一些地方年降水量为100~700毫米，而内蒙古西部和新疆大部分地区年降水量均为100~200毫米，有些地方年降水量甚至不足20毫米。由于降水主要集中在7月、8月、9月3个月，加之气候干旱，蒸发量大，一年中湿度差别较大，容易出现水灾、旱灾和风灾。水灾的直接后果是造成水土流失，而水土流失就意味着地力下降，开始向荒漠化的方向发展。旱灾的后果是造成土壤水和地下水大量蒸发。而土壤水、地下水与植物生长有十分紧密的关系。在降水量极少的西北干旱地区，土壤的含水量主要靠地下水毛管供给。当地下水位下降，毛管上升水不能达到地表或植物根系层时，植被就会开始衰退，覆盖度降低，存在沙化的潜在风险。如果地下水位进一步下降，土壤发育成干旱土的话，植物便会干枯死亡。而当土壤上层长期处于干燥状态，植被衰败以后，土地就容易受到风蚀破坏，从而出现沙漠化。地下水位越深，荒漠化的可能性越大，植被越少，荒漠化等级越高。风灾对土地荒漠化的影响更为明显。风是沙漠扩展的原动力，地表一旦失去植被保护就会受到风蚀。在风蚀的作用下，地表的枯枝落叶层、粗腐殖质层、腐殖质层、泥炭层、盐聚层逐渐被风吹掉，形成光板地。当风沙流作用于裸露的地表时，会产生线状风蚀擦痕，擦痕加深，会形成略微凸起的土墩与风蚀线状凹地。随着风蚀作用的不断发展，光板地演变成风蚀劣地，被吹蚀

① 刘钟龄：《北方草原的区域环境、类型及其自然生态特征》，“中蒙荒漠化锡林郭勒草原考察”会议发言稿，2004。

的物质形成风沙流。当风沙流速度降低或遇到障碍时，所挟沙尘下落堆积，沙尘受不同风向的影响而形成各种类型的沙丘，从而使该地变成沙漠景观。①

（二）人类不合理的经济活动大大加速了西部土地荒漠化的进程

从社会方面来看，更重要的是人为因素，人类不合理的经济活动大大加速了西部土地荒漠化的进程，主要有滥砍滥伐、滥垦乱种、非牧户超载过牧、放牧制度的变革等。对于正在行进的荒漠化，依据其成因可以简单归结为“自然因素”“人为因素”“自然—人为互作因素”三类。导致近半个世纪以来我国荒漠化问题严峻化的基本原因为人为因素。② 中国工程院院士李文华先生指出，许多业内专家认为内蒙古草原的荒漠化是由农牧民过度放牧、草原超载所致，我个人对这种说法不敢苟同。内蒙古生态环境现状的形成，生态系统的结构、组成与分布格局，是一个自然因素和人类活动长期演化的结果。内蒙古草原的开垦有其特定的历史原因，20世纪六七十年代的植树开荒，以及后来的“以粮为纲”等政策，加剧了草原生态的恶化，因此，完全让当地农牧民来承担治理恢复生态的责任是不公平的。③

世界可持续畜牧业项目全球协调者 Jonathan Davies 博士对草原退化有这样的观点：草原牧民拥有丰富的草原环境知识，还发展出复杂的制度使他们能够将这些知识用于草原资源的可持续管理。草原牧区并非如“公地悲剧论”理论中所假定的是未经规制的，是谁都可以进入的。实际上，草原牧区是由精细的法则、规定和关系所管理的，能够阻止草原退化。如果草原已经出现退化，通常是由多种原因造成的，如传统管理体制的弱化，失去了草原的关键资源地块和对牲畜的流动性的限制。④ 额尔敦扎布认为，

① 刘钟龄：《北方草原的区域环境、类型及其自然生态特征》，“中蒙荒漠化锡林郭勒草原考察”会议发言稿，2004。

② 胡跃高：《迎接我国防治荒漠化工程建设高潮的到来》，“中国防治荒漠化工程研究中心”会议发言，2007。

③ 《生态、环保、人才、气候——中国工程院院士解答有关内蒙古发展的四大问题》，《北方新报》2002年8月1日。

④ Jonathan Davies：《草原畜牧业和草原牧民》，载《草原牧区管理——核心概念注释》，2008年世界草地和草原大会翻译小组译，科学出版社，2008。

规范人们行为的制度安排，是经济增长的核心，同时又是经济衰退的根源，离开了制度安排，很难说清荒漠化的深层原因，半个多世纪的牧区人口发展制度，是个超越现实、脱离实际的制度安排，至少 20 世纪中期以来是这样的。① 草牧场产权主体的明晰化与草牧场利用适度规模化之间，既有一致性或统一性，又有差异性或矛盾性。所谓一致性或统一性是指一个边界相对清晰、能够达到适度规模的放牧单元内，必须有一个明确的产权主体及其相应的组织形式；所谓矛盾性或差异性则是指一个适度规模的放牧单元（草场类型、地貌、水源的合理组合）内，可以有多个产权主体，但受多种社会制约因素影响，多个产权主体很难达成有效的契约②，导致了不公正的制度安排，也导致了土地的荒漠化。制度提供的一系列规则由国家规定的正式规则、社会认识的非正式规则和实施机制构成。草原产权制度在很长一段时间内没有明确的法律规定，草原集体所有权性质，只存在于拥有草原的一些地区的地方法规中，草原使用权和产权的不统一，草原地下资源与地上资源所有权的不统一③，都可能是造成草地退化的原因。

（三）针对草地退化不同于主流的观点

针对从自然科学的角度提出的放牧系统中的牲畜是草地退化的主要原因，对自然科学家提出的牧民超载过牧是造成草地退化根源的观点，恩和提出了不同的看法："把牧民所谓的超载过牧当作导致荒漠化的首要原因，实际上是找了某种意义上的'替罪羊'而已。"④ "草原荒漠化的结果，引起了放牧制度的变迁，其实合理的放牧，不仅不破坏草原，反而有利于草原再生能力的恢复。"⑤

---

① 额尔敦扎布：《草原荒漠化的制度经济学的思考》，载额尔敦布和、恩和主编《内蒙古草原荒漠化问题及其防治对策研究》，内蒙古大学出版社，2002，第 188 页。

② 敖仁其、额尔敦乌日图等：《牧区制度与政策研究》，内蒙古教育出版社，2009，第67 页。

③ 额尔敦扎布：《草原荒漠化的制度经济学的思考》，载额尔敦布和、恩和主编《内蒙古草原荒漠化问题及其防治对策研究》，内蒙古大学出版社，2002，第 190 页。

④ 恩和：《草原荒漠化的历史反思：发展的文化的维度》，载额尔敦布和、恩和主编《内蒙古草原荒漠化问题及其防治对策研究》，内蒙古大学出版社，2002，第 188 页。

⑤ 额尔敦扎布：《草原荒漠化的制度经济学的思考》，载额尔敦布和、恩和主编《内蒙古草原荒漠化问题及其防治对策研究》，内蒙古大学出版社，2002，第 192 页。

其实有很多自然科学家也提出了不同的观点，牧草的补偿和超补偿生长（compensatory or over-compensatory growth）是草原管理的直接目标之一。Ellisno 于 1960 年提出“采食有益于牧草”的观点，直到 20 世纪 80 年代形成了“放牧优化假说”。“适度的放牧，牧草的补偿和超补偿生长，主要原因是放牧加速营养循环、改善冠层辐射状况、提高牧草的光合作用，促进资源分配。”① 关于食草动物优化草场的机理有很多假说，如竞争与顶端优势、放牧促进营养再循环、动物唾液的诱导和生活史进化理论等。只有当牧草的氮含量高于临界点，才能补偿，即放牧与施氮肥相耦合容易引发补偿生长。②

放牧草地的群落物种多样性不仅取决于放牧强度，而且取决于放牧史，长期放牧能提高草地群落的稳定性，长期放牧的草地对放牧有较高的适应能力。③ 在家畜的尿斑上，牧草普遍增加。④ 而且家畜的排泄物常常携带植物种子，并在草地上形成营养斑，促进植物分布与生长。放牧加速氮循环，体现在以下几个方面：家畜践踏凋落物层，促进牧草和微生物对氮的吸收，降低落叶层和土壤碳氮的比率，排泄物返还直接加速氮循环。总之，放牧通过动物与生态系统其他组分的耦合，尤其是动物—植物耦合，获得生态系统的产品和服务，实现生态系统健康，可以看作生态系统的一种利用方式和管理过程。⑤ 多次参与《草原法》修订的著名法学家施文正对草原荒漠化提出这样的看法：“从世界的历史看，农耕文明的兴起，是符合历史发展规律的，但滥垦草原又是导致荒漠化的罪魁祸首。我国 1985 年通过的《草原法》，吸取了国内外滥垦草原的教训，强调了草原的保护，第 10 条专门规定‘严格保护草原植被，禁止开垦和破坏’。”⑥ 社会学家费孝通对牧区的荒漠化是这样认为的：“对牧区而言，由于牧场缩小，单位

---

① M. Oesterheld, S. J. McNaughton, “Effects of Stress and Time for Recovery on the Amount of Compensatory Growth after Grazing,” *Oecologia* 3 (1991): 305-313.

② H. Leriche, X. LeRoux, J. Gignoux, et al., “Which Functional Processes Control the Short-term Effect of Grazing on Net Primary Production in Grasslands?” *Oecologia* 129 (2001): 114-124.

③ N. E. West, “Biodiversity of Rangelands,” *Journal of Range Management* 1 (1993): 2-13.

④ E. M. Steinauer, S. L. Collins, “Effects of Urine Deposition on Small-scale Patch Structure in Prairie Vegetation,” *Ecology* 4 (1995): 1195-1205.

⑤ 侯扶江、杨中艺：《放牧对草地的作用》，《生态学报》2006 年第 1 期。

⑥ 施文正：《遏制内蒙古草原荒漠化的法律思考》，载额尔敦布和、恩和主编《内蒙古草原荒漠化问题及其防治对策研究》，内蒙古大学出版社，2002，第 216 页。

面积载畜量相应增加，超过自然恢复饲草的限度，引起草原退化。这一系列破坏生态平衡的因素，形成了恶性循环，引起一般所说的农牧矛盾，在民族杂居地区又表现为民族矛盾。"① 对于草地退化的成因，各学科提出了不同的观点。

三 草原牧区的生态治理

本部分就普遍采用的治理策略做一简单的分析。

（一）草原治理策略之一：休牧

内蒙古的锡林郭勒盟、乌兰察布市、鄂尔多斯市等许多牧区盟市实行了春季休牧制度。锡林郭勒草原是2003年开始全面实行休牧的，其中正镶白旗是2002年开始的，休牧时间是春季60天，2004年起改为从4月5日到5月20日休牧45天。休牧作为生态治理的一种手段，其可行性需要长期评估，但就目前的效果看缺乏可持续性。

但是也应该看到，休牧给牧民的生产、生活带来了不利影响。休牧期间由于增加了拉水饮畜、分群饲喂、制作青贮饲料、清圈搬运等劳动，畜牧业生产劳动强度大增。以养100只羊计算，休牧前有1人劳动8~10小时就可以的话，休牧实行后要增加到30个小时。其次，饲料等牧业生产费用大增，以正镶白旗2004年与休牧前的2001年相比，牧民家庭人均畜牧业收入由5718元增至5786元，几乎没有增加，而畜牧业支出却由4022元增至4488元，增加了466元，其中饲料费用占畜牧业支出的比重高达60.2%。

休牧给牧民带来的损失总量可做如下推算。2004年正镶白旗休牧期间补贴0.61元/亩，人均草场433.64亩，则每人可获财政补贴264.52元，抵补承担休牧草料费460.80元/人以后，人均损失为196.28元。再考虑休牧冬羔售价损失170元/人，则休牧给正镶白旗牧民带来的人均损失为366.28元，全旗牧业人口17648人，共损失646.4万元。

在2001年实行草畜平衡责任制以前，正镶白旗牧民人均实际饲养牲畜为28个羊单位，2003年人均饲养16个羊单位，正镶白旗贫困线标准

① 《费孝通学术精华录》，北京师范学院出版社，1988，第233、299页。

为25个羊单位，锡盟为30个羊单位。对此，国家没有相应的投资或补贴。在休牧制度上，牧民从秋冬畜产品上获得的收入增加弥补不了春季休牧补饲等的支出损失。因此，同时考虑休牧与草畜平衡责任制这两项对恢复草原生态起决定性作用的制度，完全可以说，恢复草原生态的建设事业，是以广大牧民放弃对巨额利润的追求为机会成本，以休牧期间接成本和国家以少量的休牧补贴为启动资金来完成的。这是一种不合理的投资机制。

2004年正镶白旗牧区从4月5日至5月20日休牧45天，按政府出台的休牧期间草料最低饲喂标准为每只羊必须保障青干草1千克，饲料0.1千克。草料价格分别按青干草0.5元/千克、饲料1.40元/千克计算，则每个羊单位45天的饲养费用，不包括人工、设备投入、疫病防治费为28.8元。如果人均饲养牲畜按实行草畜平衡责任制后正镶白旗人均饲养牲畜为16个羊单位的要求保守计算，则正镶白旗平均每个牧民用于休牧的费用为460.80元。2004年政府对休牧实行财政补贴政策，正镶白旗规定实行休牧的草场在休牧期间一亩草场补贴0.61元，按正镶白旗可利用草场面积666.7万亩、牧业人口17648人计算，人均草场面积377.8亩，则每个牧民可获补贴230.44元；如果按统计局抽样调查30户牧户的调查结果，人均草场面积433.64亩计算，则每个牧民可获政府财政补贴264.52元。在这里我们按每个牧民可获政府财政补贴264.52元计算，在整个休牧期间，每人需承担休牧费用（草料费）为196.28元。如果把人工费用、设备和其他材料消耗也考虑进来，则每人需承担的休牧费用会更多。[①]

正镶白旗广大牧民为了贯彻休牧制度，在冬羔销售价格方面也有损失。我们把羔羊平均损失按每只10元计算，2004年全旗出栏仔畜按31万只计算，2004年全年牧民损失在300万元以上，牧民人均损失约为170元。从休牧带来的额外生产费用和销售价格的损失两方面看，休牧每年给正镶白旗牧民带来人均366.28元的损失。全旗2004年度共使牧民减少收入6464109元。

---

① 那日森、娜仁：《建设新牧区过程中政府、基层组织、企业和牧民间的博弈分析及政府的选择》，调研报告，2007。

如果把人工费、围栏费、油料费和疫病防治费等也考虑进来，2006年锡林浩特全市牧民人均休牧费用支出为2156.64元，户均休牧费用支出为7609元。休牧费用占生产支出的55.2%，牧民已无力进行扩大再生产。最后需要强调的是，休牧的成本支出对于牧民来说，是一种额外的、不创造利润的生产支出，因此说休牧制度在改善草原生态环境的同时也进一步增加了牧民的生产费用，尽管国家以积极的财政政策予以一定扶持，但牧民的负担仍然很重。①

（二）草原治理策略之二：禁牧

锡林郭勒盟苏尼特右旗地处荒漠草原，21世纪初由于连年干旱，草原出现严重的荒漠化趋势，许多牧民难以维持生计。2001年11月15日和2002年9月，该旗北部的一部分牧民告别了他们世代相传的游牧生活，先后迁到了二连浩特市南60公里铁路沿线的齐哈日格图村。朝格图是苏尼特右旗额仁淖尔苏木呼格吉勒图嘎查的牧民，于2001年11月搬迁到齐哈日格图定居点，居住在10排20户中的最后一排东侧。全家4口人。朝格图本人初中毕业，妻子萨仁格日勒高中毕业，还有2个子女正在旗里念小学。国家为这个点集中新盖了房舍和棚圈，打了机井，修通输水管道，架设通电线路，开辟了饲料基地。在基本建设上国家向每户投入19.3万元，朝格图个人投入2.1万元，合计投入21.4万元。按15年使用期限计，每年折旧费1.43万元。2002年初苏尼特右旗生态办为朝格图畜群核定全年饲草饲料数量和金额，共13368.60元，政府和个人各负担一半。全年防疫费260元由个人负担。另外朝格图看到计划供给的饲草料不够，个人购置全价配合饲料补贴羊群，全年需4868.40元［0.78元/斤×0.15斤/（天·只）×365天×114只］。朝格图家，2002年偿还贷款、草料青贮饲料、水费、防疫费、劳动工资5项，全年支出共计47938.52元。卖商品羊、山羊绒、绵羊毛、羊皮收入4项，全年收入共计13760元。经济效益为-34178.52元，人均纯收入为-8544.63元，平均每只羊赔299.80元。

当时政府提供的草料不够，按一般羊群每只羊0.5斤干草、1.5斤青

① 那日森、娜仁：《建设新牧区过程中政府、基层组织、企业和牧民间的博弈分析及政府的选择》，调研报告，2007。

贮草、0.2 斤玉米料，再加自己准备的全价配合饲料计算，全年饲料一项将支出 4868.40 元。加上贷款还款、水费、防疫费，全年生产性支出为 42530.34 元。全年收入仍为 13760 元，经济效益为-28770.34 元，人均纯收入为-7192.59 元，平均每只羊赔 252.37 元。

苏尼特右旗 2001 年税费全部免除。如果按达茂旗每只羊 16.14 元的税费水平计算，平均每只羊税后赔 268.51 元。从齐哈日格图围封点朝格图这一牧户的生产实践看，育肥的畜群不是优良品种的肉牛、肉羊和奶牛，而是适宜放牧的苏尼特羊，从畜产品获得的收入无论如何也上不去。[①] 放牧品种与饲料品种是有区别的，而生产性支出远远超过旗生态办的设计。[②] 保证畜群温饱，个人承担全部草料费用的效益为-35230.42 元（13760 元-48990.42 元），平均每只羊效益为-309.04 元。

这种恢复草原的方法实际上有很多值得商榷的地方。Robin Reid 在《生存型牧业人口的贫困和脆弱性》一文中指出，用财富标准（如花费、教育和市场的进入能力）衡量时，牧民经常被划为贫困人口，但是并不能认为他们就是世界上最贫困的人口。这一结论产生的原因是牧业产品没有被合理地估价。为了理解牧区财富，牲畜不能仅仅被认为是食物以及现金的来源，也是繁殖资本，每年牲畜繁殖的价值。[③] 比如，比较贫穷的牧民是那些在城镇周边没有储备和牲畜的牧户，他们的大部分收入是现金收入而不是牲畜。与牲畜一起移动和生活的牧民的状况要好一些，虽然现金较少，但是有更多的牲畜再生产潜力的潜在收入。因此，用现金花费评价贫困的方法对牧民并不合适。[④]

（三）草原治理策略之三：生态移民

进入 21 世纪以来，国家调整产业结构的投入和天然草地恢复的国土整

① 图雅、文明、暴庆五、达林太：《内蒙古草原牧区的调查报告》，调查报告，2002。

② 苏尼特右旗围封转移总体规划中，设计的肉牛育肥模式人均纯收入 2175.25 元、肉羊育肥户模式人均纯收入 2000 元、奶牛户模式人均纯收入 1986 元。朝格图效益计算方式如下。（1）全部资金投入产出效益：13760-49596.78=-35836.78。平均每只羊效益为-314.36 元。（2）个人资金运行效益：13760-30045.83=-16285.83，平均每只羊效益为-142.86 元。

③ Robin Reid：《生存型牧业人口的贫困和脆弱性》，“北亚牧场的贫穷、脆弱性和弹性：中国和蒙古国以社区为基础的牧场管理案例研究”研讨会论文，2009，第 14~17 页。

④ Robin Reid：《生存型牧业人口的贫困和脆弱性》，“北亚牧场的贫穷，脆弱性和弹性：中国和蒙古国以社区为基础的牧场管理的案例研究”研讨会论文，2009，第 14~17 页。

治资金也越来越多，草地的生态环境却还在进一步恶化。下面就跟踪调查5年的一生态移民奶牛园区案例，来说明近年来生态移民的国土整治战略对牧民和草原畜牧业的影响。内蒙古某旗生态移民奶牛园区从2001年开始相继迁入人口647人。统一修筑的住房每户面积为54m^2，其中居住面积41m^2，若安装土暖气另加2000余元。畜圈405m^2，棚116m^2。一般牧户一冬用煤4吨（275元/吨），学生学费每年3500元。黑白花奶牛产奶10~20千克/日（1.40元/千克）。一头奶牛一个月200斤饲料。2002~2003年，每头奶牛购价为14000~20000元。个人出1/3，国家出1/3，政府帮助贷款1/3。多数牧户饲养奶牛2~4头，少数饲养5~13头，最多的一户饲养20头。牧民普遍反映，单靠几头黑白花奶牛难以维持生计，由放牧到饲养奶牛，劳动强度加大了，高额的生产生活支出与低收入之间形成了较大的差距。内蒙古某旗生态移民奶牛园区牧户生产经营汇总见表5-3。

表5-3　内蒙古某旗生态移民奶牛园区牧户生产经营汇总

年份	居住牧户（户）	饲养奶牛（头）	奶牛价格（元）	平均产奶（斤）	牛奶价格（元/斤）	奶牛饲草、饲料（斤/天）	饲草、饲料价格（元/斤）	奶牛杂费［元/（头·天）］	奶牛一天效益（元）
2003	126	189	17500	15.2	0.80	41，13	0.40，0.85	3.1	-18.39
2005	54	37	1800	14.1	0.85	39，14	0.45，0.85	2.5	-19.97
2007	17	13	2700	16.1	0.90	45，16	0.55，0.96	3.4	-29.02

注：2005年奶牛价暴跌。

资料来源：达林太：《制度和政策的历史演变对内蒙古草原环境的影响》，载郑易生主编《中国环境与发展评论》第3卷，社会科学文献出版社，2007。

畜牧业布局必须遵循因地制宜的规律，避免畜牧业产业结构趋同性的陷阱。草地由于无人管护，被人为破坏，由原来的轻度退化变为重度退化。这值得我们反思。

第六讲 内蒙古草原牧区畜群结构变化对畜牧业经济的影响

在改革开放前，牧区的经济主要是指畜牧业经济，还有一些简单的手工业。在经济结构中，畜牧业经济占主要和决定性地位。改革开放以后，牧区的经济结构发生了很大的变化：以第一产业为主的畜牧业经济地位开始下降，以矿产和能源资源开发为主的工业经济在国民经济中所占的比重越来越大，第三产业也开始迅速发展。本讲主要是分析改革开放以来牧区畜牧业经济的畜群结构变化对畜牧业和天然草地的影响。

一 草地畜牧业经济主要特点

改革开放以来牧民取得了畜牧业经济要素中的两个主要生产资料，即草场和牲畜，也就形成了牧民的家庭经济。畜牧业在再生产过程中有很多与农业生产不同的特点，畜产品有相当一部分作为生产资料，比如基础母畜和种公畜，它们直接参加畜牧业的再生产，同时又是生活消费产品。自然资源状况和严酷的生存环境又决定了牧区牧民对这一生活资料的依赖，畜产品具有一定的自给性。畜牧业是建立在第一性生产基础上的第二性生产，劳动对象又是活的动物体，受自然条件和生产环境影响非常大，所以存在很大的不稳定性，即脆弱性。同时畜产品生产又是一种专用性生产，在面对市场时，牧民没有定价的决定权，这决定了畜牧业的积累、消费和牧民的收入也具有非常大的不稳定性。由于降水多少决定了草场的不同类型，不同的草场类型又决定了不同的草地生产力，因此地缘的差异决定了畜牧业产量和牧民收益的差异，如典型草原和荒漠草原畜产品的种类和产量是有差异的。由于牲畜的自身生理特征，其生产、繁育、发育有一定的特殊规律，因此畜牧业的很多指标是没有办法通过先进的技术手段来完成的，比如放牧劳动的连续性、放牧牲畜的食草性、牲畜的游走与动物产品的营养性等，这也可能是和大工业生产所不同的特点。①

二　苏尼特左旗畜群结构的变化和畜牧业经济

下面以苏尼特左旗的畜群结构为例，结合一些纯牧区纯牧业嘎查的调研资料，来说明这一变化。

（一）从宏观数据看苏尼特左旗畜群结构的变化

苏尼特左旗是一个典型的纯牧业旗，在第一产业中农业所占的比例可以完全忽略不计，因此，这个旗最具有牧区的特点。

从图 6-1 可以看出，苏尼特左旗的畜群结构变化有几个时段。

1. 牲畜头数快速增长的阶段（1945~1975 年）

1975 年也是苏尼特左旗牲畜头数历史上最多的时期，日历年度牲畜总量为 1027834 头只，大畜 208814 头，按羊单位计算，1975 年苏尼特左旗日历年度的存栏数为 1862090 个羊单位。其中 1965~1975 年大畜发展平稳，这一时段增长的主要是小畜。

2. 快速下滑阶段（1975~1985 年）

这一阶段牲畜头数出现了迅速下滑，牲畜总量、大畜、小畜和以羊单位计算的牲畜头数几乎是同步在下滑。日历年度牲畜总量由 1975 年的 1027834 头只下降到 1985 年的 775277 头只；日历年度的大畜由 1975 年的 208814 头下降为 1985 年的 147854 头；日历年度的小畜由 1975 年的 818020 只降为 1985 年日历年度的 627423 只；以羊单位衡量的日历年度的牲畜头数由 1975 年的 1862090 个羊单位降为 1985 年的 1366693 个羊单位。降幅分别为 24.57%、29.19%、23.30%、26.60%（见表 6-1）。

---

① 草原畜牧业的放牧劳动是连续的，动物每天都出去采食，如果采取圈养饲喂，是没有办法实现的，这除了经济上的不可行外，动物的生理特征也决定了它的不可行；由于草食家畜是多胃的动物，用饲料去取代饲草也不可行，牲畜没有办法去消化饲料，大量饲喂饲料，牲畜会酸中毒死亡；动物游走可以生产五花肉，否则会造成大量的脂肪堆积，畜产品质量下降。

3. 又经历了一个快速增长时期（1985~1990 年）

这一时期日历年度的牲畜总量由 1985 年的 775277 头只增长到 935901 头只，日历年度的小畜由 1985 年的 627423 只增加到 1990 年的 811127 只，这一时期日历年度的大畜没有增长，反而在下降，由 1985 年的 147854 头下降到 1990 年的 124774 头。以羊单位计算 1985 年日历年度的存栏牲畜为 1366693 个羊单位，到 1990 年增长到 1434997 个羊单位。增幅分别为 20.72%、29.28%、-15.61%、5.00%。这一时期的特点是按羊单位计算的牲畜头数增长不大，增幅为 5%，其中小畜上涨比较快，增幅为 29.28%，大畜开始下降，下降幅度为 15.61%，说明这一时期的畜群结构开始发生变化。

4. 日历年度的牲畜头数又出现了一个缓慢增长的过程（1990~2000 年）

日历年度的牲畜头数又出现了一个缓慢增长的过程，日历年度的牲畜总量由 1990 年的 935901 头只增长到 2000 年的 997700 头只，日历年度的大畜由 1990 年的 124774 头下降到 2000 年的 115565 头，日历年度的小畜由 1990 年的 811127 只增长为 2000 年的 882135 只，按羊单位计算由 1990 年的 1434997 个羊单位增长到 2000 年的 1459960 个羊单位。增幅分别为 6.60%、-7.38%、8.75%、1.74%。分析这一时期的日历年度牲畜结构，就会发现牲畜总量在增长，大畜在下降，下降幅度为 7.38%，小畜增长的幅度最大为 8.75%，按羊单位计算的牲畜头数增长幅度不大，只增长了 1.74%，这一时期和前一时期一样，畜群结构正在向更失调的方向变化。

5. 迅速下滑阶段（2000~2007 年）

日历年度牲畜总量由 2000 年的 997700 头只下降到 2007 年的 672000 头只，日历年度的大畜由 2000 年的 115565 头下降到 2007 年的 55700 头，日历年度的小畜由 2000 年的 882135 只下降到 2007 年的 616300 只，以羊单位计算的日历年度的牲畜头数由 2000 年的 1459960 个羊单位下降到 2007 年的 894800 个羊单位。降幅分别为 32.65%、51.80%、30.14%、38.71%。从这一时期的下降幅度可以看出：畜牧业经济遭受了重创，畜群结构也发生了根本的改变。这可能有市场的因素，也有自然灾害的因素，还有政策的因素，包括畜牧业经济发展不合理的因素，是所有因素叠加造成的。具体原因将在下面分别分析。

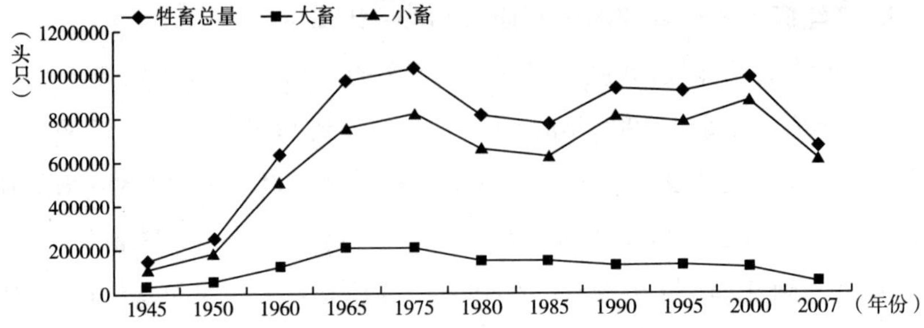

图 6-1 1945~2007 年内蒙古典型纯牧区苏尼特左旗日历年度畜群结构变化

资料来源：苏尼特左旗统计年鉴。

表 6-1 1976~2007 年苏尼特左旗不同时段牲畜头数增长幅度

单位：%

增幅	1975~1985 年	1985~1990 年	1990~2000 年	2000~2007 年
牲畜总量增幅	-24.57	20.72	6.60	-32.65
大畜增幅	-29.19	-15.61	-7.38	-51.80
小畜增幅	-23.30	29.28	8.75	-30.14
羊单位增幅	-26.60	5.00	1.74	-38.71

资料来源：根据苏尼特左旗历年统计年鉴汇总计算。

（二）从宏观数据分析苏尼特左旗畜牧业发展状况

从苏尼特左旗的畜牧业发展结构看，1945~2007 年经历了四个发展阶段：1945~1975 年牲畜头数快速增长阶段；1975~1985 年牲畜头数快速下降阶段；1985~2000 年牲畜头数缓慢增长阶段；2000~2007 年牲畜头数迅速下滑阶段（见图 6-2）。

同时大畜 1945~1965 年快速增长，其间存栏头数平稳地增长了 10 年，从 1966 年开始下滑，到 2007 年滑到谷底。随着大畜存栏头数下滑，小畜头数逐年增长，1975~1985 年曾经出现存栏头数下滑的过程，但小畜的增长还是比较显著的。

（三）牲畜总量与消耗

单从牲畜的存栏头数来看，只能看出牲畜结构的变化，如果要分析畜牧业的发展状况，还必须分析其牧业年度的牲畜头数以及每年的消耗头数和消耗率。

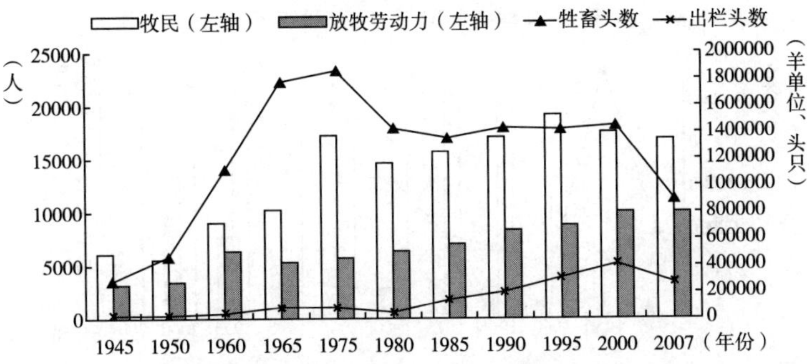

图 6-2　1945~2007 年苏尼特左旗概况及以牲畜头数、出栏头数

资料来源：苏尼特左旗历年统计资料。

从图 6-3 可以看出以下内容。

1. 1945~1950 年，牲畜头数的增长不是很大，但消耗率非常高

消耗率由 1945 年的 16.60%上升到 1950 年的 47.37%，自食率也没有提高，1945~1950 年人均自食 2 头只牲畜。这一时期正好是民主改革时期，由于对当时的政策把握不太准确，当时的王公、牧主和寺院的牲畜大量被屠宰处理，出现了一个陡升的消耗率。

2. 1950~1960 年，苏尼特左旗属于社会主义改造时期，这一时期畜牧业发展很快

无论从牧业年度还是从日历年度都可以看出牲畜头数增长很快，1950 年牧业年度的牲畜头数为 277582 头只，到 1960 年牧业年度的牲畜头数为 692434 头只，增加幅度为 149.45%。其中牲畜消耗头数由 1950 年的 32095 头只增加到 1960 年的 59310 头只，增加了 84.80%。消耗率从 1950 年的 47.37%降为 1960 年的 9.37%。这一时期的人均自食牲畜消耗头数由 1950 年的 2 头只增加到 1960 年的 3.5 头只。说明在社会主义改造时期的畜牧业经济政策是在改善牧民生活的基础上发展畜牧业经济，也说明这一时期的消耗率下降，同时商品率不是很高，符合经济复苏时期的畜牧业发展。

3. 1960~1975 年，这一时期的消耗率在缓慢上升

1960 年消耗率为 9.37%，1975 年提高到 15.70%，消耗率的提高与畜牧业发展相关联，1960 年牧业年度的牲畜头数为 692434 头只，到

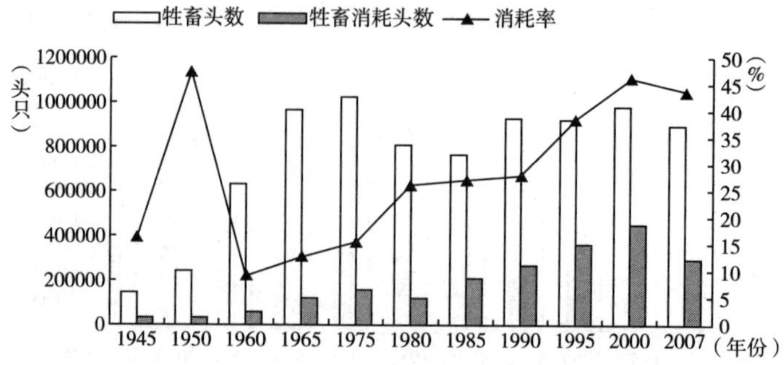

图 6-3　1945~2007 年苏尼特左旗牲畜头数、牲畜消耗头数、消耗率

1975 年牧业年度，牲畜头数发展到 1089400 头只，增长了 57.33%，这也是苏尼特左旗有史以来牲畜头数最多的年份。对牧区来说，自食牲畜头数一直是衡量富裕程度和生活水平的一个重要指标，人均自食牲畜头数也由 1960 年的 3.5 头只提高到 1975 年的 4 头只。这一时期是历史上畜牧业发展最好的阶段，畜牧业发展可以这样评价，畜群结构合理，牧民的生活水平在提高，商品率也在不断提高，畜牧业的生产要素完全适应畜牧业生产力的发展。

4. 1975~1985 年，牲畜头数在下降

牧业年度的牲畜头数由 1975 年的 1089400 头只，下降到 1985 年的 977455 头只，但消耗率由 1975 年的 15.70%上升到 1985 年的 27.36%。这一时期牲畜的总增和纯增都在下降，但消耗率却在上升，说明这一时期畜牧业经济结构开始不合理，也就是这一时期的畜牧业经济出现了第一个“经济危机”。这一时期就开始超强度使用畜牧业经济中两个重要的生产资料——草场和牲畜。内蒙古的草场退化可能是从这一时期开始的。

5. 1985~1990 年，牧业年度的混合头数在增长

1985 年牧业年度的牲畜头数是 977455 头只，到 1990 年为 1199487 头只，上涨了 22.72%，这一时期的消耗率由 1985 年的 27.36%上升到 1990 年的 28.16%，自食 3.8 头只左右。这一时期牲畜总增带动了纯增，发展存栏数量是这一时期牧民的主要目标。这一时期畜群结构还比较合理，由于牲畜总增头数在上涨，存栏头数也在增长，消耗率上升幅度不是很大，畜牧业经济中两个重要的生产资料中牲畜的使用强度在放缓，另一个生产资料草场的使用强度在加剧。这一时期的草场退化迹象应该比较明显。

6. 1990~1995 年，日历年度的存栏头数在下降

再看这一时期的日历年度的牲畜头数变化，1990 年是 1199487 头只，1995 年是 1273967 头只，比 1990 年上涨了 6.21%，这一时期的消耗率由 1990 年的 28.16%上升到 1995 年的 38.88%，牧民人均自食头数也由 1990 的 3.8 头只降为 2.1 头只。在牲畜总增头数增加的情况下，存栏下降幅度不是很大，消耗率直线上升，说明这一时期，市场拉动强劲，商品率上升，畜群结构开始不合理。这一时期畜牧业经济中两个重要的生产资料——牲畜和草场都被过度使用，当然这一时期草场提供的第一性生产已经不能支撑快速增加的总增和纯增的牲畜头数，需要外部的能量来支撑草地生态系统能量的平衡，这一畜群周转不合理，为下一次的畜牧业“经济危机”埋下了伏笔。

7. 1995~2000 年，牧业年度存栏牲畜头数增加

牧业年度牲畜头数由 1995 年的 1273967 头只增加到 2000 年的 1430355 头只，这一时期的存栏牲畜头数也在增加，再看这一时期消耗率的变化，1995 年消耗率是 38.88%，2000 年上升为 46.33%，这是超出家畜生理繁殖周期的一个数据。总增牲畜头数增加，存栏牲畜头数增加，消耗率上升，说明大量的基础母畜和后备母畜被转化为商品，畜群结构出现了前所未有的紊乱。再看这一时期牧民的自食牲畜头数一直维持在 2 头只左右，这一时期牧民的生活并没有改善，畜牧业经济中的两个重要生产资料被超强度利用。

8. 2000~2007 年，这一时期畜牧业经济的几个重要指标都在下降

这一时期畜牧业经济的几个重要指标都在下降，出现这一结果是必然的。牧业年度的牲畜头数由 2000 年的 1430355 头只降为 2007 年的 967484 头只，存栏牲畜头数也在下降，消耗率也由 2000 年的 46.33%，下降到 2007 年的 43.94%，牧民的自食牲畜头数也由 2000 年的 2 头只降为 2007 年的 1 头只，畜牧业经济出现了第二次“经济危机”，当然牲畜业经济各项指标的下降也与环境政策介入有关。

从苏尼特左旗畜牧业发展的历程看，畜牧业的起伏非常大，改革开放以来，畜牧业经济出现了两次“经济危机”。这两次“经济危机”的出现，不是偶然的，而是必然的，但对畜牧业的发展是非常致命的，它损坏了畜牧业经济中的两个重要生产资料——草场和牲畜，本书将在后面结合案例对其对牧区经济社会的影响做一简单的分析。

三　从微观数据分析典型牧区畜牧业经济中畜群结构的变化

（一）草原化荒漠牧区四子王旗畜群结构的变化

上面分析了苏尼特左旗的畜牧业发展和畜群结构的变化，下面就典型牧区四子王旗历年畜群结构变化和发展做一些简单的分析，数据主要来源于历年的调研数据。

四子王旗是乌兰察布草原中的一个典型牧区，草地类型为半荒漠草原，2003 年笔者对该旗的 4 个牧区苏木中的 12 个嘎查 50 户牧户进行了实地入户调查，这次调查基本涵盖了四子王旗牧区苏木的典型牧户，调查结果汇总见图 6-4。

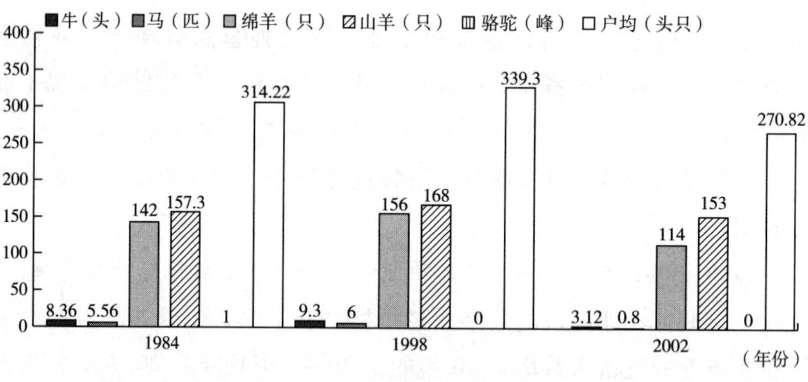

图 6-4　四子王旗 4 个苏木 12 个嘎查 50 户牧户调查三个时段牲畜畜种变化

资料来源：达林太、暴庆五、额尔敦布和四子王旗牧户家计调查汇总，2003。

从 2003 年调查问卷的分析中可以看出，1984 年调查牧户牧业年度的户均牲畜头数是 314.22 头只，每户牧户几乎都有 4 个畜种，户均牛

8.36头，户均马5.56匹，户均绵羊142只，户均山羊157.3只，其中白音敖包苏木一牧户有骆驼1峰。[①] 因为是在半荒漠草原，山羊的比例比绵羊要高一点。1998年牧业年度的牲畜头数增长很快，户均达到了339.3头只，户均牲畜结构和1984年相比变化不是很大。但有一个现象，就是出现了各畜种畜群的分工，开始出现了畜群专业饲养，出现了专业的养马户、养牛户，这一时期牧区出现了新的“苏鲁克”制。调查的50户中有37户已经没有大畜，有5户牧民饲养的羊只用于个人自食，这5户主要是养牛户和养马户。这种生产要素的流动也比较符合市场经济规律。2002年日历年度的牲畜总头数是户均270.92头只，50户牧户中的牛由1998年的466头减少到2002年的156头，户均只有3.12头，马由1998年的298匹减少到2002年的40匹。这一时期户均牲畜头数比1998年下降了20.15%。这时的牲畜开始向大户集中，调查的50户牧户中出现了9户无畜户、12户贫困户，拥有牲畜1000头只以上的有4户。这一案例主要体现出三个特点。“草畜双承包”时1984年牧户间牲畜头数基本差别不是很大，每户都饲养4种以上的牲畜。1998年日历年度牧户平均牲畜头数在增长，但畜牧业内部出现了简单的分工，新“苏鲁克”制的出现，对“草畜双承包”以来因畜群混养出现的要素不合理进行了改善。牧户间饲养的畜种也开始发生变化，饲养3种以上的牧户开始比较少了，大部分牧户饲养两种牲畜。

（二）改革开放中期典型草原典型牧区牧户畜种结构

1995年，自治区农调队、党委政研室和内蒙古社科院牧经所对内蒙古自治区最富裕的牧区的200户牧户进行了入户调查，这次调查的范围主要是纯牧区东乌珠穆沁旗和阿巴嘎旗，这两个旗地处典型草原，草地生产力较高，是自治区牧区中最富裕的两个旗。这次共调研了东乌珠穆沁旗（简称“东乌旗”）4个苏木（镇）乌里雅斯太镇、额吉淖尔、阿拉担合力、额和宝拉格17个嘎查的102户牧户（有效样本数98户）。调查了阿巴嘎旗3个苏木吉尔嘎郎图、青格勒宝拉格、那仁宝拉格17个嘎查的98户牧户。下面我们分析一下1995年富裕牧区东乌旗牧户的畜种

---

① 《达林太调研笔记》，主要是查嘎查牲畜承包到户时的档案数据。

结构及不同苏木的牲畜结构。

从表 6-2 可以看出，在改革开放中期的 1995 年，东乌旗牧户之间的畜种结构就发生了变化。东乌旗在“草畜双承包”时是按人口平均分配各畜种的，在 1995 年调查的 98 户牧户中，平均每户人口为 5. 59 人，其中最大的户有 11 人，最小的户有 3 人，平均劳动力为 3. 07 人，其中最大户劳动力为 7 人，最小户劳动力为 2 人。98 户中户均家畜头数为 681. 66 个羊单位，这在当时是内蒙古牧区中户均占有牲畜头数最多的，其中最大户拥有 1258 个羊单位，最小户拥有 150 个羊单位。按家畜结构划分，其中户均有羊 587. 83 只，最大户拥有羊 1058 只，最小户拥有羊 110 只；调查户户均有牛 59. 31 头，其中最大户拥有牛 190 头，有 12 户牧户已经不再饲养牛；调查牧户中户均有马 34. 51 匹，其中最大户有马 133 匹，最小户也有 2 匹，用于放牧。

表 6-2 1995 年东乌旗 4 个苏木（镇）17 个嘎查 98 户富裕户调查汇总

项目	单位	平均	最大值	最小值	标准偏差	变动系数
人口	人	5. 59	11	3	2. 0359646	0. 3645177
劳动力	人	3. 07	7	2	1. 2762415	0. 4152849
家畜头数	羊单位	681. 66	1258	150	333. 09096	0. 4886478
羊	只	587. 83	1058	110	295. 37309	0. 5024811
牛	头	59. 31	190	0	37. 197358	0. 627121
马	匹	34. 51	133	2	30. 368442	0. 8798676

资料来源：由内蒙古社科院牧经所提供资料汇总。

根据调查资料分析，20 世纪中期大户拥有的牲畜是小户的几倍或十几倍，从变动系数看，牧户间拥有牲畜数量变动最大的是大畜中的马，其次是牛，最后是羊。这也印证了半荒漠草原四子王旗牧户畜群结构的变化。牧户间的畜群结构变化与劳动要素流动有关，也与草地二轮确权以后草地围栏有关，还与市场有关。但牧户间畜群结构发生了变化，直接影响了畜牧业的抗风险能力，合理的五畜配置可以有效应对自然灾害和市场风险。

表 6-3 1995 年东乌旗 98 户富裕户调查汇总

	调查户平均	乌里雅斯太镇	额吉淖尔	阿拉担合力	额和宝拉格
人口（人）	5.59	4.8	6.64	5.1	6.6
劳动力（人）	3.07	2.33	3.73	3	4
家畜头数（羊单位）	681.66	612.67	917.82	368.1	996.2
羊（只）	587.83	551.73	785.73	295.9	844.6
牛（头）	59.31	38.6	78.17	52.5	93.6
马（匹）	34.51	22.33	53.92	19.7	58

资料来源：内蒙古社科院牧经所的调查。

在东乌旗调查的 4 个苏木（镇）中，由于草地资源不同，其差距也是很大的。在 4 个苏木（镇）中家畜按羊单位计算户均拥有 681.66 个羊单位，户均拥有家畜头数最多的是额和宝拉格苏木，户均为 996.2 个羊单位，最少的是阿拉担合力苏木，户均为 368.1 个羊单位，只有额和宝拉格苏木户均牲畜羊单位的 1/3 多，第二多的是额吉淖尔苏木，户均为 917.82 个羊单位，离市场最近的乌里雅斯太镇为 612.67 个羊单位。在不同的苏木（镇）中，户均拥有牛最多的是额和宝拉格苏木，户均拥有牛 93.6 头，最少的反倒是最靠近市场的乌里雅斯太镇，而不是阿拉担合力苏木，户均拥有牛 38.6 头，只有额和宝拉格苏木户均牛的 1/3 多。这说明市场对大畜数量的减少也是有影响的。按马匹户均拥有量来看，户均拥有量排序依次为额和宝拉格苏木、额吉淖尔苏木、乌里雅斯太镇、阿拉担合力苏木。从以上资料分析可知，在“草畜双承包”中期，就出现了地区间的差异，这一差异会影响畜牧业要素的流动。

（三）2000 年以后典型牧区的畜群结构即畜牧业发展

从 2002 年开始，由于课题的需要笔者在东苏旗的 4 个嘎查建立了牧户档案，下面就东苏旗两个嘎查萨如拉塔拉和巴彦塔拉历年调查汇总，从微观方面分析典型牧区典型牧业嘎查的畜群结构变化及其对畜牧业经济的影响。

1. 东苏旗调查牧户的畜群结构变化（2002）

2002 年调查两个嘎查牧户 90 户，收集样本 89 份，调查牧户人口总数 320 人，户均 3.6 人，调查牧户劳动力总数 221 人，户均 2.48 人。和改革开放中期的典型牧区东乌旗相比，东乌旗当时户均人口 5.59 人，户均劳动力 3.07 人。2002 年以后典型牧区的户型变小，户均劳动力也开始下降。这说明改革开放以来，牧户的家庭经济向原子化的方向发展，以家庭内部成员合作的家庭经济开始分化。

从 2002 年东苏旗的混合牲畜头数的消耗率来看，基本和全旗的消耗量一致。从分项类看，生长周期最长的骆驼的消耗率最高，达 65%（见表 6-4），苏尼特红驼是一个优良的地方品种，如此高的消耗率，说明这个畜种很快就会消亡。其次是绵羊的消耗率，2002 年 89 户牧户共接绵羊羔羊 7049 只，其中出栏 8949 只，绵羊的纯增率是-7.97%，这说明有大量的适龄母畜和后备母畜被出栏，牛、马的出栏也超过其总增数。从 2002 年这两个嘎查调查牧户的生产经营状况看，畜群结构是不合理的，畜牧业再生产面临着严重的危机。

表 6-4　2002 年东苏旗两个嘎查 89 户牧户畜群结构和生产经营状况

	牧业年度总头数	户均牧业年度头数	日历年度总头数	户均日历年度头数	消耗率（%）
混合牲畜头数（头只）	35342	397.10	23518	264.25	33.75
牛（头）	2351	26.42	1578	17.73	25
马（匹）	767	8.62	545	6.12	29
骆驼（峰）	234	2.63	136	1.53	65
绵羊（只）	23852	268	14930	167.75	37
山羊（只）	8138	91.44	6329	71.11	22

资料来源：根据 2002 年的调查制表。

2. 东苏旗调查牧户的畜群结构变化（2007）

2007 年笔者又对这两个嘎查进行了调查，这次调查涉及这两个嘎查 3/4的牧户，共调查牧户 121 户，涉及牧户人口 445 人，户均人口 3.68 人。

根据 2007 年调查数据分析，混合牲畜头数的消耗率提高到 49.15%，其中骆驼的消耗率为 51.85%，绵羊的消耗率为 50.65%，山羊的消耗率为 48.32%，这样的消耗率在草地畜牧业中是前所未有的。

再从另一个指标纯增率来分析这两个嘎查畜牧业经济的发展后劲，除了牛和山羊外，其纯增率都为负值，绵羊的纯增率为-27.96%，这预示着在未来几年绵羊的繁殖率会严重下降，绵羊的质量也会严重下降，绵羊的数量在畜群中的比重也会严重下降。山羊的纯增率在上升，为 38.93%，马和骆驼的纯增率分别为-11.81%和-18.52%（见表6-5），这说明未来的畜群结构会变为以山羊为主的一个畜群组合，这对抵御市场和自然灾害风险都非常不利，同时也会影响草地生态系统的演替。

表6-5　2007年东苏旗两个嘎查121户牧民经济调查情况

	户均牧业年度数	户均日历年度数	户均出售数	户均自食数	消耗率（%）	纯增率（%）
混合牲畜数（头只）	334.04	170.03	119	6.56	49.15	-7.74
牛（头）	10.88	7.98	119	0.44	26.65	3.38
马（匹）	1.07	0.86	119	0	19.63	-11.81
骆驼（峰）	0.27	0.13	119	0	51.85	-18.52
绵羊（只）	212.35	104.79	120	6.66	50.65	-27.96
山羊（只）	109.47	56.57	120	0.09	48.32	38.93

资料来源：根据2007年的调研数据制表。

从两个不同年份的两个嘎查的畜群周转可以看出，2002年以后有一个周转明显加快的趋势，这可能与环境政策介入、天然草地畜产品总量减少、市场需求强劲拉动有关，也与牧民各类生产资料价格上涨有关，与牧民的生活消费由于价格上涨产生的现金需求有关，当然还有撤乡并镇后社会化服务的成本增加等因素。牧民只能通过大量的出栏来抵消上述因素的影响，但这一行为无疑是杀鸡取卵，它会严重损坏畜牧业经济中两个重要的生产资料——草场和牲畜。

3. 全区6个牧业旗调查牧户的畜群结构和生产经营状况（2009）

2009年笔者对内蒙古牧区的不同区域、不同草地类型的6个典型牧业旗的60户牧户进行了入户调查，调查牧户家庭基本状况汇总见表6-6。

表6-6　2009年内蒙古牧区调查牧户家庭基本状况汇总

旗名	阿左旗	乌审旗	西苏旗	新右旗	呼鄂旗	四子王旗	合计
访问户数（户）	7	16	13	8	11	5	60
其中养奶牛户（户）	0	0	8	0	11	0	19
其中休禁牧户（户）	7	16	13			5	41
总人口（人）	30	76	61	34	52	31	284
户均人口数（人）	4.29	4.75	4.69	4.25	4.73	6.2	4.73
家庭劳动力（人）	15	23	7	36	11	19	111

资料来源：根据2009年、2010年的调研数据制表。

根据调查的资料汇总分析，调查的60户家庭总人口为284人，平均为4.73人，超过了2002年东苏旗调查牧户的平均人口数，仅低于改革开放中期富裕牧区东乌旗的户均人口数。结合这一时期的金融危机分析，造成户均人口增长的原因，可能是近几年由教育移民战略转移出去的牧区劳动力受金融危机的影响在城市里找不到工作回流造成的。

表 6-7　2009 年调查 60 户牧户畜群结构和生产经营

	阿左旗	乌审旗	西苏旗	新右旗	呼鄂旗	四子王旗	平均
户均混合牲畜头数（头只）	225	175	221	391	107	318	239.5
绵羊（只）	48	126	91	167	40	91	93.83
山羊（只）	154	49	105	199	22	197	121
马（匹）				2		2	0.67
肉牛（头）			3	3		4	1.67
奶牛（头）			2		9		1.83
出售牲畜头数（头只）	137	78	97	154	10	143	103.17
出售牛奶（斤）			3000		16200		3200
自食牲畜头数（头只）	5	3	7	11	4	8	6.33

资料来源：根据2009年、2010年的调研数据制表。

在2009年6个牧业旗的60户牧户调查中，平均户均混合牲畜头数为239.5头只，其中，绵羊为93.83只，山羊为121只，马为0.67匹，牛户均3.5头。与草畜双承包的1984年的典型牧区四子王旗的牲畜结构做纵向比较会发现，牧户的畜群结构发生了非常大的变化，牧民户均绵羊、山羊、马、牛数量都低于当时在内蒙古牧区属于中下等水平的四子王旗牧区户均数量。集约化程度要求比较高的奶牛开始出现在草原上，但除了呼伦贝尔市的鄂温克旗以外，几乎没有调查到有收益的牧户。2009年调查牧户的消耗率开始下降，为30.10%，牧民户均自食牲畜为6.33头只。

四　总结与讨论

畜种结构与畜种布局，主要受草原生态系统的制约。内蒙古牧区畜种布局与草原生态环境特点具有一致性。东部与中部，草场条件较好，适宜牛、马、绵羊等畜种的饲养，西部草场条件较差，自然环境严酷，适宜山羊、骆驼等畜种的饲养。畜种结构的变动，同时受草场生态因素和经济技术因素的制约，但在不同的时空条件下，每种因素发挥作用的程度相同。从以上宏观和微观的数据分析，改革开放以后，集体经济解体，家庭经济确立，草地划分与围栏使放牧半径缩短，畜群解体。牧区的畜群结构趋于单一，并向以小畜为主的畜群结构发展，这一行为违背了草地畜牧业的畜群布局与蒙古高原五畜和草地生态系统协同进化的自然规律。不同的畜种对牧草的采食不同，也影响了天然草地的进展演替。

从以上的分析可以看出，草畜双承包的家庭生产责任制，使牧民获得了草场的使用权，使牧区经济由集体经济向家庭经济转轨，符合制度改进的效率方向，使牧民获得了畜牧业生产的关键资源草场，极大地调动了牧民生产的积极性，彻底地解放了牧区的生产力。由于受资源禀赋的约束和畜产品市场短缺的拉动，中国经济社会的发展对畜产品需求的压力要求草地使用制度向效率方向发展。同时环境服务功能的强化又在增加这种向效率方向发展的内在成本。社会发展要求牧区社会向现代化、城市化和工业化方向发展。贫瘠的土地资源又很难实现上述目标，因此，草原牧区和草原牧民又面临着大的变迁。

超出草场和家畜的正常生产力去生产畜产品，会使牧区畜牧业经济不断陷入“经济危机”。这一行为严重损坏了畜牧业经济中两个重要的生产资料——草场和牲畜，必然会使畜牧业经济走入不可持续的绝境。如过度使用母畜或长期不淘汰老母畜，必然会导致繁殖率下降，致使母畜受胎率低或流产率高。母畜是畜牧业生产的基本生产资料，是畜牧业再生产的基础。在不重视母畜饲养管理的情况下，追求畜群的高出栏，无疑是一种赤字经济。

第七讲　内蒙古草地过牧问题分析*

中国草地生态保护政策是建立在对草地过牧判断的基础上的。以内蒙古草地来说，其思路是在几十年的发展中，在有限并且有所减少的草地上，人口与牲畜数量已经增加了若干倍。越来越多的牲畜超过了草地合理的承载量，造成草地大面积退化。十几年来，围绕过牧与草地退化的关系、过牧产生的原因，以及应对政策是否有效，争论一直没有停止。

然而，过牧究竟是不是一个草地上普遍存在的事实呢？一些实地观察者发现存在过牧，但是另一些实地观察者则发现并未过牧。本讲研究不否认这些不同案例的真实性，问题在于不能不加论证就将个别的案例视为普遍的事实。当然，强调过牧普遍存在者的优势很明显，他们是在宏观统计数据的支持下展示了一个似乎是显而易见且难以拒绝的因果关系：牲畜多了使草地超载，因而引起过牧。"简单性"的确是一种力量，在争论的开始阶段尤其是这样。十几年来，过牧的定论作为一个普遍的前提，影响或决定了生态政策的方向。

一　过牧的结论是怎样被认定的

（一）对于过牧的文献综述

关于过牧的讨论始于20世纪80年代初，成为影响政策的主流理论是在2000年左右。姜恕对过牧的论证是："引起草原退化的因素是多方面的。通常，过牧被列为最直接的、起主导作用的因素。""历年来，畜牧业的发展是以牲畜头数的增长为指标，不是以畜产品为准。"不仅牧民对财富的传统观念以牲畜头数为指标，国家统计也是如此。在这样一些政策和观念的影响

* 本讲内容曾发表于《中国农村经济》2012年第5期，收录时部分内容有改动。

下，中国的牲畜头数较解放初期增长近3倍，已达2亿头只左右。其中内蒙古和青海增长较多，为2.9倍，新疆较少，为1.3倍。他同时用微观案例的方法指出内蒙古的过牧现象，例如内蒙古乌兰察布盟达尔罕茂明安联合旗草原站的观测表明：1954年时尚能容纳各类牲畜54万头只，到了1982年，达82万头只。随之而来的不仅是草原的退化。①

李博的论证如下："我国北方草原形成于百万年前，利用历史也超过三、四千年，为什么直到近30年来才出现大面积退化？显然与人为活动增强有关。例如内蒙古自治区，1947年每只绵羊单位占有草原4.1hm^2，利用强度甚低，此后18年间，牲畜头数逐年增长，1965年平均每只绵羊单位仅占有草原0.97hm^2，已超过天然草原的负荷能力。此后20年间，牲畜头数随气候波动而大起大落，总在7000万只绵羊单位上下徘徊；与此同时，草原出现大面积退化，草群产量下降，鼠、虫害猖獗，加剧了草畜矛盾。"在论及"北方草原存在的严重退化问题"时，李博同时从宏观的层面回答了人口—过牧—草地退化的结论："如以省为单位分析，退化比例最高的是宁夏、陕西、山西3省，退化草地面积占90%~97%；其次为甘肃、辽宁、河北，退化面积占80%左右到87%；再次为新疆、内蒙古、青海、吉林，退化面积占42%~64%；西藏草地退化比例较低，占23.37%。可以看出，退化比例高的省区，人口密度均较高（除甘肃、宁夏外均高于160人/hm^2）。"②

刘钟龄等指出，过牧是草原退化的主要原因。在目前的管理体制下，草原植被条件较好的地区过牧问题普遍存在。过牧的直接后果是草原类型发生变化，等级降低，生产能力降低，抵御风险的能力降低。③

21世纪以来的许多文献延续了类似的观点，例如侯向阳、宋洪远。侯向阳在说明草地"放牧过度，资源衰竭"时，列出的论据如下。自20世纪50年代至80年代末，内蒙古牲畜数量增长2.6倍，新疆1.84倍，青海1.56倍，甘肃1.72倍。2002年中国牧区人口比1985年增加33%，草原承载量增加了46%，全国266个牧区和半牧区县牲畜超载率高达48%。锡林郭勒草原1949~2000年人口增长3.5倍，牲畜增加11.5倍，畜均占有草地下降为原来

① 姜恕：《草原的退化及其治理策略初探》，《资源科学》1988年第2期。

② 李博：《中国北方草地退化及其防治对策》，《中国农业科学》1997年第6期。

③ 刘钟龄等：《内蒙古草原植被在持续牧压下退化演替的模式与诊断》，《草地学报》1998年第4期。

的 8%。西部 6 省（区）的牲畜数量从 20 世纪 50 年代的 2181.3 万头，增加到 20 世纪 90 年代的 14708.7 万头。而这 50 年间草原面积减少 1000 万公顷，其中内蒙古和新疆两区的牲畜数量增加近 10 倍。①

宋洪远认为，草地退化的第一个人为因素是牧区人口与牲畜增长过快，“内蒙古草地牲畜数量从 20 世纪 50 年代的 1191 万绵羊单位，激增到 2001 年的 8939 万绵羊单位”。第二个人为因素是超载过牧。他引用内蒙古草地勘察设计院的测算，“目前②全区草地理论总承载量为 4420 万绵羊单位，超载 1 倍以上”③。

还有一些支持“过牧是草地退化的主要原因”结论的文献，但没有用牲畜数量的多少来说明。例如，张连义等强调人口增加、草原减少：“1949 年以来，内蒙古人口总数、农牧业人口数、耕地面积均持续增长，1949 年农牧业人口 579.5 万人，耕地面积 433.1 万 hm^2，到 1999 年农牧业人口近 1553.7 万人，耕地面积达 752.4 万 hm^2，五十年间分别增长了 180%和 70%。据八十年代草地资源调查统计，天然草地面积为 7880 万 hm^2，八十年代较六十年代减少 10.7%左右。据最近一次④草地面积遥感速查结果，全区草原面积较八十年代又减少了 7%左右。开垦不但造成草地面积逐年递减，而且在春天形成大面积的裸露地和沙地或撂荒地，造成新的沙尘源。”⑤ 李青丰等试图从不同角度解释草地退化与过牧的含义，强调并非牲畜数量多而是季节性产草量差异造成了过牧。⑥

（二）对有关过牧文献的总结

关于过牧的文献（特别是 2000 年之前），在中国牧区盲目追求牲畜数量增长的背景下及时发出草地生态退化问题的警告，具有重大的思想解放作用。它们还引起人们对过度使用草地资源的种种做法包括过牧引起草地

① 侯向阳主编《中国草地生态环境建设战略研究》，中国农业出版社，2005，第 68~69 页。

② 指 2001 年。

③ 宋洪远主编《中国草原改良与牧区发展问题研究报告》，中国财政经济出版社，2006，第 87 页。

④ 指 2005 年。

⑤ 张连义、刘爱军、邢旗：《内蒙古典型草原区植被动态与植被恢复——以锡林郭勒盟典型草原区为例》，《干旱区资源与环境》2006 年第 2 期。

⑥ 李青丰、胡春元、王明玖：《锡林郭勒草原生态环境劣化原因诊断及治理对策》，《内蒙古大学学报》（自然科学版）2003 年第 2 期。

超载现象的高度重视，并且推动了有关研究。

然而，从有关文献中——本书只考虑直接论证过牧存在的那些文献——很少见到从过牧的定义来论证过牧结论的做法。它们大都有如下特征。第一，以“牲畜头数增加”的事实代替过牧的结论。不少文献不是直接交代过牧的核心数字，即草地的理论承载量和实际牲畜量究竟是多少，而是强调“两个变化”：一是描述牲畜头只数字在几十年内的变化，甚至描述人口增长的变化；二是说明草地面积和质量的变化。然而，牲畜头只（甚至人口）数字的增长毕竟不等于过牧，两者之间的关系需要解释。第二，说到牲畜增加，却不说明增加的基准是怎样选择的。例如，许多关于内蒙古草地过牧的文献都用1947年或解放最初几年作为牲畜或牲畜密度增加的基准年。如果将这一年作为计算过牧的基准年，逻辑上应有一个假设：此年内蒙古草地上的牲畜量已经近于饱和，不解释这一点就是糊涂账。如果1947年内蒙古草地上的牲畜量远远没有达到历史正常年份，那么，在这一基准上的增加能说明一定是过牧吗？第三，采用混合加总数据。一些文献明确地证明过牧存在的时候，几乎都是采用全国范围内的牲畜数量或者某个省（区）境内加总的牲畜数量。这个环节产生的问题将是本讲主要讨论的问题。

过牧结论是一个影响巨大的判断，但是，许多有影响的文献认定这一事实的过程显得过于简略。对过牧的认定理应严格按照过牧的定义，满足并交代清楚一个核心逻辑要求：草地与由它支撑的牲畜之间应当在空间（与时间）上严格地对应。上述问题表明，这一“统计对应性”（或匹配性）的基本要求没有被满足，而这导致了过牧结论的含糊性。下面，本讲遵循“牲畜头数与承载它们的草地面积之间的对应性”原则，重新审视“内蒙古草地整体上过牧”的结论。

二　牲畜和草地之间的对应性与内蒙古草地的差异性

“牲畜头数与承载它们的草地面积之间的对应性”之所以成为一个问题或困难，完全是因为草地内部的差异性。本讲首先考察草地生态系统的差异性有多大，然后再考察这种天然的差异性在社会发展历史中又演进成为怎样不同的经济区特征，最后再看看这一切与过牧的认定之间有什么关系。

（一）内蒙古草地生态系统的差异性极大

内蒙古有可利用草地6612.18万公顷，占全区草地面积的85.06%，包括可供放牧牲畜和割草的天然草地、人工草地和半人工草地等。草地上不可利用部分包括流动沙丘、戈壁、水面、道路、林地、建筑用地等。

1. 内蒙古草地生态系统生产力的空间差异性

从地理分布上，内蒙古草地大体介于北纬38°00′~51°00′，东经95°00′~126°00′。从草地类型上划分，内蒙古草地可分为草甸草地、典型草地、荒漠草地、草原化荒漠、荒漠五种主要类型。内蒙古的草甸草地主要分布于呼伦贝尔市、兴安盟、锡林郭勒盟三盟市东部大兴安岭山地和高平原上的河流两岸及河谷湖盆低地。典型草地主要分布于内蒙古中部和东部，是内蒙古草地的主体。荒漠草地是草原向荒漠过渡的一个地带性植被类型，分布于巴彦淖尔市乌拉特后旗以东和乌兰察布市四子王旗以西的地区。草原化荒漠是荒漠植被类型中的一个亚型，是荒漠向草原过渡的一个植被类型。它主要分布在鄂尔多斯高原的西北部、河套平原狼山以及东阿拉善地区，也是荒漠中雨水较多的地区。荒漠是温带地区以超旱生灌木和半灌木为主的地带性草地。它主要分布在阿拉善盟、巴彦淖尔市乌拉特后旗和中旗的西北部。内蒙古草地生态系统的差异导致各草地类型饲草资源的差异也比较大（见表7-1）。

表7-1 内蒙古各草地类型与资源状况

草地类型	草甸草地	典型草地	荒漠草地	草原化荒漠	荒漠
草地面积（万公顷）	862.87	2676.35	842	538.65	1692.31
全区占比（%）	10.95	33.96	10.69	6.84	21.48
鲜草产量（千克/公顷）	2100~3150	1500~2100	600~900		90~600
饲草干鲜比	1∶4~6	1∶3~4	1∶2~3		1∶2
干草产量（千克/公顷）	1176	579.6	279.9	254.85	126.7
一个羊单位所需草地（公顷）	0.82	1.66	3.24	3.99	6.38

资料来源：内蒙古自治区畜牧业厅修志编史委员会编著《内蒙古畜牧业发展史》，内蒙古人民出版社，2000；马玉明主编《内蒙古资源大辞典》，内蒙古人民出版社，1999；内蒙古自治区畜牧厅修志编史委员会编《内蒙古自治区志·畜牧志》，内蒙古人民出版社，1999。

由于草地类型的不同，内蒙古各个盟市的天然草地分布不均。内蒙古有天然草地约618万公顷，占全区可利用草地总面积的9%。其中以呼伦贝尔市最多，占全区天然草地面积的28.1%。各盟市天然草地面积占盟市草地总面积的比例分别为呼伦贝尔市 19.5%，通辽市 13.7%，赤峰市 7.6%，锡林郭勒盟 16%，乌兰察布市 8.5%，鄂尔多斯市 5%，巴彦淖尔市 3%，阿拉善盟不足 1%。此外，内蒙古有人工草地约 149.18 公顷。

2. 内蒙古草地生态系统产草量的时间差异性

不同草地的产草量年际变化很大。草甸草地产草量比较稳定，年变幅一般在 30%左右，丰歉年产量相差 2 倍；荒漠草地一年生小禾草的产量占产草量的比重较大，而降雨的多少对其影响极大，所以，旱年小禾草几乎不生长，产草量变幅达 60%～70%，丰歉年产草量差别可达 4 倍。另外，随着季节之间降水量的不同，季节之间产草量也有很大的差异性，也就形成了依据降水量来调节牲畜存栏头数的生产方式。人们长期以来依靠不同的物质技术条件缓解这一季节性差异带来的季节性草料短缺。

（二）内蒙古草地上不同类型的经济区差异较大

上述草地生态系统的差异性，经过与经济和文化等因素的长期互动，逐渐演变为今天具有明显差异的经济区。这一经济社会发展的差异性已经在很大程度上反映在内蒙古农业经济区划之中，也表现在相应的统计数字之中。内蒙古被划分为五种不同类型的经济区，即牧业区、半农半牧区、林猎区、农业区和城市工矿区。①

1. 内蒙古五种类型经济区

一是牧业区。根据内蒙古自治区农牧业厅农牧业经营管理站 2006 年的统计，全区在册牧业区人口为 166 万人，草地面积占总面积的 70%左右。内蒙古的 33 个纯牧业旗市（包括 2000 年新增的 9 个牧业旗市）人口为 134.8 万人，可利用草地面积为 8.5 亿亩。其中 2000 年之前就属于牧业旗市的 24 个纯牧业旗市，本讲称之为“典型纯牧业区”，2006 年其人口为 52.8 万人②，仅仅占全区农牧业总人口的 4%，占牧业区总人口的 31.7%，占到 33 个牧业旗市人口的 39%。而这 24 个典型纯牧业旗市所拥有的可利用草地面积达到 7.9 亿亩，占全区可利用草地总面积的 89.8%，占 33 个纯

① 这五种类型经济区是按照内蒙古自治区 2000 年以前的农牧业区划来划分的，2000 年以后有所变化。

② 2000 年以后，随着环境政策的介入，部分牧区人口转移到一些奶牛园区，所以，牧区人口有所下降。

牧业旗市可利用草地面积的93%。[①] 由于内蒙古24个典型纯牧业旗市占有草地面积巨大、地理位置重要，本讲下面的讨论中以这24个典型纯牧业旗市来对应最具传统性的草地畜牧业生产方式。它们基本分布在内蒙古高原和鄂尔多斯平原。这里曾经是全国重要的畜牧业基地。相对其他类型经济区人口的增长，典型纯牧业区人口数量变化不是很大。

二是半农半牧区。内蒙古半农半牧区分布较零散，基本介于牧业区和农业区之间，居民多农牧兼营，有的以农为主以牧为辅，有的以牧为主以农为辅。

三是林猎区。内蒙古林猎区主要分布在呼伦贝尔市所辖的4个旗市，这一地区具备了林、牧、农结合的条件。

内蒙古典型纯牧业区、半农半牧区和林猎区草地类型状况如表7-2所示。

表7-2 内蒙古典型纯牧业区、半农半牧区、林猎区草地类型状况

经济区	草甸草地	典型草地	荒漠草地	草原化荒漠	荒漠
典型纯牧业区（24）	鄂温克旗、陈巴尔虎旗（2）	正蓝旗、正镶白旗、镶黄旗、锡林浩特市、新巴尔虎左旗、新巴尔虎右旗、东乌珠穆沁旗、西乌珠穆沁旗、阿巴嘎旗（9）	苏尼特右旗、苏尼特左旗、杭锦旗、乌审旗（4）	达尔罕茂明安联合旗、四子王旗、乌拉特中旗、乌拉特后旗、鄂托克旗、鄂托克前旗（6）	阿拉善左旗、阿拉善右旗、额济纳旗（3）
半农半牧区（19）	科尔沁右翼前旗、扎赉特旗（2）	科尔沁左翼中旗、科尔沁左翼后旗、扎鲁特旗、库伦旗、奈曼旗、太仆寺旗、阿鲁科尔沁旗、巴林左旗、巴林右旗、克什克腾旗、翁牛特旗、敖汉旗（12）	科尔沁右翼中旗、察哈尔右翼后旗（2）	察哈尔右翼中旗、乌拉特前旗、伊金霍洛旗（3）	
林猎区（4）	额尔古纳市、根河市、鄂伦春自治旗、牙克石市（4）				

资料来源：内蒙古自治区旗县情大全编委会编《内蒙古自治区旗县情大全》，内蒙古人民出版社，2007；《内蒙古自治区志·土地志》编委会编《内蒙古自治区志·土地志》，内蒙古人民出版社，2009；内蒙古自治区畜牧业厅修志编史委员会编著《内蒙古畜牧业发展史》，内蒙古人民出版社，2000；马玉明主编《内蒙古资源大辞典》，内蒙古人民出版社，1999。

---

① 内蒙古自治区统计局、国家统计局内蒙古调查总队：《内蒙古自治区国民经济和社会发展统计公报》，2007年3月21日。

四是农业区。内蒙古农业区主要分布在黄河河套、土默川平原、西辽河平原、嫩江平原和阴山丘陵的滩川地，这里是中国北方粮食及经济作物的重要生产基地。

五是城市工矿区。内蒙古城市工矿区包括各级政府驻地和由典型工矿、国营牧场和种畜场形成的聚居区，这类地区主要解决了居民对肉、奶、禽、蛋、鱼、菜、果的需要，形成了以“菜篮子”产品生产为主的副食品生产基地。内蒙古城市工矿区 2000 年以前没有独立的统计数据。

内蒙古农业区、城市工矿区的具体情况如表 7-3 所示。

表 7-3　2000 年内蒙古农业区、城市工矿区

	乌海市	巴彦淖尔市	包头市	呼和浩特市	乌兰察布市	锡林郭勒盟
农业区	—	临河区、五原县、磴口县、杭锦后旗	土默特右旗、固阳县	土默特左旗、托克托县、和林格尔县、武川县、清水河县	兴和县、丰镇市、凉城县、化德县、商都县、卓资县、察哈尔右翼前旗	多伦县
城市工矿区	海勃湾区、乌达区、海南区	—	东河区、昆都仑区、九原区、白云鄂博矿区、石拐区、青山区	新城区、玉泉区、回民区、赛罕区	集宁区	二连浩特市

	赤峰市	通辽市	鄂尔多斯市	呼伦贝尔市	兴安盟
农业区	林西县、宁城县、喀喇沁旗	科尔沁区、开鲁县	东胜区、准格尔旗、达拉特旗	阿荣旗、莫力达瓦达斡尔族自治旗、扎兰屯市	突泉县
城市工矿区	红山区、元宝山区、松山区	霍林郭勒市	—	海拉尔区、满洲里市	乌兰浩特市、阿尔山市

资料来源：内蒙古自治区旗县情大全编委会编《内蒙古自治区旗县情大全》，内蒙古人民出版社，2007；《内蒙古自治区志·土地志》编委会编《内蒙古自治区志·土地志》，内蒙古人民出版社，2009；内蒙古自治区畜牧业厅修志编史委员会编著《内蒙古畜牧业发展史》，内蒙古人民出版社，2000；马玉明主编《内蒙古资源大辞典》，内蒙古人民出版社，1999。

2. 五种类型经济区的资源和人口差异

内蒙古五种类型经济区的资源和人口统计如表 7-4 所示。

表 7-4 2000 年内蒙古五种类型经济区的资源和人口统计

	全区	典型纯牧业区	半农半牧区	农业区	林猎区	城市工矿区
旗县市区数量（个）	101	24	19	31	4	23
人口（万人）	2235.66	57.88	604.75	796.92	10.41	765.70
草地面积（万公顷）	7881.20	5638.62	1328.55	616.12	297.15	0.76
草地面积占比（%）	100.00	71.55	16.86	7.82	3.67	0.10
耕地面积（万公顷）	760.16	141.00	231.87	300.27	37.22	49.80

资料来源：马玉明主编《内蒙古资源大辞典》，内蒙古人民出版社，1999；内蒙古自治区统计局编《内蒙古自治区统计年鉴》（1997~2000），中国统计出版社。

（三）不同类型经济区对应着不同的畜牧业生产方式

由于内蒙古不同类型经济区所对应的土地资源（草地、耕地）不同，其草地利用方式或畜牧业生产方式也不同（见表 7-5）。

表 7-5 不同经济区的草地利用方式或畜牧业生产方式

	典型纯牧业区	半农半牧区	农业区	林猎区	城市工矿区
牲畜放牧方式	天然草地全年放牧	夏秋在天然草地放牧，冬春在天然草地和秋收后的农田上放牧	夏秋在天然草地或撂荒地上放牧，冬春在天然草地、撂荒地、秋收后的农田上放牧	全年在天然草地或林间草地上放牧	部分夏秋在天然草地上放牧，也有极少部分冬季在天然草地上放牧
舍饲方式	遭遇灾年时冬春适当补饲	冬春适当舍饲	冬春大部分舍饲	冬春遭遇雪灾时舍饲	部分夏秋舍饲、秋冬完全舍饲，部分全年完全集约化舍饲
舍饲饲草	由天然割草地或本区域的饲草料基地提供草料	由天然割草地、田间地头的割草地提供饲料，农作物秸秆	自家的农作物秸秆、树木的残枝落叶	由林间草地上的割草地提供饲料	由附近的农区提供农作物秸秆，饲料工厂提供饲料

资料来源：据《达林太调研笔记》（2002~2010）整理。

在典型纯牧业区，饲养牲畜所需饲草全部来自可利用草地。这里分布着零星的耕地，但由于降水量年际变化较大，粮食种植很难得到稳定的收益，其耕地多以种植饲草料为主，这里形成了在草地景观中人工饲草料基地和人工草地的零星分布。在2000年以前，内蒙古典型纯牧业区牲畜的冬季补饲多以天然割草地提供的青干草为主，以人工饲草料基地提供的草料为辅。

利用天然草地全年放牧曾经是整个内蒙古草地的基本生产方式，但是，现在它基本上只存在于典型纯牧业区了。在今天被划为半农半牧区、农业区、林猎区和城市工矿区的地方，过去是内蒙古草地中最湿润的草地，是水草最为丰美的草地。在与农业生产方式的长期较量和交融中，这里不仅出现了或完全变成了耕地，原来的畜牧业生产方式也大大变化。

（四）不同畜牧业生产方式对应着不同的牲畜和草地关系

如果简单地理解上述五种类型经济区里五种典型的畜牧业生产方式，可以在一定程度上认为，不同经济区的畜牧业生产方式对草地的依赖程度不同。在过去不同时段农牧互动的历史过程中，各经济区形成了各具特色的畜牧业生产方式。从典型纯牧业区到半农半牧区，再到农业区，最后到城市工矿区，牲畜依赖天然草地产出的能量和营养所占的比例越来越小。这一格局是各利益相关者理性选择和长期互动作用的结果。然而，正是存在“不完全依赖草地的畜牧业生产方式”，造成了人们在研究过牧问题中的“统计幻觉”。

既然不同的畜牧业生产方式对天然草地的依赖程度不同，那么，越是能够以天然草地产出之外的饲草料供养牲畜生存的经济区，其域内统计到的牲畜数字与该地区草地总面积的比值就越大，即该地区牲畜密度越大。反之越小。那么，在整个内蒙古境内生存的牲畜是否应一视同仁地被视为全都是由天然草地承载的呢？显然不能。

统计年鉴所能提供的牲畜头数数据，无论是典型纯牧业区的还是半农半牧区、农业区、林猎区、城市工矿区的，并不考虑它们是不（或者在多大程度上）是由天然草地供养的。统计部门这样做无可厚非，问题出在一些强调“内蒙古草地整体上过牧”的学者忽略了这一重要细节，他们只是用现成的牲畜统计数字与草地面积比较，反映草地承受的压力。只有少数学者对此表示过怀疑，例如，周道玮等指出：“简单的牲畜头数和面积数量比似乎说明了问题，也似乎没有说明问题。有文献说某地超载100%甚至200%，试想如果那样牲畜早饿光了！可事实上牛羊还存在，事实也证明那里的饲草饲料供应不全来源于草地。”[①] 笔者则具体做了估算，试图在计算“草地实际承载的牲畜数量”时扣除内蒙古草地外部输入能量这一因素的影响。在半农半牧区和农业区，用秸秆、落叶饲喂牛羊是一个普遍现象。在这些地区，部分牛羊并不全部以草地上的牧草为食，如果在计算草地实际承载量时，对牲畜饲料的来源不加区分，对过牧的判断就可能产生偏差。[②]

这恐怕正是认定过牧的论者的方法论问题，本讲称之为“统计幻觉”。它源于忽视了内蒙古草地牲畜分布的极端不均衡性质。例如，农业区的牲畜头数与草地面积之比（牲畜密度）就远远大于典型纯牧业区。将不同类型经济区的牲畜头数加总，然后除以全区草地面积的加总值——这种混合不同畜牧业生产方式的方法论，只能提供失真的信息。

怎样较为真实地反映广大草地面积承受的牲畜压力呢？上面所述五种类型经济区的数据在一定程度上展示了不同的畜牧业生产方式对天然草地不同的依赖程度，这为研究草地统计数字与牲畜统计数字之间的对应性提供了路径。

三　内蒙古草地的实际承载量

（一）内蒙古牲畜总量的变动

1. 内蒙古自治区成立前牲畜头数的变动

解放前内蒙古牲畜头数非常少，由于长期的战乱，以及农业区的不断扩大，草地面积日渐缩小，清代前期农牧业互为依存、渐进、均衡发展的局面被打破，农民和牧民对有限土地资源的竞争日趋激烈，竞争的结果往往是农进牧退，牧民让出草地。[③] 据文献所述，1938 年内蒙古蒙古族有 102 万人，新中国成立前只有 83 万人，牲畜以羊单位计从 20 世纪初时的

---

① 周道玮、姜世成、王平：《中国北方草地生态系统管理问题与对策》，《中国草地》2004 年第 1 期。

② 达林太：《制度与政策的历史演变对内蒙古草原生态环境的影响》，载郑易生主编《中国环境与发展评论》第 3 卷，社会科学文献出版社，2006。

③ 赛航、金海、苏德毕力格：《民国内蒙古史》，内蒙古大学出版社，2007，第 432 页。

7000 万个羊单位，下降到 1936 年蒙绥地区有大畜和羊 937.6 万头只，再到 1946 年减少到 751 万头只，内蒙古畜牧业出现大萧条。[①] 解放初，牧区人口减少，生产下降，不是因为草地不够用，而是没有那么多人和那么多牲畜。过去的呼伦贝尔盟草地面积在 1 亿亩左右，1940 年左右，新巴尔虎左旗、新巴尔虎右旗和索伦旗的草地利用率为 40%。[②] 当时统计牧区人均草地面积近 4000 亩，羊均 100 亩；同时，靠近农业区的草地中有相当大的面积被开垦为农田。[③]

2. 内蒙古自治区成立至 2010 年牲畜头数的变动

内蒙古自治区解放以来牲畜头数的变动可分为三个阶段。

第一，恢复时期。1947~1965 年是牲畜头数快速增加的 18 年，牲畜头数由 1947 年末存栏的 1825.3 万头只增加到 1965 年末的 6239.43 万头只，达到了历史上第一个高峰。这与解放后的畜牧业政策促进生产发展有关，也是自治区大力恢复畜牧业生产的结果。如前文所述，为说明牲畜数量剧增，不少文献以 1947 年的牲畜数字为比较的基准，这当然可以凸显内蒙古自治区牲畜头数增长多么惊人，但是，以此论证过牧则逻辑有误——因为畜牧业生产恢复时期牲畜头数增长倍数大是在放牧严重不足的起点上比较容易取得的。

第二，稳定时期。1966 ~ 1995 年近 30 年中，内蒙古牲畜头数在 5795.15 万头只和 7000 万头只之间波动，这一时期基本上属于自然与市场双重调节阶段。

第三，波动时期。1996~2008 年内蒙古牲畜头数波动较大。其中，牲畜头数在 1996 年达到 7000 万头只后有一个短的下降时期，2004 年又快速上升到 9000 多万头只的水平。这个时期牲畜头数增加了 42%。这一时期属于农业区畜牧业大力发展、城市工矿区畜牧业集约化发展阶段。

（二）按不同类型经济区对牲畜头数的统计

1. 按不同类型经济区统计实际牲畜头数的方法论

本讲按照内蒙古农牧业区划的五种不同类型经济区内各自的牲畜头

---

① Caroline Humphrey, *The End of Nomadism? Society, State and the Environment in Inner Asia*, (Duke University Press, 1999).

② 新京支社调查室：《呼伦贝尔地方牧野植生调查报告》，伪满洲铁道总局，1943。

③ 达林太、郑易生：《牧区与市场：牧民经济学》，社会科学文献出版社，2010。

数分别统计，为了保证数据客观，所有数据都取自历年的《内蒙古自治区统计年鉴》。

第一，《内蒙古自治区统计年鉴》是从 1988 年开始正式出版发行的，1999 年开始增设了各旗县市汇总数据，所以，本讲将这一年作为数据来源的起始年。将每个旗县市的数据，按照五种类型经济区分别累加起来。

第二，本讲采用的是日历年度牲畜头数。牧业年度一般是用来分析年度内牲畜头数增长的，从概念上不能反映牲畜的结构性问题。分析草地过牧即历年牲畜头数结构变化采用包含冷季牲畜信息的日历年度牲畜头数比较恰当。

第三，不同类型的经济区划采用 2000 年前的农牧业区划，原因在前面已交代。

第四，本讲按照牲畜的日食标准统一将其折算成标准羊单位，具体而言，马、牛、骡为 5 个羊单位，驴为 3 个羊单位，驼为 7 个羊单位，山羊为 0.9 个羊单位。

2. 按照不同类型经济区实际统计的牲畜头数

从内蒙古 1988~2008 年不同类型经济区牲畜头数的变动情况可以发现，典型纯牧业区牲畜头数比较稳定，一直在 2500 万个羊单位上下波动。半农半牧区牲畜头数从 2002 年以后开始增长，2002~2008 年增长了 838.68 万个羊单位。农业区 1988 年的牲畜头数为 1620.31 万个羊单位，居第三位，比典型纯牧业区少 849.09 万个羊单位，后逐年增长，在 2004 年左右突然加速，到 2008 年牲畜存栏数量已经位居内蒙古自治区五种类型经济区第一，多于典型纯牧业区 897.39 万个羊单位。林猎区牲畜头数一直占很小的比重，而城市工矿区牲畜头数有两次起伏，第二次是从 2002 年开始明显增加，后 2008 年又有些下降，但这两个经济区牲畜存栏数量的增长幅度都很大。

内蒙古牲畜总量（凡是在内蒙古自治区范围内的草食牲畜）也即各种不同类型经济区牲畜头数的加总 1988~2008 年的总趋势如下：大约前 10 年有一些不大的起伏，在 7000 万个羊单位水平上波动，这与前面一些文献的论述（1997 年）一致；2004 年后有一次较大幅度的增加，2006 年是高峰，头数一直在 9000 万个羊单位左右。在五种类型经济区中，典型纯牧业区、半农半牧区和农业区的牲畜头数大约相同，三分天下各有其一，共占全区牲畜数量的 90%以上（见表 7-6）。

表 7-6　1988~2008 年内蒙古自治区不同类型经济区饲养牲畜头数

单位：万个羊单位

年份	全区	典型纯牧业区	半农半牧区	农业区	林猎区	城市工矿区
1988	6565.73	2469.40	2274.10	1620.31	55.29	146.63
1989	6602.52	2470.90	2229.90	1657.22	56.92	187.58
1990	6561.28	2483.57	2290.53	1545.23	55.43	186.52
1991	6650.18	2438.39	2438.39	1532.17	55.23	186.00
1992	6307.70	2476.70	2138.94	1538.54	52.48	101.04
1994	6440.16	2505.26	2147.20	1531.45	52.93	203.32
1996	7236.30	2877.68	2374.81	1713.67	56.40	213.74
1998	7099.30	2280.45	2257.97	1929.38	52.62	578.88
2000	6662.10	2597.91	2206.49	1644.79	53.81	159.10
2002	6666.74	2293.21	2238.94	1789.14	78.22	267.23
2004	8909.37	2587.51	2880.24	2823.56	157.90	460.16
2006	9803.79	2549.97	3134.22	3335.85	210.06	573.69
2008	9376.93	2392.74	3077.62	3290.13	152.83	463.61

资料来源：1989~2009 年内蒙古自治区统计年鉴。

四　对内蒙古草地过牧的认定

现在回到过牧的认定问题。草地承载量的概念是为管理草地与牲畜数量的关系而出现的，在计算草地承载量时必须明确以下几点：第一，草地承载量是指天然草地自然生产能力的承载量；第二，相应的牲畜数量应是百分之百由相应的天然草地生产的牧草来支撑其生存需要的；第三，两者要一一对应。即 A 草地面积要与由 A 草地供养的牲畜头数匹配，并以 A 草地的理论承载量为标准。

（一）内蒙古天然草地的理论承载量

天然草地承载量是表示天然草地自然生产能力大小的标志之一，用来反映草地生产能力的高低。计算承载量要具备各种类型草地的单位面积产草量、各地绵羊的日食量和各种类型草地的有效面积等资料。测算中使用的各种类型草地的产草量，指平年秋季地面剪割草产量。通常秋季是鲜草产量最高的季节。牧草在被牲畜啃食以后，还能长出再生草，同时，啃食以后还有残留部分。按理，在测得的产草量中，应加上再生草量，减去残留草量。鉴于这两部分草量差不多，一般不去计算它们。实际中用测得的产草量所求出的承载量，比适宜的承载量略低。[①]

绵羊的日食量是根据不同地区绵羊的体重和生产性能，综合过去一些单位测得的绵羊日食量资料拟定的（见表 7-7）。内蒙古天然草地资源在数量、质量、地区、季节、营养成分等方面都是不平衡的。对这种不平衡起支配作用的自然因素是全区各地水热条件分布的差异，更为直接的影响因素是水草资源组合的不平衡。

表 7-7 内蒙古绵羊日食量标准

单位：千克

地区	日食量（鲜草）	地区	日食量（鲜草）
呼伦贝尔市	5	鄂尔多斯市、乌拉特中旗、乌拉特后旗	3
通辽市和兴安盟	5		
赤峰市	5	阿拉善左旗	3
乌兰察布市四子王旗	4	阿拉善右旗、额济纳旗	3
包头市达尔罕茂明安联合旗	4		

资料来源：彭启乾等编《畜牧业常用数据手册》，内蒙古人民出版社，1985；刘珍主编《内蒙古人口、资源、环境》，内蒙古人民出版社，1989。

本讲对内蒙古草地理论承载量的计算，所依据的是可获得的相对可靠的研究成果。本讲根据中国科学院内蒙古宁夏综合考察队和内蒙古自治区 20 世纪 80 年代初全区畜牧业区划测算的结果，并参考了《内蒙古资源大辞典》《内蒙古自治区旗县情大全》《内蒙古自治区志·畜牧志》《内蒙古自治区志·土地志》《内蒙古统计年鉴》等资料。下面是不同类型经济区的理论承载量。

1. 典型纯牧业区

内蒙古典型纯牧业区 20 世纪 90 年代可利用草地面积约为 4436.06 万公顷。理论上单位面积草地的鲜草产量为 1837.50 千克，理论上单位承载量为 1.14 个羊单位。

---

① 承载量的计算方法是：一年养一只绵羊所需的草地面积（公顷）= 绵羊的日食量（千克）× 365/每公顷产草量（千克）；承载量 = 草地的有效面积/一年养一只绵羊所需的草地面积。

2. 半农半牧区

内蒙古半年半牧区 20 世纪 90 年代可利用草地面积约为 1377.3 万公顷，理论上单位面积草地的鲜草产量为 2328 千克，理论上单位承载量为 1.39 个羊单位。

3. 农业区

内蒙古农业区 20 世纪 90 年代可利用草地面积约为 575.3 万公顷，其中不包括包头市的土默特右旗和固阳县，由于多种原因，包头市当时没有按旗县区划分草地面积。内蒙古农业区单位面积草地的鲜草产量为 1849 千克，理论上单位承载量为 1.34 个羊单位。

4. 城市工矿区

由于内蒙古各个城市工矿区在 20 世纪 80 年代初还没有划市或者市区很小，当时测算草地产草量时没有将其单独列出计算。在当时的行政区划上，二连浩特市隶属于锡林郭勒盟苏尼特右旗，满洲里市隶属于呼伦贝尔盟新巴尔虎右旗，霍林郭勒市隶属于哲里木盟与其相邻的旗县，乌兰浩特市和阿尔山市隶属于兴安盟科尔沁右翼前旗。自治区直辖的四市内部没有分区划计算。但是，以上一切变化不会影响城市工矿区草地鲜草产量和承载量的计算。该区理论上单位面积草地的鲜草产量为 1741 千克，理论上单位承载量为 1.23 个羊单位。

5. 林猎区

鄂伦春自治旗当时属于林区，草地区划没有做。林猎区理论上单位面积草地的鲜草产量为 2899 千克，理论上单位承载量为 1.5 个羊单位。

综上所述，各类型经济区理论上的单位承载量为全区 1.32 个羊单位，典型纯牧业区 1.14 个羊单位，半农半牧区 1.39 个羊单位，农业区 1.34 个羊单位，城市工矿区 1.23 个羊单位，林猎区 1.5 个羊单位。

（二）各个经济区的“过牧系数”

为了判断各种类型经济区是否整体上过牧，需要计算“过牧系数”。“过牧系数”是某一范围内每年每公顷草地的实际承载量与理论承载量之比值，该系数小于 1 说明不过牧，大于 1 说明过牧。

计算草地上的“牧压”，即每年每公顷草地实际承载的牲畜数量，要具备不同类型经济区分旗县市的“可利用草地面积”和总承载量数据。需要说明的是，由于内蒙古的行政区划从20世纪80年代以来不断变化，不同类型经济区分旗县市的“可利用草地面积”一直不完整，而不同类型经济区的草地面积则有较完整的数据，而且是较近时期（1997年、1998年、2000年）的统计数据。因此，本讲使用“草地面积”而不是“可利用草地面积”来近似估计各种类型经济区实际承载量，并假设这一做法不会影响主要结论。

此外，所计算出的每年每公顷草地实际承载的牲畜数量（或“牧压”，见表7-8）更准确的称呼应当是“牲畜密度”。这样做区分是表示本讲没有准确计算牲畜对天然草地的实际压力（而是采用了某种类型经济区内的所有牲畜数字），而是用统计的牲畜密度来代替草地的牧压。既然认识到半农半牧区、农业区、城市工矿区的畜牧业与天然草地关系的变异，就必须承认牲畜密度与实际牧压的区别。本讲研究假设这一做法不会影响本讲的主要结论。

表7-8 1988~2008年内蒙古不同类型经济区的牲畜密度

单位：羊单位/公顷

年份	全区	典型纯牧业区	半农半牧区	农业区	林猎区	城市工矿区
1988	0.83	0.44	1.71	2.63	0.17	146.63
1989	0.84	0.44	1.68	2.69	0.19	246.82
1990	0.83	0.44	1.72	2.51	0.19	245.42
1991	0.82	0.43	1.84	2.49	0.19	244.73
1992	0.80	0.44	1.61	2.50	0.18	132.95
1994	0.82	0.44	1.62	2.49	0.18	267.53
1996	0.92	0.51	1.79	2.78	0.19	281.24
1998	0.90	0.40	1.70	3.13	0.18	761.68
2000	0.85	0.46	1.66	2.67	0.18	209.34
2002	0.85	0.41	1.69	2.90	0.26	351.62
2004	1.13	0.46	2.17	4.58	0.53	605.47
2006	1.24	0.45	2.36	5.41	0.71	745.86
2008	1.19	0.42	2.32	5.34	0.51	610.01

资料来源：依据表7-6、表7-7计算。

下面可以用每年每种类型经济区的牧压与其相应的理论承载量相比较，得到过牧系数。为了反映1988~2008年各种类型经济区过牧与否，本讲计算了1988～2008年过牧系数的最大值、最小值和平均值，如表7-9所示。

表7-9　1988～2008年内蒙古不同类型经济区草地的过牧系数

	全区	典型纯牧业区	半农半牧区	农业区	林猎区	城市工矿区
最大值	0.9394	0.4474	1.6978	4.0373	0.4733	619.2520
最小值	0.6061	0.3509	1.1583	1.8582	0.1133	108.0894
平均值	0.7005	0.3873	1.3210	2.4179	0.1877	325.8409

资料来源：依据表7-8计算。

（三）计算结果分析

1. 五种类型经济区过牧与否

第一，典型纯牧业区。依据表7-9中的过牧系数可以看出，内蒙古典型纯牧业区的24个旗市年实际承载量没有达到对应的理论承载量，平均过牧系数为0.3873。这就是说，占整个内蒙古草地面积71.55%、可利用草地面积89%的典型纯牧业区并不过牧，而是缺载61.27%。即使考虑到近些年草地退化，理论承载量应当减少，例如，从1.14个羊单位/公顷减少到0.57个羊单位/公顷，过牧系数变为0.78，典型纯牧业区也不过牧。

第二，半农半牧区。内蒙古半农半牧区草地面积只有典型纯牧业区的1/4，平均过牧系数为1.3210，即过牧32.10%。

第三，农业区。内蒙古农业区以比半农半牧区更少的草地“承载了”（统计含义）更多的牲畜，20年来平均过牧系数为2.4179，即过牧141.79%。

第四，城市工矿区。内蒙古城市工矿区平均过牧系数为325.8409，即过牧约22584%。这个数字看似不可思议，但考虑到畜牧业生产方式的巨大变化，也是可以理解的，只不过再也不能笼统地用典型纯牧业区传统畜牧业的视角看待草地和牲畜之间的关系了。

第五，林猎区。内蒙古林猎区每公顷草地仅有0.51个羊单位的牲畜，平均过牧系数为0.1877，不过牧。

2. 本讲研究的不足

必须说明，用分经济区统计的牲畜数量代替混区加总的统计量并不是完全严格的评估全区过牧的方法。正如前面所说，实现草地面积与牲畜头数的严格匹配需要更细的区分与更多信息。但是，分经济区的牲畜数量统计揭示了内蒙古境内牲畜分布的极端不均衡性，能够显示“牲畜在哪里多，在哪里少”。而在此基础上判断是否过牧，显然远比学界一直沿用的“混区加总法”得出的结论更接近实际情况。在过牧问题上，混合加总的方法论不能提供有价值的信息，甚至会严重混淆而不是反映真实世界的复杂或矛盾现象——有的经济区根本不过牧，而有的经济区已经过牧了数倍、数百倍。当然，对内蒙古草地过牧问题的讨论需要深入，远非这么简单。但是，分经济区的统计结果足以否定学界一直在重复的“内蒙古草地整体上过牧”这个既错误又含糊的结论。本讲的主要目的是证伪，即说明“内蒙古草地整体上过牧”的说法或定论不成立，有些类型经济区只是伪过牧。

一些学者一直沿用的“混区加总法”的方法论错误，源于他们将本来适用于依赖天然草地养畜的承载量的概念硬套在那些“不完全依赖草地”的家畜身上了。当这些学者将半农半牧区或农业区的牲畜头数加总到典型纯牧业区的牲畜头数上去证明“牲畜太多”的时候，实际上是假定半农半牧区和农业区的牲畜也是100%靠草地的牧草生存，这显然与事实不符。中国可利用草地仅提供了全国牛羊全年所需饲草量的28%。在内蒙古和中国西部草地地区，草地提供了牛羊全年所需饲草量的大部分，其余部分由秸秆、农田残茬、林下（间）草地、树木落叶和零散草地提供。[①] 笼统的过牧概念导致了自相矛盾的尴尬，这需要澄清与更深入的解释。对于农牧混合的畜牧业生产方式，该怎样更加可持续地管理草地和牲畜之间的关系，这显然需要区别于典型纯牧业区的经验，包括怎样计算草地承载量和使用过牧的概念。对于这些重要问题，本讲没有加以研究。

五　总结与讨论

本讲对“内蒙古草地整体上过牧”的结论进行了方法论的考察，发现用混合加总数据得到的每公顷牲畜头数，即牲畜密度，不是对内蒙古草地

① 周道玮、姜世成、王平：《中国北方草地生态系统管理问题与对策》，《中国草地》2004年第1期。

实际牲畜承载量的合适度量。不同类型经济区对应着不同的畜牧业生产方式，决定了不同的牲畜和草地之间的关系。这意味着有些地方，例如半农半牧区和农业区，牲畜对草地的依赖程度远小于典型纯牧业区，更不要说城市工矿区了。而对这一事实的忽视造成了“过牧统计幻觉”。

本讲利用内蒙古五种不同类型经济区的数据，分别统计与计算了各自的牲畜头数，并将其与各种类型经济区草地面积相比较，得出的结论如下：占内蒙古草地面积 71.55%（占可利用草地面积 89%）的典型纯牧业区（仅 24 个旗市）草地上的牲畜密度远远小于半农半牧区、农业区、城市工矿区。内蒙古大多数草地上承载的牲畜量，没有超过理论承载量。从过牧的定义宏观地看，内蒙古多数草地不存在过牧问题。另外，计算结果显示，半农半牧区、农业区、城市工矿区内牲畜密度相当大。如果这被简单地理解成过牧，那么，这三种类型经济区分别过牧了 32.10%、141.79%、22584%。

过牧的认定对政策影响极大，不根据不同类型经济区的特点对牲畜数量与草地面积之间的关系进行具体分析，就难以产生因地制宜的对策。事实上，几乎所有关于草地的误解都来源于忽视或者无法方便地处理这个困难。

本讲不是对内蒙古草地过牧问题进行全面的讨论，也不是对其进行严格的测算。这不仅因为缺乏翔实的信息，也因为关于过牧概念本身及其应用还需要更严格的研究。例如，过牧的含义怎样与内蒙古半农半牧区、农业区甚至城市工矿区不同于典型纯牧业区的畜牧业生产方式结合起来。此外，牲畜与草地之间复杂的互动关系，绝不是通过简单的统计数字就可以理解的。在这些方面，都需要做更多深入的研究工作。

第八讲　牧户调查：进一步认识牧民的收入状况

牧民个人收入的类型很多，有生产力要素收入、公共品折旧收入、社会福利性收入、财产收入等。由于牧区生产和生活的特点与区域差异，以及它们对政策变化的敏感性，及时了解牧民收入情况的变化趋势与特点显得非常重要。由于实行劳动所得为主和生产要素分配相结合的制度，牧民的收入必然会出现差别。又由于牧民的劳动能力、劳动条件、经济能力、市场机遇等都有一定的差别，劳动所得也有一定的不同。同时由于每个牧民所掌握的生产要素的所有权、使用权、经营权以及生产要素利用的效益不同，由生产要素所分得的份额也不相同。牧民所拥有的社会资本也是决定牧民获益能力的一个重要影响因素，但牧民间的差别不能太大，收入差距太大必然会出现两极分化，可能会加剧社会风险，也违背了社会主义制度的初衷，由此，在考虑效率的时候，更多的是要兼顾公平。

为此，笔者先后参与了大约三类较大的牧户调查。第一类，在典型牧区旗县的牧户调查，包括草原化荒漠牧区四子王旗调查牧户的收入，1995年典型富裕牧区东乌旗牧户调研，2002 年 8 个牧业旗 25 户牧民的收入状况调查，2009 年 6 个旗 60 户牧户的收入状况。第二类，对典型牧区选定嘎查的牧户调查，包括 2001 年萨如拉塔拉嘎查和巴彦塔拉嘎查 89 户牧民生产生活状况分析，2006 年巴彦塔拉嘎查 28 户牧民生产生活状况调查，2007 年萨如拉塔拉嘎查和巴彦塔拉嘎查 121 户牧民生产生活状况调查。第三类，典型牧区小牧户的经济收入和发展的多年追踪调查，包括乌审旗牧民付某收入、发展调查，鄂温克族自治旗牧民乌某收入、发展调查。

由于调查的具体背景与目标不同，这些调查的结论也各有不同的侧重点。与此同时，我们也对改革开放以来牧民收入情况有了进一步认识，即许多被调查的牧民收入情况并不乐观，有不少牧民的实际收入因不同原因曾经有过或仍然有下降的现象。情况远比我们仅仅用统计的纯收入得出的印象复杂，这之间有不小的差距，是值得注意与分析的。

下面，我们将这些调查结果进行整理汇总分析，然后，对牧户调查得出的结论有什么特点，这与调查的方法有什么关系等问题做一个总结性概括。

一　改革开放对内蒙古牧区不同地区、时段牧民收入的影响

在这里我们重点以内蒙古牧区牧民的人均纯收入作为分析比较的基础，根据调研资料，会适当细化牧民收入的种类。本讲采用的方法为畜牧业经济核算方法，小牧户作为畜牧业经济中的最小单位，应该通过严格的经济核算，优化配置各种生产要素，提高畜牧业生产的经济效益，实现利润最大化的目标，只有这样才能推动牧户家庭经济的发展。

（一）四子王旗牧户收入调查（草原化荒漠牧区改革前后对比）

下面是就草原化荒漠牧区四子王旗的 4 个苏木 12 个嘎查 50 户牧户生产经营状况调查的结果。我们选择了改革前后两个代表性年度：1984 年和 1998 年。数据来源于嘎查的档案与牧户的口述和纳税记录推算，均来源于 2003 年实地访问调查。

2003 年我们对四子王旗的 4 个牧业苏木 12 个牧业嘎查的 50 户牧户进行了实地调查，2002 年牧户户均人口为 4.3 人，其中户均劳动力为 2.5 人，户均承包草场 4826 亩。通过查阅嘎查的档案，1984 年日历年度户均牲畜为 314.22 头只，1998 年日历年度户均牲畜为 356 头只，2002 年日历年度户均牲畜为 281 头只（见表 8-1）。

表 8-1　四子王旗 4 个苏木 12 个嘎查 50 户牧户历年生产经营汇总

户均人口（人）	户均劳动力（人）	户均承包草场（亩）	1984 年日历年度户均牲畜（头只）	1998 年日历年度户均牲畜（头只）	2002 年日历年度户均牲畜（头只）
4.3	2.5	4826	314.22	356	281

资料来源：达林太、暴庆五、额尔敦布和实地调研制表（2003）。

从调查牧户的收入看，1984 年户均总收入为 3506.1 元，1984 年户均生产支出为 387 元，1984 年户均生活支出为 2102.7 元（见图 8-1）。据后期分析整理当时调研的录音资料，一些年长者对当时是这样回忆的，当时属于草畜双承包的初期，牲畜作价时每只羊为 20 多元，1984 年的市场价为 50~60 元，一部分牧民就将分到户的羊处理掉了，为此，当时政府专门出台过相应的文件制止这一行为。1984 年牧民生产支出并不高，饲草料基本属于计划经济的供给制，由苏木粮站供应，价格为国家统一价，比市场价低许多。生活支出在很大程度上反映了当时部分牧户改善生活条件的支出比较大，比如修盖房、制作新蒙古包、更换家具等。粮食砖茶和日用必需品基本是供销社供应，其价格比市场价要低得多。从调查牧户的收支情况看，1984 年调查牧户户均 4.38 人，人均纯收入为 725.37 元，户均净储蓄为 1016.4 元。这在当时可谓高收入阶层了。这一时期生活支出远远超过了生产支出，牧民享受了计划经济和市场经济中的大部分实惠。

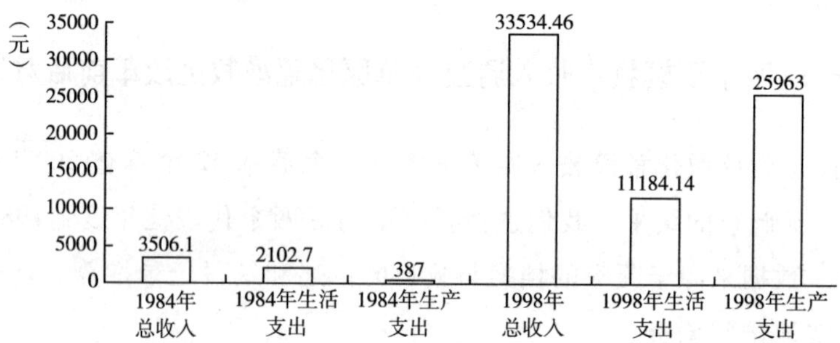

图 8-1 1984 年、1998 年四子王旗牧户户均总收入、消费构成调查

资料来源：达林太、暴庆五、额尔敦布和实地调研。

1998 年牧户的户均总收入为 33534.46 元，户均生活支出为 11184.14 元，户均生产支出为 25963 元，生产支出超过了生活支出。当时牧户家庭户均人口为 4.3 人，牧户户均税费为 6408 元，牧民的纯收入为 1760.80 元，从纯收入中扣除缴纳的税费，人均税后净收入为 270.57 元，1998 年牧户户均净储蓄为-10011.68 元，出现收不抵支。当然牧户的生产资料更新折旧没有计算在内，这一时期牧户的净收入应该包括生产资料更新折旧支出的那一部分，由于调研时牧户对生产资料购置的年份和政府补贴等有不同的解释，后来在整理资料时，很难将生产资料折旧计算在内。这也是这一案例的缺陷，如果将生产资料更新折旧计算在内，这一时期牧户的净收入可能会低于上述计算的数值。

（二）东乌旗牧民收入调查（典型富裕牧区改革开放中期）

内蒙古社科院调查组1996年对典型富裕牧区东乌旗牧户展开调研，1995年东乌旗牧户户均总资产为430750元，其中户总资产最大值达到了700000元，最小值为25000元。户均总收入为51110.556元，其中总收入最大值为400000元，最小值为15000元；总收入中来自畜牧业的收入户均为43295.556元，其中畜牧业收入最大值为80000元，最小值为15000元；其他收入户均为19217.391元，其他收入中最大值为370000元，最小值为0元。这里的其他收入主要指工商业、牧草和芦苇的出售收入。全年户均总支出为67590.909元，户均生产支出为55666.667元，户均生活支出为14666.667元。户均牧业税为2479.2903元，户均家畜交易税为1912.3448元，户均草场管理费为743.5元（见表8-2）。

表8-2　1995年东乌旗4个苏木（镇）17个嘎查102户富裕户调查汇总

项目	单位	户均	最大值	最小值	标准偏差	变动系数
调查户数	98户					
人口	人	5.5853659	11	3	2.0359646	0.3645177
劳动力	人	3.0731707	7	2	1.2762415	0.4152849
总资产	万元	43.075	70	2.5	24.851385	0.5769329
总收入	万元	5.1110556	40	1.5	6.1208769	1.1975759
畜牧业收入	万元	4.3295556	8	1.5	2.6356954	0.6087681
其他收入	万元	1.9217391	37	0	5.6910075	2.961384
总支出	万元	6.7590909	56	0.5	8.7193931	1.2900245
生产支出	万元	5.5666667	55	0.3	8.4846237	1.5241839
生活支出	万元	1.4666667	4	0.2	0.9515384	0.6487762
牧业税	元	2479.2903	7000	560	1914.6436	0.7722547
家畜交易税	元	1912.3448	6000	300	1329.5834	0.6952634
草场管理费	元	743.5	7000	0	1174.2611	1.5793693

注：98户为有效样本数。

资料来源：由内蒙古社科院牧经所提供调查问卷等资料汇总。

从分析结果看，1995 年东乌旗 4 个苏木（镇）17 个嘎查 102 户牧民的人均总收入为 9153.60 元，人均生产支出为 10148.66 元，人均缴纳税费为 475.1 元。注意东乌旗是一个经济上富裕的牧区旗，然而调研有代表性的 102 户牧民，发现 1995 年平均收支情况是亏损的。让我们进一步分析调查的 4 个苏木（镇）各自的情况。

在调查的 4 个苏木（镇）中，平均总收入最多的为额和宝拉格 14.75 万元，畜牧业收入为 4.8 万元，其他收入为 9.25 万元，生产支出为 3.55 万元，牧业税为 1490 元，家畜交易税为 4014 元，草场管理费为 854.8 元（见表 8-3），户均税后净储蓄为 9.264 万元。乌里雅斯太镇户均税后净储蓄为-3.456 万元，额吉淖尔苏木的税后户均净储蓄为-0.2381 万元。

表 8-3　1995 年东乌旗 102 户富裕户调查汇总

单位：万元

项目	调查户平均	苏木（镇）平均			
		乌里雅斯太镇	额吉淖尔	阿拉担合力	额和宝拉格
总收入	5.1110556	4.98	3.6997143	2.44	14.75
畜牧业收入	4.3295556	4.4866667	3.6568571	—	4.8
其他收入	1.9217391	0.48	0	—	9.25
总支出	6.7590909	7.8333333	3.5	—	4.84
生产支出	5.5666667	6.5466667	2.25	—	3.55
生活支出	1.4666667	1.2866667	1.25	—	2.25
牧业税	0.24792903	0.35266667	0.15007273	—	0.1490
家畜交易税	0.19123448	0.1500	0.14388	—	0.4014
草场管理费	0.07435	0.10035714	0.14385714	—	0.08548

资料来源：由内蒙古社科院牧经所提供调查问卷等资料汇总。

经计算发现，额和宝拉格苏木人均纯收入为 16006.24 元，额吉淖尔苏木的人均纯收入为 1707.72 元，乌里雅斯太镇人均纯收入为-4520.19 元（见图 8-2）。1995 年乌里雅斯太镇有大量的非牧户饲养大量的牲畜，受草地资源制约，生产成本大增，该镇畜牧业经营亏本。在改革开放的中期，同一旗不同的苏木收入不同，其差距也非常大。

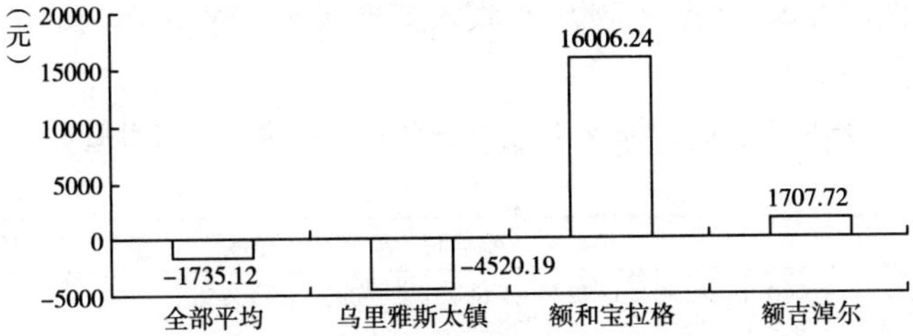

图 8-2　1995 年东乌旗部分苏木（镇）人均纯收入

资料来源：由内蒙古社科院牧经所提供调查问卷等资料汇总。

（三）2002 年对 8 个牧业旗 25 户牧户的收入调查

在 2002 年 4~5 月，内蒙古社科院调查组深入牧区，先后考察了 8 个牧业旗，走访了有代表性的牧户。调查内容主要有牧户基本情况即被调查者姓名、人口、劳动力、文化程度等，不动产、动产、收支结构、税费情况、存贷情况、草畜双承包以来的发展变化等。为便于真实地了解牧民的生存处境，调查组采取了和以往不同的随机抽样的方法，对 2001 年以来 8 个牧业旗 25 户牧户的收支情况进行详细调查。根据内蒙古自治区农牧业厅农牧业经营管理站的标准，25 户中富裕户占 28%，中等户占 44%，贫困户占 28%。按民族来划分，调查牧户中蒙古族牧户占 76%，汉族户占 24%。

25 户牧户的总体情况如下。人口共计 103 人，户均 4.12 人。其中，劳动力 60 人，户均 2.4 人，劳动力占总人口的 58.25%。调查牧户人口的年龄构成，20~30 岁占 4%，31~40 岁占 44%，41~50 岁占 24%，51~60 岁占 12%，61 岁及以上占 16%。调查牧户人口的文化程度构成，文盲占 20%，小学占 52%，初中占 24%，高中占 4%。调查牧户的草场状况，户均草场面积 5783.6 亩，其中围栏面积户均 2013 亩。调查牧户的棚圈现状，土木结构占 40%，砖瓦结构占 28%，铁网片棚圈占 8%，没有棚圈占 24%。调查牧户牲畜头数，总头数为 9239 头只，其中牛 177 头、马 63 匹、山羊 2858 只、绵羊 6141 只，户均 369.56 头只。调查牧户的住房状况，户均 55.16 平方米，其中土木结构占 44%，砖瓦结构占 44%，蒙古包占 12%。调查牧户生产设施及耐用消费品，电视机共有 21 台，摩托车共有 23 辆，电话机（无线）

共有9部，风力发电机共有14台，四轮车共有14辆，打草机共有6台。内蒙古牧业8旗25户牧户2001年收入支出状况见表8-4、图8-3。

表8-4　内蒙古牧业8旗25户牧户2001年收入支出汇总

单位：元

调查地点	收入	支出	纯收入	牧业税	管理费	净收入	存款	高利贷	银行贷款
中旗桑根达莱	61000	68250	-7250	6000	2000	-15250	0	0	5000
中旗桑根达莱	33500	32000	1500	6000	0	-4500	0	0	4000
中旗桑根达莱	53000	34240	18760	4000	800	13960	0	0	10000
中旗桑根达莱	6600	6000	600	0	0	600	0	10000	1500
达旗巴彦珠日和	13000	17190	-4190	640	0	-4830	0	0	5000
达旗查干诺尔	10000	6980	3020	400	0	2620	10000	0	0
达旗查干诺尔	25000	28200	-3200	1334	0	-4534	0	0	9800
达旗红旗牧场	19000	25010	-6010	1300	80	-7390	0	0	3000
达旗红旗牧场	6300	19900	-13600	1300	0	-14900	0	0	26000
达旗额登敖包	37000	47570	-10570	2500	39	-13109	0	0	8000
四旗查干苏木	13400	16520	-3120	1390	0	-4510	0	3000	1500
四旗巴彦朝格图	15000	18500	-3500	1166	0	-4666	0	0	3000
西苏都呼木苏木	52500	39850	12650	3000	0	9650	5000	0	0
东乌额克宝力高	19400	39800	-20400	0	300	-20700	0	0	0
东乌额济诺尔	38400	35880	2520	0	1000	1520	0	0	10000
东乌都木达高毕	14040	54500	-40460	0	0	-40460	0	20000	30000
东乌都木达高毕	12100	20350	-8250	900	0	-9150	0	10000	0
东乌乌尼特苏木	103600	53650	49950	5000	2000	42950	20000	0	0
东乌额济诺尔*	5000	0	0	0	0	0	0	0	0
西乌济仁苏木	13300	29840	-16540	3000	340	-19880	0	0	20000
西乌济仁苏木	10500	25900	-5400	2000	0	-7400	0	0	1000
西乌济仁苏木	71000	61200	9800	12000	600	-2800	0	30000	30000
阿旗巴彦都嘎	28570	26800	1770	3600	180	-2010	2000	0	0
阿旗宝格达乌拉	62430	40100	22330	5000	2000	15330	0	0	0
西苏额日恩诺尔	22520	21080	1440	1400	486	-446	0	0	21000

注：*东乌额济诺尔苏木贫困户，支出不明，无存款。

资料来源：达林太、暴庆五、图雅、文明调查，2002。

畜牧业收入是牧户收入的主要来源，其比重为91.36%，其他收入如商业收入、出租草场、打草卖草、去其他人家劳动收入等，仅占8.64%。

调查的25户中户均草料费占生产支出的53.53%，草料费最高的牧户已占其全部生产支出的 86.58%。购买草料户占总牧户的 80%。草料费最多的为 30000 元，最少的为 3550 元。各项生产支出占生产支出的排序依次是草料费 53.53%、劳务费（雇羊倌）12.24%、税收 8.66%、燃油费 8.66%、防疫兽药费 6.38%、围栏租赁草场植树等杂项 4.14%、生产设施维修费 3.95%、牧业税以外的各类行政事业收费 2.25%。调查的 25 户牧户中收不抵支的有 19 户，占被调查牧户的 76%。

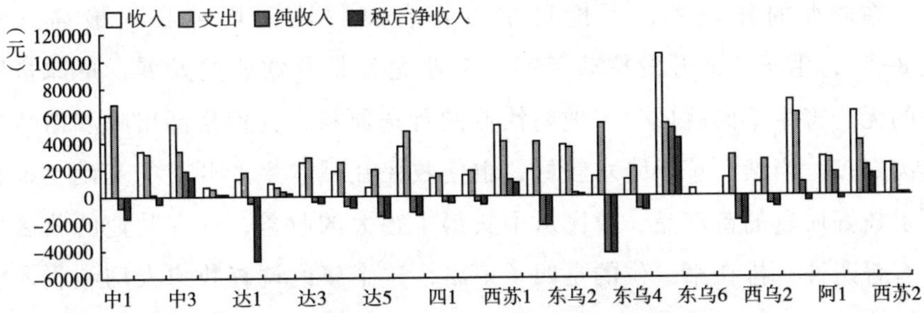

图 8-3　内蒙古牧业 8 旗 25 户牧户 2001 年的收支状况

资料来源：达林太、暴庆五、图雅、文明调查，2002。

从调查情况看，2001 年牧户家庭经营和日常生活已十分困难，因灾把所有的存款花光后，只靠短期贷款来维持生计，户均贷款金额已达 7552 元。25 户中有贷款的有 17 户，占被调查牧户的 68%，向个人借款的有 5 户，占被调查户的 20%，借贷款两项占比合计为 88%。仅有 4 户略有存款。牧户家中的耐用品大多数是 20 世纪八九十年代购置的。被调查牧户中初中及初中以下文化程度的占 96%，调查牧户中 50 岁以上的劳动力占 28%，剩余劳动力闲置情况较普遍。调查牧户中贫困户的贫困原因，大致有以下几种：政府提供的社会化服务不够到位，许多牧户因传染病导致大量牲畜死亡成为贫困户；合法的使用权证或被嘎查占有，或被有关部门强迫出租等，失去了畜牧业生产的关键资源成为贫困户；因教育致贫；因病致贫等。

（四）2009 年 6 个旗 62 户牧户收入调查

由 2009 年调查 6 个纯牧业旗 62 户牧户 2008 年的生产经营状况分析，如果不考虑牧民的生活消费成本非正常支出，牧民的人均纯收入要比 2001 年相对好得多。主要原因是在调查的纯牧业旗中，2008 年的降水普遍比较好，牧民的生产经营开支比往年少得多。另一个原因就是畜产品价格较高，以四子王旗的牧户卖出的畜产品为例，2001 年一只成年的羯羊只能卖到 200 元，2008 年可以卖到 1000 多元，价格上涨了 4 倍多，2001 年一头牛卖出的价格在 1000 元左右，2008 年同样的牛可以卖到 6000~8000 元，畜产品价格上涨使牧民得到了实惠。畜产品价格上涨的原因有很多，主要原因是环境政策介入和工矿开发进一步影响了畜牧业的关键资源草场，畜产品数量迅速下降，畜产品的稀缺性就显现出来了。

在调查的牧户中，呼伦贝尔市新右旗牧民人均纯收入最高（见表 8-5），由于工矿开发拉动了第三产业尤其是餐饮业的发展，草原畜牧业的无公害牛羊肉就成为当地餐饮业的首选原料，其价格高出呼和浩特牛羊肉好多。当然，草场降水较好，也使牧民在减少生产开支的基础上，获得了较好质量的畜产品，牧民从中获得了很大的收益，这在其他的牧区也具有普遍性。排在第二位的是四子王旗，这个旗的调查牧户人均纯收入较高，除了市场价格上涨原因外，还有一个原因，就是 2008 年的禁牧补贴足额发放到牧户的手里，提高了牧民的人均纯收入。在调查的牧户中人均纯收入最低的是阿左旗，调查的 7 户牧户全部是禁牧户，由于禁牧后转产不当，奶牛业、蔬菜大棚和其他的农业种植基本没有效益，牧民的收入主要来自政府的补贴，畜牧业收入基本没有。排在调查旗中人均纯收入第三位的是乌审旗，据调查的牧户资料分析，这个地区的畜牧业开始萎缩，畜牧业以外的收入开始增长，调查牧户工矿开发的占地补偿在纯收入中的占比达到 19%多。

表 8-5 2008 年调查牧户生产经营和生活消费汇总

单位：亩，元

	阿左旗	乌审旗	西苏旗	新右旗	呼鄂旗	四子王旗	平均
牧户平均草场	4175	1381	10261	9886	1336	12315	6559
牧户家庭总收入	32500	27460	36806	55223	19514	52900	37400.5
草料支出	26580	9500	24000	14050	7500	26000	17938.33
兽医药支出	2205	1750	1657	1210	1800	1540	1693.667
其他生产支出	1780	800	1500	2100	900	2000	1513.333
牧户生产总支出	30565	12050	27157	17360	10200	29540	21145.33
户均纯收入	1935	15410	9649	37863	9314	23360	16255.17
人均纯收入	451.05	3244.21	2068.87	8073.13	1969.13	3798.39	3267.46

资料来源：以 2009 年入户调查资料汇总制表。

二　对典型牧区嘎查的牧民收入调查

一个政策或项目的成功程度或是否成功，从它们对牧民收入的持续影响中可以看出来。21 世纪以来的治沙政策与工程对牧民收入有什么影响呢？人们有不同的说法。笔者参加的调查组选择了比较典型的政策项目区中的两个嘎查，于 2002 年、2007 年和 2008 年分别做了三个大型的案例研究。其中每个研究都是多次返回嘎查做牧户访谈与历史档案材料相结合的调查研究。

萨如拉塔拉嘎查和巴彦塔拉嘎查位于苏尼特左旗中部，是纯牧业区，在 2004 年苏木（乡镇）合并以前，分别属于苏尼特左旗的巴音宝勒道苏木和白音乌拉苏木，而在合并以后，都归满都拉图镇管辖。受物流的制约，矿产资源的开发尚处在初级阶段，畜牧业还没有完全边缘化。101 省道穿越的苏尼特盆地一直被外界认为是沙尘暴的尘源，由于持续的干旱，政府的各类治沙项目比较多。同时这两个嘎查也是内蒙古自治区直属厅级单位重点帮扶地区，几乎每个嘎查都有帮扶单位的投资项目，但成功者甚少。没有成功的原因主要是这些项目的立项和执行都是项目方在操作，地方政府和牧民没有参与。由于邻近旗府所在地，有省道贯通，交通比较方便，市场信息灵通，这两个嘎查经济发展在全旗处于中上等水平，在内蒙古牧区具有一定的代表性。下面是这三个调查研究的结果与分析。

（一）萨如拉塔拉嘎查和巴彦塔拉嘎查 89 户牧民生产生活状况调查（2001）

课题组于 2002 年开始建立牧户档案，曾先后三次对萨如拉塔拉嘎查和巴彦塔拉嘎查进行大样本调查，现将三份调查情况汇总列表，并做简要分析，萨如拉塔拉嘎查和巴彦塔拉嘎查在 2001 年有牧户 140 多户，调查样本为 89 户，具有相当的代表性。

2001 年是这两个嘎查生产经营状况较好的一年，在前几年牧区经济市场化的推动下，牧民的生产经营有了一定的积累，生产投入较多，例如建网围栏、饲料地、青贮窖，打井，购买饲草料、牧业机具等，已初具规模（见表 8-6）。

表 8-6　2001 年苏尼特左旗萨如拉塔拉嘎查和巴彦塔拉嘎查 89 户牧民基本情况

项目	合计	样本户数	户均数	项目	合计	样本户数	户均数
人口数（人）	320	89	3.6	贮料（千克）	1114000	89	12517
劳动力（人）	221	89	2.48	自产饲料（千克）	15000	89	—
学生数（人）	71	89	0.8	购入饲料（千克）	959000	89	—
承包草场面积（亩）	911609	89	10242.8	贮草（千克）	2424000	89	—
网围栏（亩）	327429	89	—	天然草场打草（千克）	540000	89	—
高产饲料地（亩）	330	89	—	外地购入饲草（千克）	1563500	89	—
青贮窖（座）	6	89	—	电话（部）	18	74	0.24
青贮窖体积（立方米）	2155	89	—	电视机（台）	54	74	0.73
土井（眼）	25	74	0.34	汽车（辆）	6	74	0.08
机井（眼）	13	74	0.18	小轿车（辆）	15	74	0.2
小拖拉机（台）	40	74	0.54	风力发电机（台）	49	74	0.66

资料来源：根据两个嘎查档案整理。

从图 8-4 可以看出其中 89 户牧民全年总收入达到 2789809 元，在扣除各种生产生活费用后人均纯收入仍达到 5609.36 元，扣除户均税收 1041 元以后，人均税后净收入仍为 5320.19 元，大体上达到小康生活水平。

（二）巴彦塔拉嘎查 28 户牧民生产生活状况调查与分析（2006）

调查侧重于 2006 年巴彦塔拉嘎查 28 户牧民的财务状况，数据表明牧民收入大部分来源于畜产品出售，占全部收入的 97%，延续着传统的畜牧业。在 28 户牧民中，只有 6 户外出打工，收入为 45440 元，1 户出租草场，收入为 4000 元（见表 8-7）。

在生产支出方面，主要是用于购买饲草料、租草场和折旧等。需要指出的是，由于连年干旱，草场退化严重，夏季倒场，要赶牲畜到百公里之外的中蒙边境、阿巴嘎旗、西苏旗一带走敖特。走场支出是一项不小的开支，包括运输费、草场租赁费、牲畜饮水费、牲畜损失和雇工等，占生产

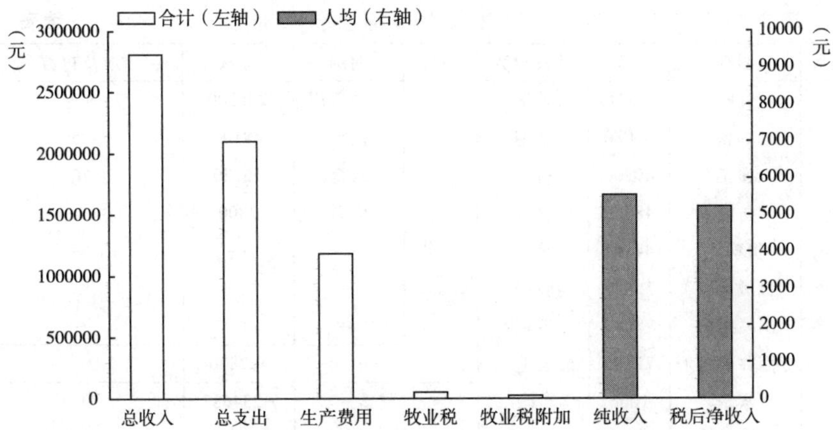

图 8-4　2001 年萨如拉塔拉和白音塔拉两个嘎查 89 户牧户的收支状况

资料来源：根据两个嘎查档案整理。

总支出的 20.1%。由于生产资料价格上涨，生产费用猛增，许多牧户入不敷出，在 28 户牧民中，有 14 户亏损，另外 14 户能挣得全部或部分生活费用。

28 户牧民共 103 人，户均人口 3.68 人，2006 年户均纯收入 8826.2 元，人均纯收入 2398.4 元。在纯收入中，扣除生活消费以后，有所盈余（“净储蓄”）的只有 8 户，另外 20 户则限于维持生活，或者降低生活标准，或者负债维持生活。在生活支出方面，平均每人生活消费 4153.6 元，基本上是用于日常生活和医疗费用，其中 10 户有教育支出，平均每户 7572 元，只有 3 户有电话费支出，平均每户 2600 元（见表 8-7）。

表 8-7　2006 年巴彦塔拉嘎查 28 户牧民财务核算

单位：元

项目	明细	金额	涉及户数	项目	明细	金额	涉及户数
收入	小畜	919699	普遍	走场支出	运输费	91690	普遍
	大畜	511400	普遍		草场租赁费	120190	普遍
	羊毛	37980	普遍		牲畜饮水费	13200	普遍
	羊绒	125800	普遍		牲畜损失	63900	9
	皮子	8800	普遍		雇工	3850	2
	打工	45440	6		小计	292830	
	出租草场	4000	1	生产成本		1459986	
	小计	1653119		净收入		193133	盈余 14 户，亏损 14 户

续表

项目	明细	金额	涉及户数	项目	明细	金额	涉及户数
一般生产开支	青贮	166743	普遍	生活支出	日常费用	296200	普遍
	饲料	60080	普遍		医疗	48100	25
	雇工	49300	普遍		教育	75720	10
	防疫	48300	普遍		电话	7800	3
	租草场	44800	普遍		—	—	—
	机械折旧	55889	普遍		—	—	—
	围栏折旧	73080	普遍		—	—	—
	棚圈井窖折旧	77289	普遍		小计	427820	
	水费	1000	1	净储蓄		-234687	
	燃油机修	590675	普遍	其中盈余		228382	盈余 8 户
	小计	1167156		亏损		-463069	亏损 20 户

注：生产成本=走场支出+一般生产开支；净储蓄=净收入-生活支出；苏尼特草原持续干旱三年，牧民三年持续走场。

资料来源：据课题组 2007 年夏的调查整理。

（三）萨如拉塔拉嘎查和巴彦塔拉嘎查 121 户牧民生产生活状况调查（2007）

萨如拉塔拉嘎查和巴彦塔拉嘎查在 2005 年前后有牧户 140 多户，2008 年夏课题组调查时，已有约 20 户转出从事奶牛养殖或其他产业，对 121 户牧民的经济调查可以全面反映这两个嘎查牧民 2007 年的生产生活情况。2007 年萨如拉塔拉嘎查和巴彦塔拉嘎查 121 户牧民资源状况调查见表 8-8。

表 8-8 2007 年萨如拉塔拉嘎查和巴彦塔拉嘎查 121 户牧民资源状况调查

项目	合计	样本数	户均数	项目	合计	样本数	户均数
人口（人）	445	121	3.68	太阳能发电机数（台）	1	118	0.01
承包草场（亩）	513000	40	12825	风力发电机（台）	82	118	0.69
房屋（间）	228	118	1.93	洗羊池（个）	12	118	0.10
蒙古包（顶）	62	118	0.53	土井（眼）	35	118	0.3
电话（部）	70	118	0.59	机井（眼）	13	118	0.11
电视机（台）	86	118	0.73	基建（间）	433	119	3.64
大拖拉机（台）	2	118	0.02	本年接羔（头只）	17772	119	149.3
小拖拉机（台）	73	118	0.62	自食（头只）	799	120	6.66
汽车（辆）	8	118	0.07	出售（头只）	20058	120	167.15
小轿车（辆）	19	118	0.16	年终牲畜数（头只）	20432	120	170.27

资料来源：根据实地调研汇总制表。

从生产情况来看，两个嘎查仍然以传统的畜牧业为主，2007 年种植业和其他产业的收入占总收入的比重只有 1.81%。从总支出来看，全年户均基本建设支出只有 1874 元（见表 8-9），仅占生产支出的 8.3%，而且其中多数用于生活性建设支出，扩大再生产投入乏力，农机具、车辆和草原建设处于停滞状态，草原畜牧业生产陷入萎缩境地。户均牲畜由年初的 334.9 头只（382.9 个羊单位）减为年终的 170.3 头只（206.4 个羊单位），按羊单位计算减少 46.10%。

表 8-9　2007 年萨如拉塔拉和巴彦塔拉嘎查 121 户牧民收支状况调查

项目	合计	样本数（户）	平均	项目	合计	样本数（户）	平均
总收入（元）	4355006	121	35991.8	生产支出（元）	2737582	121	22625
售畜收入	3026310	121	25010.8	生产费用支出	1697600	121	14030
售羊毛收入	51056	121	422	基本建设支出	226800	121	1874
售羊绒收入	1179810	121	9750.5	其他支出	813182	121	6721
奶制品收入	0	121	0	消费支出（元）	783182	121	6473
售皮收入	19130	121	158.1	教育支出	95000	121	785
种地收入	14000	121	115.7	纯收入（元）	834242	121	6895
其他收入	64700	121	534.7	人均纯收入（元）	1874.7	445	1874.7

资料来源：实地调研资料汇总。

在消费支出中，户均消费只有 6473 元，其中教育支出占 12.13%，人均纯收入只有 1874.7 元。

（四）三次调查的对比分析

在比较三次调查的数据之前，将调查选取指标相近的 2001 年和 2007 年的牧民经济状况（户均值）进行对比，见表 8-10。

从表 8-10 中可看出，由于分户和转包等原因，户均承包草场面积已由 2001 年的 10242.8 亩增为 2007 年的 12825 亩。但在打机井等草原基本建设方面，数年间并没有什么进展。相对于国家新技术和制造业的快速发展而言，这两个嘎查的生产机械化水平，如汽车、拖拉机和风力发电机等的购置与应用基本上踏步不前。反映牧民生活水平提高的家用电器的使用，如户均电话、电视机的拥有量，也只是电话有了较大的增加，而电视机仍然平均每户不足 1 台，说明牧民生活的改善乏力。

表 8-10　2001 年和 2007 年萨如拉塔拉嘎查和巴彦塔拉嘎查牧民经济状况对比

项目	2001 年	2007 年	增减
调查户数（户）	89	121	+32
户均承包草场（亩）	10242.8	12825	+2582
年末户均牲畜数量（羊单位）	371.5	206.4	-44.4%
大拖拉机（台）	0.00	0.02	+0.02
小拖拉机（台）	0.54	0.62	+0.08
汽车（辆）	0.08	0.07	-0.01
小轿车（辆）	0.20	0.16	-0.04
风力发电机（台）	0.66	0.69	+0.03
土井（眼）	0.34	0.30	-0.04
机井（眼）	0.18	0.11	-0.07
电话（部）	0.24	0.59	+0.35
电视机（台）	0.73	0.73	0.00
户均牧业税（元）	1041	0.00	-100%
人均纯收入（元）	5609.36	1874.7	-66.6%

资料来源：实地调研资料汇总。

反映牧民生产生活状况的两项关键指标是户均牲畜数量和按可比价格计算的人均纯收入。这两个嘎查的户均牲畜数量，由 2001 年底的 267 头只变为 2007 年初的 334.9 头只和年终的 170.3 头只，年末户均牲畜数量由 371.5 个羊单位减少为 206.4 个羊单位，减少 44.4%，说明畜牧业生产明显萎缩。

2001 年户均 1041 元的牧业税负担已经减免了，但是，由于休牧、禁牧等主客观原因，牧户的生产规模难以扩大，而生产成本又节节高升，这几年牧民的生活水平并没有改善。这两个嘎查牧民按 2001 年可比价格计算的人均纯收入，2001 年为 5609.36 元，2006 年为 2398.4 元，2007 年为 1874.7 元（见图 8-5），下降了 67.88%，下降幅度之大不能不引起重视。

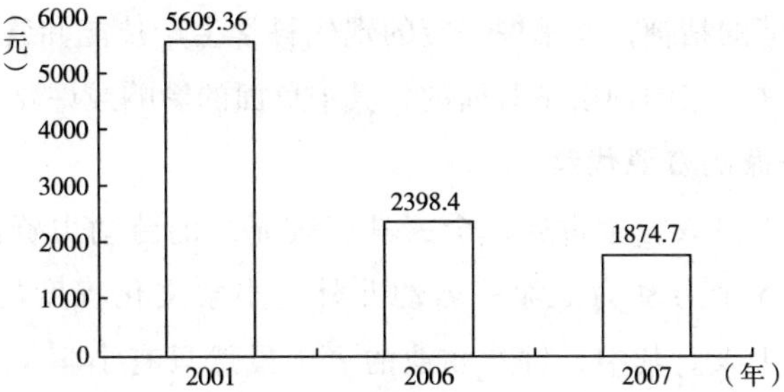

图 8-5　2001 年、2006 年、2007 年两个嘎查牧民按可比价格计算的人均纯收入

资料来源：根据苏尼特左旗历年调查制图。

三　典型牧区小牧户的经济收入调查

小牧户就是指以家庭为单位独立经营的牧户，他们独立或相对独立地进行生产经营活动。家庭经营是一种弹性很大的经营形式，改革开放以来它由形成到发展，其间的分化与变化很大。我们认为了解典型牧区小牧户在一个较长时期内的变化有助于认识社会变迁过程，也有助于了解内蒙古牧区牧民家庭经营存在的问题，如经营规模、抗风险能力、商品化程度和市场适应程度等。

（一）改革开放以来鄂尔多斯乌审旗牧民付某一家的变化

根据 2008 年的调查资料，现将乌审旗牧民付某一家在市场化进程中的生产生活变迁作为牧户案例一介绍如下。

付某，65 岁，乌审旗达镇某嘎查牧民，集体经济时期在生产队放羊，20 世纪 60 年代开始改良畜种、治沙。这里地处毛乌素沙地腹地，20 世纪 60 年代这里的草场还算可以，原来饲养黑山羊，之后开始改良，引进绵羊，到 20 世纪 70 年代初绵羊改良开始稳定。20 世纪 70 年代草场退化逐步加剧，集体和国家开始造林、飞播，实行家庭经营以后草场退化更为严重了，草场生产力下降，开始发展空中草场（林草结合的牧场）。

付某一家是当代鄂尔多斯草原极具代表性的牧民，既有传统的放牧饲养技术和吃苦耐劳的精神，又掌握一定的现代科学生产技能和管理知识。经济市场化大潮对这一家的冲击是双面的，其中负面的影响或许要大一些。

1. 付某一家的资源优势

付某全家6口人，蒙古族，全家具有较充足的劳动力资源和较高的知识结构，有4.5个劳动力，除一名幼儿外，小学文化程度的2人，初中、高中、大专各1人。其中，付某和他的妻子虽然只有小学文化，但拥有丰富的草原放牧饲养经验和艰苦劳作的习惯。长子高中毕业，从事放牧并具有机械操作和修理的技能。长媳初中毕业，从事放牧，是从外地嫁来的。次子大专毕业，也从事放牧，但有计算机技术和管理策划等多种技能，是应对市场经营的好帮手。即便是这样一个具有一定优势的家庭，在草原畜牧业经受市场化浪潮的冲击时，也遇到了许多艰辛。

2. 付某一家生活变迁的几个阶段

第一阶段，1960~1979年，生活水平平稳上升。当时全家7口人，在人民公社从事放牧劳动，集体分配，每年收入基本稳定，并有较平稳的增长，全家纯收入1960年为288元，1970年为720元（当年价格）。这一阶段家中不仅没有外债，还有少量存款，1970年有存款90元。当然，这一时期生活比较单调，家庭财产也很简单，1960年只有蒙古包1顶，棚圈1处和水井1眼，1970年才建有房屋2间，购买收音机1台。以1960年和1970年为例，这两年全家生活消费总支出为713元，基本上用于吃穿和购买少量的日用品，还有部分医疗费，此外只有50元礼金和70元旅行开销。需要说明的是那一时期是集体经济时代，生产资料归集体所有，全部生产费用都由集体统一核算负担支出，分到牧户的是扣除费用后的纯收益，只供生活消费，消费也基本在集体内部解决，很少去市场交换，个人不需要在生产领域再投资或购置生产资料，也无须负担生产费用。

第二阶段，1979~2002年，经济收入增长较快。这一阶段经济开放政策逐步到位，市场拉动有力，付某一家勤奋劳作，生活水平有了较大提高。按可比价格计算，全家一年的纯收入，由1983年的2524元增长到2002年的5121元，近20年间增长了1.03倍；按当年价格计算，2002年家庭纯收入达到18460元，人均3077元，除去生活消费支出16700元，尚有盈余1760元，可以说接近小康生活水平。也需要指出的是这一时期的纯收入已经不同于上面讲的纯收入了，此时的一切几乎都归个人所有，从毛收入中扣除费用后的纯收入显然不能全部都用于生活消费，只有保证其中的一部分用于再生产，才能保障家庭经济不停运行。

这一阶段家庭经济较快发展的具体表现为种树 350 亩，种饲料地约 70 亩，新打水井 2 眼，住房由 2 间土房扩建为 3 间土砖混建房，扩建棚圈 1 处，围栏草场 200 亩，购置拖拉机、摩托车、抽水机、发电机、播种机各 1 台。这些生产性投资全部由付某自己承担。在耐用消费品方面，添置黑白电视机 1 台，卫星接收机、录音机、冰箱和风力发电机各 1 台。家庭经济的市场化和生活水平的提高，还表现为生活消费结构的改变和金融借贷行为的改变。以 2000 年为例，全家全年食品消费仅 3800 元，恩格尔系数从 1970 年的 0. 367 下降为 2000 年的 0. 163；其他生活消费则大幅上升，2000 年的日用品消费为 2000 元，服装为 2500 元，医药费为 3000 元，礼金为 1000 元，旅行开销为 1000 元，教育费为 10000 元。在资金存贷方面，受生产生活消费迅速扩大和市场化超前消费意识的影响，2000 年时付某一家不但没有存款，还有外债，其中农村信用社贷款 500 元，亲友借款 3000 元，高利贷 3000 元，2004 年高利贷又增加到 4000 元。从图 8-6 可以看出付某一家的收入从 2002 年以后就开始呈下降的趋势，这在牧区具有普遍性。

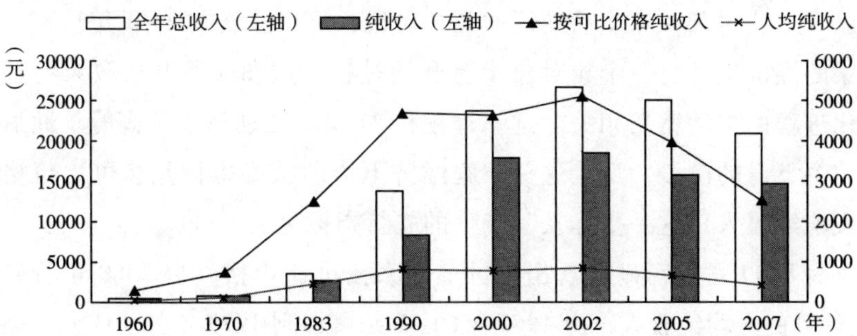

图 8-6　1960~2007 年付某一家全年总收入、纯收入、按可比价格纯收入、人均纯收入

资料来源：据实地调研资料制图。

第三阶段，2002 年以后，生产生活水平下滑。首先是生产规模缩小，与 2002 年相比，2007 年牛由 8 头减为 4 头，其他原有的 1 匹马、1 头骡子和 21 只山羊均减为零；猪由 4 头减为 2 头，鸡 10 只没变，只有绵羊由 80

只增加到 92 只。草食牲畜按羊单位计算，由 151 个羊单位减为 112 个羊单位，减少 25.8%。2007 年畜产品收入 13732 元，比 2002 年的 26400 元下降了 48%。在生产经营收入减少的情况下，该户的收入结构也发生了明显的变化。在 2002 年以前，全部收入几乎都是来自出售畜产品，2002 年畜产品收入 26400 元，占全年总收入 26700 元的 98.9%，休牧政策性补贴收入 300 元，占 1.1%；而到 2005 年，畜产品收入 19892 元，占全年总收入 25092 元的 79.3%，劳务收入、政策性补贴收入和探矿草场补偿收入占 20.7%；2007 年畜产品收入只占全年总收入 20832 元的 65.9%，而劳务收入和政策性补贴收入等其他收入已占到全年总收入的 34.1%，非畜产品收入已经是“三分天下有其一”了。

在草原建设上，这一阶段只是按照国家休牧禁牧的要求，将草场围栏由 200 亩扩大到 400 亩。家庭生活的大事是长子结婚，花 21000 元将住房扩建为 5 间较高级的土砖混建房，又新购摩托车 1 辆，购客货两用二手小汽车 1 辆、彩电 1 台、手机 2 部。2007 年全家生活消费支出 19750 元，与 2002 年相比只增加了 3050 元，主要增加在医药费、食品和日用品上，消费结构基本没有变化，扣除物价上涨因素，消费水平没有提高。

3. 反映近些年付某家庭经济下滑的核心指标

纵观上述付某一家生活变迁的几个阶段，可以看出在 20 世纪后期，付某一家的经济生活有一个相对稳步上升的过程，这和改革开放政策与经济市场化进程的推动密切相关。这一过程在 21 世纪之初达到了高峰，此后则转入一个下滑的阶段，反映这一家庭经济下滑的核心指标是按可比价格计算的人均纯收入，这一指标及其产生的先行指标见表 8-11。

由表 8-11 可以明显地看出，付某一家按可比价格（以 1960 年价格为 100）计算的人均纯收入，由 1960 年的 41 元增加到 1970 年的 103 元，整个 20 世纪六七年代生活水平处于平稳上升阶段，这也是内蒙古牧区典型牧民生活的真实写照。从 1983 年到 2002 年，付某一家按可比价格计算的人均纯收入从 421 元增加到 854 元，这可以说是一个生产生活较快发展和生产生活水平较快提高的阶段。但是在 2002 年以后，人均纯收入却由 854 元逐渐下滑到 2007 年的 416 元，回到了改革开放初期的水平，这不能不说是一个值得密切关注的信号，其中的原因需要深入探讨。

表 8-11　1960~2007 年付某一家历年财务收支盈亏状况

单位：元，人

年份	全年总收入	生产经营支出	纯收入	生活消费支出	盈亏	按可比价格纯收入	家庭人口	人均纯收入
1960	288	0	288	305	-17	288	7	41
1970	720	0	720	458	262	720	7	103
1983	3434	855	2579	2300	279	2524	6	421
1990	13763	5469	8294	5650	2644	4735	6	789
2000	23736	5880	17856	23300	-5444	4654	6	776
2002	26700	8240	18460	16700	1760	5121	6	854
2005	25092	9270	15822	18870	-3048	3951	6	659
2007	20832	6280	14552	19750	-5198	2496	6	416

资料来源：实地调研资料汇总。

4. 付某家庭经济下滑的原因分析

付某一家在 21 世纪初期开始经济下滑的原因，主要有以下几点。

第一，从 20 世纪后期开始的自然生态环境的恶化。付某生活于毛乌素沙地腹地，自然生态环境恶化，草场面积减少。由于草原沙化退化，草场产草量明显减少，专家评定当地产草量由 20 世纪 60 年代的“很多”变为 20 世纪 70 年代的“一般”，而到 2000 年以后则是“较少”。该户 1983 年有草场 2000 亩，其中可利用面积 1800 亩，2000 年可利用草场面积减为 1000 亩，之后继续减少。饲料地也由 20 世纪七八十年代的 200 亩左右减为 50 亩。

第二，环境政策实施和探矿开采，补偿不足。2000 年以后实施的环境政策主要是禁牧和休牧，这使该户草场面积由 2000 亩减为 1500 亩。2005 年开始探矿开采征地，到 2007 年又使草场减为 800 亩，其中可利用草场只有 500 亩，与 2000 年相比减少了 50%。① 对于禁牧的草场，政府只按休牧的标准给补偿，每年 700 元。

第三，农牧业生产资料价格上涨和休牧舍饲政策实施造成生产经营成本上升。在 2002 年以前，牧民要交牧业税和管理费，例如付某 1990 年交牧业税 960 元和管理费 450 元，2000 年交牧业税 500 元和管理费 550 元，

① 2008 年探矿开采征地已扩大到该户的全部草场，付某一家失去一切放牧饲养的条件，此事引起争议，还未最后解决。

2002 年不交牧业税，只交了管理费 700 元。此后，牧业税费免除了。在经营规模缩小的情况下，牧民的生产支出增大了，以 2005 年为例，全年总收入比 2002 年减少了 1608 元，但生产经营支出却增加了 1030 元，主要是购买饲草料、兽医药服务和燃油等。

第四，牧民的转产就业政策有待强化。最初付某一家还没有外出打工的强烈需求，偶尔外出，一年也只是挣几百元，给家中补个零头。但后来，可利用草场面积大大减少，劳动力富余，2000 年次子大专毕业，没有找到合适的工作，回乡从牧又增加不了多少收入，因此常常外出打工创业，如去千里之外开小饭馆。但苦于缺少熟练的技术和经营资本，收入甚微，如 2005 年劳务收入 3000 元，2007 年收入 3200 元。所以，牧民很需要技术培训、就业信息、职业介绍和小额贷款等服务性政策的大力支持。

第五，缺少政策性的资金扶持。草场经营规模缩小，需要向生产的深度进军，这就需要增加饲草料、设施等多种生产投入，但牧民苦于借贷无门。在 2000 年付某一家经营尚好的时候，只从农村信用社贷到 500 元，自己又向亲友借款 3000 元，借高利贷 3000 元。2002 年借高利贷 3000 元。2004 年从农村信用社贷款 3000 元，借高利贷 4000 元。2007 年向亲友借款 4000 元。

（二）改革开放以来呼伦贝尔市鄂温克族自治旗牧民乌某家的变化

2009 年 8 月我们对呼伦贝尔市鄂温克族自治旗巴彦塔拉民族乡的乌某家进行了调研了解。乌某家是当地牧区收入水平中等偏上的牧户，一家人勤劳善良。该牧户养殖的牲畜为羊 250 只、牛 30 头，经营草场 2472 亩，租赁草场 1000 亩。家里 5 口人，老两口，外加两个儿子，一个女儿，其中一个儿子在读书。

1. 乌某家的生产经营和生活状况

2001 年乌某家已经盖起了一栋砖瓦结构的房子和棚圈，造价 5 万余元，乌某家 2008 年的生产经营收支状况见表 8-12。

2008 年是一个比较好的年景，乌某家出售牲畜 105 头只，出售羊毛 170 斤，出售羊绒 25 斤，出售皮张 10 张，出售各类畜产品的总收入是 48800 元，非现金收入 3050 元。

2008 年乌某家购进饲料 12000 斤，饲草在自己的草场上解决，由于劳动力缺乏，雇工打草花费了3600元，打草和拉远共消耗柴、汽油680升，花费4080元，租赁1000亩草场，花费12000元，防疫费1000元，生产总支出为38700元。

表8-12　2008年鄂温克族自治旗牧民乌某家生产经营收支状况

收入	数量	单价（元）	金额（元）	生产支出	数量	单价	金额（元）
羊	100只	350	35000	饲料	12000斤	0.80元	9600
羊毛	170斤	5	850	棚圈围栏维护	—	—	5000
羊绒	25斤	100	2500	雇工打草	2人×30天	60元/（人·天）	3600
牛	5头	2000	10000	机械维护、燃料、防疫费			8500
皮张	10张	45	450	草场租赁费	1000亩	10元/（亩·月）	12000
总收入	—	—	48800	生产总支出	—	—	38700

资料来源：2009年实地调查资料汇总。

2008年乌某家食品支出6840元，服装支出4000元。据乌某讲，服装支出主要是三个孩子购买服装的支出，他们老两口几乎有几年没买服装了。教育支出12000元，医药费支出1000元，燃料及其他支出共6260元，生活消费总支出是30100元，生活消费非现金支出3050元，即自食肉食支出3050元。

2. 对照相关的农业区对乌某家的一些简单分析

根据以上计算我们可以看出，类似乌某家这样一个收入水平中等偏上的牧户，虽然看起来牛羊成群，家产万贯，但是最后收支表上表现出来的确实是入不敷出。除了教育支出（这个似乎具有特殊性）外，其余的开支几乎都是普通的正常开支，几乎所有的牧民家庭都会产生。我们把牧户生产性现金开支和正常的生活性现金开支进行合并，结果是71850元；这个支出和他家的总收入48800元相比，亏损23050元。2008年乌某家从亲戚家借款3700元，从小卖部赊买生活用品约4000元，从农村信用社贷款2500元，借高利贷10000元。这就是一个普通牧民家庭的基本收支情况。

从乌某家的生产经营状况中可以看出牧民的生产生活有如下特点。

第一，在生产上大进大出，投资大，销售额度大。一般农户一亩地的投入也就200多元，五亩地之家也就1000多元的投入。除了东北等部分地区人少地多的特殊情况外，在广大的农村地区这是常态。牧区的投资规模约是农区的 38.7 倍。其中牧草饲料等各种原材料投入大，都是近万元的投入。这对一般种地的农民而言是不可想象的。另外，相应投入的劳动量也非常巨大。由于牧区以一家一户为生产经营单位，大部分劳动投入也只能靠自己，没有更好的补充渠道和转嫁渠道，在牧忙季节牧民的辛苦程度可想而知。对于种地的农民而言，化肥农药和机械的大量应用（可以算作科技投入），节省了大量劳动力。但是在牧区却没有办法节省劳动力。草场围栏的应用和摩托车的广泛使用，确实大大降低了一般牧业劳动的辛苦程度，但依然无法改善春季接羔保羔时的辛劳和繁忙。

第二，虽然投入产出都很大，但是收益很低。一户牧民每年的净收益无法和一户农民的净收益相比，而且由于牧民的劳动量大，放牧劳动具有连续性，牧户没有办法像农区的农民一样临时或长期离开家乡到大城市去打工。依靠打工养活一家或贴补各项开支的方法在牧区就很有局限性。农区的农民一般都有一套砖瓦结构的房子，但是牧区相当多的牧民还住着土房。

第三，资金需求量巨大，资金循环经常会遇到困难。由于牧民很少能够获得财政和金融资金的支持，因此一般牧民解决问题的方式就是民间借贷，在当地更多的是从小卖部赊账。

第四，风险特别大。这是牧业本身的高风险和当地气候的复杂多变造成的。而且，内蒙古草原特有的几年一个周期的气候变化，使牧民不得不去面对必将到来的草场和气候周期性变化的风险。虽然明知这种风险是不可避免的，但是牧民几乎没有任何防范风险的手段。

四　对牧民生产经营状况与收入水平的几点认识

由于历史的局限性，调研资料缺乏连续性，不同的调研之间在一些方面也缺乏指标的统一性，缺乏不同地区的对比，而且调查对象的覆盖面也不充分，显得有些凌乱。但这已经是除了统计资料以外我们能够利用的所有实地调研资料。从以上不连续的资料中，我们还是可以看出内蒙古牧区牧民的收入发生的变化。

（一）改革开放初期内蒙古牧区牧民的收入呈上升趋势

改革开放初期内蒙古牧区牧民的收入呈上升趋势，这主要是政府放开了畜产品的定价权，畜产品交与市场交换，生活必需品计划供应，草场资源也相对较好，牧民在这一阶段获益较多，收入不高，但生产和生活消费都不高，牧民的生活相对于农民而言可能要稍好一点。

（二）21 世纪初牧民的收入开始下滑

21 世纪初牧民的收入开始下滑，原因主要是在生产和生活消费快速市场化的过程中生产性支出大增，畜产品价格低迷。这一时期的另一个特征就是开始两极分化，出现了以非牧户为代表的牧主经济。

（三）21 世纪初减免了牧业税，牧民受益有限

21 世纪初，减免了牧业税，但牧民受益有限。环境政策介入后，牧民的生产成本大增，这一增加的成本远远抵消了税费减免带来的实惠。许多地方的畜牧业经济受到了冲击，牧民的收入下降。

（四）牧民收入 2008 年以后有复苏的迹象

牧区牧民收入 2008 年以后有复苏的迹象，这可能是由于环境政策的介入和牧区的资源大开发造成了畜牧业经济萎缩，大量牧户破产，畜产品数量减少，畜产品稀缺性使部分存活下来的小牧户收入开始有所增加。

第九讲　对牧民的生活变化的进一步观察与思考

第二讲已经描述了改革开放以后牧民消费方式的重大变化。而第八讲则是在牧户调查的基础上分析了牧民纯收入的变化情况。但是我们感到仍有必要再进一步了解牧区牧民生活变化的情况。这是出于以下考虑：第一，牧民的消费方式的确有很大的变化，消费支出水平大幅度提高，但是从消费结构变化（如教育等刚性大宗消费出现）观察，牧民出现了新的困难；第二，理论上说纯收入可以反映牧民生活水平的高低，但是牧区生产与消费的一些特征，使纯收入指标并不能很好地反映牧民究竟有多少“可支配收入”；第三，还有一些社会问题，如牧民之间生活差距问题、税费外负担问题等，也需要特别注意。为此，笔者在这一讲设法对牧民的生活状况做进一步观察。在这里，牧民消费结构的变化以及它与生产活动的联系，是进一步了解牧民生活状况的一个切入点，同时，还要了解与消费变化相关的更多现象。

一　内蒙古牧区牧民不同时段、区域消费结构变化

改革开放以来关于牧区牧民消费和消费结构的田野调查资料不多，而在笔者所做的各次牧户调查（见第八讲）中有不少与此相关的信息，我们将在这里加以描述与分析。在这之后，我们再简述一下在这些调查中发现的其他社会问题。

（一）改革开放中期典型草原东乌旗牧民消费（1995）

在1996年的调查中，调查牧户102户，收集有效样本98户，下面就东乌旗4个苏木（镇）17个嘎查98户牧民的调查资料来分析改革开放中期牧户的消费及简单的消费结构。

据调查资料分析，东乌旗牧户在1995年的户均生产支出为55666.667元，人均生产支出为9966.52元，在调查的98户中，最大户生产支出为550000元，最小户生产支出为3000元（见表9-1）。最大户的生产支出超出了调查户中最大收入户的收入15万元，最大户和最小户的生产支出差距非常大，生产支出也反映了牧户扩大再生产的能力，这说明调查牧户生产力差距在拉大，畜牧业经营规模也在拉大。

调查牧户的户均生活支出为14666.667元，人均生活支出为2625.91元。最大户的生活支出为40000元，最小户的生活支出为2000元，最大户的生活支出和最小户的生活支出的差距在拉大，如果最小户按3口人去计算，其人均生活消费支出在1995年为666.67元，其生活消费支出也就是刚够维持生命的食品支出，从统计指标看，这一群体所占的比例不少。这说明在改革开放中期，在牧区旗县中最富裕的东乌旗就出现了特困户，由于缺乏更详细的资料，没有办法就其原因进一步分析。

表9-1　1995年东乌旗4个苏木（镇）17个嘎查98户富裕户调查汇总

项目	单位	平均	最大值	最小值	标准偏差	变动系数
人口	人	5.5853659	11	3	2.0359646	0.3645177
1995年总收入	万元	5.1110556	40	1.5	6.1208769	1.1975759
生产消费支出	万元	5.5666667	55	0.3	8.4846237	1.5241839
生活消费支出	万元	1.4666667	4	0.2	0.9515384	0.6487762

资料来源：由内蒙古社科院牧经所提供资料整理。

在调查的4个苏木（镇）中，生产支出最大的为乌里雅斯太镇，户均生产支出为65466.667元，生产支出最少的为额吉淖尔苏木，为22500元。阿拉坦合力苏木缺乏详细的资料，这里只能分析其他3个苏木（镇）的消费状况（见表9-2）。

表9-2　1995年东乌旗98户不同苏木（镇）富裕户调查汇总

项目	单位	调查户平均	苏木平均			
			乌里雅斯太镇	额吉淖尔	阿拉坦合力	额和宝拉格
人口	人	5.5853659	4.8	6.6	5.1	6.6
1995年总收入	万元	5.1110556	4.98	3.6997143	2.44	14.75
生产支出	万元	5.5666667	6.5466667	2.25	—	3.55
生活支出	万元	1.4666667	1.2866667	1.25	—	2.25

资料来源：由内蒙古社科院牧经所提供资料整理。

在调查苏木（镇）生活支出中，4 个苏木（镇）平均为 14666.667 元，户均生活支出最多的是额和宝拉格苏木，为 22500 元，户均生活支出最少的为额吉淖尔苏木，为 12500 元。在调查苏木（镇）中人均生活支出由高到低依次为额和宝拉格苏木、乌里雅斯太镇、额吉淖尔苏木，分别为 3409.09 元、2680.56 元、1893.94 元（见图 9-1）。额和宝拉格苏木、乌里雅斯太镇的牧民生活支出都超过了调查牧户的平均值，额吉淖尔苏木低于平均值。这说明同一牧区旗不同苏木（镇）的牧民生活支出的差距也非常大。

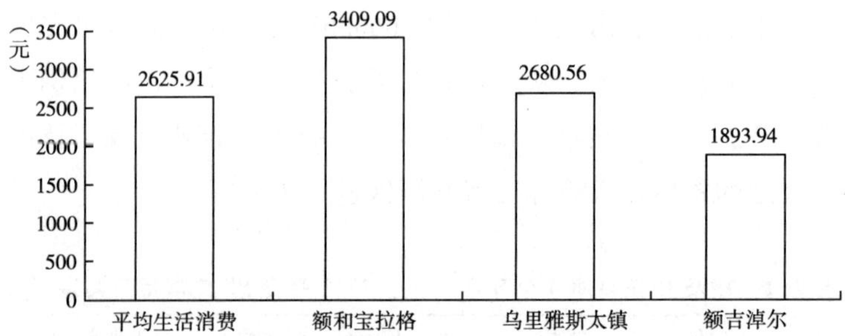

图 9-1 1995 年东乌旗不同苏木（镇）牧民人均生活支出

资料来源：由内蒙古社科院牧经所提供资料整理。

（二）草原化荒漠的四子王旗 50 户牧户的消费状况（1998）

前一讲已经对四子王旗 4 个苏木 12 个嘎查 50 户牧户的基本经济情况变化做了描述，这里不再重复。现在我们着重分析一个问题：1998 年与 1984 年相比，牧民的生活状况具体有什么变化？

从图 9-2 中可以看出，1998 年与 1984 年相比，人均总收入是 9.7 倍，人均生产消费支出是 31.64 倍，人均纯收入是 2.4 倍（1984 年为 725.4 元，1998 年为 1760.80 元），人均生活消费支出是 5.32 倍（1984 年为 489 元，1998 年为 2600.96 元）。纯收入增加和支出增加不同步。

1. 从牧户的生活消费支出结构分析

第一，调查牧户的生活状况。调查的 50 户牧户人均生活消费支出是 2600.96 元。在各类生活消费支出中，子女教育费支出最大，在当年生活消费支出中占 38.31%，其次是医药费，占当年生活消费支出的 16.39%，

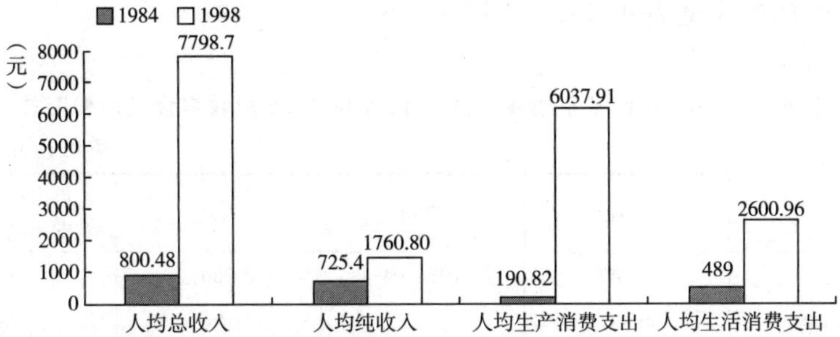

图 9-2　1984 年、1998 年四子王旗 4 个苏木 12 个嘎查 50 户牧户收支状况

资料来源：由内蒙古社科院牧经所提供资料整理。

排在第三位的是穿着消费支出，为当年生活消费支出的 15.99%，房屋修理费排在第四位，为当年生活消费支出的 13.89%，食品消费和燃料及其他支出占比依次为 9.07%、6.35%（见表 9-3）。从牧户的消费结构可以看出，属于社会公共消费的教育和医疗两项加起来就占全年生活消费支出的 54.7%，属于公共消费的由牧民承担，影响了牧民其他消费的提高。房屋修理费占的比例也很高，说明牧民在改善居住条件方面有所提高。燃料费提高，说明传统的牛羊粪作为燃料已经不能满足牧户的需求，煤炭燃料已经进入牧区家庭。

表 9-3　1998 年四子王旗 4 个苏木 12 个嘎查 50 户牧户生活消费支出汇总

单位：元，%

	总额	户均支出	人均支出	占比
生活消费支出	559261	11184.14	2600.96	100
子女教育费	214260	4285.2	995.86	38.31
穿着消费	89400	1788	415.81	15.99
食品消费	50747	1014.88	236.03	9.07
房屋修理费	77700	1554	361.4	13.89
医药费	91650	1833	426.28	16.39
燃料及其他支出	35504	710.08	165.13	6.35

资料来源：达林太、暴庆五、额尔敦布和四子王旗牧户家计调查汇总，2003。

在牧户的食品消费中，小麦粉还是主要的食品来源，占当年生活消费支出的 76.01%，牧户传统的小米和炒米逐渐减少，两项占当年生活消费支出的 23.19%，大米开始进入牧民家庭，大米消费支出占当年生活消费支出的 0.80%（见表 9-4）。

表 9-4　1998 年四子王旗 4 个苏木 12 个嘎查 50 户牧户食品消费汇总

单位：元,%

	总额	户均	人均	占生活消费支出的比例
各种食品	50747	1014.94	236	100
其中：小麦粉	38574	771.48	179.41	76.01
大米	406.38	8.13	1.89	0.80
小米	107.82	12.16	2.83	0.21
炒米	11658.8	233.18	52.23	22.98

资料来源：达林太、暴庆五、额尔敦布和四子王旗牧户家计调查汇总，2003。

第二，牧户生活消费原因分析。其一，从四子王旗 4 个苏木 12 个嘎查 50 户牧户的消费结构，可以看出 1998 年牧民的生活消费还是很低的。其中最重要的是占了支出近六成的子女教育费和医药费。这与 1984 年相比，有很大不同：我们虽然没有 1984 年的具体数据，但那时的教育费和医疗费用很低，教育的“两主一公”制度收费是非常低的，苏木读小学的学生一年的各类学杂费基本不超过 100 元，同时合作医疗制度也使牧民基本上没有看不起病的。这两项刚性极强又数量很大的消费支出从公共支出变为由牧户承担，是牧民消费支出结构的最大变化，也是对牧民生活最大的影响因素之一，势必会影响牧民其他方面改善生活的消费。不仅如此，“刚性大宗生活消费支出”的出现，还可能直接影响牧民生产支出。由于牧民家庭的生产与生活支出是直接相联系的，因此对于一些牧户而言，“刚性大宗生活消费支出”可能会直接挤占自家的生产性投入。其二，1984 年，生活消费支出中，主要是部分牧户改善生活条件的支出，比如修盖房、制作新蒙古包、更换家具等。

2. 从牧户的生产消费支出结构分析生产消费支出

第一，调查牧户生产消费状况。为什么 1998 年人均生产消费支出是 1984 年的 31.64 倍，大大高于生活消费支出的提高呢？这需要比较生产消费支出结构。1998 年调查牧户的人均生产消费支出为 6037.91 元，其中最大的支出为生产设施维护支出，当年的生产设施维护支出为 2289.18 元，占当年生产消费支出的 37.91%。其次是草料支出 2730.96 元，占当年生产消费支出的 45.22%。这两项加起来占 83.13%。这与 1998 年草地二轮确权以后牧民草地的围栏投入有关：草地二轮承包后，牧户开始将自家的草场围起来，围栏建设是这一年牧户生产消费支出中的第二大支出。

表 9-5　1998 年四子王旗 4 个苏木 12 个嘎查 50 户牧户生产消费支出汇总

单位：元,%

	总额	户均支出	人均支出	占比
生产消费支出	1298150	25963	6037.91	100
买干草（青贮玉米）	197144	3942.88	916.95	15.19
买干草	118585	2371.7	551.56	9.13
买饲料（玉米）	169075	3381.5	786.4	13.02
买配合饲料	102350	2047	476.05	7.88
兽医服务	36543.5	730.87	169.97	2.82
购买汽油	57222	1144.44	266.15	4.42
购买柴油的支出	56266.5	1125.33	261.7	4.33
购买机械的支出	18000	360	83.72	1.39
生产设施维护支出	492173	9843.46	2289.18	37.91
药浴池等集体公共设施维护支出	50791	1015.82	236.24	3.91

资料来源：达林太、暴庆五、额尔敦布和四子王旗牧户家计调查汇总，2003。

第二，调查牧户生产消费支出大增原因分析。其一，1998 年牧户买草料与生产设施维护两项支出占生产消费支出的 83.13%。而这两项支出在 1984 年是非常少的：一是牧民用的草由嘎查的打草场解决，饲料由苏木粮站供应，价格为国家统一价，比市场价低许多；二是使用公用生产设施，成本很低。其二，1998 年生产消费支出高与 1998 年草地二轮确权以后牧民草地的围栏投入有关，同时由于草地二轮确权，嘎查的机动打草场也全部划分归户，草地系统完全不能解决饲草的来源，饲草料完全通过外购解决，移动式减灾也被彻底切断，对付自然灾害完全通过外输能量来解决，生产成本大增。

3. 总结与讨论

第一，从以上案例中牧户的收支及其结构看，1984 年牧民的经济数据（人均纯收入 725.4 元）虽然不很高，但其对应的生活状况是相当好的，牧民感觉进入了“高收入阶层”生活。那一时期生活消费支出远远超过了生产消费支出。可以看出，那一时期牧民同时享受了大部分计划经济和市场经济中的实惠。这是1998年不能比的，因为在草畜双承包的15年之后，相对于传统的畜牧业，牧民的生产消费支出大增。饲草料支出增加说明天然草地的牧草供给严重不足，需要大量补饲才能维持畜牧业的发展，另外，生产设施大量投入说明牧民自立经营的观念大增。从宏观角度看，畜牧业已经完全脱离了过去的靠天养畜模式，草地畜牧业的效益已经在减少了。

第二，从方法论角度看，在一些背景下，“纯收入”等经济指标并不足以真实反映牧民的生产生活状况。这些背景（在此案例中）包括两类。第一类是社会大转型的背景。例如，1984年远低于市场价的原料与设备使用费用，这一情况如果按照1998年家庭经营总收入的概念理解，相当于1984年有一个外来的“生产资料购买补贴”，做比较时（估计纯收入时）应计入总收入中。同样，从生活消费支出来看，1984年粮食、砖茶和日用必需品基本是供销社供应，比市场价要低得多，还有极低的教育和医疗支出（属于社会公共消费），相当于今天的“基本生活补贴”、“教育补贴”和“医疗补贴”。这些在比较跨年的纯收入时，都没有计入牧民总收入。显然不能忽视这种“转型误差”，不能简单地使用“纯收入”这类指标直接做判断。第二类是牧区生产与消费的一些特点。一是生产活动与消费活动直接联系，“可支配收入”概念很难操作，“刚性大宗生活消费支出”反过来成为影响生产投入的因素。二是传统社会因素较多，一些活动很难货币化。消费支出与获得的“效应”不对称的现象严重，比如远离社会服务中心，有些消费支出极高。这说明不能在任何情况下都用消费支出来度量牧民的生活满足感。

（三）典型牧区8个旗25户牧户的生活消费（2002）

1. 从生活消费支出结构分析

上一讲介绍了2002年调查的典型牧区8个旗25户牧户的基本情况，现分析其生活消费支出结构。2001年调查牧户的生活消费支出总额为450980元，户均生活消费支出为18039.2元，生产消费支出总额为485011元，户均生产消费支出为19400.44元。在2001年牧户生活消费支出中，排在第一位的是食品支出，在全年生活消费支出中占到27.70%，可见在2001年，牧民吃饱饭是首要解决的问题。医疗卫生排在第二位，占

22.95%，可见医疗卫生的公共服务在牧区还相当薄弱。排在第三位的是文化教育支出，占 19.16%（见表 9-6）。由于分散居住、交通不便，消费种类增多，牧民对商品依赖性强，费用便自然上升。贷款买粮、贷款送孩子上学、贷款看病等成为牧区非常普遍的现象。各种生活消费支出增加，其中文化教育、医疗卫生负担重。在有的牧户生活消费支出中文化教育支出占比高达 79.37%，医疗卫生支出占比高达 65.45%。

表 9-6　2001 年内蒙古典型牧区 8 个旗 25 户牧户生活消费支出

单位：元，%

	支出	户均支出	在 2001 年生活消费支出中所占比例	在 2001 年总支出中的比例
食品	124900	4996	27.70	14
服装	44300	1772	9.82	5
家用品	27260	1090.4	6.04	3
医疗卫生	103500	4140	22.95	12
文化教育	86400	3456	19.16	10
居住	46800	1872	10.38	5
通信	4930	197.2	1.09	0.6
燃料	12890	515.6	2.86	1.5
共计	450980	18039.2	100	51

资料来源：达林太、暴庆五、图雅、文明调查资料汇总（2002）。

2. 从生产消费支出结构分析

2001 年调查牧户的生产消费开支中，牧户生产成本费用支出大，各种费用均有增长，草料开支一项就达 9112.8 元，占全年生产消费支出的 46.97%（见表 9-7）。这反映了天然草地牧草供求不平衡的矛盾日益突出。牲畜都是有生命的生产资料，牲畜要在运动中利用自身能量采食来完成畜牧业生产，这就决定了草原畜牧业对宽阔草原的依附性。但由于草地的二轮确权，牧户的放牧移动性终结，牧户只好通过购买草料补饲来完成畜牧业生产，又造成补饲草料价格一路攀升，一直降不下来。与此同时牧民收入递减，无法一次拿出大笔钱购买草料。草料费最高的牧户已占全部生产消费支出的 86.58%。购买草料牧户占总牧户的 80%，在调查牧户中有 20%没有购买草料，他们属于草原上饲草料基地的农民。草料费支出最多的为30000元，最少的为3550元。牲畜大量补饲，致使牧区劳动力严重缺乏，雇用劳动力的支出也占了一个不小的比例，除了利益流失外，还给牧区带来了人口压力。

表9-7 2001年内蒙古典型牧区8个旗25户牧户生产消费支出

单位：元,%

	总额	户均支出	在2001年生产消费支出中所占的比例
草料	227820	9112.8	46.97
围栏、植树等	17600	704	3.63
油料	36860	1474.4	7.60
修理	16800	672	3.46
雇用羊倌	52100	2084	10.74
防疫兽药	27150	1086	5.60
税收	96750	3870	19.95
各种费	9931	397.24	2.05
共计	485011	19400.44	100

资料来源：达林太、暴庆五、图雅、文明调查资料汇总（2002）。

从调查牧户的生产消费支出看，税费排在生产成本的第二位。牧民们感到，风调雨顺时交税不愁，牧区一遇灾，三五年难以恢复，灾年确实拿不出钱，就连人吃饭都成问题。牧区交通不便，相距城镇远，又没有更好的方法与外界联系，只好自备交通工具方便生产生活，因此油料价格高低对牧户有很大影响。牧户的防疫兽药费猛增，一方面体现了牧户在防疫方面的积极性，另一方面也表现出防疫兽药价格昂贵，牧户很难承受，但又不得不被动地接受。生产用农机具，一旦出现故障，修理和零件购买费都很昂贵。牧户收入具有季节性，而消费是常年的，因此，高价从上游的小卖部赊销生活和生产用品，是牧民应对现金短缺的唯一办法。

3. 总结与讨论

第一，草料费用成为刚性大宗生产消费支出。在这一案例中，2001年草料费用已跃升为牧民生产消费第一大支出，占46.97%。这与前面四子王旗案例1998年占40%以上的情况一致。草料费用的增加是纯收入减少的主要原因之一。第二，2001年的税费是牧民继生产成本之外的第二大负担。

二　环境政策介入后锡林郭勒盟牧业 8 旗 20 户牧户调查（2005）

2006 年 4~5 月，笔者对锡林郭勒盟 8 个牧业旗的 20 户牧户进行了入户调查，调查采取随机取样的形式，通过分析发现 2005 年牧户的收入构成比较复杂。

（一）调查牧户 2005 年的收入构成

调查的样本中有 4 户为非牧户，其中 3 户以做生意为主业，租赁牧户的草场放牧，另一户非牧户从嘎查中得到了草场，并办理了草场使用证。调查的牧户中有生态移民的牧户，其收入来源以养奶牛为主，有个别牧户还饲养了少量的牛羊。调查的最大户为某旗的某牧户，其家庭资产据其本人讲有上千万元，除了畜牧业收入外，高速公路通过嘎查，其还承包高速公路工程，改造苏木搬迁的旧办公室搞旅游接待，其收入每年为 40 多万元。调查的最小户为东乌旗的一牧户，只能靠放牧为生，其收入为放牧工资收入。调查牧户中有 4 位为嘎查领导，近几年嘎查领导的工资由政府财政支出。调查牧户中有一户放“苏鲁克”在其他牧户家，支付费用为 30 只羊，有两户牧户出租草场。东苏旗有一户汉族牧户，除了畜牧业收入外，还向周围的牧户放高利贷，每年利息收入为 5000 多元。

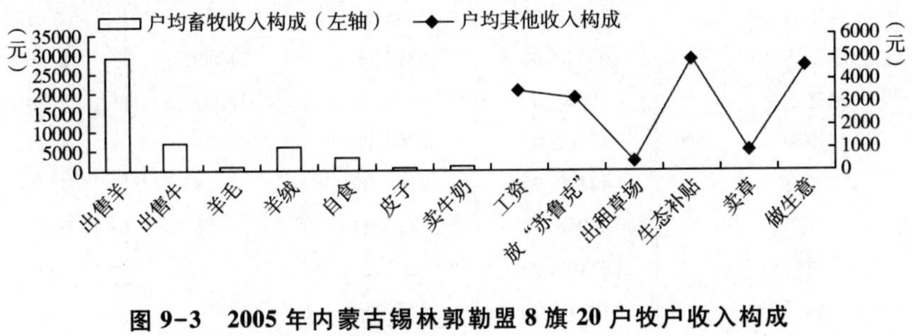

图 9-3　2005 年内蒙古锡林郭勒盟 8 旗 20 户牧户收入构成

资料来源：2006 年 4~5 月的调查。

从 2006 年调查中可以看出，2005 年的牧户收入开始呈现多元格局，利用社会资源的多少开始决定牧户收入的多少。由于收入构成复杂多元，在这里就以调查的20户牧户的总收入除以20户为户均总收入，2005年调查牧户户均总收入为64745元，户均总支出为65610.52元，实际大户的高收入掩盖了小户的低收入。

（二）牧户生活消费支出构成

在调查的8个旗20户牧户的生活消费支出中，粮食支出占生活消费支出的9.89%，日常杂用品及房屋维护费用在上升，排在了第一位，服装支出排在了第三位，这说明牧民的生活消费结构在发生变化，尤其是大户。排在第二位的是医疗卫生支出，占当年牧户生活消费支出的18.27%。对于这一消费支出的上升，牧民是这样认为的，由于休牧、禁牧项目的实施，牧户每天都要舍饲牛羊，和牛羊的频繁接触，使人畜共患的布式杆菌病流行。由于地方防疫站医疗设施差，牧民只好到其他地方去治疗，这就增加了医疗卫生支出。排在第四位的是教育支出，户均为2105元，占牧户生活消费支出的11.28%。牧户的户均通信支出占当年生活消费支出的6.72%，这说明牧户的信息获得渠道有所改善。牧户的户均燃料支出为720.50元，传统的燃料已不能满足牧户的使用需求（见表9-8）。

表9-8 2005年内蒙古锡林郭勒盟牧业8旗20户牧户生活消费支出汇总

单位：元，%

	总额	户均支出	在生活消费支出中的占比	在总支出中的占比
粮食	36917.00	1845.85	9.89	2.81
日常杂用品及房屋维护费用	106340.00	5317.00	28.49	8.10
医疗卫生	68200.00	3410.00	18.27	5.20
服装	55200.00	2760.00	14.79	4.21
教育	42100.00	2105.00	11.28	3.21
电	6958.62	347.93	1.86	0.53
通信	25100.00	1255.00	6.72	1.91
燃料	14410.00	720.50	3.86	1.10
出行支出	8000.00	400.00	2.14	0.61
其他支出	10072.00	503.60	2.70	0.77
总计	373297.62	18664.88	100.00	28.45

资料来源：2006年4~5月的调查。

从 2005 年牧户的生活消费支出与全年的总支出看，生活消耗占比不是很高，只占调查牧户户均全年总支出的 28.45%，2005 年牧户的总支出中所占比例较大的还是生产消费支出。

（三）牧户生产消费支出构成

2005 年锡林郭勒盟 8 旗 20 户牧户的生产消费支出中排在第一位的是买草的支出，占到 2005 年牧户户均生产消费支出的 27.32%，在 2005 年户均总支出中占 19.55%，户均支出达到了 12626.50 元。排在第二位的是买料的支出，在 2005 年的户均生产消费支出中占 16.63%，在 2005 年户均总支出中占 11.90%，户均支出为 7804.95 元。排在第三位的是机械维护和折旧支出，在 2005 年户均生产消费支出中占 12.74%，在 2005 年的总支出中占 9.12%，户均支出为 5982.31 元。排在第四位的是电费和燃油费，户均支出为 4524 元，在 2005 年生产消费支出中占 9.64%，在 2005 年总支出中占 6.90%。排在第五位的是雇工支出，户均支出为 3057 元，排在第六位的是打草和种地费用，户均支出为 2759.74 元（见表 9-9）。

表 9-9　2005 年锡林郭勒盟 8 旗 20 户牧户生产消费支出汇总

单位：元,%

	总额	户均支出	在生产消费支出中的占比	在总支出中的占比
买草	256530.00	12626.50	27.32	19.55
买料	156099.00	7804.95	16.63	11.90
租草场	38224.00	1191.20	4.07	2.91
雇工	61140.00	3057	6.51	4.66
防疫	38280.00	1914	4.08	2.92
打草和种地费用	55194.83	2759.74	5.88	4.21
机械维修和折旧	119646.21	5982.31	12.74	9.12
电费和燃油费	90480	4524	9.64	6.90
围栏折旧	30303.33	1515.17	3.23	2.31
棚圈、井、青贮窖折旧	53724.14	2086.21	5.72	4.09

续表

	总额	户均支出	在生产消费支出中的占比	在总支出中的占比
围栏棚圈井修理	26050.00	1302.50	2.77	1.99
利息	5982.00	299.10	0.64	0.46
苏鲁克上交	1500.00	75	0.16	0.11
其他	5759.33	287.97	0.61	0.44
总计	938912.84	46945.64	100	71.55

资料来源：2006 年 4~5 月的调查。

从上面生产消费支出的排序，也可以看出 2005 年环境政策介入，休牧、禁牧政策导致饲草料支出大增，户均草料两项支出就是 20431.45 元，占生产消费支出的 43.52%。环境政策介入前后调查牧户的生活消费支出和生活消费支出占总支出的比例见图 9-4。

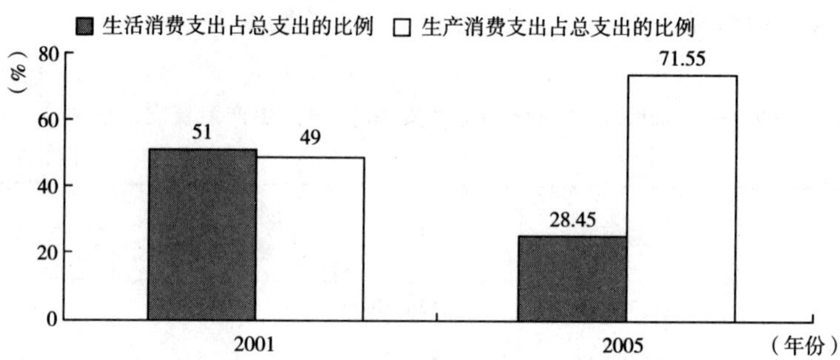

图 9-4　环境政策介入前后调查牧户的生活消费支出和生产消费支出占总支出的比例

资料来源：2006 年 4~5 月的调查。

同时由于圈养舍饲，牧民需要购买饲草料粉碎机、青贮设施和运输草料的拖拉机等，机械维修和折旧费用大增。运输、饲草料粉碎和饲草料种植，使牧户的电费和燃油费大增。由放牧改为舍饲，劳动力不足，雇工支出也在增加。环境政策介入后又开发了一些饲草料基地，牧户的打草和种地费用也在增加。

与 2001 年调查的 8 个牧业旗牧户的生产和生活消费支出比较，会发现环境政策介入以前牧户的生活消费支出超过生产消费支出，而在环境政策介入以后，牧户的生活消费支出开始缩减，生产消费支出大增，生产消费支出挤占了牧户的生活消费支出。

三　小牧户的生活和消费

家庭经济的市场化和生活水平的提高，表现为生活消费结构的改变和金融借贷行为的改变。

（一）鄂尔多斯乌审旗牧户付某一家 24 年的生活变化

2000 年付某全家全年食物支出仅为 5800 元，恩格尔系数从 1970 年的 0.36 下降为 0.16。其他生活消费大幅上升，2000 年的日用品消费为 2000 元，服装为 2500 元，医药费为 3000 元，礼金为 1000 元，旅游出行为 1000 元，教育费为 10000 元（见表 9-10、表 9-11）。在资金存贷方面，受生产生活消费迅速扩大和市场化超前消费意识的影响，2000 年时不但没有存款，还有外债，其中农村信用社贷款 500 元，亲友借款 3000 元，高利贷 3000 元（2004 年又增加到 4000 元）。

表 9-10　1983~2007 年典型牧区乌审旗牧户付某一家的生活消费变化

单位：元，%

年份	食物支出	医药费	电话费	礼金	旅游出行	教育费	生活消费总支出	食物支出占全年生活消费总支出的比例
1983	1600	100	0	100	100	100	2300	69.57
1990	2900	200	0	150	400	1000	5650	51.33
2000	5800	3000	0	1000	1000	10000	23300	24.89
2002	7500	3000	0	1200	1000	—	16700	44.91
2005	9000	4000	70	1000	800	—	18870	47.69
2007	9600	4000	150	1000	1000	—	19750	48.61

资料来源：2008 年 11 月、2009 年 6 月调查。

2007 年付某全家生活消费总支出 19750 元，与 2002 年相比只增加了 3050 元，主要增加在医药费、食物支出上，消费结构基本没有变化，扣除物价上涨因素，消费水平没有提高。

从付某一家历年的食物支出变化，可以看出食品支出不断增加，扣除物价上涨因素，面粉的支出在增加，肉食品在减少。付某是典型的蒙古族牧民，其饮食对牛羊肉的依赖程度非常高，2000 年，猪肉开始进入付某的家庭，对此付某解释为贫困所致。

表 9-11　1983~2007 年乌审旗牧户付某食一家物支出变化

单位：元

年份	面粉	日用品	牛肉	羊肉	猪肉	食物支出
1983	400	300	400	500	0	1600
1990	1000	500	400	1000	0	2900
2000	1500	2000	0	1500	800	5800
2002	2000	3000	0	1500	1000	7500
2005	2000	4000	500	1500	1000	9000
2007	2500	4000	500	1400	1200	9600

资料来源：2008 年 11 月、2009 年 6 月的调查。

（二）呼伦贝尔市鄂温克旗牧户乌某家的生活消费支出

2008 年乌某的家庭食品支出为 6840 元，自产的肉食没有计算在内。服装支出为 4000 元，教育费为 12000 元，医药费为 1000 元，燃料费及其他支出共 6260 元，生活消费总支出是 30100 元（见表 9-12）。

表 9-12　2008 年乌某家的生活消费支出

单位：元，%

	支出	在生活消费支出中占的比例	在总支出中所占的比例
面粉、大米及生活杂费	6040	20.07	8.78
肉食（自产除外）	800	2.66	1.16
服装	4000	13.29	5.81
教育费	12000	39.87	17.44
医药费	1000	3.32	1.45
电话费	1200	3.99	1.74
电费	960	3.19	1.40
房屋维护费	2000	6.64	2.91
燃料费	2100	6.98	3.05
总计	30100	100	43.75

资料来源：2009 年 8 月的调查。

乌某2008年的生活消费支出占总支出的43.75%，和2001年调查的牧业8旗牧户生活消费支出占全年总支出的51%相比有所下降，与2005年调查的锡林郭勒盟牧业8旗牧户的28.45%相比有所回升。其生活消费支出中教育费排在了第一位，食品支出排在了第二位，可见在牧区教育支出是制约牧民生活水平提高的一个非常重要的因素。

四 6个牧业旗62户牧户的支出结构（2009）

2009年调查各旗牧户平均生活消费支出为18117.17元，从高到低依次为新右旗、四子王旗、西苏旗、乌审旗、阿左旗、呼鄂旗，其中生活消费支出最高的新右旗为21672元，最低的呼鄂旗为13579元（见表9-13）。

表9-13 2009年调查牧户生活消费支出汇总

单位：元

	阿左旗	乌审旗	西苏旗	新右旗	呼鄂旗	四子王旗	平均
食品支出	1260	1170	2100	1574	1220	1679	1500.50
日用品支出	4500	5000	3500	4500	3000	4600	4183.33
医疗支出	580	470	672	319	881	298	536.67
教育支出	7800	10192	8777	11200	6700	9100	8961.50
燃料支出	900	540	1400	1200	800	1400	1040
其他支出	1432	670	2312	2879	978	3100	1895.17
生活消费支出	16472	18042	18761	21672	13579	20177	18117.17

资料来源：2009年、2010年的调查。

各旗调查牧户生活消费支出占所有调查牧户平均值的比，由高到低依次为新右旗119.62%、四子王旗111.37%、西苏旗103.55%、乌审旗99.59%、阿左旗90.92%、呼鄂旗74.95%（见图9-5）。

各旗调查牧户医疗支出占所有调查牧户平均值的比，由高到低依次为呼鄂旗164.16%、西苏旗125.22%、阿左旗108.07%、乌审旗87.58%、新右旗59.44%、四子王旗55.53%。各旗调查牧户的教育支出占所有调查牧户平均值的比，由高到低依次为新右旗124.98%、乌审旗113.73%、四子王旗101.55%、西苏旗97.94%、阿左旗87.04%、呼鄂旗74.76%。各

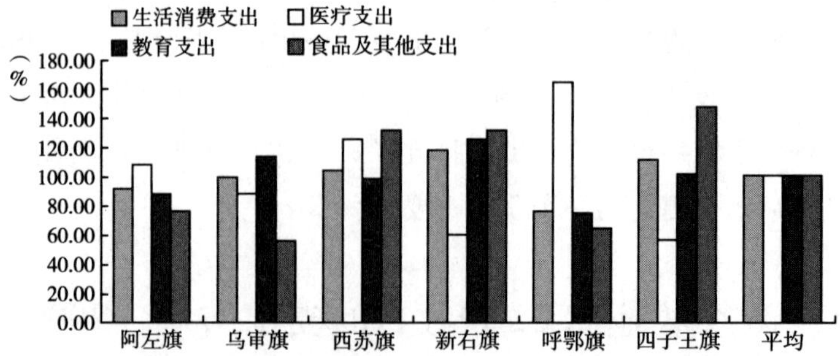

图 9-5　各旗调查牧户生活消费支出占所有调查牧户平均值的比

资料来源：2009 年、2010 年的调查。

旗调查牧户的食品及其他支出占所有调查牧户平均值的比，由高到低依次为四子王旗 140.74%、西苏旗 129.93%、新右旗 131.14%、阿左旗 79.28%、乌审旗 54.19%、呼鄂旗 64.73%。

调查的各个旗生产消费支出差距很大，生产消费支出最高的是阿左旗的牧户，为 30565 元（见表 9-14），这可能与禁牧和转产有关。生产消费支出最低的旗为呼鄂旗，为 10200 元，这里的牧户草场较小，没有受环境政策的影响，牧业经济属于自然经济，2008 年降水较多，草料可以自己解决，这可能是其生产消费支出少的原因。四子王旗和西苏旗属于半荒漠草原，又是休牧区，每年有 45~60 天的春季休牧，草料不能自己解决而需外购，这可能是其生产消费支出仅次于阿左旗的一个原因。新右旗属于典型草原，由于非牧户的原因，环境政策几乎对畜牧业没有影响，其生产消费支出低于平均值。乌审旗有牧户自己解决饲草料的历史，牧户草场面积不大，生产消费支出也不高（见图 9-6）。

表 9-14　调查牧户 2009 年生产消费支出汇总

单位：元

	阿左旗	乌审旗	西苏旗	新右旗	呼鄂旗	四子王旗	平均
草料支出	26580	9500	24000	14050	7500	26000	17938.33
兽医药支出	2205	1750	1657	1210	1800	1540	1693.667
其他生产支出	1780	800	1500	2100	900	2000	1513.333
生产消费支出	30565	12050	27157	17360	10200	29540	21145.33

资料来源：2009 年、2010 年的调查。

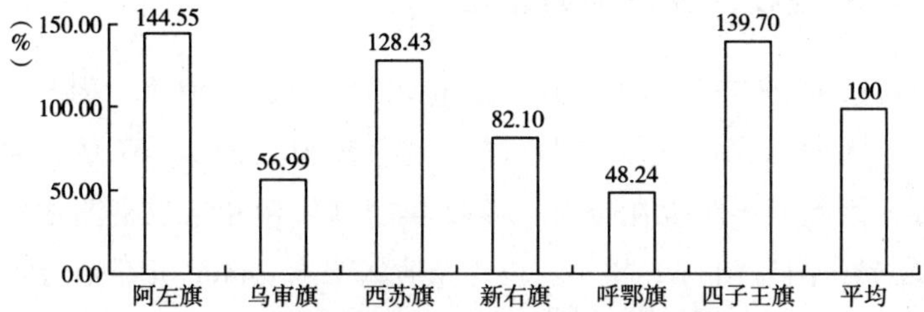

图 9-6　各个旗调查牧户生产消费支出占平均值的比

资料来源：2009 年、2010 年的调查。

从 2009 年调查的各个旗的生活消费支出和生产消费支出看，其构成非常复杂，这与各个地方的资源禀赋有关，又与环境政策介入程度有关，还与资源开发有关。所以完全从畜牧业经济的生产和消费去分析，很难能完全说明其间有时看起来自相矛盾的复杂现象：草场资源禀赋使其生产消费支出不同；环境政策介入又影响了牧户的生产消费支出，而有时实物性的生态补偿又可能增加牧户生活消费支出；矿产资源开发可能使当地牧户获益很少，但其巨大的财富集聚又可能拉动当地的消费使物价上涨，反过来限制牧户生活消费支出的增加。教育支出与牧民的生活水平有关，但又与当地牧民的观念有关。医疗支出的多少，与政府的公共社会服务有关，又与牧户的经济状况有关，就医率低不能反映牧户对医疗卫生的真实需求。总之，从以上现象看，2009 年牧区经济处于一种“混沌状态”，用纯粹的经济分析很难去解释，需要各相关学科认真研究。牧区牧民在过去的半个世纪里，随着生活社会环境和社会关系的变更，在消费领域方面经历了剧烈的变迁，反映了内蒙古牧区社会历史变革的一个重要侧面。也可以说传统的生活方式已经被另一种生活方式所代替了，后者在一定程度上保留的传统成分也在日益萎缩。[①]

五　牧户之间的收入差距在拉大

早在 1996 年东乌旗和阿巴嘎旗富裕户的调查中，就出现了收入差距问题。

① 那顺巴依尔：《内蒙古牧区消费模式变迁及其原因》，《内蒙古大学学报》（哲学社会科学版）2009 年第 4 期。

（一）典型牧区牧户间的差距

在东乌旗的98户牧户中，户均总收入为51110.556元，其中（收入）最大户总收入为400000元，是收入最小户15000元的26.67倍。同一个旗的不同苏木之间的差距也在拉大：1995年东乌旗额和宝拉格苏木户均收入为147500元，阿拉担合力苏木的户均总收入只有24400元，前者为后者的6.05倍。

1. 东乌旗调查最大户与最小户消费支出相差20倍（1995）

从调查牧户的总资产看，1995年调查牧户户均总资产为430750元，其中资产最大户为700000元，最小户为25000元，前者为后者的28倍。再从拥有的家畜头数看，1995年户均家畜头数681.65个羊单位，其中最多的户为1258个羊单位，最少的户为150个羊单位，前者为后者的8.39倍。从生活消费支出看，1995年户均生活支出为14666.667元，其中最大的牧户生活消费支出为40000元，最小的牧户生活消费支出为2000元，前者为后者的20倍。在草畜双承包10年后就出现了如此大的差距。

2. 典型牧区8旗25户牧户的收入差距（2001）

在本讲案例2002年调查的25户牧户中，税后有盈余的有8户，其中1户为贫困户，不纳税；最大的一户为东乌旗的一户牧户，税后净收入为42950元。

亏损的17户，其中最大的一户亏损40460元，亏损在20000元以上的有2户，亏损10000~20000元的有4户，亏损10000元以下的有11户（见图9-7）。

3. 苏尼特左旗巴彦塔拉嘎查28户牧民收入差距（2006）

据对苏尼特左旗巴彦塔拉嘎查28户牧民的随机抽样调查，2006年户均纯收入为8826.2元，人均纯收入为2398.4元。2006年，从总收入中扣除生产消费支出和生活消费支出以后，有盈余的只有8户，另外20户则仅限于维持生活，或者生活标准降低。但是，就是在这样一个嘎查里，牧户之间的收入差距也十分明显。现将这个嘎查2006年28户牧民纯收入从高到低排序，列表中间部分省略（见图9-8）。

收入最高的一户为102115元，最低的一户为-41857.5元。在28户中，有8户盈余，盈余总数为228382元。收入排前10%的牧户（3户）户

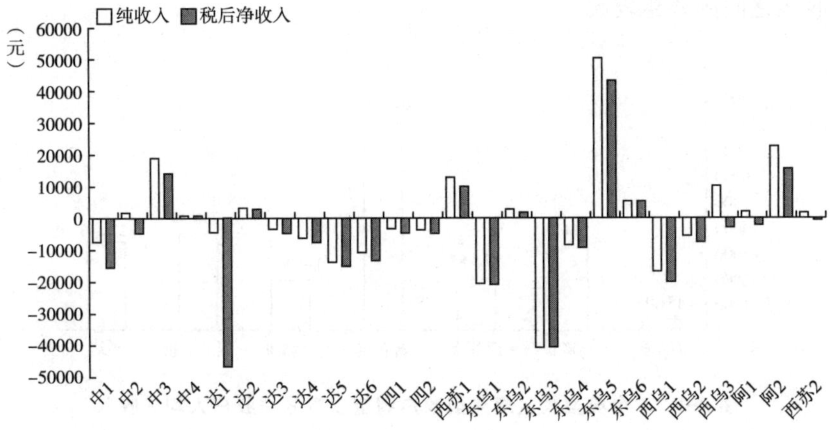

图 9-7　2001 年调研 8 旗 25 户牧户纯收入和税后净收入

资料来源：达林太、暴庆五、图雅、文明调查，2002。

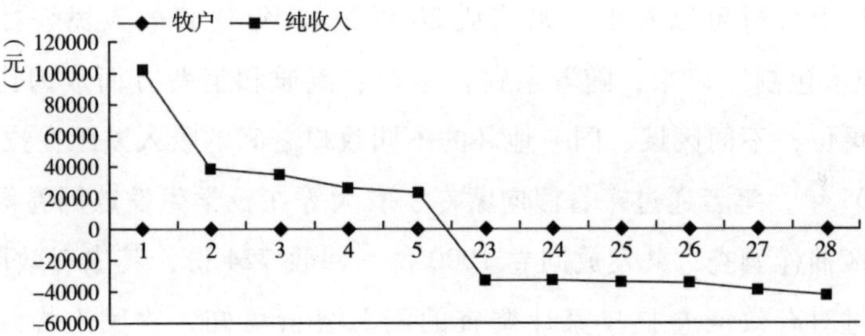

图 9-8　2006 年巴彦塔拉嘎查 28 户牧民户均纯收入

资料来源：2007 年调查。

均净储蓄为 58308 元，占盈余总数的 76.60%；收入排后 10%的牧户（3 户）户均亏损 38328 元，3 户的亏损数占亏损总数-463069 的 24.83%。收入悬殊，牧业大户的高纯收入掩盖了贫困户的低收入。

（二）不同典型牧区之间牧户的差距（2009）

据 2009 年调查 6 个牧业旗牧户调查资料分析，6 个牧业旗的平均人均纯收入为 3274.46 元，最高的旗为新右旗，人均纯收入为 8073.13 元，最低的旗为阿左旗，人均纯收入为 451.05 元（见图 9-9）。调研的 6 个旗，有 4 个旗的人均纯收入低于平均人均纯收入，可见不同牧业旗的牧民人均纯收入之间的差距较大。

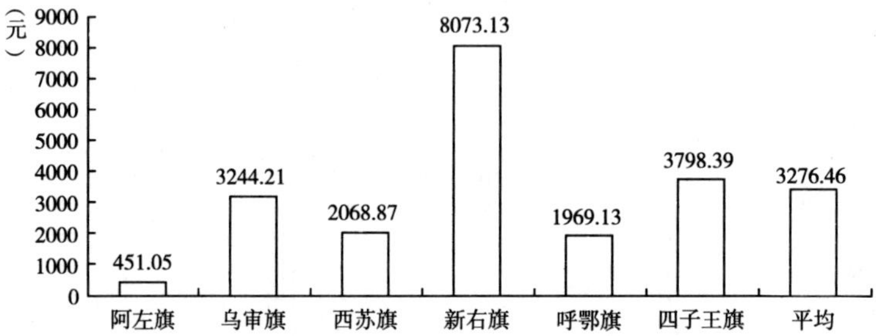

图 9-9　6 个典型牧区旗典型牧户调查以旗分类牧户人均纯收入

资料来源：2009 年、2010 年调查。

从区域经济发展看，地区间经济发展很不平衡，收入差距明显增大，最高的旗县与最低的旗县相差近 7 倍。[①]

从以上分析可以看出，尤其从 20 世纪 80 年代解散人民公社和实施“草畜双承包制”以来，随着家庭在生产、流通和消费方面成为比较独立的基本单位，不同区域、同一地区的不同牧户之间的收入差距在拉大。

2005 年，笔者通过寒暑假向蒙专、农大等在校学生发放问卷等形式对典型地区抽样调查，共发放问卷 1000 份，回收 724 份，其中有效问卷 642 份。通过对有效问卷牧户家计调查的汇总分析可知，牧民人均纯收入较低。畜牧业经济呈超萎缩态势发展。[②]

六　总结与讨论

本讲对牧民生活的描述建立在多次牧户调查的基础上，并且试图从生活消费支出结构与生产消费支出结构的变化揭示牧民生活的某些变化。由于没有能力做覆盖面更广、连续时间更长、内容更详细的案例调查，以上分析的近十几年来在不同时空的六个牧区牧户调查案例，尽管相互之间缺乏严密的

① 内蒙古自治区农牧业厅农牧业经营管理站，2004。

② 达林太：《制度和政策的历史演变对内蒙古草原环境的影响》，载郑易生主编《中国环境与发展评论》第 3 卷，社会科学文献出版社，2006。

关联，但是其提供的信息已经超越一般统计带给人们的信息。

（一）生产开支巨大影响了社会消费

牧民的生产消费支出以极快的速度增加，而接近或超过一半的部分是外购草与饲料，这是相当多牧民生活困难的主要根源。这一态势还意味着草原畜牧业已经或正在演变为一种混合型、在一定程度上“两头在外”的变异式畜牧业。

（二）教育刚性支出使牧民生活风险增加

以教育支出为代表的刚性大宗消费支出的出现使牧民的生活水平、生活方式，甚至生产消费支出安排产生了一系列难以阻挡的大变化，牧民生活风险在增加。

第十讲　内蒙古草原牧区的民间融资问题

金融改革提出银行商业化，对银行自身来说是正确的、无可厚非的，但是，对于中国八亿多农民来说，农业金融部门的商业化显然是如何“退出三农”的问题。[①] 银行部门转向商业银行体制以后，真正导致农村金融严重萎缩的原因是过于“现代”的商业银行信贷管理体制无法适应农村复杂的财产关系。银行转型的“快变”与农村财产制度的“慢变”是造成农村金融萎缩的一个主要原因。[②] 由于畜牧业生产边际效益递减，商业性金融资本从20世纪90年代起远离牧区和牧业。畜牧业生产的天然弱质性和低效益以及给放贷的方式（贷款抵押保证）限制了牧户从正规金融机构获得贷款。与此同时，劳动分工的深化和牧区市场化进程的推进，使牧户对金融服务的需求强度越来越大，在这样的背景下就出现了内蒙古牧区的民间融资。

一　改革开放以来的牧区民间融资

随着中国农村家庭联产承包制的实行和农村经济的发展，已有的农村金融组织已不能满足农村经济发展对资金的需求，1983年有的地区已开始尝试建立农村合作基金会。1984年中央一号文件《关于一九八四年农村工作的通知》明确提出：“允许农民和集体的资金自由或有组织地流动，不受地域限制。”1985年中央一号文件《关于进一步活跃农村经济的十项政策》提出“放活农村金融政策，提高资金的融通效益”。1986年中办发27号文件《关

① 根据2006年在人大农村发展中心召开的农村合作社会议温铁军发言录音整理。

② 陈锡文、赵阳、陈剑波、罗丹：《中国农村制度变迁60年》，人民出版社，2009，第269页。

于清理农村集体财产的意见》对此予以有条件的认可："近年来，一些农村合作经济组织把集体闲置的资金集中起来，采用有偿使用的办法，用于支持本乡、本村合作经济组织和农户发展商品生产。这种办法只要不对外吸收存款，只要在内部融资，应当允许试行。"[①] 1987 年中央五号文件《把农村改革引向深入》进一步指出："一部分乡、村合作经济组织或企业集体建立了合作基金会；有的地方建立了信托投资公司。这些信用活动适应发展商品生产的不同要求，有利于集中社会闲散资金，缓和农业银行、信用社资金不足的矛盾，原则上应当肯定和支持。"这一精神推动了各地农村合作基金会等新的农村金融组织的成立和发展。[②] 内蒙古牧区在 1985 年以后相继成立了苏木牧经站，将原来的集体财产和牲畜作价款全部收到了苏木牧经站，每个苏木的牧经站都有几百万元的现金存款。也就是在这一时期，牧区出现了大办乡镇企业的高潮。东苏旗 20 个嘎查联合建成日屠宰 1000～2000 只羊的屠宰场，牛羊统一收购的政策，使厂子被食品公司收购，乌拉特中旗乌兰苏木，办起了五个集体企业。[③] 由于缺乏规范的管理和制度，苏木的乡镇企业存活的很少。1999 年 1 月 8 日，国务院发布了《国务院办公厅转发整顿农村合作基金会工作小组清理整顿农村合作基金会工作方案的通知》，正式提出取缔农村合作基金会，内蒙古牧区苏木牧经站相继解散，留下了很多隐患，有的牧区旗县利用牧经站以牧民入股方式吸纳的牧民股金至今没有归还。多的情况下一个苏木可达户均 20000 多元。

由于生产和生活消费规模小，牧户借款多以短期周转用的小额资金为主。由于牧户难以从正规金融机构获取贷款，大多向亲友借贷，或向上游小商户赊购，或向高利贷主借款。牧民发展生产的中长期资金需求无法得到满足，制约了畜牧业的发展。这样看来资金方面的互助合作非常重要。

二　信贷缺失对牧区牧民发展的影响

央行 2008 年 9 月 19 日发布的《中国农村金融服务报告》指出，农村

---

① 张晓山、李周主编《新中国农村 60 年的发展与变迁》，人民出版社，2009，第 329 页。

② 张晓山、李周主编《新中国农村 60 年的发展与变迁》，人民出版社，2009，第 330 页。

③ 赵真北：《内蒙古地区的民主改革》，内部资料，1994。

金融是我国金融体系中的薄弱环节，仍存在不少的困难和问题。涉农涉牧金融机构主要有农村信用社、中国农业发展银行和农业银行3家。然而，由于商业银行的战略转移，实际上，在农村牧区只有农村信用社一家金融机构在服务“三农”。

（一）乌兰察布市牧区和半牧区的金融支持状况

乌兰察布市是内蒙古中部的一个市，其主要产业以建材加工、电力、化工为主，农副产品加工也是乌兰察布市非常重要的产业。全市有一个纯牧业旗、两个半牧业旗，2010年中国人民银行乌兰察布市支行对其属下的一个纯牧业旗和两个半牧业旗的金融财政状况进行了调研。

从图10-1可以看出，乌兰察布市一个纯牧业旗四子王旗和两个半牧业旗察右中旗、察右后旗的牧业贷款余额逐年上升。其中四子王旗2000年、2005年、2008年的牧业贷款余额分别为0.43亿元、1.13亿元、1.84亿元。另两个半牧业旗2000年、2005年、2008年的贷款余额分别为0.063亿元、0.19亿元、0.46亿元。牧业贷款余额上升说明牧业的资金需求在增加。

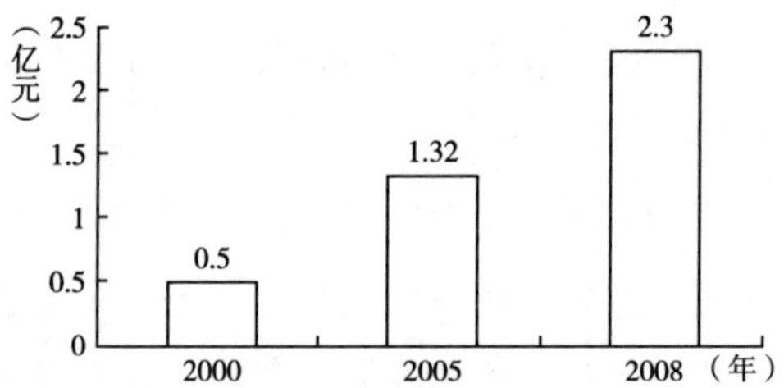

图10-1　2000年、2005年和2008年乌兰察布市一个纯牧业旗和两个半牧业旗牧业贷款余额

资料来源：中国人民银行乌兰察布市支行，2010。

比较2008年这三个旗的全部贷款余额和牧业贷款余额，发现牧业贷款余额只占这三个旗全部贷款余额的6%，可见牧业贷款余额的比例还是比较小的（见图10-2）。

三个旗设在苏木（乡镇）的金融机构网点数量呈逐年减少的态势，2000年三个旗设在苏木（乡镇）的金融机构网点数量为88个，其中农村

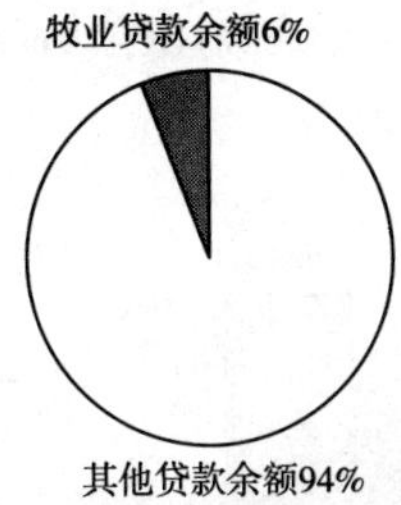

图 10-2　2008 年乌兰察布市三个旗牧业贷款余额和其他贷款余额的比例

资料来源：中国人民银行乌兰察布市支行，2010。

信用社数量为 61 个；2005 年下降到 68 个，其中农村信用社数量也缩减到 54 个；2008 年设在苏木（乡镇）的金融机构网点数量下降到 56 个，其中农村信用社数量也缩减到 41 个（见图 10-3）。从一个纯牧业旗和两个半牧业旗金融机构网点数量的缩减可以看出，金融对牧区的支持也在缩减。

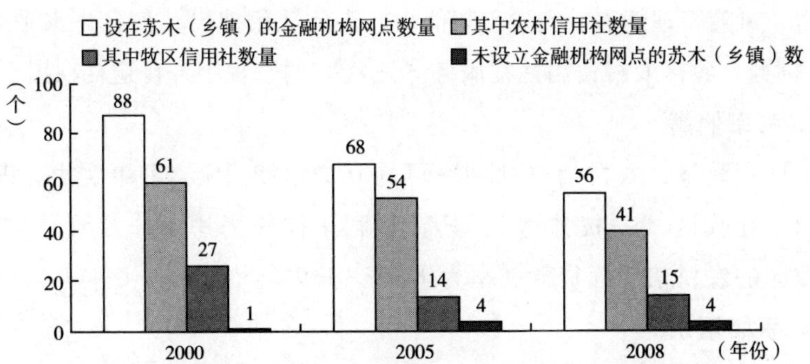

图 10-3　2000 年、2005 年和 2008 年乌兰察布市一个纯牧业旗和两个半牧业旗的金融机构网点变化

资料来源：中国人民银行乌兰察布市支行，2010。

2008 年乌兰察布市三个旗开始引入农业保险机制，从图 10-4 可以看出，牧业的各项指标都低于农业。

以纯牧业旗四子王旗为例，农业保险保费收入为 13.8 万元，牧业保险保费收入为 55.55 万元。其中牧业保险保费财政补贴是 46.39 万元，农业保险理赔额为 2.4 万元，牧业保险理赔额为 4.3 万元。对一个纯牧业旗来

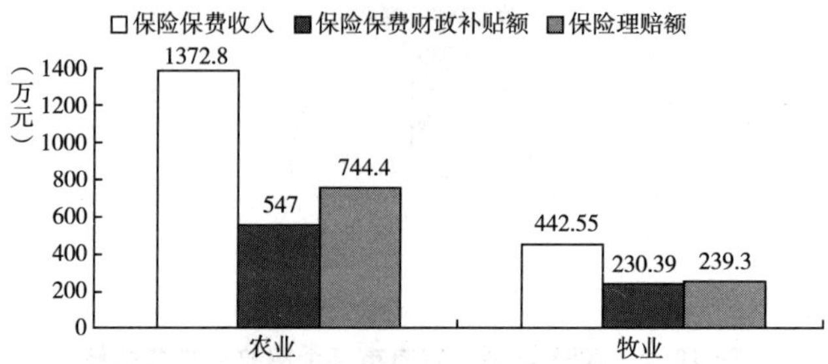

图 10-4　2008 年乌兰察布市牧业三旗保险保费收入、保险保费财政补贴额、保险理赔额

资料来源：中国人民银行乌兰察布市支行，2010。

说，以上保险机制还是相当薄弱的。

（二）牧区金融存在的主要问题

产权不明晰、法人治理结构不完善、管理责任不落实等制约农村信用社作为金融企业法人发展的核心问题都还没有从根本上解决。农村信用社核心竞争力、风险管理能力、金融创新能力、人才队伍建设、信息化水平亟待提高。[①] 因此，牧区农村信用社在服务“三牧”的过程中，普遍存在以下问题。

1. 利率偏高

按国家政策，农村信用社利率可为 0.9%～2.3%，可事实上，基层信用社由于在牧区“一枝独秀”，其贷款利率往往采用了一浮到顶的做法，部分牧区的农村信用社贷款利率为 1.5%～1.9%。

2. 手续繁杂

一般而言，在农村信用社办一笔贷款，最快也要两至三天，长的一个星期甚至更长时间。对于急需资金的牧户而言，在颇费时日的银行贷款与立等可取的民间融资之间，多数借款人更愿意选择民间融资。

3. 服务方式僵化

信贷种类少、金额小、期限短、不够灵活是农村信贷的主要弊病。在牧区，大部分农村信用社支牧主要体现为投放为满足生产周转的 5000 元以内的小额农贷。事实上，对于牧民为发展生产或经办企业需要的大笔资

① 郭家万主编《中国农村合作金融》序言，中国金融出版社，2006。

金，农村信用社却因惧怕风险与超过限定额度而不敢发放，对于牧户急需的子女上学、修建房屋等消费性信贷需求，农村信用社却因没有相关的政策而不能投放。此外，借款期限固定，期限一般限定在一年之内，与牧户所需资金的周期不是很吻合。

4. 缺少风险投资的意识

农村信用社作为经营货币资金的特殊企业，不可避免地存在经营风险。而牧区农村信用社基本采取的是零风险的管理理念，贷款风险与信贷员挂钩、终身责任制严重影响了信贷人员的放贷积极性。牧业作为一项弱质产业，受自然条件等多方面因素的影响，存在一定的风险是正常的，牧业产业化同样存在一定的风险。由于牧区的担保机制并不十分健全，贷款人不可能像城镇居民一样找到有工资收入的担保人，过分强调贷款的安全性对贷款的覆盖面会产生一定的影响。

（三）从微观看金融缺失对牧区发展的影响

2006年4月至5月上旬一个多月的时间里，笔者先后两次到锡林郭勒盟的8个旗调研，深入30多户牧民家对70多人进行访谈。主要询问了他们的生产生活状况及对牧区生态环境恶化、牧民贫困等问题及其原因的看法等。调查结果显示，只有7.3%的牧民有存款，79.4%的牧户尚有没还清的贷款，29.3%的牧民借了高利贷，94%的牧民把畜产品卖给了当地的二道贩子，11.7%的牧民曾向当地二道贩子贷过高利贷。对于牧户们联合起来将畜产品一起卖给加工企业，98.4%的牧民认为比单个牧户出售的价格要高；31.4%的牧民觉得联户出售畜产品有困难，原因是牧民常常在购买草料、看病和逢年过节的时候缺钱，可又从商业银行借不到贷款，只好找高利贷主借款，而后只得将畜产品交给高利贷主处置。

从图10-5可以看出，25户牧户中，2001年就有18户贷款，其中从农村信用社贷款的有17户，从高利贷主处贷款的有5户。从农村信用社贷款的17户中有4户贷了高利贷，其中最低的利息是5分，最高的利息为7分。农村信用社存在向牧户贷款的同时扣利息的不规范现象。如西乌旗牧民特木勒家2001年贷一年期1000元，贷款时就扣70多元的利息。又如达茂旗牧民敦德布家贷1500元，当时就扣利息28元，同时每500元还扣10元作为交通费，共计30元。调查的25户牧户中，农村信用社对他们的存款很少有支付利息的，据说这是当时牧区的行规或潜规则。①

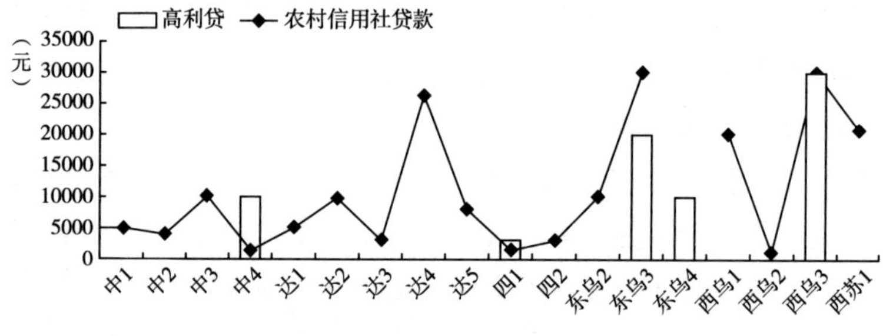

图 10-5　2001 年内蒙古牧区 8 个旗 25 户牧户的贷款状况

资料来源：根据 2002 年 4~5 月的调查情况绘制。

从 2009 年调查的内蒙古牧区 6 个旗 62 户牧户的贷款状况（见图 10-6）分析，由于有 2 户的调查资料缺失，60 户牧户中有贷款的户数是 47 户，占访问牧户的 75.81%。其中从农村信用社贷款的有 25 户，占访问农户的 40.32%，从高利贷主处贷款的有 22 户，占访问农户的 35.48%。户均农村信用社贷款为 6454.72 元，户均高利贷贷款为 5613.64 元，高利贷利息为 3~7 分不等。农村信用社贷款大部分用于生产消费，高利贷贷款大部分用于教育和医疗卫生支出。从这里看到高利贷在牧民告贷无门的时候，又起到了现实的保险作用。

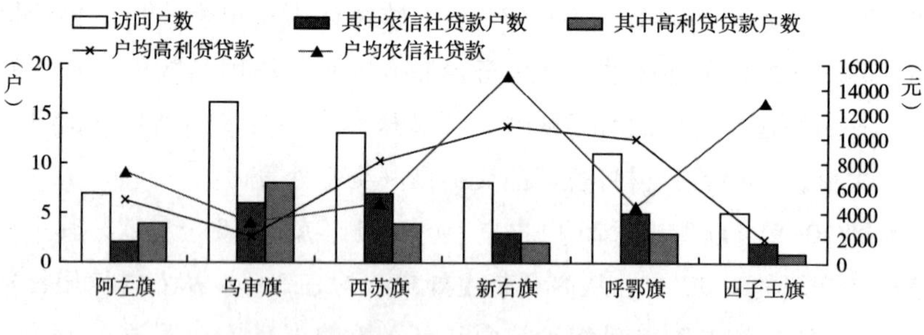

图 10-6　2009 年内蒙古牧区 6 个旗 62 户牧户贷款状况

资料来源：根据 2009 年、2010 年调查结果绘制。

① 《达林太调研笔记》，对牧区 8 个旗 25 户牧户调研，2002。

当没有牲畜的贫困户不能偿还高利贷时就用自己承包的草场使用权来抵债。放贷者接手抵债的草场后，往往超载过牧，造成草场迅速退化。有牲畜的牧民借了高利贷以后，在规定期限内不能还钱的，放贷者就以很低的价格拿走借款人的羊和羊绒，实际上就是拿走了畜牧业的利润。还有的牧户家庭在生产生活和过年过节急需用钱时，往往会低价出售畜产品。针对这些情况，也有牧民尝试搞一些互助基金，为贫困户发放救济扶贫贷款，但很难有效地解救已陷入高利贷陷阱的贫困户。互助基金为急需用钱的牧民解了燃眉之急，使牧民能够等到价格较高时再卖需要卖的畜产品。苏尼特左旗塔木其生态恢复牧民合作组织，也筹划建立互助基金，帮助牧民解决高利贷问题，帮助牧民降低自然灾害和市场风险的损失，解决一家一户难以应对的问题。

2009 年 5~8 月，笔者通过问卷调查了解了牧户对牧区金融保险服务内容的需求强度。问卷调查表分列了 7 项服务内容，要求牧民按迫切程度排序，最迫切的序号为 1，依次类推。然后把序号分类加总，再除以调查表张数，即得到每项服务的平均序数。数字越小，表明迫切性越高。通过以上方法对阿拉善盟、呼伦贝尔市、鄂尔多斯市的 59 户牧民进行了调查，结果排在需求第一位的是如何获得贷款，其次依次为牧业保险、获得贷款的信息、还款周期、贷款额度、生产贷款、利率。这说明牧区牧民最需要得到支持的是信贷。

牧区提供信贷的正规金融机构有农村信用社、农业银行、中国农业发展银行、邮政储蓄银行。金融体制改革之后，农业银行作为国有商业银行，其市场定位发生了根本的变化，业务范围与其他国有商业银行无异，已经完成了从农村到城市、从农业到工商业的转变。农业银行大范围撤并县域内的机构网点，严格限制贷款权限，只存不贷，导致农村资金流向城市。

1994 年 11 月 18 日，中国农业发展银行在北京正式挂牌。中国农业发展银行被确定为“国务院直属的政策性金融机构”，业务上由中国人民银行指导。中国农业发展银行是农村金融体制改革进程中政策性金融与商业性金融分离的产物，它主要履行政策性银行的职能。2004 年，中国农业发展银行对业务范围做了较大调整，在保障以粮棉油收储为主体的业务的同时，增加对农业产业化龙头企业、加工企业短期流动资金贷款以及农业、农村基础设施建设的中长期贷款。由于中国农业发展银行的业务不直接涉及牧户和牧区中的小工商户，业务范围狭窄，其信贷业务在牧区几乎没有覆盖面。

邮政储蓄银行的运营特点是吸收牧区储蓄资金，将储蓄资金转存中央银行，以转存利率与吸储利率的差额作为收益来源。只吸储、不放贷。2003年以来，中国人民银行调整邮政储蓄的转存款政策，下调存款利率，推动邮政储蓄将吸收的资金投放市场。为了适应2005年中央一号文件的新要求，以前只存不贷的邮政储蓄开展了小额贷款业务。邮政储蓄近年来开展定期存单小额质押贷款业务试点，试图按照商业运作原则引导邮政储蓄资金回流农村。邮政储蓄改名为邮政储蓄银行之后，其着力点在于增加金融服务的项目与范围，内蒙古牧区苏木（乡镇）级网点尚未开展放贷业务。

农村信用社是金融支牧的主要机构，2000年以来，内蒙古农村信用社涉农贷款所占比例呈下降态势，其中牧区经济组织和牧户贷款呈负增长。以前农村信用社曾经在基层广泛设立网点，随着20世纪90年代中期之后的金融改革，苏木（乡镇）以下网点基本取消，同时基层网点的贷款权上收，镇级营业网点不具备审批权，其主要功能变成吸储。

牧区金融交易具有分散、小额的特点，导致金融运营成本高昂；正规金融机构获取信息的成本过高，不了解借贷者的风险特征、还款意愿，无从监督贷款的使用。信息不对称导致贷款风险增加，抵押和担保成为正规金融机构的贷款过滤机制；尚未建立信贷风险转移、分担和补偿机制，如牧区担保机构缺位、牧业保险滞后、牧区草地及其地上附着物不能充当抵押财产。这些都成为牧民取得贷款的障碍。

三　内蒙古牧区融资方面的互助合作

过去小额贷款机构多半由国际组织或政府主办，所有权本来就不够明确。到底谁对这笔钱负责，亏损时经营者承担什么责任，盈利时又如何奖励，都没有明确规定。特别是被委托的代理人是否具有明确的权限，能否独立负责地做决定并承担责任，如何去监督也不明确。如果允许私人资本进入，监督问题就不存在了，所有权问题可以比较彻底地解决。目前，中央政策已经放宽了对所有权的限制，规定各种所有制资金都可进入农村金融市场，不过具体办法还没有出来。①

① 茅于轼：《中国的小额信贷为什么失败了》，《同舟共济》2007年第9期。

（一）中国非政府小额信贷的现状

2009年，有二三百家非政府小额信贷组织活跃在全国各地，小额信贷概念至少在实践上是有多重性的。它不仅仅指孟加拉国的GB模式或印尼、拉美模式，这种模式的项目在我国大多数由国际机构来组织，由政府通过农行和农村信用社运作，也有一些项目是由政府和国际机构或非政府组织共同运作的。表10-1是2005年小额信贷组织类型与模式统计。

表10-1　2005年小额信贷组织类型与模式统计

单位：个，%

	机构数目	小额信贷模式		
		小组模式	个人贷款	小组或个人贷款
妇联	23	13	7	3
中国扶贫基金会	4	4	0	0
幸福工程	4	4	0	0
中国国际技术交流中心	14	12	1	1
联合国儿童基金会	28	25	3	0
联合国人口基金	3	2	1	0
世界宣明会	9	7	1	1
中国社科院扶贫经济合作社	3	3	0	0
其他	16	12	3	1
有效问卷	104	82	16	6
占比		78.85	15.38	5.77

资料来源：王曙光、乔郁等：《农村金融学》，北京大学出版社，2007，第312页。

内蒙古赤峰市昭乌达妇女可持续发展协会就是一家扶贫发展的小额贷款协会，它的前身是赤峰市妇联的项目办。1998年，赤峰市妇联借助实施联合国开发计划署（UNDP）项目开始了小额信贷扶贫工作。2001年1月，根据小额信贷发展需要，由中国国际经济技术交流中心、赤峰市妇联共同发起成立了赤峰市昭乌达妇女可持续发展协会。利用国内外资金和其他支持，向贫困妇女提供小额信贷独立开展扶贫工作，贷款对象100%为贫困妇女。截至2009年已有资产1270多万元，已累计发放小额信贷1.15亿元，还款率接近100%，机构自负盈亏率达到110%以上。已有2万多户8万多口人受益，增加纯收入1亿多元。协会先后实施了联合国开发计划署、世界银行、日本政府、尼日利亚信托担保银行、瑞士乔治费歇尔“洁净水源”基金会等项目。①

在贷款模式上，其借鉴了格莱珉银行等模式，根据贫困人口和贫困地区的特点，开发了适合当地情况的信贷产品，如小组联保、整借零还、市场利率、项目自选、中心会制度等。在组织形式上，由贷款妇女自愿组成5人小组，2~7个小组组成一个贷款中心，通过民主选举产生小组长和中心主任，形成贷款妇女的自我管理组织。妇女从事的创收项目、贷款额度、还款地点和具体时间都由小组和中心确定，贷款的发放和回收都在中心会上公开进行。

（二）非政府小额信贷对牧区的发展杯水车薪

小额信贷被认为具有扶贫和改善金融机制（特别是针对农村地区）的双重功效。目前对于小额信贷的研究重点主要是小额信贷的机制（和不同模式的对比）以及小额信贷的可持续性问题。在现有研究成果中，小额信贷的扶贫作用已经得到普遍的认同，只是对具体的作用机制进行的详细研究还较少。

在扶贫领域，脆弱性是一个很重要的概念。如国务院2003年发布的《中国农村扶贫开发概要》分析中国贫困现状时首先指出，“由于自然条件恶劣，社会保障系统薄弱和自身综合能力较差等因素，目前已经解决温饱问题的贫困人口还存在很大的脆弱性，容易重新返回到贫困状态”。“脆弱性”概念引用自生态学，生态系统的脆弱性是指“（被研究的）生态系统或区域在干扰的压力下，其结构组成与功能发生变化，并向不利于自身的方向发展”，并且这种趋势具有很强的持续性。在扶贫领域，与具有脆弱性的生态系统相类比的是贫困农牧户不稳固的生计系统。②

杜晓山和吴国宝等对2002年由政府、银行和非政府组织运作的10个小额信贷项目进行研究时指出，小额信贷“在一定程度上缓解了贫困户在遇到天灾人祸时告贷无门的窘境”③。不是所有的贫困户都得到了贷款，贷款户以中等户为主，在三种情况下贫困户可能被排除在项目之外。一种是

① 《达林太调研笔记》，霍桂林在牧区可持续发展会议发言整理，2009。

② 刘燕丽、左停、齐顾波：《小额信贷缓和农户脆弱性的实证研究》，《农村经济》2008年第4期。

③ 刘燕丽、左停、齐顾波：《小额信贷缓和农户脆弱性的实证研究》，《农村经济》2008年第4期。

贫困户自己担心还不起，不愿贷；另一种是想贷，却找不到担保人；还有一种情况是小额信贷机构主动排除他们。不过贫困户当中，还是担心自己还不起的占大多数。

刘燕丽、左停、齐顾波三人在《小额信贷缓和农户脆弱性的实证研究》中指出，在对赤峰市 6 个村子的调查中发现有 3 个村子贷到了小额信贷，以村为单位参与率超过了 50%，可以认为，小额信贷已经是农牧户的主要信贷来源。但是他们的门槛高，最贫困的农牧户尚不是主要的服务对象。该文又指出，小额信贷是通过缓解农牧户的脆弱性来发挥其作用的，农户的脆弱性是引发贫困的重要原因，并且动态地存在于农牧户的生计系统之中。小额信贷通过发挥农牧户的主动性有效地规避脆弱性。①

但真正能为农牧民服务的小额信贷机构目前还没有，牧民的小额资金互助目前尚没有成功的案例。

四　民间融资对内蒙古牧区宏观经济的消极影响

民间融资使部分社会资金需求由显性化转为隐性化，民间融资影响货币政策决策，民间融资影响广义货币构成。货币管理监管部门依据的市场信息不全面，其所做出的宏观决策必然不够准确，会影响一国整体金融信息的准确性。同时，民间融资影响货币政策的执行效果。从总量上看，中央银行只能调控银行体系内的流动性，以民间融资这种形式组织起来的巨额资金处于中央银行调控范围之外，削弱了宏观调控效果。从结构上看，民间融资不利于国家产业政策的落实，加大了地区产业升级、区域经济结构优化难度。

以鄂尔多斯为例，鄂尔多斯行业投资相对集中，潜在风险较大。统计资料显示，截至 2008 年 9 月末，鄂尔多斯市房地产企业达到 283 家，施工面积达到 1011 万平方米，同比增长 47.7%；房地产开发投资 125.8 亿元，同比增长 90.6%。据调查，其投资资金的 50%左右来自民间借贷。近年，鄂尔多斯地区房价持续上涨，2008 年 6 月末商品住宅均价已达到 3260 元/m^2，比呼

① 刘燕丽、左停、齐顾波：《小额信贷缓和农户脆弱性的实证研究》，《农村经济》2008 年第 4 期。

和浩特市高近300元/㎡。房地产业是较为典型的周期性行业，在经济下滑期存在较大风险。在波动的经济周期中，资金链一旦断裂，极有可能出现连锁反应，波及地区金融秩序的稳定。

“民间借贷的繁荣最直接的后果是钱的流动性好，这样所有人都觉得有钱了。比如，你手里有一毛钱，你存起来就是一毛，一年后还是一毛。如果你借给我，我再放贷给你朋友，我们三人都有使用这一毛钱的机会了。”一位鄂尔多斯兼职民间借贷的放款人这样描述民间借贷的好处和给资金提供者、庄主以及贷款者三方带来的利益。

但是其中颇有一些值得玩味之处，资金提供者、庄主以及贷款者可以说是一个借贷链，资金再转手后本身并没有升值，三方同时挣到钱，那么就出现了一个问题：升值出来的钱最终谁来买单？调查者给这位放贷人算了一笔账，资金提供者拿出100万元以2分利息贷给地下钱庄的庄主，然后庄主以3分的利息再转贷给地产开发商，开发商因为房子是贷款建造的，将建好的楼房每平方米提价1000元。最后，资金提供者一年挣24万元，庄主赚12万元，开发商将楼房售出后得到其应有利益。在这个借贷链当中，似乎三者都赚钱，似乎谁也没有吃亏，但是问题就出现在最后一环，开发商建好的楼房卖给了谁？如果由资金提供者来买的话，那么最终的结果就是皆大欢喜，但是如果借贷链之外的人购买100平方米的房子，他必然要额外支出10万元。也就是说，普通民众为借贷链中的三者利益买了单。

其中还有一些值得玩味之处，资金提供者、庄主以及贷款者可以说是一个资金链，这最后一个环节——贷款者所经营的产业，例如房地产，以高成本借贷经营，如果不能以高价卖出，房地产商就面临崩溃的危险，房地产商还不了贷款，整个资金链条就会断裂。也就是说，高成本的民间借贷比通常的资金链条蕴含着更大的金融风险和经济泡沫。牧民借高利贷的风险也是一样的，只是牧民更承受不了家庭经济崩溃的打击。所以，有学者说，由于利率高昂，地下借贷将是长期影响经济健康发展的“抽血机”。

2009年税务部门对从事民间融资的机构主要采取定额征收的管理办法进行征税，按照这种办法税务机关只能收缴已在工商部门注册的公司的税款。对一些虽然从事民间融资但未在工商部门注册的机构、个人则无法征税，造成税收流失。另外，一些机构在许可经营范围之外从事民间融资活动，其借贷行为具有隐蔽性，形成实质上的偷税，税务机关难以根据民间融资的业务量准确核定税额。

2008 年 10 月十七届三中全会通过的《中共中央关于推进农村改革发展若干重大问题的决定》指出，农村金融是现代农村经济的核心。该决定明确提出将农村金融列为现代农村经济的核心，要建立现代农村金融制度。“加大对农村金融政策支持力度，拓宽融资渠道，综合运用财税杠杆和货币政策工具，定向实行税收减免和费用补贴，引导更多信贷资金和社会资金投向农村。”资金互助组织作为农民内部衍生出来的合作金融组织具有适合农民信贷需求的鲜明特点，有利于挤压具有高风险、破坏性大的非法金融在农村的生存空间，有利于探索建立产权明晰、监管有力的农村新型金融体系。

五　总结与讨论

民间融资是一把“双刃剑”：在弥补金融机构信贷不足、加速社会资金流动的同时，也对宏观经济运行和调控产生了一定的影响，对牧民的生产生活产生了巨大的负面影响。“高利率，高成本，高价格，高利润”，高来高去，水涨船高。利率高没关系，特别是在经济高涨、产品旺销的时期，许多实业家都这样说。但农牧民从来不敢这样说，因为农牧业是弱质产业，没有办法水涨船高，先天就不能承受高成本借贷，一旦陷入高利贷陷阱，就可能倾家荡产。有的牧户家庭在生产生活遇到困难或过年过节急需用钱时，往往去借高利贷。如此下去，往往形成恶性循环。在牧区任凭高利贷自由泛滥，可能会毁掉牧民家庭经济乃至整个畜牧业发展前景。小额信贷是通过缓解农牧户的脆弱性来发挥其作用的，农户的脆弱性是引发贫困的重要原因，并且动态地存在于农牧户的生计系统之中。应大力发展牧区合作金融组织，通过建立互助基金、发挥农牧户的主动性来有效地规避脆弱性。

第十一讲　内蒙古草原牧区集约化奶牛养殖户的地位与角色

前面从宏观的角度对内蒙古的乳业做了一些分析，已经提到在这个进程中企业与牧民关系的问题，描述了内蒙古畜牧业产业化的一般进程。下面将通过微观案例来分析乳业的发展历程，着重分析牧民在产业化进程中的角色与地位，并讨论这个问题与畜牧业产业化健康发展的关系。

所谓“三牧”（牧业、牧民、牧区）具有大生的“三弱”特征：畜牧业是弱质产业，牧民是弱势群体，生产生活的牧区又是生态脆弱区域。特别是在商品链的定价体系中，作为弱势群体的牧民，分布分散，缺乏组织和代言人，他们没有谈判和决定价格的主动权，只能处于被动接受价格的地位。下面以阿拉善奶牛养殖业的发展过程为例来说明产业化过程中的一些经验与问题。

一　阿拉善奶牛养殖业的发展

阿拉善的奶牛养殖业可以追溯到 20 世纪 90 年代，主要集中在阿拉善左旗巴彦浩特附近，供给巴彦浩特的城镇居民。据阿拉善左旗政府公告，2008 年左旗有 3 个生鲜乳收购站，其中个体私营投资的 1 个、奶畜养殖场开办的 1 个、奶农合作社开办的 1 个，日均收奶近 20 吨，涉及奶农 135 户，有奶牛上千头。

阿拉善奶牛养殖业发展的三个阶段为农牧民自发养殖阶段、公司加农户阶段、公司加政府加奶户阶段。

（一）农牧民自发养殖阶段：巴彦浩特城镇奶牛养殖户伊某的案例

伊某，巴镇居民，原为一名中学教师，从 20 世纪 90 年代中期开始下海养奶牛，最初也是从一头奶牛开始，2002 年有奶牛 7 头，到 2009 年发展到60多头，是其间陆续购进和自繁殖的。2006年以前伊某的牛奶主要是供应巴镇的居民和几所民族学校，余下来的和朋友合开了一家奶食品加工厂，加工出来的奶食品供应巴镇的各大餐厅（见图11-1）。

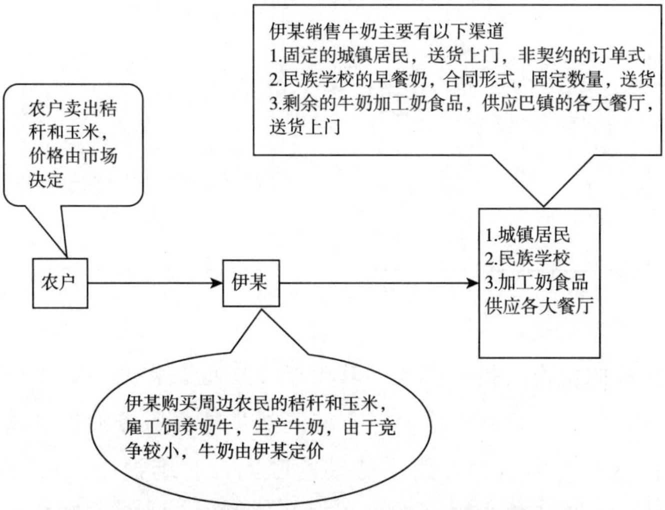

图11-1　2000~2006年伊某的生产销售模式

资料来源：根据伊某的口述内容整理。

由于牛奶有一定的市场，伊某的奶牛发展很快，2006年伊某的奶牛已达到了一定规模。又由于居住在城镇，自己没有土地种植饲草料，饲草料需要向附近的农民购买，再加上劳动力缺乏，伊某的收益取决于周边农区饲草料的供应、雇用劳动力的价格、巴镇的牛奶市场需求。

伊某的奶牛发展比较平稳，主要的一个原因就是2002年以后，奶牛的价格飞涨，到2004年就开始出现了下降的趋势。伊某一直在等待机会出售自己的奶牛，但奶牛价格在2004年底后直线下降，不愿意亏损的伊某，只好待售。在这种等待高价出售的过程中，规模自然发展起来了。其间，伊某为了维持产业曾多次借贷，变卖房产，到2008年底，伊某的债务共计120多万元。2002年伊某的奶牛发展到7头，到2008年就发展到73头，在当地属于最大的奶牛养殖户。从畜群结构分析，其育成牛存栏较多（见表11-1），奶牛养殖业属于一种集约化畜牧业，只能选择一定的品种较好的留作后备母畜，大部分必须出栏，其自繁自育的生产方式可能会导致生产成本增加，畜群品种下降。

表 11-1 2002~2009 年伊某奶牛养殖状况

单位：头

年份	产奶牛	大乳牛	育成牛	小乳牛	小公牛	总数
2002	2	4	1	1	1	7
2003	4	8	1	2	2	13
2004	10	16	6	6	4	32
2005	6	15	7	5	1	28
2006	12	22	6	8	4	40
2007	16	22	10	9	7	37
2008	18	48	9	9	9	73
2009	24	42	16	8	1	67

资料来源：根据伊某的口述和历年的账册制表，2009。

由于伊某的生产规模在扩大，其生产支出也在扩大。在生产链上，有饲草料供应农民，有饲料供应商，有提高奶牛技术服务的兽医站，有提供配种的改良站，有提供饲养奶牛劳动的工人，有维护生产设施的机修人员，有政府部门提供管理服务的相关人员。2002~2008 年伊某产业链上游生产成本分摊见表 11-2。

表 11-2 2002~2008 年伊某产业链上游生产成本分摊

单位：元

年份	饲草料供应农民	饲料供应商	技术服务	雇用劳动力	生产设施维护	政府其他管理服务	总计
2002	13500	4680	900	7200	500	300	27080
2003	33210	11340	1500	8400	500	350	55300
2004	89100	27720	2600	12000	1000	500	132920
2005	110880	29700	2500	12000	1000	800	156880
2006	146160	40320	5200	15000	2000	1500	210180
2007	173000	48960	5200	48000	2000	1500	278660
2008	307800	102600	9800	48000	2000	2000	472200

资料来源：根据伊某牛场管理人员王某提供数据整理，2009。

2003 年，政府开始开展退牧还草工程。对于禁牧的移民，政府倡导养殖集约化畜种，对选择养奶牛的移民提供补贴、无息贷款、房屋棚圈。于是大量的移民由原来的放牧开始转向饲养奶牛，这就拉动了饲草料价格的上涨，也使伊某的生产成本增加。

阿拉善左旗巴镇的销售市场已不完全由伊某控制，周边牧民的奶食品开始进入巴镇市场。由于多家竞争，伊某的市场份额在减少，生产成本尤其是饲草料成本降不下来，2005 年乳牛犊的价格下降，牛奶单价保持在 1 元左右（见表 11-3），其投入严重超过产出，自然就造成了亏损。

表 11-3　2002~2008 年伊某的奶牛及其相关产品的价格和产出

年份	牛奶单价（元）	公牛犊单价（元）	乳牛犊单价（元）	牛奶产量（斤）	牛犊数量（头）	毛收入（元）
2002	1	600	4000	32400	2	37600
2003	1	800	5000	37800	4	53800
2004	1	200	5500	94500	10	129200
2005	1	50	1500	75600	6	83150
2006	1	100	150	132300	12	133900
2007	1.20	300	450	181440	16	187590
2008	0.60	400	600	170100	18	110600

注：这里的毛收入指产品出售时的总收入，没有扣除生产成本，访谈时这里的牧户都这样记账。
资料来源：根据伊某牛场管理人员王某提供数据整理，2009。

伊某自己既没有放牧地，也没有饲草料基地和劳动力，饲草料完全依靠农户提供，雇工饲养奶牛。伊某的奶牛养殖业，在政府鼓励转移出来的农牧民大量养殖奶牛政策的冲击下，2003 年开始亏损。从伊某 2008 年的账目看，2004 年亏损 3720 元，当年亏损不大。2005 年亏损 73650 元，2006 年、2007 年、2008 年伊某亏损分别为 76280 元、91070 元、361600 元（见表 11-4）。

表 11-4　2002~2008 年伊某投入、产出和净收入

单位：元

年份	投入	产出	净收入
2002	27080	37600	10520
2003	55300	53800	-1500
2004	132920	129200	-3720
2005	156800	83150	-73650
2006	210180	133900	-76280
2007	278660	187590	-91070
2008	472200	110600	-361600

资料来源：根据伊某的口述和历年的账册整理，2009。

从2008年伊某的生产支出看（见表11-5），其购买农民的饲草料占全部支出的65.18%，其次是饲料供应商，占21.73%，雇用劳动力支出占10.17%，技术服务所占比例相对较低，说明伊某的奶牛养殖业仍属于粗放型的，这可能与长期亏损，没有办法进行生产技术改造和调整畜群结构有关。

表11-5　2008年伊某生产链中各环节支出及占比

单位：元，%

支出	饲草料供应农民	饲料供应商	技术服务	雇用劳动力	生产设施维护	政府其他管理服务	总计
生产支出	307800	102600	9800	48000	2000	2000	472200
占比	65.18	21.73	2.08	10.17	0.42	0.42	100

资料来源：根据伊某的口述和历年的账册整理，2009。

从图11-2可以看出，2002~2008年伊某的饲草料费用逐年增加，2008年超过了40万元，社会化服务费用总体呈增加态势，2008年超过了10000元。对亏损的原因，伊某是这样认为的，规模小，没有办法对接大企业，只能在本地市场销售，受政府移民养奶牛政策的影响，本地市场很快就饱和了，大家都在亏损。自己养牛亏损了，饲草料供应者、兽医、提供配种的改良部门有了收入。这一时期养奶牛拉动了与之配套的社会化服务行业和周边农户饲草和玉米等种植业的发展。

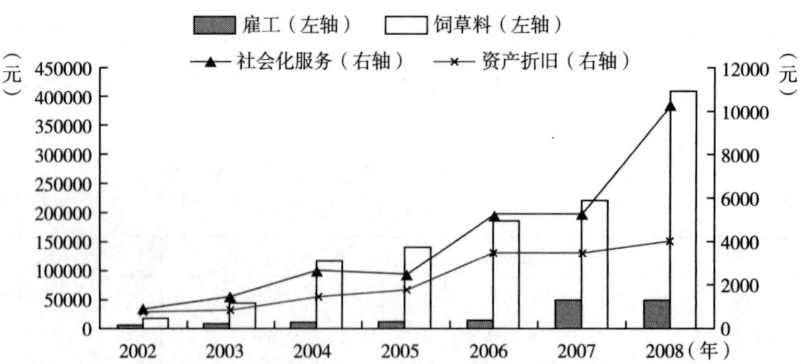

图11-2　2002~2008年伊某饲草料、社会化服务、雇工、资产折旧等费用支出

资料来源：根据伊某的口述和历年的账册整理，2009。

从伊某的奶牛养殖业发展看，奶牛养殖业本身是一种对集约化要求非常高的现代畜牧业，它隶属于大农业的范畴，现代化农业的本质就是农业增长方式的转变，由传统农业下以资源为基础转向以科学技术为基础。在现代农业发展阶段，农业产出从供应原始的初级产品逐步向以初级加工产品、食品供应为主转变；相应地，终端市场对农产品提出了系列化、标准化、品牌化的要求。尽管自身不断努力，但一直没有改变管理粗放和技术含量较低的状况，这可能是伊某的产品无法进入更大的消费市场的主要原因。而这一困境是不可能只凭借奶农的勤奋摆脱的。

（二）公司加农户阶段：贺兰山移民张某等奶农养殖业的发展

1. 张某的发展

张某，全家 4 口人，原来沿贺兰山放牧，有草场 2000 多亩，属于贺兰山第三期移民。移民后被转移到左旗的腰坝滩种地，现有土地 10 亩，有两个儿子，在乌素图工业园区打工。张某在 1999 年买了第一头奶牛，当时奶牛价格为 1300 元，产下的牛奶主要是张某骑自行车卖给周边的农户，每斤 1 元。当时这里的农户引进了小尾寒羊，由于产羔多，普遍缺奶，农户购买牛奶主要是饲喂羔羊（见图 11-3）。

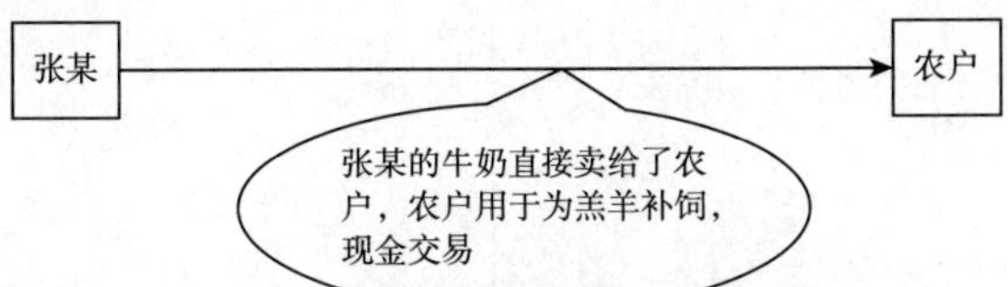

图 11-3　张某的销售模式

资料来源：根据张某的口述内容整理，2009。

2002 年张某的奶牛就发展到了 3 头，当时的粮价比较低，农户的现金收入非常少，而张某能利用自家的粮食和秸秆养奶牛获得现金收入。这在当地的农牧民中影响比较大，其他农户也开始效仿他养奶牛。

从 1999 年到 2001 年，张某的奶牛属于半放养状态，夏季奶牛在田间地头放牧，放牧回去后每天补饲玉米 10 余斤，秋季庄稼收割完毕后，可以在玉米地内放牧。饲喂主要是冬春季节，但当时的玉米秸秆非常便宜，支出主要是收割费和拉运费，一个冬春 100~150 元就够了。当时奶牛少，奶牛属于散养，疾病也少，配种属于与本地牛本交，没有费用，杂费主要是税费（见表 11-6）。

表 11-6　1999～2001 年张某养殖奶牛的投入

单位：元

年份	草	玉米	精料	防疫费	杂费
1999	100	1600	—	150	200
2000	100	1600	—	200	200
2001	150	1800	300	200	200

资料来源：根据张某的口述内容整理，2009。

当时政府在腰坝推广养殖业的三元杂交。由于技术还不太成熟，杂交的代数比较短，小尾寒羊的产羔率极高而大羊普遍缺奶，饲喂羔羊需要大量的牛奶。由于牛奶需求量很大，牛犊的价格也可以，张某自己形容他这个时期的养牛业为朝阳产业。

从图 11-4 可以看出，1999～2001 年张某养牛的利润是非常可观的。张某和周边的农户属于订单式交易，由于牛奶供不应求，交易价格采取的是民间的双方协商价格，交易价格三年来一直比较稳定，维持在 1 元，这一时期张某养牛收益较可观（见表 11-7），就在这 3 年中，张某盖了砖房，购买了摩托车。

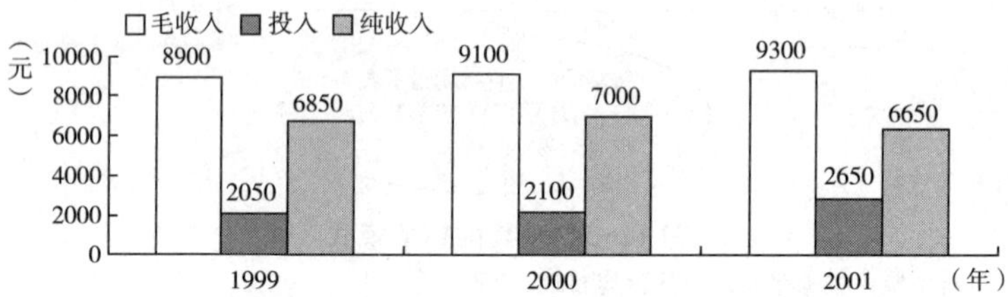

图 11-4　1999～2001 年张某的毛收入、投入和纯收入

资料来源：根据张某的口述和张某所记的账册整理，2009。

表 11-7　1999～2001 年张某牛奶养殖毛收入

年份	牛奶单价（元）	牛犊单价（元）	牛奶产量（斤）	牛犊数量（头）	毛收入（元）
1999	1	800	8100	1	8900
2000	1	1000	8100	1	9100
2001	1	1200	8100	1	9300

注：这里的牧户一般喜欢用毛收入来指总收入。

资料来源：根据张某的口述内容整理，2009。

2. 奶农协会的成立和引进宁夏公司

这里属于阿盟左旗半农半牧区，20 世纪 70 年代以前耕地较少，人们主要从事放牧畜牧业，20 世纪 70 年代开始在腰坝滩开发土地，当时主要是利用离心泵提水，提水机械决定了荒漠绿洲农业发展较缓慢。20 世纪 80 年代开始上电、打深井，提水设备也由潜水泵取代了离心泵，农业发展加快。在草畜双承包前，由于土地多以饲料地的名义开发，原则上这里的居民应该属于牧民。草畜双承包后，种植业和畜牧业出现了分离，一部分人分到了牧业队，沿贺兰山边缘划分了草场，并保留了少量的耕地，这一部分人沿袭了过去牧民的身份。一部分人划分了土地，彻底地改变了原来的身份，变成了农民。由于这里的居民多属于 20 世纪五六十年代外来的移民，在一定意义上是以亲缘为纽带形成的一个村落，又由于在业缘上有割不断的联系，牧民在这里有一定的耕地，农民也饲养一定的牲畜，这就形成了农牧民都饲养牲畜，夏季一般在草场上放牧，冬季舍饲的一种混合畜牧业。由于有农业的支撑，牲畜头数迅速膨胀，草场退化严重。政府为了遏制草场退化，20 世纪 90 年代开始实施贺兰山移民搬迁工程，搬迁下来的牧民大都回到了腰坝滩种地，也有的后来效仿张某开始养奶牛。

2002 年这里的奶户就发展到 10 多户，有奶牛 40 多头，由于没有集中的销售渠道，周边农户的需求很少，出现了供过于求的局面。产出的牛奶卖不出去，张某就尝试着去找市场，他先后参观了蒙牛公司和林格尔、呼市周边的奶牛养殖户。回来后张某在 2002 年的春季成立了一个奶农协会，当时不知道登记的渠道，2006 年才正式登记注册。协会成立时有 10 多户牧户，协会也没有书面的章程，大伙认可的默契就是章程。由于大家都没有退路，这个自发的协会召开了第一次非正式的会员大会。大会达成的共识是奶牛养殖业是一种特种养殖业，必须有市场、有技术、有长期经营的观念才有可能盈利。这正是本书第四讲讲过的牧民自我服务的社会化服务组织，也就是自发的合作组织。这个协会完全是自发的，其中有一个精英人物在起作用，政府没有任何的鼓励和推动，也没有项目资金和政策的支持。

这时奶牛养殖已经有了一定的规模，牛奶的市场比较低迷。2002 年宁夏的一家公司来这里考察，和协会初步达成协议，宁夏公司负责收购牛奶，但奶农须改善养殖技术、扩大养殖规模。协会代表奶农与宁夏公司谈判合作，因为协会没有登记，没有有效的抵押资产，在和企业谈判时，没有承担民事责任的能力，所以协议须由奶农与宁夏公司签订。可以说，这种情况实际上又回到了典型的公司加农户的形式。

在图 11-5 所示的合作模式中，协会的作用是负责协调奶农，帮助其共同提高牛奶的质量，在与宁夏公司谈判的同时也引进了正大饲料公司，全价配合饲料开始进入养殖户的饲料构成中，改变了原来的秸秆加玉米的饲喂生产方式，变成了秸秆、玉米加配合饲料饲喂生产方式。正大饲料公司为了推销饲料，也提供对奶农的饲养培训。这些奶农和宁夏公司的合作一直持续到 2006 年。由于协会没有章程，没有制定制度，完全是靠一种社区的民间文化在维系，它在公司加奶农这一合作模式的发展过程中作用越来越小。公司在需要协调奶农的时候承认协会的存在，在订立契约的时候，往往就不承认协会的存在。由于公司掌控了牛奶的定价权，公司会通过奶农的获益能力采取不同的差价，使其内部分化，逐步削弱协会的作用。但这个没有登记的协会，就其自组织的合作性质而言，还是发挥了集体行动作用。比如在和宁夏公司最初的谈判中，集体参与诉讼，协调集体上访等。奥尔森在《集体行动的逻辑——公共物品与集团理论》中认为："除非一个集体中人数很少，或者除非存在强制或其他某些特殊手段以使个人按照他们的共同利益行事，有理性的、寻求自我利益的个人不会采取行动以实现他们共同的或集团的利益。"① 这个协会的行动好像和奥尔森的观点有点相悖或又有点相似，有待于进一步研究。

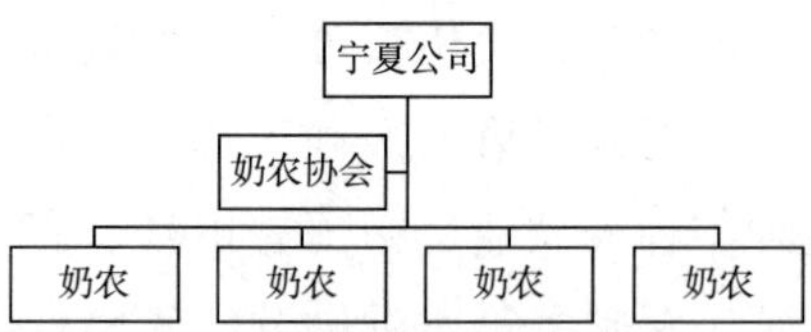

图 11-5　奶农、奶农协会和宁夏公司合作模式

资料来源：根据 2009 年 5 月 18 日实际调研整理。

2002~2006 年，奶农之所以能够将生产成本一直控制在 4500 元左右

① 〔美〕曼瑟·奥尔森：《集体行动的逻辑——公共物品与集团理论》，陈郁等译，上海人民出版社，2018，第 2~3 页。

(见表 11-8、表 11-9)，主要应该归功于奶农协会，这体现了协会的作用。这个协会尽管在市场谈判中没有起到太大的作用，但在技术服务方面起到了很好的作用。协会通过收会费积累了一定的活动资金，引进正大饲料公司的技术人员对奶农进行培训，在饲料价格高涨的时候，协会又从宁夏农牧业局请来了技术人员培训奶农自己生产配合饲料。由于自己都有水浇地，在奶牛缺乏高蛋白饲料影响产奶时，协会又组织种植了一定的苜蓿，满足了奶牛的蛋白需求。协会还协调奶农购买了一头种公牛，结束了奶牛与本地牛杂交的无奈，保证了奶牛的质量。协会在组织会员外出考察时，发现奶农直接饲喂秸秆影响饲草的转换效率，浪费很大，就组织奶农集资购买了饲草料粉碎机，并尝试了秸秆的碱化和氨化，提高了秸秆的利用率。这个没有登记的协会可能属于合作社类别中一个自发的自我社会化服务的合作组织。2002~2006 年协会成员、饲养奶牛、奶牛价见图 11-6。

表 11-8　2002~2006 年阿拉善左旗巴润别立养殖户每头奶牛的生产投入

单位：元

年份	饲草	秸秆	玉米	配合饲料	兽医费	配种费	其他杂费	合计
2002	900	150	875	1950	300	150	175	4500
2003	900	165	962.5	2100	200	100	62.5	4490
2004	900	165	962.5	2100	200	100	62.5	4490
2005	800	220	1200	1600	400	150	30	4400
2006	675	300	1050	1350	650	200	395	4620

资料来源：根据 2009 年 5 月、8 月实际调研数据整理。

表 11-9　2002~2006 年阿拉善左旗的奶农生产经营状况

	奶户（户）	奶牛（头）	奶牛价（元）	牛奶价（元）	成本（元）	毛收入（元）	净收入（元）
2002	10	40	7000	0.85	4500	5000	500
2003 上	40	100	12000	0.85	2245	3000	755
2003 下	40	100	18000	0.85	2245	3000	755
2004 上	40	140	18000	0.85	2245	3000	755
2004 下	40	140	12000	0.85	2245	3000	755
2005	40	200	12000	0.85	4400	3000	-1400
2006 上	30	210	9000	0.85	2310	2000	-310
2006 下	30	200	7000	0.85	2310	2000	-310

资料来源：根据 2009 年 5 月、8 月实际调研数据整理，这里的净收入引自张某的账册。

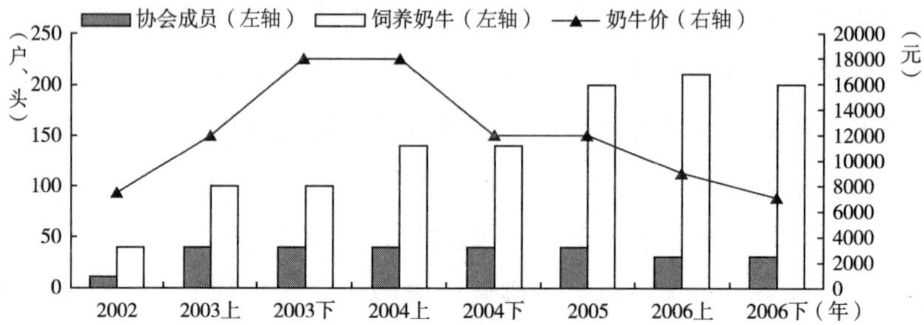

图 11-6　2002~2006 年协会成员、饲养奶牛、奶牛价

资料来源：根据 2009 年 5 月、8 月实际调研数据整理。

这一公司加农户的合作模式，导致当供过于求的时候，宁夏公司就压低奶价或不收牛奶，奶农只好倒奶或用牛奶喂猪；而当供小于求的时候，奶农就掺水。这恐怕也是中国式公司加农户模式一种非常普遍的现象。

随着生态移民力度的加大，为促使草原畜牧业转产养奶牛，政府从国外引进了大量奶牛，使奶牛业迅速扩张。2002~2004 年阿拉善盟腰坝的奶牛价格由 7000 多元直线上涨到 18000 元，上涨了 157.14%。然而牛价在 18000 元的高位上保持了一年多就开始下降，由 2004 年的 18000 元下降到 2006 年的 7000 多元，下降了 61.11%。相应地乳牛犊的价格由原来的 5000 元降到了 300 元，加上 2004 年奶牛价格开始下降，导致奶农收益减少。奶农从 2004 年开始亏损，一直持续到 2006 年。

张某在奶牛价格上涨期间出售了 3 头奶牛，在价格下落期间购买了 9 头奶牛，扩大了奶牛的积累，张某戏称“别人炒股亏损，自己炒牛挣钱”。张某这一成功炒作奶牛的案例，使他由原来的精英人物变为了当地奶农的“领袖”，也自然成为后来协会正式登记时的协会法人，也引起了政府的重视。[①]

由于企业控制了牛奶的定价权，牛奶价格几年来一直维持在 0.85 元/斤，生产资料价格逐年在上涨，奶农尽管在生产成本上大挖潜力，无奈奶价不涨，亏损是必然的。

随着现代农业的发展，农业生产的边界也开始变得模糊起来，产业链

① 《达林太调研笔记》，张某访谈，张某的口述，2009。

开始向加工工业延伸，并且与农产品消费市场紧密地联系在一起。这意味着小农经营已经被深深地卷入大生产的产业分工中，农户传统的田间地头现场交易方式将逐步被生产合同和纵向一体化取代。我们进一步注意到，在这一案例中尽管在一定时期内企业获益牧民亏损，但是这一格局最终导致企业由于原料的短缺不能可持续发展的尴尬局面。这里有很多值得反思的地方。我们已经看出自发组织的奶农协会在一定程度上起到了将奶农与企业连接的作用，这是奶农与市场连接或联合农户直接进入市场的一个重要的组织方式。另外，我们看到政府的扶持也很重要：如果政府对奶牛经济的直接干预少一些而多做一些社会化服务，对垄断企业多进行一些监管，及时有力地扶持一些像奶农协会这样的社会化服务组织，那么这一公司加农户加协会的合作模式或许会带来不同的结果——企业与农户双赢的组织模式完全可能出现。

（三）政府、企业、奶户三方共建奶牛园区案例

2006 年政府相关部门，针对养殖户的亏损状况，提出了一个三方共建奶牛园区的方案：政府负责园区基础建设，奶户负责圈舍和房屋建设、购买奶牛，商家建奶站（见图 11-7）。镇政府争取来一个国家“整村推进”的扶贫项目，项目款总金额 200 万元，利用过去“退牧还草”项目建设的 49 个棚圈，负责通电、通水、通路。奶户自己出资修缮棚圈和房屋建设，奶牛养殖户伊某投入 40 万元建奶站、购买运奶车等，政府负责提供土地。伊某与伊利公司签订了 5 年的牛奶供销合同，伊某负责组织奶源，伊利给伊某按揭了一套挤奶设备。2006 年 7 月政府将零散的奶户集中在一起，出台牧户购买成年奶牛补贴 3100 元鼓励政策，就这样组建起了阿拉善左旗巴彦浩特镇奶牛园区。其总投入见表 11-10。

表 11-10　2006 年阿拉善左旗巴彦浩特镇奶牛园区总投入

单位：万元，头

政府投入	奶站基础	挤奶设备	奶户投入奶牛	奶户其他投入
200	40	23	109	20

资料来源：根据奶站老板伊某的原始文件整理，2009。

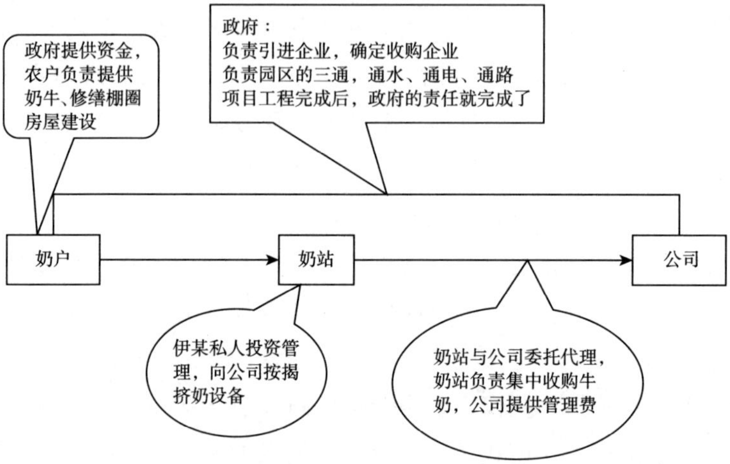

图 11-7　2007~2009 年政府、企业、奶户的合作模式

资料来源：根据 2009 年调研整理。

截至 2008 年“三鹿奶粉事件”前，通过奶户购买和奶牛自繁，奶牛由入驻园区时的 109 头增加到 268 头，数量达到了伊利公司要求的规模。

2007 年奶牛园区开始运行，由于有政府的配套设施和独立的奶站，牧民饲养奶牛的信心有所恢复，尽管牛奶价格没有太大的涨幅，但奶牛的价格和牛犊的价格都在上涨，相对于 2006 年饲料涨幅也不是很大，2007 年奶户没有赔钱，还有了一点收益。

从表 11-11 可以看出，2007~2008 年 9 月这一段时期，奶牛园区的发展较快，奶牛由 200 头增长到 268 头，增加了 34%，奶牛的价格由 6000 元涨到了 11000 元，同比增长了 83.3%，牛奶价格由 0.85 元涨到了 1.10 元，同比增长了 29.4%。应该说这一时期是奶牛养殖业发展较好的一个阶段。

表 11-11　2007~2009 年奶牛园区奶户经营状况

时间	奶户（户）	奶牛（头）	奶牛价（元）	公牛犊价（元）	乳牛犊价（元）	牛奶价（元）
2007	16	200	6000	400	600	0.85
2008.9.17 前	21	268	11000	400	600	1.10
2008.9.17 后	16	140	5000	280	280	0.40
2009	30	210	75000	280	280	0.80

资料来源：根据奶站老板和奶户的口述、出售牛奶的原始记录整理，2009。

“三鹿奶粉事件”以后，企业开始拒收牛奶，牛奶、奶牛、牛犊的价格相继下跌，牧户的生产经营受到严重的影响。“三鹿奶粉事件”后，伊利在宁夏的分公司开始拒收牛奶，奶站和奶户拉上牛奶到处找市场，其间倒掉了十几车牛奶，最后卖给宁夏的一个牛奶贩子，价格只有一斤0.4元，牛奶价格直降63.6%。这样持续到2009年初，很多奶农将奶牛当肉牛卖掉。

从表11-12可以看出，经历了“三鹿奶粉事件”后，奶农通过压缩奶牛的饲料来应对这一突发的风险。奶牛的配合饲料投入由2007年的2100元降至2009年的1500元；玉米虽然是牧民自产的，但也做了一定的压缩，由2007年962.5元降至2009年的500元；秸秆投入由2007年的165元涨至2009年的200元；饲草投入由2007年的900元涨至2009年的1000元；兽医费和其他杂费也存在不同程度的压缩。

表11-12　2007~2009年奶牛园区牧户每头奶牛的生产投入

单位：元

年份	饲草	秸秆	玉米	配合饲料	兽医费	配种费	其他杂费	合计
2007	900	165	962.5	2100	300	100	175	4702.5
2008	900	165	962.5	2100	200	100	62.5	4490
2009	1000	200	500	1500	200	100	62.5	3562.5

资料来源：根据牧户的口述资料和牧户的经营账册整理，2009。

“三鹿奶粉事件”后，牧民通过缩减生产投入来规避风险，牧民的饲草料、社会化服务的投入都在缩减。用饲草替代饲料，也相应地影响了奶牛的产奶量，不计劳动力成本、利息、固定资产的折旧，这一缩减行为使牧户没有赔过多的钱，但奶牛的质量严重下降，奶牛园区陷入瘫痪状态。

从表11-13可以看出，由于“三鹿奶粉事件”，2008年牧民（奶农）每头奶牛一年净赔2390元。由于奶农积极寻找市场，压缩奶牛饲草料等一系列规避风险的办法，2009年每头奶牛亏损了62.5元，比2008年下降了97.4%。2007~2009年牧户入住奶牛园区也没有实现他们的致富梦。

表 11-13　2007~2009 年奶牛园区牧户每头奶牛每年投入、产出和净收益

单位：元

年份	投入	产出	净收益
2007	4702.5	5500	1797.5
2008	4490	2100	-2390
2009	3562.5	3500	-62.5

资料来源：根据牧户的口述资料和牧户的经营账册整理，2009。

2008 年以后，左旗政府为整顿生鲜牛奶市场发布了一个公告，它的内容很多。一是“三鹿奶粉事件”发生后伊利集团在银川设立的收奶站停止收购生鲜乳（左旗的生鲜乳属于宁夏片区）。左旗的生鲜乳主要销往宁夏明旺乳品公司，但销量不稳定、运输费用高、价格偏低。现有关部门正在积极协调伊利、蒙牛等乳制品加工企业在左旗的范围内设立生鲜乳收购站，确保生鲜乳的正常销售。二是由于当地乳制品加工企业生产规模小、生产技术薄弱、资金缺乏、产品单一、生鲜乳收购量少，生鲜乳出现滞销现象。公告建议：第一，自治区对当地乳制品企业给予资金和技术支持，提高企业生产的乳制品质量，让更多居民消费当地乳制品，同时加大当地乳制品企业的生鲜乳收购量，保证奶农生鲜乳的销售；第二，左旗地域辽阔、饲草料资源丰富、环境无污染，具备发展奶牛养殖业的良好条件，恳请自治区在奶牛标准化规模养殖小区项目上对左旗予以倾斜，促进奶牛养殖规模化，引导散养户逐步向小区集中，逐步形成乳业相对集中的产业化格局。政府这个公告也没有对奶牛养殖业的发展起到一定的作用。

二　牛奶产业链上各利益相关者的关系

阿拉善左旗牧民饲养奶牛在脱离了自产自销，进入现代化市场的产业链后就一直处于赔钱状态，赔掉了自己的农产品，赔掉了自己的劳动。现代的产业理论认为，畜牧业作为一项弱质产业，只有通过向现代化的畜牧业转型才能增值，但从以上案例中得出正好相反的结论。当然，当食品进入买方市场、消费者需求结构升级的阶段，增强食品链的可持续性成为食品供应链管理的主要任务。

可持续食品供应链，其特征除了保障食品安全和提高流通效率之外，

至少还有几个方面的内容，即最终食品价值增值的合理性、利润在供应链各个环节的合理分配和食品造成环境污染的最小化。在图 11-8 中的产业链追踪中可以看出，奶农的风险是相当大的，牧民（奶农）几乎没有利润可赚，企业垄断加工和分销的所有环节，所以没有办法确切地计算整个产业链和商品链中的利益分配。比如，在阿拉善左旗的超市中，一箱为 5 千克多的某企业的液态奶价格为 66 元，每斤约为 11 元，而从牧户家收购，每斤 1 元左右，超市的价格是牧户的 11 倍。参照喻闻等在通辽的调研，55.44%的液态奶的利润被企业赚取，政府从液态奶中赚取了每吨 400 元的税收，奶站赚取了每吨 400 元的服务费。其他社会化服务部门也在这个产业链中获得了大小不等的利益，唯独奶农获利最少，甚至有的年份在赔钱。[①]

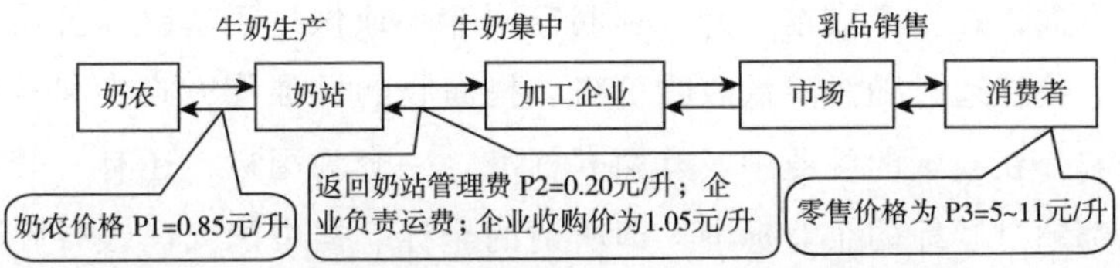

图 11-8　2009 年奶牛园区牛奶生产的产业链和商品链

资料来源：依据牧户实地调研和左旗巴镇某一超市的液态奶价格制图，2009。

在奶牛产业化的链条中，利益的天平往往倾向于那些加工企业或大公司，而对从事牛奶生产的牧民不利。造成这种状况的原因很复杂，既有资源和资金占有情况的不同、财产权利的不同，也有获益能力的不同，包括身份地位、社会关系和交往能力的不同，等等。在乳品产业链条中，有普通奶户、奶牛提供者和经纪人、兽医、配种员，还有奶站经营者、乳品加工公司、规模化养殖大户，利益相关者还包括政府部门。从整个链条看，普通奶户在整体受益格局中处于相对弱势的地位，兽医、配种员和经纪人的处境要好于奶户，而奶站则有比较优势的地位，地位最有利的则通常是乳品加工公司。这种利益格局是由资源配置和利益驱动机制决定的，有其客观规律性。政府的责任就是遵循市场经济规律，制定适当的政策，尽可能地调整那些不合理的利益关系。

① 喻闻、杨建青：《奶源供应链结构研究》，《中国乳业》2008 年第 3 期。

1. 公司加农户的模式没有形成平等的利益关系

“公司+农户”成为乳业发展的重要组织形式。但在“公司+农户”模式中，双方没有形成真正意义上平等、自愿、互利的关系。公司处于垄断或强势地位，弱势牧民的利益受到损害。养殖户在乳业链中受到上下游企业的双重挤压，其力量分散，无法有效力争自身的权益，这使内蒙古的奶源市场价格机制扭曲，不能完全由市场机制、供求变动来确定。

公司利用自己对整个产业链的控制和掌握市场信息的优势，采取各种手段将牧民的收益控制在较低水平，实现自身利润最大化。2004~2007年，饲料价格大幅上涨，主要乳业集团人为控制牛奶收购价格，牛奶收购价格一直维持在1.4~1.7元/千克的较低水平。直到2007年10月奶价才开始上涨，但这时牧民已经开始大量将奶牛出栏。

公司与农户之间没有形成真正意义上的契约关系，违约现象较为普遍。一方面，在生产成本上升、利润空间缩小或供过于求时，公司为了自身利益，往往通过随意降低收购价格、提高收购标准等方式将利益损失转嫁给奶农。在我国的乳业中，有两套标准，一套为国标，还有一套就是各项指标都超过国标的企业标准，即所谓的企标。据中国人民银行呼和浩特支行的调研：2006年，乳品公司在包头市压价收购51个奶站原奶936次1439吨，拒收241次308吨，造成的损失奶站通过降价收购转嫁给奶农，使奶农成为市场风险的主要承担者，平均每头奶牛承担损失424元。

另一方面，一些农户信誉度不高，在市场价格高于合同价格时，私自毁约，私下以高价出售，损害公司利益。如2007年，呼伦贝尔市奶农上交的原奶产量较上年同期减少1万余吨，平均每日“跑奶”50吨左右。

2. 奶农的收入与公司所获得的利润不成正比

企业与农户利益不平衡，农户得不到任何加工、销售等环节的增值利益，严重挫伤了奶农的积极性，反过来又影响了企业的生产经营。2005~2007年全区乳业实现利润年均增长39.6%，而部分奶农因饲料价格上涨，养殖成本增加而大量减收甚至亏损。在利益受到伤害的情况下，部分奶站关闭，奶农被迫倒奶、卖牛，奶牛存栏量大幅下降，造成企业2007~2008年原奶供应不足，成本推动和供求不平衡导致原奶价格不断上升，企业生产成本大幅上升，利润率下降。2007年伊利、蒙牛两大集团利润率分别为2.8%和4.4%，比2006年分别下降0.6个百分点和0.5个百分点。

三　对以上的案例做一下简单的回顾分析

结合前面第四讲内蒙古乳业的现状和本讲阿拉善小奶农的案例，我们可以对内蒙古的乳业，特别是奶牛养殖业的问题做一些简要的分析。我们的出发点是草原牧区的基本经济利益是由产业链连接起来的，而目标是共同富裕。不同利益相关者之间发展的不均衡必然会影响经济社会发展的可持续性，这是我们十分关注问题。

草原牧区是一个非常复杂的系统，涉及生态、经济、社会文化等多方面问题，其产业发展既需要高度灵活与求实的政策组合支持，又需要首先尊重利益各方，特别是牧区畜牧养殖户的真正需要。深入研究会发现，牧区政策的目标（即政策所要解决的问题）往往不是单一的，既有畜牧业及牧区生产本身的问题，也有牧区及区外的利益关系问题，还有牧区及相关地区的生态环境保护问题。这就是说，畜牧业产业化发展绝不是通过制定一个产业政策就能够解决的。仍以乳业为例，有下面几个问题需要深入研究与解决。

（一）以环境政策的干预介入拉动“奶牛运动”

将生态恢复和农牧民产业结构调整放在同一框架内实施，在不适宜养奶牛的地方，极力推动其发展，这项产业的交易成本高是必然的。

1. 环境治理项目资金拉动了奶牛产业的发展

21世纪初，沙尘暴频繁出现，中国向世界承诺绿色奥运。这一外部因素促成了对北方干旱草原的生态环境治理。外部性理论又在不断提示，内蒙古草原地区的环境和中国富裕的内地、沿海地区甚至和整个世界联系在一起。内蒙古草原的环境治理应该由中央政府协调，各相关富裕地区财政拿钱，也可以是国外，共同治理。并且提出了一个新概念“生态安全”。一提起“安全”这个词，这个问题就由区域间的问题上升到国家的层面，中央政府也就启动了内蒙古草原地区的生态环境治理。

2. 政府对经济的直接干预也加剧了市场风险

政府“围封转移”战略中整体搬迁的牧户大多选择了奶牛养殖业，奶牛头数迅速增加和奶产量快速上升，潜在奶源收购价格呈下跌趋向。这是受市场经济中的供给需求规律所制约的。另外，牧区奶源到最终消费市场的距离远，成本高，特别是牧区饲草饲料的种植成本远远高于农业区，且成功的可能性也极低。这样牧区奶牛养殖业同农业区奶牛养殖业相比成本比较高，处于市场竞争中的不利地位，政府在选择奶牛养殖业时没有充分考虑市场风险。政府在环境移民的产业选择以及后来的奶牛引进中都扮演了主导角色。随着奶牛养殖业的发展，当它与当地荒漠化草原的条件越来越不契合的时候，很多家庭底子薄的牧户重新返贫。另外，一些中等户因为奶牛市场低迷而进入了贫困户的行列。同时由于草原牧区奶牛养殖业的快速发展，在需求关系变化不大的状况下，首先受到冲击的就是农牧交错带已经健康发展了近十余年的奶牛养殖业，农牧交错带的大量奶农在这场声势浩大的奶牛运动中亏损或破产。这是非常值得我们深思的一个经济学问题。

奶牛园区虽然建立在牧区城市周边，符合城市化“五通”的硬件条件，但是奶牛养殖业不稳定。奶牛园区的个体劳动者来自不同地区，具有不同的身份，奶牛养殖本身就是个体经营的聚集，而并不是真正意义上的集约经营，也不能算作真正意义上的城市化。因为城市化涉及生产方式和文化心理的转变，并不是一夜之间可以完成的。更为重要的是，为了配合加速城市化的进程，移民村的房屋逐年扩建，但空置率却逐年提高。2006年笔者在达茂旗调查时发现移民小城镇房屋空置率在80%以上，这不能不说是一种基础设施建设上的巨大浪费。

（二）国家的诸多优惠政策农牧户享受不到

进入21世纪以来在农业区普遍实行的各项补贴，可以酌情部分移植到牧区来直补牧民，而不是通过项目长期维持一个不适合当地条件的产业。国家对多数实行“公司+农户”的公司提供了诸多优惠政策，如扶贫贴息贷款、税收优惠等，这些变成了公司实实在在的好处。2007年9月，国务院出台了《关于促进奶业持续健康发展的意见》。政策出台后，内蒙古落实资金8556万元对全区所有良种母牛进行补贴，但这项政策落实到牧户就大打了折扣。政策性保险补贴和对养殖小区（场）的水电路、粪污处理、防疫、挤奶设施及饲料基地建设等给予适当补贴目前尚未开展。养殖农牧户迟迟得不到国家政策补贴，不利于提高农牧户养殖积极性。

2007 年以来，内蒙古作为国家首批政策性农业保险试点地区之一，在全区开展了玉米、大豆、小麦等农作物保险和能繁育母猪保险，全区玉米、大豆、小麦的投保面积占种植面积的 40.62%，已承保能繁母猪达到全区能繁母猪存栏量的 50%，有 104.9 万户农户参加农业保险，理赔额达 3 亿多元。尽管乳业在内蒙古已形成了“养殖—加工—销售”完整的产业链，但奶牛养殖保险长期缺位，无法保障奶农收入，也将影响乳业可持续发展。由于奶牛养殖风险大、农牧户风险意识差，商业保险至今没有介入。尽管呼和浩特市、包头市、鄂尔多斯市、赤峰市和兴安盟等地建立了奶产业风险基金会，但由于参保费用高，每头奶牛参保金为 100~300 元，赔偿额较低，每头奶牛赔偿 2000~5000 元，参保条件严格，许多农牧户想参保却因不符合条件而不能参保，加之奶农应得的赔偿或补贴资金不能及时到位，农牧户参保积极性不高，该保险基金会对奶牛养殖的保障作用难以发挥。

奶牛养殖保险属农业保险范畴，具有较强的政策性，同时实践也证明，基于农业为弱质产业的特性，农业保险没有政府的大力扶持很难得到有效开展。锡林郭勒盟于 2007 年 6 月启动了奶牛保险政策性业务，截至 6 月末，共有 79 户的 405 头奶牛参保，覆盖率极低。阿拉善盟从 2009 年初开始开展这项保险。

（三）政府缺乏对社会化服务的提供与促进

政府对奶牛养殖业的社会化服务不到位。奶牛养殖业属于高度集约化的畜牧业，需要有种植业的配套、相应的管理技术。内蒙古 50%以上的奶牛以家庭散养为主，集约化水平低。除了内蒙古的农牧交错带，其他地区的土壤和水分条件决定了没有办法提供青贮饲料，不能常年均衡供应青贮饲料。而干草等粗饲料品质差，不能满足奶牛的营养需求，且管理方法落后，人畜同院、大小奶牛混合饲养，致使奶牛不能充分发挥生产潜力，产奶效率较低。

饲料价格的上涨造成对养殖户收益的挤压，导致养殖户喂养质量下降进而影响牛奶质量，形成了恶性循环。虽然各地纷纷建起了一些奶牛养殖小区，但这些养殖小区基本上是靠国家的项目款在支撑，随着项目的结束该小区也完成了历史使命。从 2009 年对尚存小区的调查结果看：奶牛基本上还处于散养状态，更谈不上规模化、科学化养牛。由于散养户科技水平低，加之饲料价格再度大幅度上涨，很多养牛户减少了喂养时精饲料的添加数量，牛奶的质量也受到了不同程度的影响。据 2009 年调查，正常牛奶中含的脂肪是 3.5%～3.6%，2009 年是 3.0%～3.1%，牛奶质量下降，价格自然也就提不上去，从而形成了一个恶性循环。

（四）需要政府促使利益均衡的经济关系的建立

从前面对产业链的分析可知：第一，奶农与企业没有形成牢固的利益联结机制，公司加农户的模式没有形成平等的利益关系；第二，奶农的收入与公司所获得的利润不成正比。在积极推动市场化的过程中，政府的行为越来越主动。奶农合作社虽然是《乳品质量安全监督管理条例》中明确规定的三个投资主体之一，但是从调研情况看，奶农合作社发展较慢、数量很少，保护奶农利益、保障质量安全的作用还十分有限。一些地区即使强行推进个体奶站进合作社，也往往多为“虚”的合作社，流于形式，没有实现奶农合作社应有的功能。

不少奶牛养殖小区只是把奶牛简单地集中起来，小区制定的统一饲料、统一管理、统一防疫等“五统一”措施很难落实。奶农合作社由于不是真正的实体组织，责权不够统一，很难做到真正意义上的“合作”，遇到降价严重的情况就合作不下去，只能盈利不能亏。奶联社作为一种新型的奶牛养殖发展模式得到了进一步的推广，但奶农在奶牛养殖不挣钱的情况下，都不放心把牛送到奶联社，他们担心万一“分几年红”奶联社就倒闭了，那亏损将会更大。奶联社作为一种集约化程度较高的工厂化养殖组织，在没有制度保障的情况下，往往会出现变相剥夺奶农财产的情形。就目前看，奶联社是不会盈利的，因为它没有办法和一家一户的奶农去竞争，奶农的劳动力是不计成本的，甚至奶农的农业副产品也是不计成本的，而奶联社都需要去市场购买。一些地区虽然成立了奶农协会，但都运行不规范，起不到应有的防灾减灾作用。

四　乳业价值链追踪

笔者研究内蒙古乳业有十几年了，原奶产业一直处于一种不健康的发展状态。笔者 2015～2016 年对奶农做了跟踪调研，现依据两年的调研数据，揭示原奶生产价值链上各利益相关者的分配情况，以此来回应前几年乳业发现的问题。并期望通过价值链的追踪，说明为什么个体奶农几十年来一直不能应对各类风险，以及增收难的主要原因等问题。

（一）奶农生产经营状况及产业链上的剩余分配

实现农业现代化的核心目标是提高农牧民人均纯收入。该指标值越高，表明农牧民对农牧业生产的投入能力越强，农牧民自身对农业机械的采用、新技术新产品的推广以及对农牧业持续投入的保障能力就越强，农牧民生活也就越富裕；反之，农牧民的生活就会下降。

1. 奶农的生产经营状况

2015 年在中宣部“内蒙古蒙古族人口研究”项目资助下，笔者做了一次基线调研，当时主要是对 2014 年的奶农生产经营做了一些调研，调研了呼和浩特市、乌兰察布市、包头市等地的 256 户奶农。调研的范围主要是从奶农生产牛奶到交付奶站这一段产业链上的分配。调查的奶农中，有 9 户经营奶站。

为了使调研问题更加精准，针对 2016 年初奶农倒奶和杀牛现象，在教育部“内蒙古自治区蒙古族人口问题研究”课题的资助下，笔者 2016 年再对 2015 年调研的奶农进行了跟踪调研。由于 2015 年调研的 3 户奶农退出养殖业，为了调研的持续性，在相邻的生产队调研了其他 3 户，每户 4 人。

奶农 2015 年奶牛存栏数比 2014 年减少了 1 头，这也是奶农应对市场风险的具体措施，遇到原奶价格下降或者饲草料成本上涨，奶农往往会出栏育成牛来降低饲草料成本，集中饲草料饲喂泌乳的奶牛，这往往会导致后备乳牛不足。2015 年每头牛产奶量比 2014 年有所增长，这可能与饲喂有关系，2015 年奶牛饲养成本增加，也导致奶农户均收入减少，2015 年奶农户均原奶纯收入比 2014 年减少了 2731.5 元（见表 11-14）。

表 11-14　2014 年、2015 年调研 256 户奶农生产经营状况

年份	平均存栏数（头）	平均泌乳牛（头）	平均年单产（千克）	平均饲养成本（元/头）	平均奶价（元/千克）	平均净收益（元）	户均原奶纯收入（元）
2014	15	7	5037	8760	3.70	991.7	14875.5
2015	14	7	5178	10130	3.6	809.6	12144

资料来源：达林太、于洪霞等 2015~2016 年调研。

2. 奶农的资金来源

从家庭经营的奶农的资金来源看，基本有几个方面：农村信用社和合作银行较多，也有人从民间放贷人手里借钱，从上游的饲草料公司赊销也是奶农经常采取的融资形式。

从256户奶农调研的资金来源看，2015年获得政府资助的奶农有1户，属于棚圈改造项目，政府带工带料，奶农辅助劳动。从银行贷款的奶农有47户，平均贷款0.5万元；从农村信用社获得贷款的有233户，平均贷款1.254万元；高利贷贷款59户，平均贷款0.89万元；从上游赊销的有96户，平均赊销1.08万元。无息贷款7户，无息贷款属于妇联的妇女创业贷款，主要用于妇女创业购买奶牛，政府贴息（见表11-15）。

表11-15 2015年调研256户奶农获得的资金及利息

单位：户，万元

资金	银行贷款	农村信用社贷款	高利贷贷款	上游赊账	无息贷款
户数	47	233	59	96	7
总额	23.5	292.182	52.51	103.68	3.5
利息（包括手续费）	1.692	35.06184	12.6024	12.4416	0.021

资料来源：达林太、于洪霞等调查整理，2016。

银行贷款利率为0.6%，一般为一年期贷款，奶农一般春季贷款，第二年同期还款，按时还款可以继续贷款，银行贷款的条件是奶农的奶款必须在该银行结算。农村信用社贷款一般为一年期，放款时间一般也是春季，也有例外，农村信用社贷款利率加贷款手续费为1%。高利贷一年四季随时贷款，奶农一般选择利率为2%的贷款，这款产品由于利率较低，对贷款期限有约定，最短时间为一年，调研的奶农用于生产的高利贷一般选择贷款一年。奶农购置生产资料也往往选择从上游的农资门市部赊销，赊销期一般在6个月之内，赊销产品价格一般较高，其差价基本和一年期的高利贷利率差不多，利息约为2%。无息贷款不需要支付利息，每笔手续费为30元。

3. 奶农的生产成本构成

2015年，256户奶农生产经营中，户均支付各类贷款或赊销的利息和手续费0.2415万元，购买饲草支付的现金为3.9619万元，购买饲料支付的现金为 9.5786 万元，配种及兽医服务支付的现金为 0.250 万元，机械维护支付的现金为 0.15 万元，奶农的劳动力不计成本（见表 11-16）。

表 11-16　2015 年调研 256 户奶农成本详细构成

单位：万元

	金融信贷产生成本				饲草料成本		社会化服务成本		劳动力成本
	金融部门贷款利息	上游赊账利息	高利贷利息	无息贷款费用	饲草成本	饲料成本	配种及兽医服务	机械维护	
农户成本	36.75	12.44	12.60	0.02	1014.25	2452.12	64	38.4	0
户均成本	0.2415				3.9619	9.5786	0.250	0.15	0
户均税费	—	—	—	—	0.673523	1.62836	0.0425	0.0255	—
专利费	—	—	—	—	—	2.8735	—	—	—

资料来源：达林太、于洪霞等调查整理，2016。

近几年也出现了一些假饲草料、假配种和假配件事件，奶农为了追溯生产厂家，要求饲草料公司提供购货的正式发票。饲草料公司大都是大公司，一般都提供了增值税发票，税额占 17%；配种及兽医服务和机械维护也都为奶农提供了增值税票，税额占 17%。

通过采访为奶农提供饲料的公司得知，该公司生产配合饲料，生产饲料的配方及部分添加剂属于购买技术专利。据公司财务人员提供的财务报表，其技术成本占销售价的 30%，饲料的技术成本以 30%计算。

4. 奶农原奶产业链上各利益相关者的分配

根据各类商品或服务提供者提交的发票计算，各利益相关者的分配见表 11-17。

表 11-17　2015 年原奶产业链上各利益相关者的分配

单位：元，%

	金融资本	国家税费	技术专利	奶农
分配	2415	23699	28735	12144
占比	3.60	35.38	42.89	18.13

资料来源：根据表 11-15 和表 11-16 计算所得。

2015 年奶农户均在购买饲草料和服务时向国家支付的税费为 23699

元，奶农户均支付的饲料技术专利费为28735元，奶农户均支付各类利息及服务费为2415元，奶农户均原奶生产纯收入为12144元。

（二）乳业价值链追踪发现的主要问题

1. 农户奶牛养殖模式在中国乳业发展过程中发挥过非常重要的作用

农户奶牛养殖模式在中国乳业发展过程中发挥过非常重要的作用。其对国家和社会的贡献巨大，比如提供了大量的原奶，解决了一部分农村剩余劳动力的就业问题等，更加重要的是，农民在农村的自主择业是中国未来国家稳定的蓄水池。

2. 国家税费、技术专利和金融资本占到价值链的81.87%

从以上的原奶生产的价值链追踪分析中，可以发现在原奶生产的价值链中，81.87%的利益被国家税费、技术专利和金融资本占有。这是为什么奶农不能可持续发展的主要原因。

3. 奶农劳动力无限供给和劳动力不计成本的经营模式稳定了奶价

如果不对原奶产业链上的农户进行适当的扶持，奶农就会被淘汰。奶农的劳动力无限供给和劳动力不计成本的经营模式，对稳定奶价和保障国家乳业安全的支撑将不复存在，这对国家和社会来说都是一大损失。

4. 政府推动的规模化牧场存在诸多问题和劣势

政府推动的规模化牧场存在投资大、风险大、成本高、效益低、环境污染等问题和劣势。根据我们对奶农和公司牧场的比较分析，奶农这一模式尽管处于劣势，但还是比享受很多优惠政策的公司牧场具有一定的比较优势。

五　乳业发展需要政府重新考虑的问题

近十多年来，乳业产业链上加工企业及原料和服务供应商的快速发展，在一定程度上得益于价格低廉的原奶供应，其背后则是众多散户不计成本的劳动付出。政府只有帮助奶农解决好以下几方面的问题，才有可能促进乳业可持续发展。

（一）政府要参照企业原料供应形式，实行上游税收抵扣政策

政府要参照企业原料供应形式，实行上游税收抵扣政策，研究和实施对奶农购买原料或服务的退税政策，这样可以保障奶农和公司牧场享受同样公平的待遇，进而保障和促进原奶生产的可持续发展。

（二）政府要研究发展合作化牧场模式

政府要研究发展合作化牧场模式，这样既为农户继续留在奶牛养殖行业提供了选择和条件，又改善了农户养殖模式的技术水平和管理技能，比农户养殖模式更具有竞争优势，是奶牛养殖业现代化更加可靠的实现路径。

（三）政府要帮助奶农合作社组建自己的饲草料加工厂

政府要帮助奶农合作社组建自己的饲草料加工厂，利用奶农自己种植的粮食秸秆、玉米等原料生产全价配合饲料，从而应对技术专利对乳业的盘剥。依据外部性理论，这样更能促进产业下游更多的消费群体对奶制品的消费，实现国家财富的增长。

（四）政府应该引导和帮助奶农组建内部互助合作基金

政府应该引导和帮助奶农在合作社内部组建互助合作基金，以应对高利贷对乳业的盘剥。政府应该定期组织专业化培训，使奶农学习掌握奶制品加工技艺，以应对出售原奶过剩时期的倒奶浪费。

第十二讲　生态奖补下牧户收入和消费的状况

一　生态奖补的历史延续

进入20世纪90年代，鉴于生态环境的恶化，国家在西部大开发战略中提出了“退耕还林还草”。21世纪初，这一政策在草原延伸，“退牧还草”政策在内蒙古干旱草原逐步推开，实施了“环京津风沙源治理工程”“毛乌素沙地治理”等一系列工程。与此同时，内蒙古还实行了“草畜平衡”和“草牧场流转”等保护草原的制度和政策。

（一）以往的环境政策将牧民对象化为草原破坏者

2010年以前的环境政策由于过于宏观，没有考虑不同地区的差异性、放牧畜牧业和其依存的生态系统的关系，以及移动性和草场共有性对草场提供公共生态服务的作用，而是简单地将牧民对象化为草场退化的主要责任人，致使政府采取了保护草原责任国家化，即压缩牧民牲畜头数的禁牧政策。这一仅仅从生态技术角度制定的政策，对牧民生计考虑不够，忽略了草原生态系统管理中牧民的作用。

由于以上政策是“摸着石头过河”的政策探索，缺乏相关的案例研究和实践的佐证，也就出现了牧民收入下降和草原生态环境局部改善、整体恶化没有得到遏止的问题。面对草原生态环境的恶化，国家是制度的制定者，同时，还是制度的执行者和监督者。国家与牧民的博弈变成了减少牲畜数量、减少放牧时间和放牧区域的过程。在这个博弈的过程中，博弈双方都付出了比较大的代价。从内蒙古前十年的环境治理案例来看，成功者非常少，究其原因，主要有以下几个方面。

集约化畜牧业建立在种植业基础上，从草地系统以外运草料会使大量的成本消耗在运输草料的物流中，大量的资金转化为交易成本。同时也违背草原畜牧业低成本的经济学原理，反过来草地畜牧家畜的减少，又容易加剧副食品对粮食的依赖，影响国家的粮食安全。

将牧民从原来的天然草地放牧转移出去搞集约化养殖，实际上还是由第一产业向第一产业的转移。所谓的小城镇实际不具有城镇的功能，很难解决牧民的就业问题，生活成本增加，牧民生计难以维系，极易造成劳动力与土地的分离。

围封禁牧的草地由于没有同动物的互动，难以实现天然草地生态系统内外的和谐统一与共同进化。没有动物的干预土壤中的氮元素循环很难维系，也可能会造成地方优良畜种的消失、民族传统文化的消亡。

（二）新时期的生态补偿已经作为国家的重大战略

2010 年中央一号文件《中共中央　国务院关于加大统筹城乡发展力度进一步夯实农业农村发展基础的若干意见》（2009 年 12 月 31 日）第 12 条指出："构筑牢固的生态安全屏障……切实加强草原生态保护建设，加大退牧还草工程实施力度，延长实施年限，适当提高补贴标准。落实草畜平衡制度，继续推行禁牧休牧轮牧，发展舍饲圈养，搞好人工饲草地和牧区水利建设。"同时内蒙古自治区人民政府出台的一号文件《内蒙古自治区人民政府关于促进牧民增加收入的实施意见》也指出："自治区人民政府各有关部门要积极争取国家项目资金，进一步加大国家对草原生态保护建设和牧民生产生活的支持力度。"

国务院总理温家宝 2011 年 4 月 6 日主持召开国务院常务会议时指出："必须清醒地看到，草原生态总体恶化趋势尚未得到根本遏制，草原畜牧业粗放型增长方式难以为继，牧民收入水平总体偏低，牧区发展仍然面临不少特殊的困难和问题。"温总理同时对牧区的发展提出："要加强草原生态保护建设，提高可持续发展能力。把保护基本草原和保护耕地放在同等重要的位置。""实施禁牧补助和草畜平衡奖励，充分调动牧民保护草原的积极性。"会议还要求到 2020 年，全面实现草畜平衡，草原生态步入良性循环，牧区经济结构进一步优化，牧民生产生活条件全面改善，基本实现全面建设小康社会目标。党中央、国务院、自治区党委、政府的一系列政策，为牧区的生态恢复和发展注入了新的希望。

二 生态奖补政策机制调研评估

笔者从2004年开始对阿拉善地区做田野调查，2009年开始关注阿拉善地区的放牧制度变迁。2011年调研选取阿拉善左旗（简称“阿左旗”），除了有多年的连续调研数据外，还有一个主要因素，即阿拉善地区20世纪90年代开始向贺兰山地区生态移民，阿拉善左旗有国家不同的生态奖补类型。本次主要是对享受不同生态奖补政策牧户的生产经营和生活消费状况进行深入的了解，希望通过田野调查，理解不同环境政策视域下社会变迁过程中牧民的目标和期望，更详细地分析牧民生产系统产出的价值，以及牧户之间社会网络的维系关系对牧户降低畜牧业脆弱性、增强畜牧业弹性的功能。目的是希望国家在支持草原生态保护与恢复的同时，兼顾牧区的振兴。

（一）调研牧户的基本状况

阿左旗以草原生态保护建设为重点，相继实施了贺兰山禁牧、退牧还草、移民搬迁等生态建设项目，并将退牧还草和生态奖补机制与各项保障制度相结合，提高生态建设水平。阿左旗从2002年至2016年已实施14期退牧还草和第一阶段性禁牧项目，实现草原建设保护面积2311万亩，占全旗草场面积的32%。其中禁牧、休牧2191万亩，划区轮牧120万亩，涉及11个苏木（乡镇）104个嘎查7906户25052人，占全旗牧民总人口的55%。转移牧民2378人。草原植被盖度达到22%。[①] 本次调研对象主要是享受以上政策的农牧民。

1. 调研牧户的人口和劳动力状况

2011年调研共调研了4个镇15个嘎查61户农牧户，涉及260人，由于研究的需要，本书没有列出农业区的调研情况。下面为调研牧区牧户的基本状况。

在被调研的59户牧户中，户均人口为4.41人（见表12-1）。从事畜牧业的户均劳动力为2.66人，且老龄化非常严重。

---

① 阿拉善左旗人民政府：《阿拉善左旗2016年国民经济和社会发展统计公报》，2016。

表 12-1　调研牧户户数、户均人口、劳动力

单位：户，人

	吉七队	乌西尔	青格勒	吉四队	吉三队	吉二队	图克木	查干点苏	红格尔	扎德盖	白音霍德	哈什哈	木仁高勒
户数	9	6	5	2	3	5	4	4	3	5	5	5	3
户均人口	3.44	4.67	3.60	3.5	4	4.80	4.75	4.50	6	3.2	4.2	6.4	4.33
劳动力	20	17	10	4	8	16	13	12	9	13	11	12	12

资料来源：根据 2012 年 4~5 月田野调查整理。

2. 调研牧户的生产经营和资源状况

在被调研的 59 户牧户中，公益林户为 17 户，退牧还草户为 7 户，草畜平衡户为 28 户，移民搬迁户为 7 户。其中汉族户为 22 户，蒙古族户为 37 户（见表 12-2）。

表 12-2　2011 年调研牧户生产经营和资源概况汇总

	公益林户(户)	退牧还草户(户)	移民搬迁户(户)	草畜平衡户(户)	汉族（户）	蒙古族（户）	外出打工(人)	户均牲畜（头只）	户均草场(亩)
吉七队	5	0	0	4	6	3	9	217	13000
乌西尔	4	0	0	2	4	2	12	230	18000
青格勒	0	0	0	5	0	5	6	250	19000
吉四队	2	0	0	0	0	2	0	321	20000
吉三队	2	0	0	1	0	3	3	210	14000
吉二队	4	0	0	1	3	2	2	160	18000
图克木	0	0	0	4	2	2	0	390	10000
查干点苏	0	1	0	3	0	4	0	380	13000
红格尔	0	3	0	0	2	1	4	310	16000
扎德盖	0	0	0	5	1	5	1	340	19100
白音霍德	0	0	2	3	2	3	9	70	8000
哈什哈	0	0	5	0	1	4	2	140	8000
木仁高勒	0	3	0	0	1	1	4	110	7000

注：有未读书的人口计人此表。

资料来源：根据 2012 年 4~5 月田野调查整理。

其中，外出打工的人数为 52 人，占劳动力总数的 33.12%，多为年轻人，其中女性比男性占比略高一些。调研牧户户均草场为 14084.62 亩，户均牲畜为 241 头只。阿左旗北部的嘎查草场较宽阔，但荒漠居多，南部嘎查草

场面积相对小一点，有部分为草原化荒漠，其生产力较北部高一点。

3. 调研牧户的人力资本

放牧畜牧业是一种高度有技巧的实践，要求高强度的劳动力投入，人力资本是系统中最重要的生产输入。[①] 丰富的知识能使牧民利用环境，但是这类知识在他们的生活系统外不容易传递。然而更可怕的是，随着大量的年轻人外出打工，传统知识正面临消亡的危机。

在被调研牧户中，在读大学生有 7 人，大专学历的有 14 人，中专和高中学历的有 62 人，初中和小学学历的为 154 人。大专及以上学历的牧民占调研人口的 9%，初中及以下学历人口占调研人口的 66%，中专和高中学历的人口占调研人口的 26%。在调研牧户中，从事畜牧业劳动（或在牧区居住）的只有中专生 1 名，大部分为小学和初中学历（见表 12-3）。

表 12-3 调研牧户家庭人力资本构成

单位：人

	大学	大专	中专	高中	初中	小学
调研牧户人力资本	7	14	5	57	65	89
从事畜牧业劳动	—	—	1	19	57	78

注：未读书的未计人。

资料来源：根据 2012 年 4~5 月田野调查整理。

IUCN 在世界范围内调查时意外发现，发展中国家很少有巩固传统草场管理经验方面的投资，农技推广人员倾向于介绍与现有管理策略无关的新观念和方法。在许多发达国家，一个受到极大关注的重要领域是制定补充和加强现有实践经验和本地知识的草场管理意见，较高的人力资本可以促使牧区更好地保护传统知识，同时促进牧区增强人力资本与传统知识相结合，包括强化现有的文化可接受的经验或习俗。

（二）不同环境政策下的牧户生产经营状况

现代社会中最常见的分层类型是阶级制度，韦伯认为，分层体系中除

① IUCN, Policies That Work for Pastoral Environments: A Six Country Review of Positive Policy Impacts on Pastoral Environments, 2008.

了经济之外还有两个重要的分层维度：权力和声望。[①] 马克思认为权力和声望最终来源于财富，而韦伯认为它们和经济是相互独立的。[②] 关于权力、声望和财富导致的社会分层问题，一直是社会学家理论探索和实证研究的焦点。功能主义理论家认为，为了社会正常的运行，一定程度的社会不公平是必要的。[③] 冲突论理论家认为，这样的不公平既没有作用也不公正，它倒是上层人对下层人剥削的结果。[④] 笔者调研认为：无论是功能主义还是冲突主义，他们的理论都建立在一个有完整契约的社会，对转型期的中国牧区社会而言，以上理论都有值得商榷的地方。

1. 社会资源对牧户收入和消费的影响

被调研牧户由于拥有不同程度的资源和社会资本而呈现出非常明显的社会分层。

在被调研牧户中，最大户人口为 9 人，三代同堂，最小户为 2 人。被调研牧户中 2011 年收入的最大户为 43.97 万元，最小户为 1.38 万元。调研牧户 2011 年纯收入最大户为 23.07 万元，最小户为-0.42 万元。调研牧户 2011 年拥有储蓄最大户为 46 万元，最小户为-11.07 万元（见表 12-4）。

表 12-4　调研 59 户牧户 2011 年的生产经营状况的最大值、最小值和平均值

	单位	平均值	最大值	最小值
人口	人/户	4.41	9	2
2011 年总收入	万元	8.89	43.97	1.38
纯收入	万元	1.19	23.07	-0.42
生产支出	万元	4.24	34.10	0.27
生活支出	万元	0.94	5.14	0.36
储蓄	万元	-0.46	46.00	-11.07

资料来源：根据 2012 年 4~5 月田野调查整理。

课题组 2009 年访谈的锡林郭勒某大户，2012 年调研时该户仍为该地

① 〔德〕马克斯·韦伯：《经济与社会》（下卷），林荣远译，商务印书馆，1997，第 248 页。

② 《马克思选集》第 1 卷，人民出版社，1995，第 125 页；〔德〕马克斯·韦伯：《经济与社会》（下卷），林荣远译，商务印书馆，1997，第 249 页。

③ 李强：《社会分层十讲》，社会科学文献出版社，2008，第 265 页。

④ 李强：《社会分层十讲》，社会科学文献出版社，2008，第 124 页。

区的大户，该户种植土地有300多亩，养殖牲畜有400多头只，他同时也是旗科技示范户。

详细分析调研资料会发现，大户往往会从事三种以上产业——种植、养殖和三产（运输），贫困户多为享受环境补贴、没有其他产业者。

2. 享受不同环境政策的牧户收入和消费

阿拉善左旗2011年享受国家主要环境政策的牧户有四种类型：公益林户、退牧还草户、移民搬迁户和草畜平衡户。下面就享受不同环境政策补贴的牧户的生产经营状况做一些简单的分析。由于调研样本较少，在统计的过程中，只好采取去掉一个最大户和一个最小户的方法，以确保结果的相对客观性。

通过对享受不同环境政策补贴的牧户调研发现，由于2011年畜产品价格较高，2011年牧户的收入都高于往年。户均总收入由高到低依次为公益林户、草畜平衡户、退牧还草户和移民搬迁户，分别为112500元、97558元、78800元和61601元。户均生产消费支出由高到低依次为公益林户、草畜平衡户、退牧还草户和移民搬迁户，分别为65100元、53195元、37000元和14311元，这与收入高低的排序正好吻合。人均纯收入由高到低依次为公益林户、草畜平衡户、移民搬迁户和退牧还草户，分别为13779. 07元、12896. 22元、12396. 45元和9653. 58元。

从被调研牧户的收入状况看，公益林户和草畜平衡户的户均收入和人均收入都较高，这可能与项目补贴和畜牧业收入有关。户均收入和户均生产消费支出排在第四位的移民搬迁户，人均纯收入排在了第三位，这可能与收入多元化和生产消费支出较少有关。这里的畜牧业收入还包括牧户的饲草料基地的农业收入。2011年调研牧户的人均净储蓄由高到低依次为公益林户、草畜平衡户、移民搬迁户和退牧还草户，分别为3782. 56元、3354. 07元、2464. 45元和1316. 40元（见表12-5）。

表12-5　2011年享受不同环境政策补贴牧户的财务情况

单位：人，元

	公益林户	退牧还草户	移民搬迁户	草畜平衡户
户均人口	3. 44	4. 33	4. 22	3. 44
户均总收入	112500	78800	61601	97558

续表

	公益林户	退牧还草户	移民搬迁户	草畜平衡户
畜牧业收入	81500	40000	19200	81509
政策性收入	24000	27000	28137	13008
打工收入	3000	7000	9124	2100
农业收入	0	0	5140	0
其他收入	4000	4800	0	941
户均生产消费支出	65100	37000	14311	53195
饲草支出	7600	0	0	12000
饲料支出	51000	0	0	32005
防疫费	1500	0	0	1300
维护费及油料费	5000	0	0	7890
人均纯收入	13779.07	9653.58	12396.45	12896.22
户均生活消费支出	37988	36100	36890	32825
食品支出（粮食及蔬菜）	8388	8900	8921	7400
其中蔬菜支出	0	0	(2500)	0
肉食品支出	7000	5100	3198	5799
医药费	2100	7200	3277	2508
服装支出	6000	1800	5376	4000
教育支出	8800	7000	8700	7200
燃料支出	3200	0	0	3000
其他支出	2500	6100	7418	2918
人均生活消费支出	11043.02	8337.18	8741.71	9542.15
人均净储蓄	3782.56	1316.40	2464.45	3354.07

资料来源：根据 2012 年 4~5 月田野调查整理。

3. 享受不同环境政策的牧户户均收入分析

由被调研的享受公益林补贴的牧户收入分析可知，畜牧业收入（这里也包括饲草料基地收入）占总收入的 72%。按照政策规定，牧户如果享受公益林补贴就要禁牧，但实际操作时并不是这样的。最初公益林户是按照草场上灌木的类型、社会资源以及牧民对该项目的认知来选择的，致使同一个嘎查里，有部分牧户的草场进入了公益林，而部分牧户实施草畜平衡，也有同一牧户一部分草场进入了公益林，部分草场实施草畜平衡的。

同一草场出现不同的放牧制度，即禁牧和允许放牧牲畜，再加上护林员往往都是本嘎查的精英牧户，就会出现一边享受公益林补贴，一边放牧的局面。部分牧户转移空出了部分草场，放牧草场宽裕，使最先享受公益林补贴的牧户收入最高。被调研的公益林户政策性收入占总收入的21%，打工收入占总收入的3%（见图12-1）。

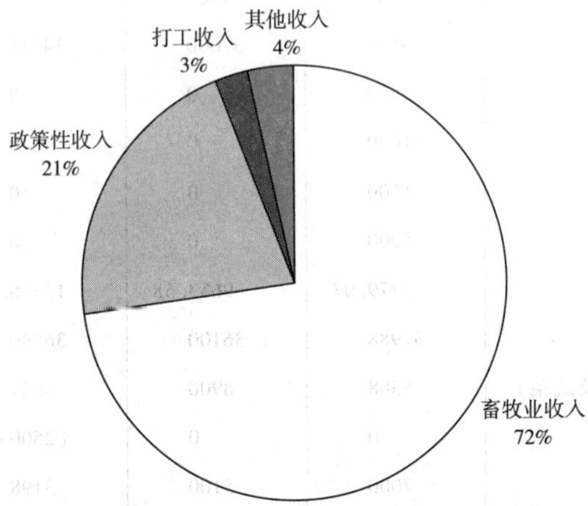

图12-1　2011年公益林户收入构成

资料来源：根据2012年4~5月田野调查整理。

草畜平衡户是环境政策中允许放牧牲畜的牧户，笔者在调研中发现有两类草畜平衡户：一类为左旗北部图克木嘎查的一些牧户，这里是绒山羊养殖区，在国家的环境政策介入过程中，全嘎查不享受环境政策补贴，要求实施草畜平衡；另一类为公益林嘎查中灌木稀疏或者要求实施草畜平衡的牧户。国家从2011年开始对草畜平衡户提供补贴（2012年发放该补贴），这两类草畜平衡户一直没有放弃饲养牲畜，随着畜产品价格的上涨，这两类牧户畜牧业收入比较高，由于较晚享受国家政策，其收入低于公益林户。草畜平衡户的政策性收入为总收入的13%，由于一直从事放牧劳动，打工收入仅为总收入的2%（见图12-2）。

移民搬迁户指离开原居住地，搬迁到异地从事其他产业的牧户。这类牧户的畜牧业收入一般比较低，被调研牧户畜牧业收入占总收入的31%。这类牧户在搬迁时保留了一部分自食的牲畜，寄放在其他牧户的畜群中，

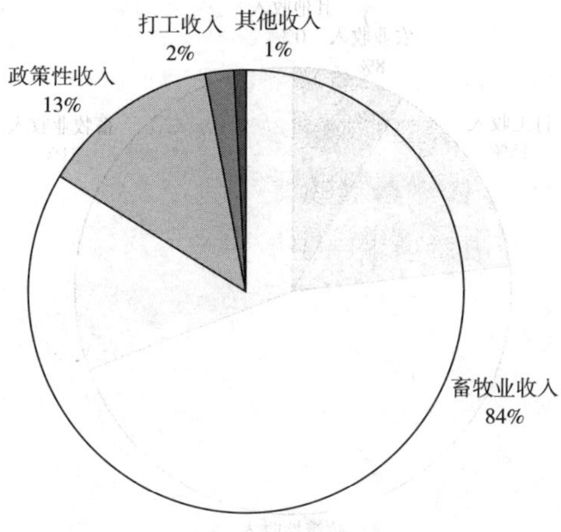

图 12-2　2011 年草畜平衡户收入构成

资料来源：根据 2012 年 4~5 月田野调查整理。

由于移民后生计一直不稳定，牲畜一直没有处理。移民搬迁一直是政府倡导的主要环境政策，这部分牧户搬迁后一直没有找到合适的生计产业，有部分牧户除了享受退牧还草补贴外，还享受国家的低保政策，在总收入基数本来就不高的状况下，政策性收入显得较高，占总收入的 46%。打工收入在四类牧户中是最高的，占总收入的 15%，农业收入（指蔬菜大棚收入）占 8%，远远低于政府搬迁的初衷（见图 12-3）。

退牧还草户中一部分是移民搬迁户，由于搬迁后在异地没有合适的就业机会，没有办法生活，只好重返回原居住地居住。一部分人靠给其他没有禁牧的地区的牧户放牧为生，自己的少量牲畜代放在其中。所以畜牧业收入占总收入的比例为 51%，打工收入、其他收入（卖奇石、挖药材）分别占总收入的 9%、6%（见图 12-4）。这一类牧户应该是政府首要关注的对象。

4. 环境政策补贴下牧户生产和生活消费支出变化情况

牧民消费力的变化是衡量牧民生活是否改善的一个重要标志，作为一个社会经济范畴，它在本质上是社会消费力，是在一定的分配关系基础上产生的，是社会生产力在消费领域的反映。消费力与生产力是正相关的关系，提高消费力，可以推动生产力的发展。消费力实质上就是一种生产力，或者最终要转化为生产力。从社会再生产的环节看，消费是最后一个

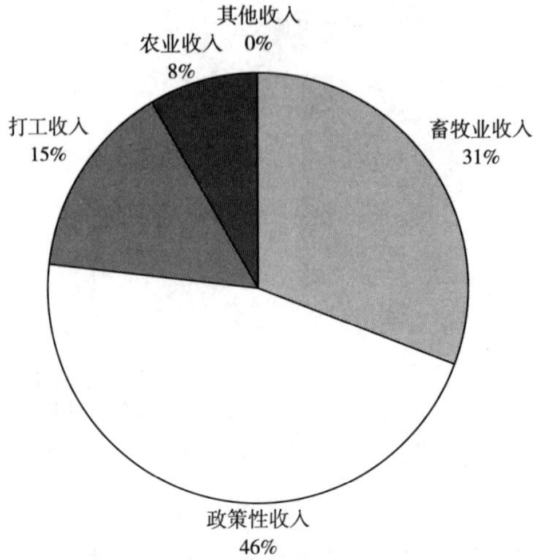

图 12-3　2011 年移民搬迁户收入构成

资料来源：根据 2012 年 4~5 月田野调查整理。

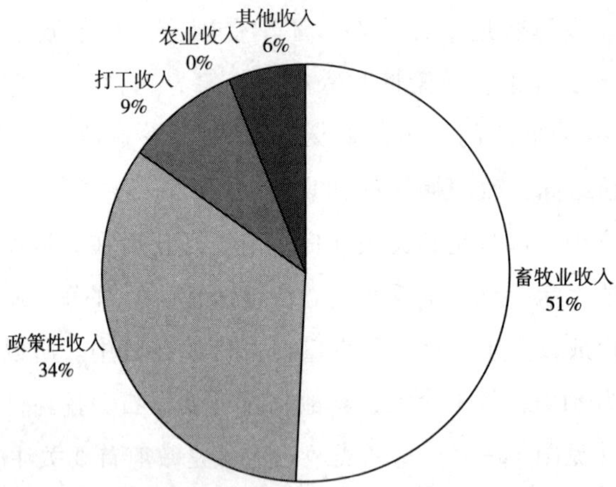

图 12-4　2011 年退牧还草户收入构成

资料来源：根据 2012 年 4~5 月田野调查整理。

环节，生产、交换和分配都可能决定消费。同时消费力对社会再生产过程具有导向作用，消费力与生产力同等重要。

表 12-6 是享受不同环境政策补贴的牧户的支出情况，支出主要分为

生产消费支出和生活消费支出两个方面。广义的消费包括生产消费和生活消费，生产消费是指在畜产品生产过程中生产资料和劳动的消耗，生活消费多指对食品、服装、用具等个人消费品的消费。

表 12-6　2011 年享受不同政策补贴的牧户的支出情况

单位：元

	公益林户	退牧还草户	移民搬迁户	草畜平衡户
户均生产消费支出	65100	37000	14311	53195
饲草支出	7600	—	—	12000
饲料支出	51000	—	—	32005
防疫费	1500	—	—	1300
维护费及油料费	5000	—	—	7890
户均生活消费支出	37988	36100	36890	32825
食品支出（粮食及蔬菜）	8388	8900	8921	7400
其中蔬菜支出	—	—	(2500)	—
肉食品支出	7000	5100	3198	5799
医药费	2100	7200	3277	2508
服装支出	6000	1800	5376	4000
教育支出	8800	7000	8700	7200
燃料支出	3200	—	—	3000
其他支出	2500	6100	7418	2918
人均生活消费支出	11043.02	8337.18	8741.71	9542.15

资料来源：根据 2012 年 4~5 月田野调查整理。

草畜双承包以来，牧户的经济行为由集体化时期最基本的消费决策单位，转变为生产与消费为一体的最基本的经济决策单位。牧户在畜牧业生产过程中，生产、分配、交换和消费等四个环节是一个相互联系的有机体。

从被调研牧户的户均生产消费支出状况看，公益林户排在第一位，草畜平衡户排在第二位，其次依次为退牧还草户和移民搬迁户。调研牧户的户均生活消费支出基本相同（见图 12-5）。

从被调研公益林户的分项生产支出看，饲料支出占总支出的 78%（见图 12-6），这可能和公益林区内不准放牧有关，牧户需购买饲料用来补饲，或者利用自家饲草料基地的饲料补饲。

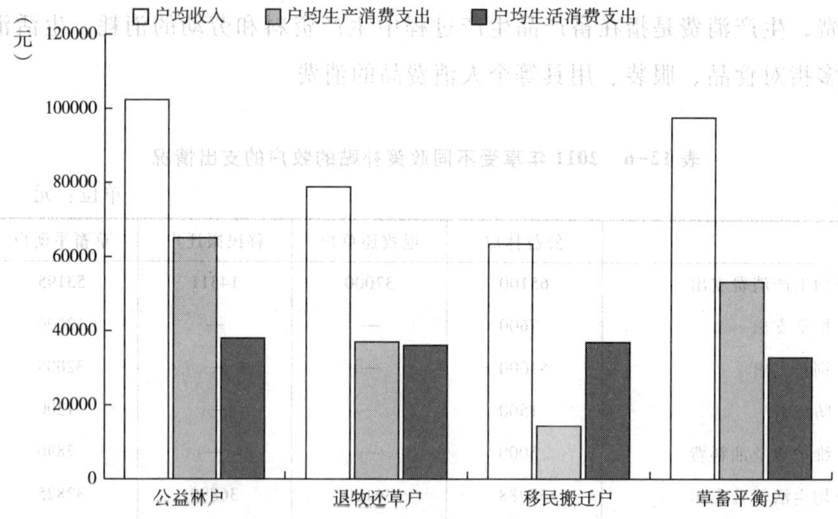

图 12-5　2011 年调研牧户户均收入、户均生产消费支出、户均生活消费支出

资料来源：根据 2012 年 4~5 月田野调查整理。

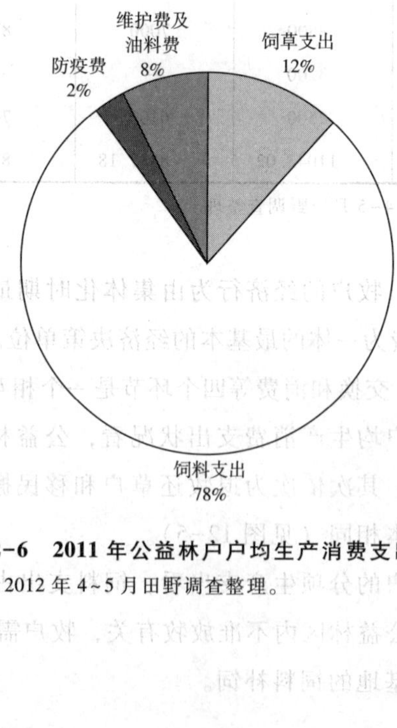

图 12-6　2011 年公益林户户均生产消费支出构成

资料来源：根据 2012 年 4~5 月田野调查整理。

草畜平衡户因政府的禁牧政策较宽松，饲料支出在整个生产支出中的占比较公益林户略低一些，但饲草支出占比超过了公益林户（见图 12-7）。退牧还草户和移民搬迁户的牲畜大都寄放在其他牧户的畜群中，每年需支付一定的生产性费用，但各项支出很难计算出来。

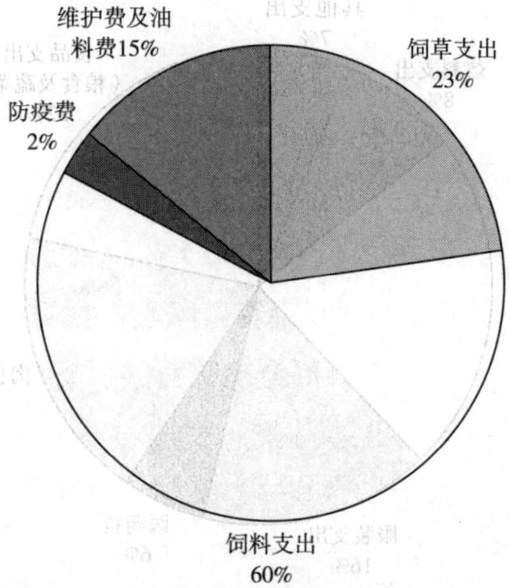

图 12-7　2011 年草畜平衡户户均生产消费支出构成

资料来源：根据 2012 年 4~5 月田野调查整理。

5. 享受不同环境政策补贴的牧户生活消费支出

牧户的消费研究不仅要关注消费中的经济行为，更要关注消费这一经济现象背后的社会基础及相互关系，生活方式对社会变迁的重要意义。牧区牧民消费的生活资料和劳务的数量、质量、品种、结构及消费效果，是衡量牧民生活状况和生活水平的重要标志。同时了解牧区社会的变迁，研究其消费形式、消费行为和消费结构等领域是一个很好的切入点。所以，通过分析牧区社会的消费形式变迁，可以看到整个社会转型时期的社会文化所经历的历史过程。这里所研究的消费范围是广义的消费，包括整个支出结构，有时也包含教育、卫生投入。消费行为变化的研究，对启动牧区消费市场，制定恰当的经济决策具有重要的意义。

公益林户生活消费支出中排在第一位的是教育支出，占生活消费支出的 23%；排在第二位的是食品支出（粮食及蔬菜），占生活消费支出的 22%；肉食品支出排在第三位，占生活消费支出的 18%；排在第四位的是服装支出，占生活消费支出的16%。被调研的公益林户大都没有离开草场外出谋生，收入都较可观，教育支出较高。公益林户大都饲养一定数量的牲畜，肉食品无须去市场购买，以自养自食为主，所以，肉食品支出在生活消费支出中占的比例较高（见图12-8）。

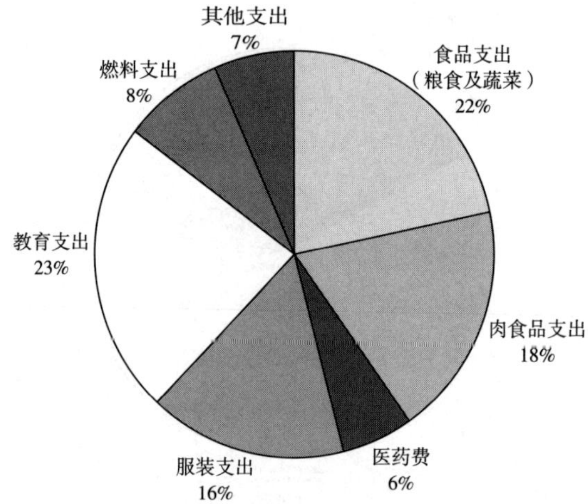

图12-8　2011年公益林户户均生活消费支出构成

资料来源：根据2012年4~5月田野调查整理。

在退牧还草户中，食品支出（粮食及蔬菜）占第一位，占生活消费支出的25%；医药费排在了第二位，占生活消费支出的20%；教育支出排在第三位，占生活消费支出的19%；其他支出排在第四位，占生活消费支出的17%。退牧还草户收入一直不太稳定，有一部分牧户离开草场，或者曾经离开过草场外出谋生，低收入造成了生活消费支出中食品支出（粮食及蔬菜）占据了第一位。收入低和劳动强度大，又造成了多病，致使医药费排在了第二位。这一类牧户的其他消费也很高，主要是外出打工或者又回到了原居住地，不确定的消费占据了很大的一部分，比如禁牧罚款、租房子等一系列的消费。

移民搬迁户排在第一位的生活消费支出是食品支出（粮食及蔬菜），占生活消费支出的24.2%；第二位为教育支出，占生活消费支出的23.6%；排在第三位的是其他支出，占生活消费支出的20.1%；

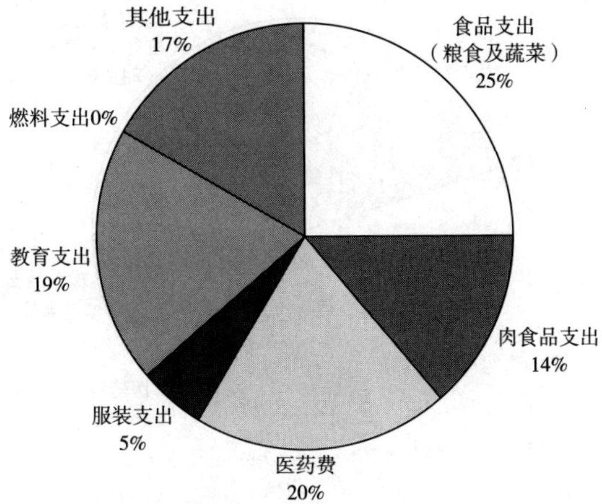

图 12-9　2011 年退牧还草户户均生活消费支出构成

说明：非现金收入、自养自食收入计入消费。

资料来源：根据 2012 年 4~5 月田野调查整理。

排在第四位的是服装支出，占生活消费支出的 14.6%（见图 12-10）。被调研的这一类牧户大都搬迁出来在外地谋生，生活的拮据使得教育消费凸显出来，教育成为下一代改变命运的主要途径的观念，使教育支出排在了生活消费支出的第二位。其他支出占生活消费支出的 20.1%，说明这一类群体的生计极其不稳定，不确定性消费影响牧户的生活消费。服装支出比例也较高，这可能与这一群体在城镇周边居住生活有关。总之，这一类群体的生活消费发生了巨大的变化，也在随着社会的变迁而变化。

草畜平衡户排在第一位的生活消费支出是食品支出（粮食及蔬菜），占生活消费支出的 22.5%；排在第二位的是教育支出，占生活消费支出的 21.9%；排在第三位的是肉食品支出，占生活消费支出的 17.7%；排在第四位的是服装支出，占生活消费支出的 12.2%；排在第五位的是其他支出，占生活消费支出的 8.9%（见图 12-11）。这一类牧户一直没有离开草场，生活基本还属于传统的生活型牧户。

分析被调研的四种不同类型的牧户的恩格尔系数，发现由低到高的排序为移民搬迁户、退牧还草户、草畜平衡户和公益林户（见表 12-7）。进

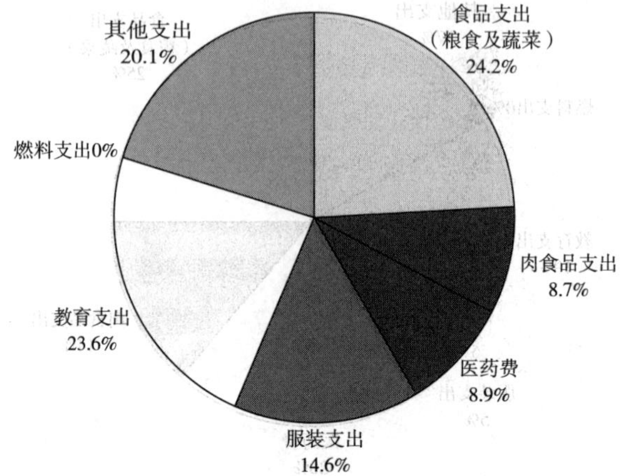

图 12-10　2011 年移民搬迁户户均生活消费支出构成

资料来源：根据 2012 年 4~5 月田野调查整理。

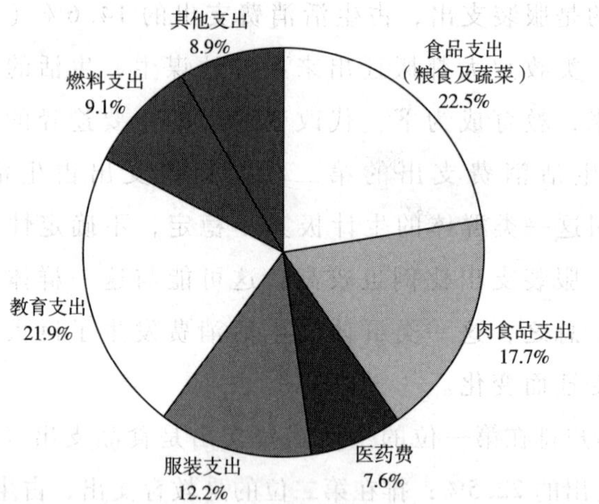

图 12-11　2011 年草畜平衡户户均生活消费支出构成

资料来源：根据 2012 年 4~5 月田野调查整理。

一步分析发现，实际富裕状况可能不是这样的，由于移民搬迁户的自食自产蔬菜较高，草畜平衡户自食自产的肉食品较高，非现金支出占纯收入的占比较高，掩盖了牧户的生活状况。

表 12-7　2011 年享受不同环境政策补贴牧户的恩格尔系数及相关收入与支出情况

	公益林户	退牧还草户	移民搬迁户	草畜平衡户
恩格尔系数	0.4129	0.3846	0.3285	0.4021
人均肉食品支出（元）	2034.88	1177.83	757.82	1685.76
蔬菜支出（元）	—	—	2500	—
人均纯收入（元）	13779.07	9653.58	11206.16	12896.22
相对可支配收入（元）	11745.19	8475.75	7948.34	11211

注：相对可支配收入等于人均纯收入减去非现金收入。

资料来源：根据 2012 年 4~5 月田野调查整理。

表 12-8 中的生产支出包括货币支出和实物支出的折价，生活支出则只是牧户货币支出和自产食品货币折价。1956 年调研的 47 户牧户各户生产支出占总支出的 11.24%，各户生活支出占总支出的 88.76%。2011 年调研的 59 户牧户生产支出占总支出的 54.06%，生活支出占总支出的 45.94%。通过 1956 年和 2011 年两次调研发现，2011 年调研牧户的生产支出占比比 1956 年高出 42.83 个百分点。2011 年调研牧户生活支出占比比 1956 年调研牧户低 42.83 个百分点。这可能与草地资源的生产力有关，也与草地的退化有关。2011 年调研牧户的收入更多地用于购买饲草料，1956 年调研牧户是不需要购买饲草料的。1956 年调研牧户的收入更多地用于改善生活，相应的生活支出占比要比 2011 年高得多。

表 12-8　1956 年、2011 年调研牧户户均生产、生活收支状况比较

单位：元，户

年份	户数	总收入	总支出	生产支出	生活支出	纯收入	净储蓄
2011	59	88870.5	78427.25	42401.5	36025.75	10443.25	9948.5
1956	47	758.34	745.77	83.82	661.95	12.57	-69.79

资料来源：根据全国人大民族委员会和中央民族事务委员会、蒙古族社会历史调查组阿拉善地区调查（1953~1957 年）与 2012 年阿拉善左旗田野调查整理。

通过比对发现，1956 年的收入构成更具多样性，其中打工（驮盐）收入占比比 2011 年调研的牧户多出近 20 个百分点。1956 年调研的牧户政策性收入很少，1956 年畜牧业收入占比比 2011 年多出 3.2 个百分点（见表 12-9）。

表 12-9　1956 年、2011 年调研牧户收入构成占比

单位：%

年份	畜牧业收入	打工（驮盐）收入	农业收入	政策性收入	挖苁蓉收入	其他收入
2011	62.51	5.97	1.45	25.92	—	4.15
1956	65.73	25.82	—	—	5.11	3.34

资料来源：根据全国人大民族委员会和中央民族事务委员会、蒙古族社会历史调查组阿拉善地区调查（1953~1957 年）和 2012 年阿拉善左旗田野调查整理。

6. 调研牧户的存贷款情况

J. Davies 和 R. Bennett 在非洲一些牧区研究发现，金融服务在牧区发展中扮演着重要的角色，但在大多数牧区都十分欠缺。牧民依靠市场维持其生计的弹性，将谷物转化为畜产品（通常）等热量相对高的商品，购买其他消耗品、设备和服务。在许多牧区，谷物和牲畜的价格波动极大，例如，在埃塞俄比亚旱灾期间，谷物和牲畜间的交易比率（terms of trade）是 9。①

在被调研补贴的 17 户公益林户中，有存款的 4 户，有贷款的 11 户；退牧还草户的 7 户中，有贷款的为 6 户；草畜平衡户的 28 户中，有存款的为 8 户，有贷款的为 12 户；移民搬迁户中贷款户为 4 户。调研牧户中，有存款的牧户为 12 户，有贷款的牧户为 33 户。从农村信用社贷款的有 14 户，从个人处贷款（借款）的有 19 户（见表 12-10）。据调研资料分析，从农村信用社贷款的牧户大都是一些有抵押的大户，一般的小户或者贫困户往往只能从个人、提供生产和生活用品的上游小卖部和二道贩子处贷款。由于牧民在生产经营上很难获得贷款，牧民转产的可能性非常小，生产经营基本维持简单的再生产。

表 12-10　2011 年被调研牧户的存贷款状况

单位：户

	公益林户	退牧还草户	移民搬迁户	草畜平衡户
存款户	4			8
贷款户	11	6	4	12
从农村信用社贷款户	5	2		7
从个人处贷款（借款）	6	4	4	5

资料来源：根据 2012 年 4~5 月田野调查整理。

① J. Davies and R. Bennett, "Livelihood Adaptation to Risk: Constraints and Opportunities for Pastoral Development in Ethiopia's Afar Region," *The Journal of Development Studies* 43 (2007): 490-511.

三　调研牧户的风险管理与社会网络的变化

研究社会互动的另一种方法就是研究人们的社会网络，社会网络由个人复杂的关系网组成。网络与群体有共同的相似性，成员之间有互动，通常共享某种松散的认同感和团结感。这种认同感和团结感往往会提供一种互惠的机制。在前面我们已经分析了阿拉善左旗环境政策介入对牧户收入和消费的影响。在这里提出社会网络的变化，旨在通过牧户社会网络的变化来寻找环境政策介入促进牧区社区变迁的另一个证据。

（一）社会网络变迁简述文献

社会学一些较早的理论认为，与农村居民相比，城里人之间有大量的交往，但这种交往比农村居民更具表面性。人们的社会网络可以用关系的强弱程度进行分析，所谓强关系（strong tie），是指人们投入更多的时间、更多的情感，并且更为频繁地提供互惠性服务的关系，强关系也是人们积累社会资本的主要途径。

社会网络、牧区社区和社会资本这三个概念具有很多的共性。社会资本概念的出现，是国际社会对资本概念的拓展，又叫“社会制度组织资产”。社会资本被认为同物质资本，劳动者体力、智力等人力资本，资源环境等自然资本一样，是一个地区经济增长和社会发展不可缺少的要素。

很难用金融术语合理解释社会资本，因为牧区社会的债务和义务网络不常用数字量化表示，而“货币”可能是劳动互助和作为礼物的牲畜、肉食品、奶制品，甚至是文化上的归属。

网络分析关注个人之间的联系，它为分析社会系统内在的运转过程提供了启发性视角。中国学界对一些民族地区的社会网络关系研究不多。与国内的研究相比，国外社会网络和社会资本研究文献相对较多。Roe 等使用高度可靠制度的经济来描述放牧畜牧业系统，因为在这个系统中，风险不能简单地与收入来进行权衡取舍，因为系统的失败导致的不是成本微增而是巨变。与追求稳定性相反，过去的很多牧民将其财富投资于社会资本，使周期性的好运气资本化，以保证其通过精细的义务与互惠系统来获得长期的保险。这种系统对于外来发展规划人员而言非常难以理解，很多应急计划和发展援助常常发现牧民应急的方式是将其资产给予社区内的其他人。牧民通过投资社会保险最大限度地降低脆弱性，即使这意味着短期内的收入更低。这种行为反映了牧民在贫困和脆弱性之间的权衡取舍。①

下面就阿拉善左旗牧民不同时段的社会网络和社会资本的变迁来研究牧区社会的变迁。

（二）阿拉善左旗牧户社会网络的变迁

传统的蒙古族牧民社会邻里关系超过了亲属关系，这可以从新中国成立到人民公社这一时期牧户的社会网络关系中得到一些简单的结论。

从田野调查资料分析可以看出：在人民公社前牧户的社会网络的强关系主要是围绕邻里，邻里之间的礼尚往来次数为每年 4~6 次。其次是亲属，亲属之间的礼尚往来次数是 1~3 次。从互赠的礼品看，邻里之间的礼品为砖茶、哈达、牛、马，亲属之间互赠的礼品价值低于邻里，一般最贵重的为羊（见表 12-11）。这一时段和行政单位的人员建立关系往往与社会学中所描述的弱关系（weak tie）较相似，这种弱关系主要用于聚会或会议，进行信息和思想的交流。

表 12-11　1949~1957 年阿拉善左旗牧户的社会网络活动

	亲属	邻里	巴格	苏木	巴音浩特
礼品	砖茶、哈达、羊	砖茶、哈达、牛、马	砖茶、哈达		干肉、奶酪、鲜肉
次/年	1~3	4~6	1~2	1	1
活动	婚娶、孩子剪发、新居	集体劳动、婚娶、孩子剪发、新居	祭敖包	开会	购买日用品
网络	近亲属	邻居	祭敖包组织者		老师、干部、朋友

资料来源：据 2005~2012 年阿拉善田野调查整理。

据人民公社时期的田野资料分析，人民公社由于是集体生产、集体分配，社会网络的强关系特征开始减弱，弱关系在扩展。邻里组成的“浩特乌素”是基础的生产单位，这一时期牧民只有很少一部分自留畜。马匹作

① Emery Roe, Lynn Huntsinger, Keith Labnow, “High Reliability Pastoralism,” *Journal of Arid Environments* 39 (1998): 39-55.

为主要的生产动力，从牧民的自留畜中消失，牧民邻里互赠的礼品有时还有非常贵重的牛羊出现，说明这一时期社会网络强关系主要建立在邻里之间。同时这一时期牧户的社会网络也在扩展，朋友在社会网络中增多（见表 12-12）。

表 12-12　1958~1983 年阿拉善左旗牧户的社会网络活动

	亲属	邻里	嘎查	公社	巴音浩特
礼品	砖茶、哈达、罐头、烟酒、布料	砖茶、哈达、罐头、烟酒、布料、羊、牛	砖茶、哈达、罐头、烟酒	罐头、烟酒、干肉、奶酪、鲜肉	罐头、烟酒、干肉、奶酪、鲜肉
次/年	1~3	2~4	1~2	2~3	1~2
活动	婚娶、孩子剪发、新居	集体劳动、婚娶、孩子剪发、新居	祭敖包	接送孩子上学、购买物品	购买物品、看病
网络	近亲属	邻居	祭敖包组织者	老师、朋友	老师、干部、朋友

资料来源：据 2005~2012 年阿拉善田野调查制表。

据从包产到户到草场二轮承包时期牧户社会网络关系的田野调查资料分析，由于包产到户政策的实施，集体经济的解体，家庭经济的确立，牧户之间社会网络的强关系由邻里之间开始向其他群体转移，但邻里还是牧户主要的社会网络强关系，这可能与牧户的生产互助关系有关。同时这一时期国家农业开发项目、市场供销关系、公共服务的类市场化等，促使牧户社会网络的强关系开始扩展到苏木、巴音浩特等行政机关的干部。牧户的朋友在增多，畜产品的买卖使小商贩也成为牧户社会网络的一部分。由于嘎查经济在这一时期基本解体，牧户和嘎查关系为弱关系，祭敖包成为牧户收集信息和思想交流的一个途径（见表 12-13）。

表 12-13　1984~1996 年阿拉善左旗牧户的社会网络活动

	亲属	邻里	嘎查	苏木	巴音浩特
礼品	砖茶、哈达、罐头、烟酒、布料、羊、牛	砖茶、哈达、罐头、烟酒、布料、羊、牛、驼	砖茶、哈达、罐头、烟酒	罐头、烟酒、活羊	干肉、奶酪、鲜肉、活羊、活牛
次/年	2~3	3~6	1~2	2~3	1~3

续表

	亲属	邻里	嘎查	苏木	巴音浩特
活动	婚娶、孩子剪发、新居、孩子高考	婚娶、孩子剪发、新居、孩子高考	祭敖包	上学、购买物品、争取贷款	购买物品、看病、争取项目
网络	近亲属	邻居	祭敖包组织者	老师、朋友、兽医、干部	干部、小商贩、老师、大夫

资料来源：据 2005~2012 年阿拉善田野调查制表。

在草场二轮承包到草场彻底归户这一时期，牧户的生产经营活动完全市场化，社会化服务完全社会化，邻里关系由于草场确权而变得非常紧张，牧户之间社会网络的强关系解体，邻里之间的礼品互赠表现出一种非常弱的关系。牧户之间依靠传统文化维系的社会网络在彻底崩溃（见表 12-14）。

表 12-14　1997~2002 年阿拉善左旗牧户的社会网络活动

	亲属	邻里	嘎查	苏木	巴音浩特
礼品	礼金 200~500 元、家电	礼金 100~200 元		活羊	活羊、活牛
次/年	2~3	1~3	1~2	2~3	1~3
活动	婚娶、孩子剪发、新居、孩子高考	婚娶、孩子剪发、新居、孩子高考	祭敖包	上学、购买物品、争取贷款或项目	购买物品、看病、争取项目
网络	近亲属	邻居		老师、朋友、干部	干部、小商贩、老师、大夫

资料来源：据 2005~2012 年阿拉善田野调查制表。

社会学界通常把 2005 年之后称为后税收时期，同时在内蒙古牧区又是一个环境政策介入的时期，由于邻里之间社会网络强关系的解体，亲属关系就显得尤为亲密。这一时期牧户的强关系主要建立在行政镇、巴音浩特的朋友和亲属之间（见表 12-15）。

社会资本在许多牧民生计中有十分重要的作用，虽然它是无形的，但会带来预期的回报。因此，社会资本积累通常是压倒一切的牧民生计目标之一。

表 12-15　2003~2011 年阿拉善左旗牧户的社会网络活动

	亲属	邻里	嘎查	镇	巴音浩特
礼品	礼金 300~2000 元	礼金 100~200 元		礼金 300~500 元或活羊	礼金 300~2000 元或活羊、活牛
次/年	2~3	1~3	1~2	2~3	1~3
活动	婚娶、孩子剪发、新居、孩子高考	婚娶、孩子剪发、新居、孩子高考	祭敖包	上学、购买物品、争取贷款或项目	购买物品、看病、争取项目
网络	近亲属	邻居		朋友、干部	朋友、干部

资料来源：据 2005~2012 年阿拉善田野调查制表。

（三）调研牧户邻里之间的社会网络在削弱

通过对以上不同时段牧户社会网络关系的研究，结合典型案例及其社会网络分析，基本可以发现这样一个规律，即新中国成立后牧民由于互助和协商使用草场在邻里之间建立起非常强的网络关系，这种网络关系对降低牧户的风险，提高放牧畜牧业的效率，合理利用草地资源起到了非常重要的作用。但随着国家政策的介入，牧户之间的这种社会网络强关系开始向牧区以外的社区或领域转移，这一转移直接导致由社会网络构筑的风险防范体系彻底崩溃，直接影响了牧区社区经济、社会和生态的持续发展。

四　总结与讨论

与实施生态奖补和环境政策介入的十年前相比，生态奖补牧户的收入提高是显著的。从微观的案例观察，比如离婚率下降了，儿童失学率下降了，贫困率也比前十年下降了很多，牧区犯罪率也下降了，生态奖补启动以来，牧民的生计有所改善。

分析调研的四种不同类型的牧户的生产生活消费支出数据后我们会发现：牧民的生产消费支出和生活消费支出相加基本等于当年的收入，畜产品市场的不稳定带来的收益不稳定，极有可能导致刚刚解决温饱的牧户再次致贫，被调研的部分牧户的生活距离小康社会的水平还较远。

被调研牧户的政策性收入占收入的比例较高，一旦政府的补贴到期后不再延续，牧民会马上返贫。因此，要转变单纯凭收入指标高估牧民生活水平的错误认知，实事求是地看待牧区、畜牧业和牧民问题。牧区经济的快速发展是牧民生活消费水平提高的有效保证，合理公平的分配也会刺激牧民的消费。

同时，通过对牧户之间的社会网络进行调研分析发现：牧户之间社会网络的崩溃，直接导致畜牧业脆弱性增强、放牧系统弹性降低。因此，重建牧区邻里社会网络、重建牧区社区就显得非常重要。

第十三讲　内蒙古矿产资源开发利益分配*

中国的矿产资源开发及利益分配问题成为公众讨论的热门话题，有学者从宏观的角度提出，资源收益应当包括资源的所有者权益、国家管理者权益和企业经营者权益三个层次。微观上矿产资源收益的分配，应该是各权益主体根据权益来分配剩余收益，做到分配公平。但目前矿产资源在公共财政中所占的份额微乎其微。并且，在资源配置过程中存在中央和地方政府之间不统一的问题，影响了地方政府对资源转化增值战略的实施，使其无法摆脱粗放式经营模式。

笔者综合以上观点并结合田野调查的实证研究后发现，在矿产资源领域，非国有资本的收益率超过了产出和收入的增长率，以及自然环境被严重破坏的生态问题。目前，学术界对资源开发理论研究较多，实证研究的文献较少。本讲结合内蒙古的资源开发及利益分配的典型案例，分析并提出矿产资源开发在不同的权益主体之间的合理分配份额，确立合理有效的分配制度，促进社会公平。

一　内蒙古采矿业及其利益分配

“十一五”以来，内蒙古自治区的传统资源型产业如原煤和电力都保持了较快增长，取得了较好的经济效益，成为内蒙古自治区经济发展的主要动力。

---

* 本讲内容曾以《矿产资源开发利益分配研究——以内蒙古为例》发表于《内蒙古大学学报》（哲学社会科学版）2015 年第 5 期，收录时内容略有改动。

（一）采矿业成为规模以上工业的主导产业

采矿业从2000年以后就成为内蒙古自治区的主导产业。其中工业总产值由2000年的105.18亿元增加到2010年的3487.5亿元，占规模工业企业的比重由2000年的14.04%增长到2010年的26.01%。规模以上的采矿业的利润由2000年的1.60亿元增加到2010年的774.8亿元，占规模以上工业利润的比重由2000年的9.94%增长到2010年的45.89%，内蒙古2010年规模以上采矿企业从事采矿的从业人员为356600人。①

内蒙古自治区统计资料显示，2012年采矿业的产值为5703.4329亿元，利润为1096.9339亿元（见表13-1）。产值占工业总产值的31.35%，利润占规模工业利润的59.11%，2012年采矿业全部从业人员为384800人，其中劳动者人数为210414人。②

表13-1　2012年内蒙古自治区采矿企业生产经营状况

	企业单位数（个）	产值（万元）	主营业务税金及附加（万元）	利润（万元）	本年应交增值税（万元）	本年度应缴所得税（万元）
采矿企业（全部）	858	57034329	1120011	10969339	3743174	2742334.75
国有或国有控股采矿企业	91	17843919	407821	3674904	1426287	918726
民营采矿企业	767	39190410	712090	7294435	2316887	1823608

注：内蒙古自治区规模以下的采矿业都为个体、私营或个人独资小企业，由于政府的资源整合，基本上都转让或出售，在2013年的统计年鉴中该项目没有统计。

资料来源：《内蒙古统计年鉴2013》。

（二）内蒙古自治区采矿业中的利益分配

中国于1994年实施了分税制财政体制改革，并在之后的30年间，先后对这些税、费分配比例进行了多次调整，最终形成了现在政府间的分税体系。

采矿企业目前直接分配的税种主要包括增值税、所得税和资源税（见表13-2）。除了这些税种外，还有政府性收费，和税收相比，政府性收费不是很高。由于是由地方政府的相关部门征收，其随意性很大。

① 内蒙古自治区统计局编《内蒙古统计年鉴2012》，中国统计出版社，2012，第315~400页。

② 内蒙古自治区统计局编《内蒙古统计年鉴2013》，中国统计出版社，2013，第320~420页。

表 13-2　主要税种和主要政府性收费在中央和地方三级政府间的分配

单位：%

主要税种	中央和地方分配		政府性收费	中央地方分配	
	中央政府	地方三级政府		中央	地方三级政府
消费税	100	0	矿产资源补偿费	50	50
增值税	75	25	矿产资源补偿费（8 民族地区）	40	60
企业所得税	60	40	探矿权、采矿权	20	80
个人所得税	60	40	排污费	10	90
资源税	盐税 100 其他税 0	其他税 100	县乡运输 公路维改费	0	100

资料来源：根据《矿产资源法》、《矿产资源法实施细则》和国务院等部委的相关法律法规制表。

矿产资源补偿费的分配比例是中央与省、直辖市 5∶5 分成，中央与自治区（包括贵州、云南、青海）为 4∶6。这是国家税费政策中唯一明确民族地区资源开发利益分享机制的优惠政策。矿产资源补偿费率按矿产资源种类进行分档，大体为矿产资源品销售收入的 1%~4%，平均为 1.18%，由地质部门会同税务部门征收，主要用于矿产资源勘查和寻找新的矿产资源。

探矿权使用费以勘查年度计算，逐年缴纳。第一个勘查年度至第三个勘查年度，每平方公里每年缴纳 100 元；从第四个勘查年度起，每平方公里每年增加 100 元，但最高不得超过每平方公里每年 500 元。探矿权使用费和国家出资勘查形成的探矿权价款，全部纳入国家预算管理。

在县乡运输公路维改费方面，财政部规定，煤炭企业每吨原煤不超过 2 元，对通过铁路等方式运输而不经县公路运输的煤炭产品不计提。排污费是用于污染治理的专项性收费。

以上政府性收费，企业将其作为管理费用计入开采成本。

按照现行的税费制度，主要的分配环节包括中央、省、企业所在地和企业。中央企业所得税由当地国税部门代征，直接进入中央库，全部归中央所有。其税后利润，通过报表汇总的方式，上缴给总部，由总部缴入当地税务部门。地方企业向当地国税部门上缴的企业所得税，中央、地方按照 6∶4 的比例分成，企业一般不向地方上缴利润。股东收益，按照现行的《会计准则》和《财务通则》，企业出资人通过税后的股权取得股东收益。税后留利，按照《会计准则》与《财务通则》，扣除股东分配收益后的企业税后利润，作为企业发展资金，这部分收益属于企业所有。

（三）内蒙古采矿业各主体之间的利润分配

新中国成立后，内蒙古采矿企业一直以国有经营为主，20 世纪 90 年代后出现了一些小型私营个体采矿企业，20 世纪 90 年代末到 21 世纪初，地方一些国企和乡镇采矿企业开始转制，国有资本在采矿业中所占的比例下降。其后，随着资源价格的上涨，央企也进驻内蒙古的采矿业，之后其不断地整合个体、私营采矿企业，国有资本在采矿业中所占的比例上升。①

目前，内蒙古国有或国有控股采矿企业股权非常复杂，国有或国有控股采矿企业大都是上市企业，国有资本所占比例为 51%～70%，随着股市的变化，国有资本的占比也在变化，如果按照保守原则最大值推算，国有资本占有率最大值为 70%。

依据调查时地方政府部门推算，如果按照资本占有推算，央企在国有或国有控股企业中所占的比例可能在 70%以上。如果按照企业个数推算，央企在国有或国有控股企业中所占的比例应该在 60%以上。这是采用保守原则最小 50%推算的，但并不影响本研究的结论。

表 13-3 为内蒙古自治区采矿业各利益主体的利益分配比例，非国有资本收益包括统计年鉴中按所有制划分的非国有采矿企业的资本收益和国有或国有控股企业的非国有部分，国有资本收益主要是统计年鉴中按所有制划分的国有或国有控股企业的国有资本收益。

表 13-3　2012 年采矿业各利益主体利益分配比例

单位：%

利益主体	中央税费收入			地方税费收入			非国有资本收益		国有资本收益	
	主营业务和税收附加	增值税	企业所得税	主营业务和税收附加	增值税	企业所得税	非国有采矿企业	国有或国有控股企业的非国有部分	央企国有部分	地方企业国有部分
央企	20	75	100	80	25	0	—	30	70	70
地方国企	20	75	60	80	25	40	—	30	70	70

① 《达林太调查笔记》，鄂尔多斯市、乌海市和包头市调查，2012。

续表

利益主体	中央税费收入			地方税费收入			非国有资本收益		国有资本收益	
	主营业务和税收附加	增值税	企业所得税	主营业务和税收附加	增值税	企业所得税	非国有采矿企业	国有或国有控股企业的非国有部分	央企国有部分	地方企业国有部分
非国有企业	20	75	60	80	25	40	100	—	30	30

资料来源：历年内蒙古统计年鉴。

主营业务和税收附加主要是城市建设税、消费税、资源税和教育费附加。消费税央企和地方企业都100%划归中央财政，资源税中的盐税100%划归中央财政，根据实地调研和部分统计数据按照最保守原则计算，全部采矿企业的主营业务和税收附加20%划归中央财政。

内蒙古自治区2012年全部采矿企业主营业务和税收附加为112.0011亿元，本年应交增值税为374.3176亿元，本年度应缴企业所得税为274.2335亿元（见表13-4）。

表13-4　2012年内蒙古按所有制划分的采矿企业产值及利税

单位：亿元

	工业总产值	主营业务和税收附加	利润总额	本年度应缴企业所得税	企业净利润	本年应交增值税
全部采矿企业	5703.4329	112.0011	1096.9339	274.2335	822.7004	374.3176
国有及国有控股企业	1784.3919	40.7812	367.4904	91.8726	275.6178	142.6287
非国有采矿企业	3919.041	71.2198	729.4435	182.3609	547.0826	231.6889

资料来源：根据《内蒙古统计年鉴2013》规模以上和规模以下的采矿企业的各项数据计算得出。

企业的利润一般不在地方政府间分配，表13-5是按照税费收缴、实现利润等实际的统计数据、国有或国有控股企业的央企和地方企业以及国有或国有控股企业的国有资本的占比来推算的，这里的劳动者报酬作为工资计入了企业生产成本。

表 13-5　2012 年内蒙古矿产资源开发利益分配

单位：亿元

主营业务和税收附加		增值税		企业所得税		利润分配		劳动者报酬
中央	地方	中央	地方	中央	地方	国有资本	非国有资本	
22.4002	89.6008	280.7382	93.5794	182.9197	91.3138	192.9324	629.7679	125.98

资料来源：根据表 13-3、表 13-4 计算整理。

从表 13-6 可见，在 2012 年内蒙古自治区采矿业各利益主体的收入分配中，排在第一位的是非国有资本净收益，第二位是中央财政收入，其后依次为地方财政收入、国有资本收益和劳动者报酬。

表 13-6　2012 年内蒙古采矿业各利益主体的收入分配

单位：亿元，%

	非国有资本净收益	中央财政收入	地方财政收入	央企国有资本收益	地方国有资本收益	劳动者报酬
分配	629.7679	486.0581	274.4941	96.4662	96.4662	125.98
占比	39.78	30.70	17.34	6.09	6.09	—

资料来源：根据表 13-4、表 13-5 计算整理。

（四）内蒙古采矿业利润分配

国外主要矿产大国，自然资源利润被并入总体预算。在绝大多数国家，自然资源利润在中央（联邦）政府之间分享，但在少数情况下，地方原住民也会以土地最初居住者的身份，要求获得自然资源所有权和享用权。例如美国的《阿拉斯加原住民土地解决法》中有关原住民对利益的分享，俄罗斯联邦总统签署的《少数民族权益法令》明确了当地少数民族的利益。① 还有与地方社区分享的案例，如加纳和纳米比亚这两个国家建立

① 〔美〕詹姆斯·奥托：《矿业特许税费：关于其对投资者、政府和市民社会影响的国际研究》，北京大学出版社，2013，第 102 页。

了矿物发展基金，从中拨出部分自然资源使用费，返还给直接受到采矿活动影响的社区居民。①

2009年，内蒙古自治区发改委对鄂尔多斯的资源开发活动调研后提出，目前的中国经济分配制度并不完美，许多领域的分配方式还在探索过程之中，在资源开发利益分配方面，更处于一个初级的阶段，连什么人应当分配、在多大范围内分配都还认识不足，更不用说完美的利益分配制度和生态补偿制度。②

内蒙古采矿业2012年非国有资本收益是内蒙古农村居民纯收入的7.87倍，是内蒙古城镇居民可支配收入的1.89倍；非国有资本2012年净收益为629.7679亿元，是内蒙古全区居民2489.9万人全部收入的1.53倍。

表13-7　2012年内蒙古自治区采矿业利润和全社会收入比较

	非国有资本	内蒙古农村居民	内蒙古城镇居民	内蒙古全区居民	采矿业劳动者
人口（万人）		1052.3	1437.6	2489.9	21.0414
纯收入或可支配收入(亿元)	629.7679	80.0906	332.804	412.8946	125.98
非国有资本净收益（100）	100	12.71	52.83	65.54	20

资料来源：根据内蒙古统计年鉴和表13-6计算整理。

内蒙古自治区2000年地方财政收入GDP占比为7.2%，到2012年增加到17.5%，增长了10.3个百分点；内蒙古自治区农牧民纯收入GDP占比2000年为18%，2012年下降为5.04%，下降了12.96个百分点；内蒙古自治区城镇居民可支配收入GDP占比2000年为33%，2012年下降为20.33%，下降了12.67个百分点；非国有资本采矿业净收益GDP占比由2000年的1.1%增加到2012年的39.7%，增长了38.6个百分点（见表13-8）。

---

① 郑石桥：《我国自然资源收益分配存在的主要问题探析》，《新疆财经》2008年第3期。

② 内蒙古发展研究中心调研组：《关于内蒙古矿产资源开发管理体制改革调研报告》，《北方经济》2009年第13期。

表 13-8 2000~2012 年内蒙古非国有资本采矿业净收益、地方财政收入、农牧民纯收入、城镇居民可支配收入 GDP 占比

单位：%

年份	非国有资本采矿业净收益 GDP 占比	地方财政收入 GDP 占比	农牧民纯收入 GDP 占比	城镇居民可支配收入 GDP 占比
2000	1.1	7.2	18	33
2002	5.7	6.8	14	32.6
2004	7.7	7.8	11	29.2
2006	6.2	12	8	25.7
2008	32	13	6	21.2
2010	38.1	14.89	4.92	20.82
2012	39.7	17.5	5.04	20.33

资料来源：根据 1999~2013 年内蒙古统计年鉴计算整理。

邓小平 1993 年 9 月 16 日提出："少部分人获得那么多财富，大多数人没有，这样发展下去总有一天会出问题。分配不公，会导致两极分化，到一定时候问题就会出来。这个问题要解决。过去我们讲先发展起来，现在看，发展起来以后的问题不比不发展时少。"①

二 对矿产资源开发利益分配的简单讨论

经济利益的核心问题是在不同的利益主体之间合理分配矿产资源开发带来的各种利益。矿产资源开发应该兼顾资源当前利益和以后的发展，也应该考虑代际分配关系。詹姆斯·S. 科尔曼在分析各阶层对国家的认同时指出："从国家或其他组织中获利最多的人认同感最强，获利较少的人认同意识淡薄。"② 因此，公平不仅是每个公民实得利益程度的准绳，也是人民时时处处约束自己的准则。

（一）经济理论延后使国家没有在经济上实现对矿产资源的所有权

西方多年来以"资源稀缺论"和"效用价值论"为核心的"资源价

① 杨胜群、闫建琪主编《邓小平年谱》（下），中央文献出版社，2004，第 552 页。

② 〔美〕詹姆斯·S. 科尔曼：《国家与市场：政治经济学入门》，郦菁等译，格致出版社，2009，第 7 页。

格学”的研究，形成了“效用可量化”和“收入均等化”两个经济学命题。同时认为矿产资源是一种资产，参加生产过程应该和其他生产要素（劳动力、资本）一样获得报酬。该报酬应归资源所有者（国家）所有，故又称为“租金”，而且还包括“级差地租”即权利金，资源价格的“补偿理论”学说为完善西方资源开发的利益分配提供了完整的理论依据。尽管中国宪法规定了矿产资源归国家所有，但长期以来，矿产资源价格形成机制理论的不完善，造成资源价格的扭曲，无价或低价利用资源和环境，造成中国矿产资源价格偏低，是资源浪费和环境破坏的根源。无偿开采矿产资源，无偿占有地勘成果，使国家没有在经济上实现对矿产资源的所有权，更没有达到全民共享其成果。

（二）资源开发利益冲突在一定程度上影响经济社会的稳定

国外的矿业权人即企业生产资料所有者借助资本份额获取资产收益，而中国的资源开发的矿业权人除了凭借资本金份额获取投资收益——资产收益外，还由于法律不完善赋予的垄断性获得了租金收益。[①] 有些采矿企业以低价取得矿业权，特别是采矿权，获得了正常利润之外的超额利润，国家所有资源的收益为企业所占有。这两种情形都反映出资源收益分配中国家与企业利益的不平衡性，其产生的主要原因是制度设计与市场的连接性不强，导致企业可能将应由国家获取的资源收益归为己有。由于利益获得渠道、利益资源分割的规则和利益占有方式的变迁，不同群体间的利益冲突日趋激烈，这在一定程度上影响了社会政治稳定，这在中国的一些资源性大省表现得相当明显。为了有效避免苏联之后俄罗斯、东欧从计划经济到市场经济转变过程中在资源领域形成经济寡头，以及经济寡头转向政治寡头之患，国家要尽快出台合理的分配制度。

（三）中国资源价格扭曲危害宏观和微观经济运行

很多学者研究后认为，如果自然资源的价格不能反映其价值，则自然

① 达林太、于洪霞：《矿产资源开发利益分配研究——以内蒙古为例》，社会科学文献出版社，2014，第12页。

资源各权益主体的权益也难以实现。朱学义论述了国有矿产资源的价值性、价值所具有的主体性、主体所具有的权益性。[①] 自然资源收益的分配有三个层级的问题：一是自然资源的价格，二是自然资源成本补偿，三是权益主体的收益分配。路卓铭指出，资源价格扭曲危害微观经济运行和宏观经济运行。[②] 在宏观层面，目前中国矿产资源管理混乱，国家所有权受到多样化的条块分割，产权虚置或弱化，各个利益主体之间的经济关系缺乏协调，影响了宏观经济的运行。在微观层面上，经济增长方式粗放，高能耗、高污染；资源行业门槛低，资源基础市场秩序混乱，掠夺式开采普遍存在，资源浪费严重，资源综合利用效率低下[③]；矿山生产中环境资源的投入和服务没有计入生产成本和产品价格[④]；矿产资源作为资产的存量未加以记录，矿产资源的流量也不能反映，最终导致矿产资源产品成本不真实，新国民经济核算体系难以实施[⑤]。尽管目前出台了一系列调整矿产领域分配秩序的政策，但由于这些政策没有一个完整的改革方案，政策部门化、地方化现象普遍。

（四）自然资源在公共财政中所占的份额较少

国家民委和世界银行课题组调研后认为，自然资源收入在众多国家的公共财政中发挥着举足轻重的作用，但在中国并非如此。[⑥] 中国目前的三项财政工具，由于开征时间较早，存在理论依据不足、征收对象重复、征收税（费）率不合理等问题，与当前矿产资源开发快速发展的形势难以适应。众多指标都显示采矿业效率极低，低廉的井口价吸引了大量非法采煤的煤窑，导致税费流失和矿难不断。而企业追求经济利益的最大化，政府作为社会公共利益的代表，其主要目标为社会公益的最大化。从完善的经济分配制度来说，不管是不是资源型企业，只要履行了法定义务，那么就

---

① 朱学义：《论矿产资源权益价值理论》，《中国地质矿产经济》1998 年第 12 期。

② 路卓铭：《以建立资源开发补偿机制推进我国资源价格改革》，《经济体制改革》2007 年第 3 期。

③ 郑石桥：《我国自然资源收益分配存在的主要问题探析》，《新疆财经》2008 年第 3 期。

④ 唐本佑：《论资源价值的构成理论》，《中南财经政法大学学报》2004 年第 2 期。

⑤ 吴元元：《矿产资源价格低位运行的危害及改革建议》，《中国矿业》2006 年第 8 期。

⑥ 世界银行、国家民族事务委员会项目课题组编著《中国少数民族地区自然资源开发社区受益机制研究》，中央民族大学出版社，2009，第 105 页。

没有附加的额外义务。当地的扶贫、社会管理、环境保护、资源的涵养等，都应由政府来组织完成。

（五）矿产资源开发负外部性成本留给了整个社会

李世涌认为，矿产资源开发利用中存在的环境外部性是由政府失灵和产权不明晰导致的。[①] 制度的缺失和滞后，造成了过度的开发，极有可能影响国家的经济安全和一些资源型城市的可持续发展。一些学者提出，矿山企业开采利用矿产资源的行为，对矿区周围的自然资源造成破坏，对生态环境造成污染，使矿业城市丧失了可持续发展机会。矿产资源是一种不可更新资源，矿产资源的开采必将造成这种物质资源的耗竭，从而影响后代对此类资源的使用。现行制度缺失，致使矿产资源开发活动没有给地方带来应有的收益，反而留下了沉重的社会负担。在资源开发的过程中，投资者拿走的是超额的利润，留下的是破坏了的矿山环境、生态，资源枯竭了的矿业城市、大批失业的矿工和失地的农牧民。刺激的是不合理的消费需求及对资源的“疯狂掠夺式”开发。

（六）矿产资源开发中农牧民的权益没有得到保护

根据《矿产法》，土地地下资源的产权是归国家所有的，在承认《矿产法》有效的前提下，为保护土地占有者的利益，根据所有权分解理论，应该承认土地所有者对地下资源拥有占有权、使用权、处置权和收益权，即拥有产权。国家开发地下资源，土地的所有者以占有者的身份参与生产经营，并获取部分收入，这是产权制度的要求。矿产资源开发活动必然带来环境利益的损害，所在开发区域的居民取得相应利益是合理的。矿产资源开发导致农牧民的劳动力和土地分离，长期和那些丰富资源相伴的当地人民如果没有从矿产资源开发中获得应有的物质利益，从而获得应有的发展，各民族共同繁荣的目标就不可能实现，极有可能影响边疆地区的稳定。

---

① 李世涌：《矿产资源开发外部负效应及其成因分析》，《问题研究》2007 年第 11 期。

三 结论与政策建议

理想的矿产资源所有权制度应当在法律和经济上保障国家或全民的利益，这也是矿产资源法律制度中的核心理念。研究并改革目前的税费制度和分配制度，推动矿产资源有偿使用的研究，是矿产资源开发最重要的一个课题，建立新型的资源利益体系已成为目前的重中之重。

（一）矿产资源所有权制度在法律上体现全民的利益

国家通过设立矿业权制度，通过出让矿业权，其性质类似不动产的出租，实现经济上的矿产资源所有权；完善矿业权管理体制，改革权属不明晰的制度，例如矿产资源税费中的政治权和所有权等，做到各权益主体公平分配剩余收益，解决矿产资源开发过程中分配不公的问题，提高全民的福利。

（二）分配上体现税、费、租等财政工具的组合，降低负外部性

研究资源开发和收入分配机制及支出方向，加大地方的分成比例，并重点向资源原产地倾斜；提高资源开发的准入门槛，加大地方国有企业的资源开发扶持力度，增加地方的财政实力；建立央企在地方登记注册制度，将央企的企业所得税和个人所得税留在地方，以便于地方解决环境破坏等负外部性问题；政府通过行政干预，选择如计划、规划、投资、财政等不同调控工具，形成最佳的税、费、租等财政工具的组合，调整矿产企业的利润水平和整个产业链的利润分配；降低负外部性。

（三）矿区的农牧民变补偿为剩余索取

在资源开发的过程中，企业投入了资金、设备等有形有直观价值的资本，而当地农牧民在开发中失去的土地、水、林木等资源也完全应当认为是当地农牧民投入的成本。从投入与收益理论的角度来讲，谁投入、谁受益的原则同样应当体现在这些农牧民身上，而不应当由资金投入者独享资源利益。因此，对农牧民的补偿应变为剩余索取，给他们平等发展的机会，改善他们的境遇，让他们共享资源开发带来的好处，增强他们对国家的认同感。

（四）完善矿产资源有偿使用制度，实现生态文明

尽快研究完善矿产资源有偿使用制度，使矿业权的取得成本、环境成本、耗竭补贴成本等在矿产资源收益分配中得到完全体现。建立生态补偿机制，必须按照“谁破坏谁恢复，谁受益谁补偿，谁治理谁收益”的原则进行动态的生态补偿制度建设。加强环境监管，提高生产环节的废弃成本、排污成本和消费环节的废弃成本，努力实现生态文明。

第十四讲　内蒙古草原牧区不同经营组织效益分析*

一　家庭经营、合作社经营和公司经济效益比较

21 世纪初，国家对农牧业的资助逐渐加大，农牧业现代化改造项目也越来越多，对产业组织的多样性及其绩效，学界进行了相关的研究。一些学者将现代产业组织理论（SCP）的观点和方法引入中国农（牧）业产业组织分析，希望通过引入“产权结构—行为能力—经济绩效”的分析线索，探讨农村经济组织的多样性与不同农（牧）业产业组织经济绩效差异的根源。但针对规模化公司、合作组织和个体农户不同组织资金使用绩效的实证研究文献较少。中国的大多数地区有一些标志性的现代化农业公司，拥有先进的技术设备、可观的土地经营规模、现代企业制度管理的农业工人。2008 年之后，在政府的扶持下，又出现了大量的农业合作社。用规模化与合作化取代小农成为学界和政界共识。

近些年来，理论研究对这些规模化和组织化经营主体的实际效果的质疑越来越多。一些研究认为，小农（牧）户在中国虽不景气，但这么多年来一直顽强地存在。一些局部的实证研究似乎也在证明家庭经营方式经济效益比更大规模的经营主体要好。关于内蒙古地区的农牧业三种不同组织绩效研究的文献相对较少，一些学者企图从局部乡村治理的脉络中研究各经营主体对国家项目的反馈与互动，并依据局部调研资料对乡村社会治理

---

* 本讲内容曾以《规模化与组织化进程中的小农户研究》发表于《内蒙古大学学报》（哲学社会科学版）2018 年第 3 期，收录时内容略有改动。

与国家项目的绩效进行梳理，就“项目经济”引发的社会变迁阐释家庭经营对乡村社会治理的重要性。但这些文献缺乏对内蒙古自治区五种不同经济类型区不同经营主体整体经营绩效的比较研究，更缺乏实地实证研究。

在一个经济结构快速调整和社会结构急速变化的历史时期，实地研究可以更好地把握研究对象的结构变化。本讲通过对内蒙古五大经济类型区草场进行实地研究，分析比较规模经营、合作经营和家庭经营的生产经营现状，就不同的经营主体绩效做一些简单的分析，以此参与上述类似问题的讨论，并就内蒙古自治区响应十九大提出的乡村振兴战略、农牧业供给侧改革和乡村社会治理决策提出一些简单的建议。

（一）样本的选取及调研地产业背景说明

内蒙古自治区被划分为五种不同的经济区，即牧业区、农业区、半农半牧区、林猎区和城市工矿区。由大兴安岭、阴山山脉和贺兰山山脉所构成的地貌脊梁形成了内蒙古农牧业的天然分界线，脊梁的内侧为农业区、外侧为牧业区，介于农业区、牧业区之间的是半农半牧区。林猎区，主要分布在呼伦贝尔盟（现已改市）所辖的4个旗市，这一地区具备了林、牧、农结合的条件。城市工矿区，包括各级政府驻地和典型工矿、国有牧场和种畜场形成的聚居区，这类地区主要解决了居民对肉、奶、禽、蛋、鱼、菜、果的需要，形成了以“菜篮子”产品为主的副食品基地。内蒙古牧业区的草原畜牧经济由于放牧制度的变迁，已经演变为靠大量从草原系统之外的其他地区购买饲草料维系的“变异式草原畜牧业”。半农半牧区近年来由于退耕还草等原因，大片耕地变为草地，畜牧业成为这里的主业。农业区也由于大量的人口流失，大量的土地荒芜，转换为草场，农业区的草场面积大量增加。种植业也演变为一种变异式农业，即利用草场饲养牲畜，用零星的土地种植饲草料。由于天然林禁伐，林猎区林业经营也演变为以养殖为主的变异式林业。随着城郊奶业的发展，城市工矿区出现了大量的养殖小区。农牧互补性系统耦合模式，已经成为内蒙古农牧业的主要生产模式。随着国家“粮改饲”战略的推进，这种模式也可能成为未来中国北方农牧交错带的一种新的农牧业发展模式。

结合以往的调查，2014~2015年，课题组对内蒙古自治区境内的巴彦淖尔市、乌兰察布市、锡林郭勒盟和呼伦贝尔市四个地区进行调研。农牧业增收只能通过产业扩张来完成，因此为了更好地研究内蒙古第一产业未来向第二、第三产业扩张的可能性，在设计调研的样本时，明确了将畜牧业与种植业混合作为一种生产方式来处理，这也符合内蒙古畜牧业大区的区情。

在调研前期摸底排查的过程中，样本选取去掉了一些特大型公司牧场和合作社。这两类生产组织的生产经营、资本融资与农牧户没有可比性。也去掉了一些空壳公司和合作社。农牧户的样本选取条件为雇工人数为1人的农牧户，其家庭劳动人数不计入雇工人数。样本地除了要涵盖内蒙古自治区东、中、西部区域，也要兼顾自治区五种不同的经济类型区。按照以上样本选取原则，在4个盟市共调研了家庭经营牧户、合作社和公司牧场（见表14-1）。

表14-1 按照内蒙古自治区主要经济类型区选取调研点

	全区	牧业区	半农半牧区	农业区	林猎区	城市工矿区
旗县数量（个）	102	24	19	31	4	24
人口（万人）	2235.66	57.88	604.75	796.92	10.41	765.7
草原面积（万公顷）	7881.2	5638.62	1328.55	616.12	297.15	0.76
草原面积占比（%）	100	71.55	16.86	7.82	3.77	0.01
耕地面积（万公顷）	760.16	141	231.87	300.27	37.22	49.8
家庭经营户（户）	50	16	12	14	4	4
合作社（个）	48	16	14	12	4	2
公司牧场（个）	50	15	16	13	4	2

资料来源：达林太、于洪霞等课题组实地调查整理制表（2014~2015年），本表采用了2000年前的自治区农牧业区划。

（二）生产要素的投入

1. 草场及劳动力状况

内蒙古规模大的家庭经营户由政府帮助注册为家庭农牧场，政府有专项的投资，其雇工人数一般在2人以上，自己不参与生产劳动。雇工1人的为中间农牧户，中间农牧户以下的农牧户不能维持简单的再生产，处于破产被雇用的处境。

农业区和半农半牧区的草场比较特殊，有账面上划分了，村民集体使用的；也有草场彻底划分，留守村民共同使用的；还有一种是退耕还林还草项目土地退为草场的，这一类草场如果无主，一般以村集体的名义出租或者由留守的村民共同使用。家庭经营户使用的草场一般为自己承包的草场或无主草场，由于地域的差别，草场最少的为 3000 亩，最多的为 12000 亩；调研的多数情况是家庭经营户为了弥补劳动力的不足，每户长期雇工 1 人从事放牧，短期雇工一般为每户 1~2 人，主要是清理棚圈、剪毛等。

合作社流转部分草场，或者承包一部分属于集体的草场。其中一个合作社以集体名义把 7 户贫困户的草场收归合作社使用，贫困户作为合作社的劳动力，这一类型是不付草场租金的。公司牧场流转的草场面积较大，流转的户数也较多，长期雇工和短期雇工也较多（见表 14-2）。

表 14-2 2014 年三种经营主体的草场和雇工状况

经营主体	经营草场（亩）		流转户数（户）		长期雇工人数（人）		短期雇工人数（人）	
	经营草场	平均经营草场	流转户数	平均流转户数	长期雇工	平均雇工	短期雇工	平均雇工
家庭经营户	3000~12000	8738	—	—	1	1	1~2	1.56
合作社	50000~150000	47000	9~20	14.4	2~6	4.9	3~14	6.8
公司牧场	150000~420000	213000	21~37	25.8	12~34	27.8	2~6	3.5

资料来源：2014~2015 年达林太、于洪霞等课题组实地调查整理制表。

家庭经营户的劳动力，基本上来自本旗县，嘎查（队）内占比最大，合作社劳动力来源与家庭经营户相同。公司牧场的劳动力来源半径较大，大部分来自区内旗县外，也有一部分来自区外（见表 14-3）。

表 14-3 2014 年三种经营主体的劳动力来源地占比

单位：%

劳动力来源	家庭经营户	合作社	公司牧场
区外	—	—	28.1
区内旗县外	2	—	43.2
旗县内苏木（乡镇）外	2	39	7.2
旗县内苏木（乡镇）内	4	—	10.8

续表

劳动力来源	家庭经营户	合作社	公司牧场
苏木（乡镇）内嘎查（队）外	10	—	14.4
嘎查（队）内	82	61	3.6

资料来源：2014~2015年达林太、于洪霞等课题组实地调查整理制表。

2. 资金来源

从家庭经营户（不包括获得政府资助的家庭经营户）的资金获得来源看，亲朋好友借款、农村信用社和合作银行较多。

合作社和公司牧场都获得了国家的项目资助，公司牧场获得资金的来源比合作社更广泛一些。从获得的金融贷款来看，公司牧场优于家庭经营户，家庭经营户又优于合作社（见表14-4）。

表14-4 2014年三种经营主体获得资金来源

经营主体	项目资助		银行贷款		农村信用社		无息借款		高利贷		赊账	
	获得项目（个）	平均资助（万元）	银行贷款（笔）	平均贷款（万元）	贷款（笔）	平均贷款（万元）	无息借款（笔）	平均借款（万元）	高利贷（笔）	平均贷款（万元）	赊账（笔）	平均赊账（万元）
家庭经营户	0	0	3	0.5	13	0.1104	7	0.341	3	0.53	7	1.23
合作社	49	33.84	1	6.5	1	1.7	2	8.6	2	7.800	4	3.91
公司牧场	45	107.35	30	6.1	7	17.9	1	30	2	21	29	17.8

资料来源：2014~2015年达林太、于洪霞等课题组实地调查整理制表。

3. 经营主体生产要素投入

生产要素投入按照每亩草场（土地）的投入计算。资本投入指不含土地租金和劳动力成本的所有投入，包括政府对公司牧场和合作社科技项目所投入的资金，也包括政府在草场上的一些普惠性科技项目；家庭经营户科技投入，主要是政府人工降雨等普惠性科技项目在草场上的分摊。劳动力投入是指雇工或职业经理人工资的投入，家庭经营户的劳动力不包括在内。

在各生产要素投入中，公司牧场草场投入高于合作社；公司牧场资本投入远高于其他经营主体。这与政府的项目倾向于规模较大的生产经营主体有关，比如，如果奶牛养殖规模达到1000头，政府会提供170万元补贴等一些优惠政策。公司牧场劳动力投入略高于家庭经营户，合作社最低（见表14-5）。

表14-5 2014年三种经营主体的生产要素投入

单位：元/亩

经营主体	草场投入	资本投入	劳动力投入
家庭经营户	—	6.87	4.6
合作社	4.01	5.68	4.17
公司牧场	5.32	14.33	5.2

资料来源：2014~2015年达林太、于洪霞等实地调查整理制表。

（三）三种经营主体的产出及效益

计算投入产出是按照每亩草场（土地）的投入产出，由于种植业种植饲草和饲料（玉米）服务于养殖业，所以，把在草场上发展种植业的土地，想象为多浇了几次水、多投入了一些化肥的草场，只是比没有“浇水和施肥”的草场多产出部分饲草料。按照这样的方法，就可以计算种养结合畜牧业草场的投入和产出。

产出指出售所有畜产品的收入，这三类不同经营主体出栏率基本差不多，家庭经营户略有惜售现象，但没有超出可比的范围。笔者也对五种不同经济类型区的不同经营主体做了分类分析，和上述趋势是一致的，计算过程略去。

（四）大规模草场（土地）经营并不一定带来更多的畜产品收益

规模较大的公司牧场、规模居中的合作社和规模较小的家庭经营户，每亩的产出差别不大，分别为34.69元、29.94元、33.17元，其中家庭经营户与较大规模的公司牧场接近（见表14-6）。

表 14-6　2014 年三种经营主体的亩均产出与效益

单位：元

经营主体	投入	产出	每亩草场效益	效益排序
家庭经营户	6.87	33.17	26.3	1
合作社	13.86	29.94	16.08	2
公司牧场	24.85	34.69	9.84	3

资料来源：2014~2015 年达林太、于洪霞等调查整理。

家庭经营户每亩草场效益 26.3 元，合作社 16.08 元，公司牧场 9.84 元（见表 14-7）。家庭经营户、合作社、公司牧场的亩均效益依次递减。在内蒙古的调查范围内，草场（土地）的经营规模增大导致草场产出效益降低。考虑到家庭经营户资本投入和政府的支持远低于其他经营主体，能获取最大的亩均效益，是值得进一步研究的课题。认真分析人均草场效益，结论也是家庭经营户最高，合作社居中，公司牧场最低。学界一般认为经营主体规模大，一定能获得更大的规模效益。然而调研发现，实际上公司牧场每个雇佣劳动力对应使用的草场（土地）并不多，加上产出不高，导致此结果，其原因需要进一步分析。

表 14-7　2014 年三种经营主体效益比较

单位：亩，元

项目	家庭经营户	合作社	公司牧场
人均经营草场面积	8736	9591	7662
每亩草场效益	26.3	16.08	9.84
人均草场效益	229756	154223	75394

资料来源：根据表 14-2 和表 14-6 计算。

二　分析三种经营主体效益不同的原因

本讲通过调研数据，发现缺乏规模优势的家庭经营户，在政策扶持劣势的条件下，具有更好的经济效益。下面就调研结论，做一些简单的分析，以便更好地理解这三种不同经营主体经营模式的优势和劣势。

（一）为什么规模化公司牧场的效益不如家庭经营户

1. 家庭经营户的劳动力没有完全商品化

公司牧场与家庭经营户不同的是，前者完全按照市场原则和工业标准来组织生产，其生产目的是利润最大化，其生产要素投入全部是通过货币价值实现与度量的，用尽量多的机械设备取代人工，雇佣劳动力生产。反观家庭经营户则比较复杂，调研的观察是，他们的行动不完全具有纯公司的“市场理性”，但也不能将家庭经营户归入按照“自然经济”生产的传统农牧民。他们的生产资料完全由市场提供，消费也在相当大的程度上商品化了，但是劳动力没有完全商品化，即使有雇工，自己也是重要的劳动力。家庭经营户购买机械十分慎重，这从调研家庭经营户的资产可以看出。

2. 机械设备的大量使用并没有完全取代劳动力

公司牧场的“现代化标志”之一是机械化，但这恰恰不是提高而是降低经济效益的一个重要因素。从表 14-8 可以看出三种经营主体的资产状况，公司牧场是家庭经营户的 4~13 倍。进一步分析调研问卷，发现资产的差距也就是机械使用的差距，公司牧场大量使用机械并没有完全取代劳动力。

表 14-8　2014 年三种经营主体资产状况

单位：万元

	家庭经营户	合作社	公司牧场
资产	20.25~48.75	15~191.25	77.5~640

资料来源：2014~2015 年达林太、于洪霞等实地调查整理。

种植和养殖是呵护活的动植物，整个生产周期的工作很难像工业流水线那样去生产。尤其是在养殖业劳动中，比如放牧和接羔等，是长期不间断的工作，甚至是包含多种管理技能的劳动，这些劳动目前还没有机械能代替。从调研的资料分析看，种植、收割和打草方便使用机械，有些如清理棚圈的粪便等较单一粗放的劳动，目前没有机械能胜任，只能人工去处理。

同时农牧业工作的多样性、季节性决定单一的农业机械很难满足不同劳动的需求。家庭经营户为不同劳动生产制作了不同的小型手工工具。而公司牧场可获得政府的现代化改造农牧业农机补贴项目，购置大量机械设备，但由于农牧业的劳动力有根深蒂固的“农闲”问题，这些设备一年中有大量的时间处于闲置状态。从会计学的角度看，公司闲置的设备也要折旧，这也是其效益低下的一个主要因素。这样，规模化遭遇的第一个现实问题，就是难以避免现代化设施的高闲置率。

3. 劳动力的熟练程度决定了劳动生产率

内蒙古特殊的自然地理条件，决定了农牧业这两个系统耦合的高效率。同时维系这种高效率的手工劳作，又需要懂得整个生产流程的熟练劳动力。从调研的劳动力来源看，公司牧场来自区内旗县外加区外的劳动力，占71.3%，这些劳动力都有比较高的学历，能操作电脑，会使用各类机械设备，但对农牧业劳动的熟练程度，远远低于在本地土生土长的农牧民。而家庭经营户雇工82%来源于本嘎查（队），这就使得公司牧场的劳动力效率远远低于家庭经营户。

公司经营在“理论上的比较优势”，即它的机械化、专业化和集约化和完全雇佣劳动力，在内蒙古的实践中没有得到很好的发挥。这在直接生产初级产品的农牧业生产体系中比较普遍。与此相对照，调研的家庭经营户则发挥了小农灵活、节约和勤劳的优势，不断吸收可行的新技术与生产方式。同时消费者对中国公司生产的食品普遍不信任，也导致公司牧场的产品没有家庭经营户销售得好。这可能也超出了制度设计者的预期。

（二）为什么合作社的效益不如家庭经营户

按照以往的合作社理论，合作社是为了解决一些个体牧民（家庭经营户）难以解决的问题而出现的。但是从近年来经济效益的角度看，合作社总体上不如家庭经营户。

1. 理论上合作社统购统销的经营优势没有体现出来

合作社的经典理论统购统销，在理论界一直被认为是合作社盈利的主要方式。但调研的合作社在饲草料属于买方市场的情况下，市场竞争相对发达，信息相对对称，饲草料价格基本透明，议价的空间非常小。由于储存饲草料设施的限制，以及出于防火和保质等方面的考虑，合作社又不能大量储存饲草料，这就使统购饲草料比家庭经营户的购买价格便宜不了多少。同时畜产品的原产地属性，又使畜产品不能带出原产地销售，一旦将畜产品带出原产地，草原畜牧业无公害、有机绿色的产品属性就消失了，集中外销的优势也得不到发挥。家庭经营户天然放牧，是提升虚拟价值的重要途径，合作社获取文化租金提升产品的虚拟价值与农牧户相比显得有点薄弱。合作社在统购统销中可能获取一点外生性收益，但据调研分析，这些外生性收益很难抵消其内生性的组织成本。

2. 合作社的不规范和金融部门惜贷导致合作社资金短缺常态化

各种经营主体从金融机构融资的数量都不多。分析调研资料会发现：2014 年家庭经营户从金融机构贷款共 23 次，合作社从金融机构贷款 4 次；家庭经营户民间借贷 3 次，合作社 2 次；家庭经营户从上游赊购 7 次，合作社 4 次（见表 14-9）。

表 14-9　2014 年三种经营主体获得资金次数

单位：次

经营主体	金融机构	民间借贷	上游赊购
家庭经营户	23	3	7
合作社	4	2	4
公司牧场	38	2	29

资料来源：根据表 14-4 计算。

这些数据反映出合作社缺乏金融机构金融政策的支持。合作社贷款需要成员个人的资产做抵押，大多数合作社的成员不愿意用个人资产抵押贷款。另外，合作社内部治理缺乏制度保障，制度不规范，使得金融机构对其贷款非常谨慎，对外融资远远低于公司牧场，甚至低于家庭经营户。这也是合作社效益低的另一个原因。

3. 合作社劳动分工的交易成本高

调研的大部分合作社，都是为了获取政府的项目支持而成立的，合作社领办人与社员之间属于弱关系的较多。这样的合作社，如果社员将土地（草场）流转到合作社，往往领办人是老板，社员属于合作社支付工资的雇佣劳动力，合作社的发展往往由领办人说了算。但又由于国家资助项目款性质上属于国有资产，《合作社法》认定该资产属于所有的合作社社员。这种不伦不类的产权，导致合作社效率不如家庭经营户，甚至不如公司牧场。调研的另一类合作社，属于几个领办人合伙作为核心团队成立的合作社。这类合作社往往是几个领办人属于老板，入社的其他社员属于合作社土地出租者，或者是雇佣劳动力。核心成员之间的一人一票制，使得合作社在决策上往往出现扯皮现象，其交易成本巨大，降低了组织效率。和家庭经营户相比，显然处于劣势。

如果合作社完全按照《合作社法》一人一票制，民主决策，没有国家项目的支持，合作社可能会改为家庭经营户。如果合作社按照公司化运作，合作社必然会演变为公司牧场。

三　对规模经营、合作经营和家庭经营的一些讨论

以上内容简单解释了为什么家庭经营户的效益高于公司牧场与合作社，反思了为什么在规模化原则推动下扩大了的经营主体的绩效不尽如人意。下面就调研数据，结合乡村存在的其他治理问题做一些简单讨论。

（一）公司牧场在小农面前并没有发挥出很好的作用

在中国目前的农牧业条件下，有学者认为，企业制度不适应这种以初级生产为主的农牧业生产规律，企业在政府大力支持的情况下，也很难发挥规模化生产的优势。小农牧户往往一方面在恰当的地方发挥现代化的效率优势，另一方面其既有优势的发挥，又以减少浪费与降低交易成本等优势抵消了其他方面的劣势。

（二）合作组织的实践是农民的希望，规范其制度有可能促进农业发展

合作社目前不适应中国农村与农业的现状，而把一个个原子化的农民，以市场契约精神、凭借经济利益组织起来是不现实的，就像是一种“有利便来、无利便走、没有人承担风险与责任”的人群组合。

（三）小农自身的组织化以健康的家庭经营作为长期基础

调研发现家庭经营户效益总体好于公司牧场与合作社，这并非说它不需要提高、不需要组织化，或者说公司牧场、合作社与家庭经营户互不相

容。本讲要强调的是，对于在目前这个阶段家庭经营户表现出效益优于公司牧场和合作社，应当予以充分的正视和深入研究。在很多情况下，小农自身的组织化应当以健全的家庭经营作为长期基础，这当然需要以更广的视角去研究。

四　结论与政策建议

（一）小农的家庭经营长期存在具有重要意义

基于工业化理论对农牧业经营的想象，笔者通过调研和一些简单的分析，试图回答为什么家庭经营户效益高于公司牧场与合作社。土地资源较少无规模效益，自己种植的收益很难支付外出打工的机会成本，出租土地给公司经营，公司由于获得了较多的土地资源，可能会获得可观的收益。

对于土地资源较多的北方地区，农牧混合经营能降低单一经营的风险，同时，家庭经营对目前农业人口占总人口绝大多数的中国农牧区来说，其意义不仅仅是解决人口就业的问题，更多的是劳动力不计报酬、劳动力无限供给的这种经营模式对中国的粮食安全，乃至国家的稳定非常重要。这种家庭经营模式与公司牧场和合作社相比，组织成本和交易成本更低。在中国乡村振兴战略中，发展壮大农牧业家庭经营户不是唯一的选择，但应当把它作为一种主要的经营主体去扶持。

（二）国家通过扶持家庭经营户完成基层政权的组织化

在调研的三种经营主体中，合作社得到国家项目，折合到每亩为7.06元；公司牧场获得资助，折合到每亩为4.535元。这些国家项目资助对推进农牧区村容村貌的改善、提高农牧民生产能力等发挥了重要作用。但如果进行价值链追溯并结合机会成本分析就会发现，政府项目大力支持的公司牧场与合作社从经济和社会效益看，反而不如没有国家项目支持的家庭经营户。

要加大中国农业项目的绩效评估，使农牧业国家投资产生更大的效益。农牧业的投资更应该扶持家庭经营户，以此实现农牧区国家基层政权的再组织化。

（三）合作社的健康发展还需要在制度设计上创新

合作社作为中国近年来出现的一种新型农牧业经营主体，其制度由于过于弹性而缺乏可操作性。如何在制度上保障合作社的一人一票制，同时又能保障合作社的所有社员受益，而不是一两个发起人分享项目的剩余价值，需要在制度的设计上创新。

正确评估中国合作社的发展路径，制定切实可行的对策，不仅需要经济领域的合作，还要拓展到社会领域合作，这可能是中国合作社发展的一种新途径。

（四）中国实现农业现代化必须保障小农的现代化

在中国这样人口众多的发展中大国，现代化的公司直接参与农牧业上游农畜产品的生产，必然会加剧中国的人地矛盾，会影响国家的稳定。同时农业生产具有复杂性，从目前看，如果大规模使用现代化工具，必然会失去小农精耕细作的比较优势，注定是一个低效率的产业。

如果在整个大农业的产业链中，农业的生产上游有规模小的自耕农、合作社和农业发展协会，在生产加工环节有大的现代化企业参与，并通过制度保障整个产业链的可持续分配，对中国的农牧业、农牧区发展意义非常重大。

（五）重建农牧区社区

重建农牧区社区，实现农牧区的社区组织化，避免中国的农牧区由于去组织化而产生不稳定非常重要。农牧区剩余劳动力在农村自主择业，是中国未来国家稳定的蓄水池。

第十五讲　全球化下内蒙古草原牧区与牧民生产经营状况调查

一　文献回顾

21世纪初，人们在对席卷中国南北的沙尘暴产生原因的追溯过程中，有关内蒙古草原牧区经济的研究走入了研究者的视野。一些学者从“牧区、牧业、牧民”等问题的各个方面，做了内蒙古草原牧区草原畜牧业的研究，具体包括牧区的草地经营制度、畜牧业生产组织方式、协作方式、分配制度、风险防范、社会化服务体系、传统文化传承、生态补偿，以及牧区经济社会效益和保护自然生态系统与人文生态环境等诸多学术问题。

上述问题的研究文献比较丰富，不同观点的碰撞也较为激烈，形成了几大学术派系。这些学术观点几乎涵盖了近20年来内蒙古草原牧区的讨论文献，有时到了互不相融的地步。从导致草原退化的原因，开始讨论草原开垦、移民迁入、超载过牧之间的关系；从草原承包制对草原牧区的适应性，引出了移动式放牧（游牧）、定居和围栏放牧等放牧制度变革的讨论。这些学术观点基本可以归为两类，即游牧派和制度派，其中传承传统畜牧业和发展现代畜牧业一直是这两派争论的焦点。

随着近年来气候变化的分析框架进入草原牧区研究领域，游牧和制度讨论由于缺乏新理论的注入，逐步淡出了研究者的视野。气候变化引发的脆弱性作为主流话语体系，取代或补充了游牧与制度的讨论。有学者从草原牧民的视角，通过一系列的微观调研案例提出草原牧民过去、现在和将来的发展困境。也有对内蒙古发展历程的回顾，在总结市场方式演化历史过程的基础上，对当前草原畜牧业遭遇的发展问题做一些梳理，借鉴国外干旱区自然资源管理新理论，结合气候变化分析框架，指出内蒙古草原牧区人草畜的失衡，和可能由此导致自然灾害侵蚀人与自然和谐的传统畜牧业问题。一些社会学家和农业发展学家从制度变迁、市场化影响角度揭示内蒙古草原生态功能退化与草原牧区所面临的问题，也不乏一些实证研究学者从牧户生计调研中提出草原牧区面临的问题。

气候变化引发的草原牧区变迁研究者，对草原牧区提出了一系列新的分析研究范式。这些研究似乎极力回避制度性争论，用较少的田野调查资料，系统设计一些气候变化引发脆弱性的框架图，草原牧区生态系统暴露敏感度一目了然，提出牧区和牧民应对气候变化以及规避脆弱性的策略，并制订了一些牧民应对气候变化的适应性计划。综述气候变化引发草原牧区变迁的观点发现，有的学者从宏观自然科学角度对气候变化对草地生态系统的影响进行研究，有的学者就气候变化对草原畜牧业产业的影响展开研究①，也有气候变化对微观牧户影响实证案例研究。

全面考察20世纪末和21世纪初内蒙古草原牧区研究文献，全球化视域下的内蒙古草原牧区实证研究文献很少，从价值链角度考察全球化背景下实证分析民族地区畜牧业及牧民生计的研究文献就更少。本讲利用实证调研的数据，从牧区全方位调查入手，以牧区人口变动、劳动力参与、公共服务和牧民收入消费等为切入点，以牧民畜牧业生产的价值链为分析视角，试图在全球化大背景下，分析资本、技术和国家税收对草原畜牧业的影响，就此对内蒙古草原牧区存在的问题做出分析并做一些简单的讨论。

二 数据来源及描述性统计

党的十九大提出，要促进小农户和现代农业发展有机衔接，质量兴农、绿色兴农，以农业供给侧结构性改革为主线，加快构建现代农业产业体系、生产体系、经营体系，提高农业创新力、竞争力和全要素生产率的乡村振兴战略。如何在乡村振兴中兼顾自治区提出的“生态优先，绿色发

① 郝璐等：《北方草地畜牧业生态系统健康综合评价与诊断》，《生态学报》2008年第4期。

展”新发展理念，把小牧生产引入现代农牧业发展轨道，是党中央提出的重大历史性选题。实现牧区乡村振兴战略的核心目标是提高牧民人均纯收入。该指标值越高，表明牧民自身对牧业持续投入的保障能力就越强，牧区就越有可能留住牧民；反之，牧民的生活水平就会下降，就会有大量的牧民背井离乡，影响边疆地区的稳定。本讲以调研牧户纯收入为重要指标，结合田野调查资料，认真研判“乡村振兴”和“绿色发展”过程中，牧区的人力资源本底、边疆牧区牧民就业状况，分析牧户所从事的草原畜牧业生产经营的价值链，以此展开相关的讨论。

内蒙古边疆牧区同中国内地正在经历急剧的社会变迁，全球化和近年来持续的干旱，畜产品市场低迷，牧户普遍借贷，使沉寂了十余年的内蒙古草原牧区研究，又被提上讨论日程。在反思以往研究的基础上，还需要从各个角度真实记录这一过程。由中宣部和教育部两个重大课题资助，2017 年 5 月至 2019 年 5 月，笔者对内蒙古自治区沿边 24 个典型牧业旗做了抽样调查。24 个典型牧业旗抽取 12 个边境旗（乌审旗、鄂托克前旗除外）作为调查样本地，在每个旗抽取两个典型嘎查做全嘎查调查，在选定的嘎查中再按照大户、中等户、贫困户抽取 3 个牧户做牧户调查，两次共调研了 12 个旗 24 个嘎查 72 户牧户、24 个合作社、26 个公司牧场和 24 个家庭牧场。

（一）调研地及取样方法

笔者从 24 个典型纯牧业旗中抽取 12 个牧业旗作为调查样本地（见表 15-1）。调研旗县的选择充分考虑地域特殊性、边境旗县、纯牧业旗、草地类型、所属盟市等因素。在每个旗抽取两个典型嘎查做全嘎查调查，嘎查取样按照旗县所在地东西或南北方向等距离抽取，比如阿拉善左旗是按照东西方向抽取的两个嘎查，在乌拉特后旗就按照南北向抽取，以此类推。这样尽可能使调研嘎查分布于不同的区域，便于更好地反映不同区域的状况。嘎查内的牧户抽取除了参考嘎查领导意见外，同时在嘎查地图上以嘎查所在地为圆点画同心圆，尽可能使调研的三个牧户处在同一圆上，做到牧户抽样的随机性。大户、中等户、贫困户按照嘎查登记在册的标准划分。

表 15-1 2017 年 5 月至 2019 年 5 月调研的 12 个典型牧业旗县

阿拉善盟	巴彦淖尔市		鄂尔多斯市		包头市	乌兰察布市	二连市	锡林郭勒盟		呼伦贝尔市	
阿拉善左旗	乌拉特后旗	乌拉特中旗	乌审旗	鄂托克前旗	达茂旗	四子王旗	二连市	苏尼特左旗	东乌旗	新巴尔虎左旗	陈巴尔虎旗

资料来源：2017~2019 年调研资料。

为了更加准确地掌握内蒙古典型边境牧业旗牧业供给侧改革、牧区精准扶贫和十九大以后牧区乡村振兴战略实施情况、牧区和牧民畜牧业生产经营状况，笔者除了对各级政府部门进行专门访谈外，还对嘎嗒（村）级合作社、公司牧场和家庭牧场进行了问卷调查，对牧户进行了问卷调查及半结构式访谈。针对调研中发现的特殊问题，在当地邀请资深专业人士座谈，向有关部门索取资料，经过后期资料汇总分析等工作，对全嘎查调查资料和牧户调研资料分别汇总分析。按照常规统计的方法根据旗、嘎查和牧户基本数据，统计其均值、最大值、最小值、中位值、标准差。由于篇幅所限，本讲统计值取均值，参考中位值。

（二）调研嘎查的资源情况

本次抽样调研嘎查牧户户均人口 3.6 人，常住人口与户籍人口比为 57%，大约有 43%的人口转移出去或外出打工，人口转移在加剧。调研牧户常住人口年龄均值接近 49 岁，劳动力年龄均值为 54.7 岁，这两项指标都比十年前有所提高。近年来随着“十个全覆盖”工程建设带来的房屋、棚圈等基础设施的改造，调研牧户房屋居住面积均值达 87 平方米，暖棚面积均值为 149 平方米。基础设施的改善，使牧民抵御自然灾害的能力有所加强，每年因雪灾等自然灾害损失的牲畜数量有了显著的减少。调研牧户户均草场面积 6526 亩，80%的草场建设了围栏。由于分户等原因，牧户户均草场面积与前十多年相比有所下降，网围栏的比例有所上升。

调研牧户牧业年度户均牲畜头数为 329 个羊单位，和十多年前对比，牲畜头数在下降，出栏率在提高。近年来随着杜邦公司牧草种子在草原地区的推广，政府对牧区水利设施的完善，苜蓿、饲料玉米等优良饲草料在干旱地区栽培种植的成功，20 世纪 60~90 年代建设、21 世纪初废弃的饲草料地开始恢复种植。尤其是鄂尔多斯市的两个调研牧业旗，饲草料地种植非常普遍，这对降低畜牧业脆弱性起到很好的作用。也有学者对干旱区大量超采地下水种植饲草料感到忧虑。

近年来牧区融资市场较发达，除了农信社以外，其他商业银行也开始在牧区放贷，调研牧户户均银行贷款 84576 元。调研牧区民间借贷也较发达，户均民间借贷 23718 元。近年来由于城市资本过剩，大量游资通过购买商业银行的理财产品，委托商业银行到农村牧区放贷，牧区融资市场甚至出现了资金过剩。这和过去学界认为农业生产三要素的大规模流出农村牧区，农村牧区资金短缺制约了农牧业生产和经营的观点有了很大不同。当时甚至有学者提出通过盘活宅基地来解决农牧区资金短缺问题。

相较于农业区土地流转，牧区草场租赁市场不是很完善，据调研，草场流转户约为 30%。牧民通过草场的流转优化资源配置或者选择更优的生计策略。调研参加合作社的牧户约占总牧户的 27.07%（见表 15-2），与合作社处于强关系的约占 3%。以上这些因素都有助于促进牧民生计的改善。

表 15-2　2017 年调研嘎查常住户均人口资源状况

分类	人口			生产资料						融资（元）		规模化经营（%）	
	人口（人）	年龄（岁）	常住人口（%）	住房面积（m^2）	暖棚面积（m^2）	草场面积（亩）	围栏面积（亩）	饲草料地面积（亩）	牲畜（羊单位）	银行贷款	民间借贷	草场流转	合作社
均值	3.6	49	57	87	149	6526	5218	15	329	84576	23718	29.87	27.07

注：中位值和标准差未标注，均值部分取整数。

资料来源：根据嘎查调查问卷和牧民家庭问卷调查指标制表。

据调研，草场面积较大牧户，大部分属于边境地区牧户；饲草料地种植面积较大牧户，基本属于鄂尔多斯地区的牧户，这里有较充裕的地下水，以农牧结合的生产方式经营多年。饲养牲畜多的牧户主要在东部呼伦贝尔市、锡林郭勒盟的一些边境旗。调研最大户和最小户拥有生产资料相差极大，大户存栏牲畜中位数为 421 个羊单位，中等户存栏牲畜中位数为 326 个羊单位，贫困户存栏牲畜中位数为 148 个羊单位。经营饲草料地中位数差距不大，为 5 亩左右，大户最多种植 100 亩，贫困户很少经营饲草料地（见表 15-3）。

表 15-3　2017 年调研牧户生产资料差异

	24 户大户			24 户中等户			24 户贫困户		
	存栏牲畜（羊单位）	草场面积（亩）	饲草料地面积（亩）	存栏牲畜（羊单位）	草场面积（亩）	饲草料地面积（亩）	存栏牲畜（羊单位）	草场面积（亩）	饲草料地面积（亩）
最大户	722	13841	100	430	10060	14	247	8791	9
中位数	421	8047	6	326	6903	5	148	4110	5
最小户	376	2190	0	226	2836	0	62	1950	0

资料来源：根据嘎查调查问卷和牧民家庭问卷调查指标制表。

（三）调查人口状况

1. 调研嘎查快速进入了老龄化和少子化

调研 24 个嘎查总人口为 16924 人，平均人口为 705 人，其中男性 9122 人，女性 7802 人，男性多于女性 16.92%，男女比例失调，高于国家统计局的第六次人口普查结果。进一步调查发现，嘎查单身男性近年来持续增多，任由这一状况发展下去会引发其他社会问题，值得关注。

据调研，60 岁以上的人口占总人口的 16.4%，65 岁以上人口占总人口的 8.9%（见表 15-4），就调研嘎查而言，已经快速进入了老龄化。进一步调查分析发现，政府几十年来重视发展民族教育，大量年轻人通过获得较高水平的教育，进入城市就业，加快了牧区进入老龄化。0~14 岁人口占比低于 14.1%，说明边境牧区比中国的其他地区率先进入了少子化。进一步调研发现，近年来畜牧业经济低迷，牧民收入普遍下降，牧区的学前教育和义务教育学校距离居住地的半径平均为 77 公里，孩子上学需要陪读，导致抚育孩子的成本高，已婚育龄妇女不敢生育二孩。年轻人普遍结婚较晚，生育孩子也较晚，也是一个重要的原因。边疆牧区人口下降问题值得重视。

表 15-4　2018 年调研 24 个嘎查人口年龄结构

年龄段	0~15 岁	16~20 岁	21~25 岁	26~30 岁	31~35 岁	36~40 岁	41~45 岁
占比（%）	14.1	4.3	4.5	5.1	5.8	8.4	8.9
人口（人）	2386	728	762	863	983	1422	1506

续表

年龄段	46~50 岁	51~55 岁	56~60 岁	61~65 岁	66~70 岁	71~75 岁	76 岁以上
占比（%）	11.1	12.1	9.3	7.5	5.9	2.8	0.2
人口（人）	1879	2046	1573	1269	999	474	34

资料来源：根据 2017~2019 年调研数据汇总（按照劳动力人口口径统计）。

2. 调研嘎查由于生产成本高，畜牧业萎缩，劳动力存在隐形失业

劳动参与率是经济活动人口（包括就业者和失业者）占劳动年龄人口的比率，是用来衡量人们参与经济活动状况的指标。

调研的 24 个嘎查 16924 人中，学龄前儿童和在校学生 2686 人，其中 16~18 岁劳动参与率约为 50%，说明牧区的部分学生也参与家庭劳动。20~59 岁劳动参与率总体呈上升趋势，男性 29~60 岁劳动参与率为 80%~90%。29~55 岁女性劳动参与率低于男性，为 70%~90%。调研嘎查 60~70 岁劳动参与率仍在 70%左右，超龄劳动（男 60 岁以上，女 55 岁以上）非常普遍。64 岁以上的女性劳动参与率普遍高于同年龄段的男性。

29~55 岁女性劳动参与率低于男性，说明牧区女性劳动力隐形失业比较严重。究其原因，可能与近年来随着畜牧业饲养成本的增加，部分牧户压缩饲养规模，兼业又受就业半径影响有关。这一现象可能受家庭收入规模、性别和年龄等个人人口学特征的影响，也可能受社会保障覆盖率和水平、劳动力市场状况等社会宏观经济环境的影响，需要进一步研究。

3. 调研嘎查牧户就业分布状况

据调研的嘎查汇总数据分析，从事畜牧业生产经营的主要是 31~65 岁的劳动力。从事非牧生产的主要分为两大类，一部分为 16~30 岁的年轻人，这部分年轻人毕业后，往往先在城市里打一段时间工，靠父母接济维持到 30 岁左右，随着在城市里就业越来越难，又返回牧区从事放牧生产。另一部分是为了孩子上学陪读，把草场转租出去，外出打工的 45~55 岁牧户，这部分劳动力到了 60 岁以后，城市里适宜的工作越来越少，又缺乏社会保障，重新返回牧区开始放牧劳动。未就业人员主要是学龄前儿童和部分读书的学生，其余部分为残疾人、因病不能参加劳动的一些牧户、禁牧暂时没有找到工作的牧户（见表 15-5）。

表 15-5　2018 年调研嘎查不同年龄段就业状况

单位：人

年龄段	总人口	纯牧业	兼业	纯非牧	未就业
0~15 岁	2386	0	0	0	2386
16~20 岁	728	104	37	2	585
21~25 岁	762	151	49	486	76
26~30 岁	863	529	44	288	2
31~35 岁	983	748	76	102	57
36~40 岁	1422	1198	72	79	73
41~45 岁	1506	1236	88	125	57
46~50 岁	1879	1405	91	290	93
51~55 岁	2046	1496	162	274	114
56~60 岁	1573	1187	84	159	143
61~65 岁	1269	1079	28	34	128
66~70 岁	999	673	13	2	311
71 岁以上	508	116	0	1	391

资料来源：根据 2017~2019 年调研数据汇总。

从就业结构分析来看（见图 15-1），对边境典型牧区来说，兼业的机会较少，成本都较高，牧民很难找到兼业的机会。近年来政府开发了部分公共设施项目，使牧民参与一些较粗放的短期劳动，也提供了一些兼业的岗位。

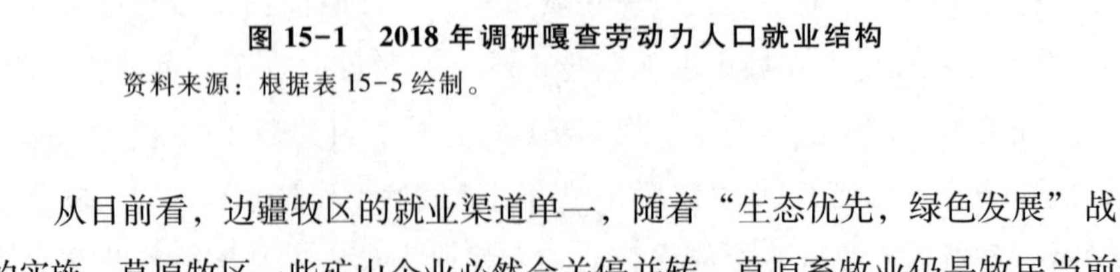

图 15-1　2018 年调研嘎查劳动力人口就业结构

资料来源：根据表 15-5 绘制。

从目前看，边疆牧区的就业渠道单一，随着“生态优先，绿色发展”战略的实施，草原牧区一些矿山企业必然会关停并转。草原畜牧业仍是牧民当前最主要的就业渠道，在一定程度上也起到社会保障的功能。草原畜牧业对维系草原牧区社会稳定、牧民戍边、牧区草原生态保护和恢复起到积极的作用。

4. 典型牧区嘎查人均寿命

调研典型牧区人均寿命比解放前提高了很多，比 2017 年全自治区 75.80 岁低 9.59 岁，比全国 76.70 岁人均寿命低 10.49 岁。

涉及公共服务、自然气候和社会习性等的更多人口学问题，有待于进一步研究。调研牧区老人临终前三个月医药费用支出为 24871.30 元，比中国人均支出要低，更多的老人选择居家死亡（见表 15-6）。

表 15-6　2017 年调研典型牧区平均寿命

平均寿命（岁）	临终前三个月医药支出（元）	医院死亡（%）	居家死亡（%）	其他场所死亡（%）
66.21	24871.30	19	77.9	3.1

资料来源：根据 2017~2019 年调研数据汇总。

（四）调研牧户的生产经营

1. 调查牧民收入越来越多元，畜牧业收入所占的比重在下降

抽样调查 12 个边境牧业旗牧户总收入均值为 91507 元，和 10 年前相比，牧户收入有所增加。其中畜牧业收入均值为 38900 元，畜牧业收入在总收入中占 42.51%（见图 15-2），与 10 年前比较在下降，这可能和畜产品价格低迷有关，也说明畜牧业经济结构在优化。政府生态奖补等转移性支付收入均值约为 29700 元，在总收入中占 32.46%，在总收入中的占比逐年增加，政府对牧区生态保护扶持力度在加大。

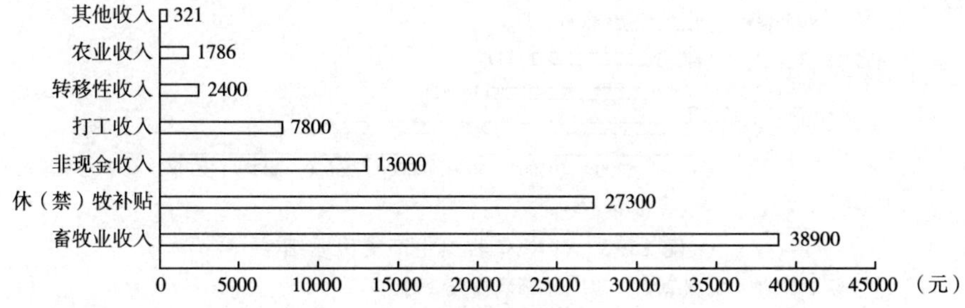

图 15-2　2017 年内蒙古边境 12 旗牧户抽样调查收入汇总

资料来源：根据 2017~2019 年调研数据绘制。

牧民自食性消费非现金收入也在增加，主要是除了自身消费外，父母为外出打工子女提供肉食品，拉高了牧户的非现金收入。随着牧区的公共设施建设，也有部分牧民在苏木周边短期打工，调研牧户的打工收入也在增加。总之，和10年前的调研资料相比较，牧户收入越来越多元，畜牧业收入比重在下降，政策性收入在增加，这也和前几年在典型牧业旗县的调研结果一致。也有学者担心政策性收入在降低牧民生计脆弱性的同时，造成了牧区社会对转移性支付收入的依赖。

2. 调研牧户生产开支越来越大，借贷成为牧民应对生计困难的重要手段

调研发现，随着牧民家庭成员中儿孙辈的成长，分家使分支户大量出现，草地分割导致牧民可利用草场资源减少。在同一块草场上过度放牧，使牧区草场退化严重，牧民不得不采取购买饲草料的方式来补充草场饲草料的不足。调研牧户2017年饲草料支出为49197元（见图15-3），畜牧业收入不够饲草料的支出，大部分牧民必须通过贷款方式来买草买料。究其原因，畜牧业的特殊性使牧户不能像农户那样去市场购买种畜，遭遇自然灾害，牧民必须死保基础母畜，一旦基础母畜死亡，牧户就彻底破产了，这也是不能完全靠市场解决的草原畜牧业的一个重要问题，以往研究都很少涉及。

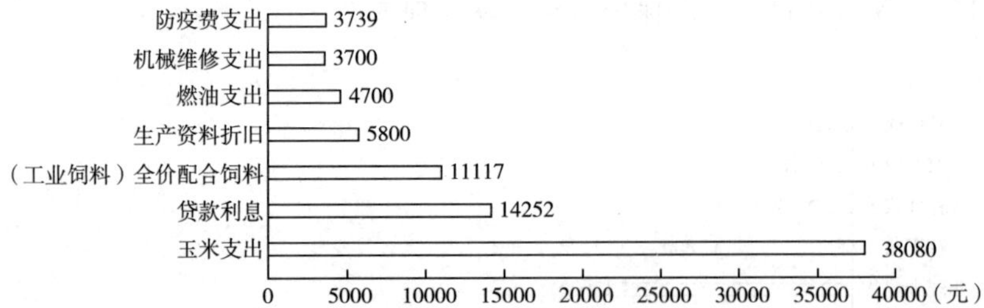

图 15-3　2017 年牧户生产支出明细

资料来源：根据2017~2019年调研数据绘制。

此外，随着前几年政府倡导规模化经营，牧区开始出现草地租赁市场，通过租入草场缓解自家草场不足，成为牧业大户解决发展问题的又一选择。但草场作为牧民最主要的生产资料，在草场普遍稀缺的状况下，除非面临破产等严重状况，否则牧民都不愿出租草场，仅有部分牧民迫于生计出租草场。调研牧户的草牧场流转到政府部门备案的只有4%，通过嘎查委员会备案的不到10%，私下交易占大部分。当然也有草场经营权出租到期收不回来的情况，也有因出租经营权而失去政府对使用权补偿的案例。这样的案例在巴彦淖尔市的两个乌拉特旗边境苏木尤为普遍，在阿拉善左旗也调研到因出租经营权而失去使用权的1户牧户。

3. 调研牧户的生活消费支出中礼金占比最大

调研牧户2017年生活消费总支出均值为63312元，牧户生活消费支出排在第一位的是礼金支出。近年来随着社会资本由社区内向社区外的城镇转移，牧民为了获得社区以外其他资源的支持，对外互动在加深，导致礼金排在了生活消费的第一位，这也和中国农业地区调研结论相似。除了礼金支出外，排在前三位的依旧是粮食消费、医药费、教育支出（见图15-4）。老三样支出基本和10年前的调研结论相似，这说明牧民的生活基本没有太大改变。调研牧户恩格尔系数为25.2%，比10年前有所下降。牧户食品消费结构在变化，传统民族饮食正在被大众饮食取代，猪肉等肉食品大量取代牛羊肉，究其原因，主要是与牧民收入减少有关。调研牧户的燃煤支出近年来有所提高，这可能与政府向每户提供600元煤炭补贴有关。安置土暖气的占调研牧户的37%，牧民的居住环境比以往有所改善。

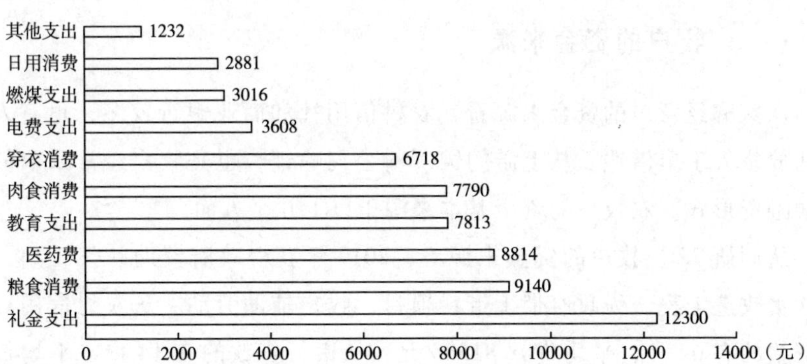

图15-4　2017年牧户生活消费支出明细

资料来源：根据2017~2019年调研数据绘制。

4. 调研牧户纯收入均值接近贫困线

调研牧户 2017 年人均纯收入为 2810.83 元，户均净储蓄为-165487 元（见图 15-5），牧民通过多户联保的办法向当地农村信用社、其他商业银行进行贷款，贷款额度一般在 5 万元到 20 万元，年利率一般为 0.6%～1.2%，贷款用于买草买料、供孩子上学、“十个全覆盖项目”和精准扶贫的配套。贷款到期以后，可以先还利息，将贷款转为下一年度贷款，也有人找中间贷款公司支付一定手续费还旧贷新。

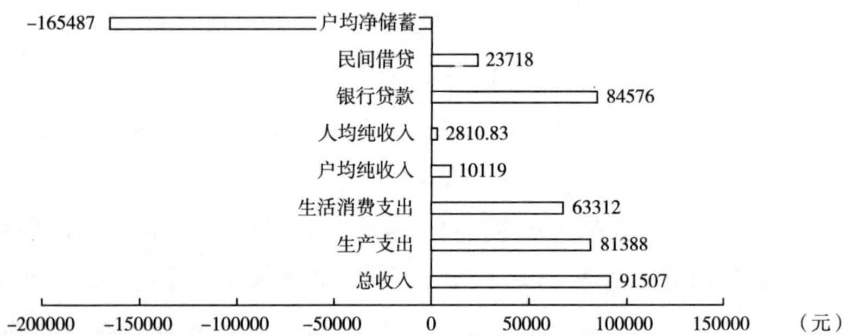

图 15-5　2017 年调研牧户收入、融资及储蓄状况

资料来源：根据 2017～2019 年调研数据绘制。

三　牧户价值链估计结果分析

（一）牧户的资金来源

从家庭经营户的资金来源看，农村信用社和商业银行较多，也有人从民间放贷人手里借钱。从上游的饲草料公司赊销，也是牧户经常采取的非金融融资形式。农牧户的资金基本来源于以上几个方面。

从调研 72 户牧户的资金来源看，2017 年获得政府资助的仅 1 户，属于饮水改造工程，为政府带工带料项目，牧户辅助劳动。从农村信用社获得贷款的有 62 户，平均贷款 81500 元；从银行贷款的有 14 户，平均贷款 74033.71 元；高利贷贷款 43 户，平均贷款 17800 元；从饲草料公司赊销的有 52 户，平均赊销 18121.08 元（见表 15-7）。

表 15-7　2017 年调研牧户获得资金的利息或手续费支出

单位：户，万元

	银行贷款	农村信用社贷款	高利贷	饲草料公司赊销
户数	14	62	43	52
总额	103.6472	505.30	76.54	94.2296
利息（包括手续费）	7.462598	60.636	23.2083	11.30755

资料来源：笔者根据 2018 年实地调查整理制表。

商业银行是一些在牧区放贷的合作银行，近年来由于竞争激烈，商业银行贷款利率一般比农村信用社低，利率在 0.6%上下浮动，贷款期一般为半年，牧户冬季贷款，第二年夏季还款，按时还款可以继续贷款。农业银行也在牧区放款，有的地方贷款条件是需要用房产或行政事业单位职工工资卡作抵押。农村信用社贷款一般为一年期，放款时间一般是秋冬季，也有例外。农村信用社贷款利率加贷款手续费为 1%～1.2%。民间借贷一年四季随时贷款，牧户一般选择利率为 2%～2.4%的产品，调研户中有 3 户牧户因病贷了高利贷，有 4 户因孩子上学贷了高利贷。利率为 2%～2.4%的这款产品由于利率较低，对贷款期限有约定，最短时间为一年。调研牧户用于生产的民间借贷一般选择贷款期一年。牧户在生产资料购置中也往往选择从上游的饲草料公司赊销，赊销期一般为 6 个月之内，赊销产品价格一般较高，其差价基本和一年期高利贷利息差不多。

（二）牧户的生产成本构成

近几年饲草料市场竞争比较激烈，一些小的饲草料公司由于规模过小等原因退出了生产经营，一些大的物流公司与饲草料加工厂合作，形成了集种植、收割、加工于一体的草料公司，以企业法人形式对外经营，其基本可以为有需求的家庭牧场、合作社和公司牧场提供购货的增值税发票，税额占 17%。社会化服务的兽药和农机配件由于政府进一步规范，也被一些大公司垄断，企业法人公司也为家庭牧场、合作社和公司牧场提供税率为 17%增值税票。

表 15-8 2017 年调研 72 户牧户生产成本详细构成

单位：元

金融信贷产生利息或费用成本			饲草料成本		社会化服务成本		劳动力
金融部门	上游赊账	高利贷	饲草	饲料	兽医服务	机械及燃油	劳动力
680985.98	113075.5	232083	2741760	800042.4	269208	604800	0

资料来源：笔者根据 2018 年实地调查整理制表。

通过进一步采访牧户，笔者发现牧户近年来购买的饲草料种子，基本来自杜邦公司旗下的子公司，该公司饲料玉米种子按照 1 粒种子 0.5~1.3 元不等出售。笔者在边境牧业旗调研几个大的饲草料基地，发现苜蓿种子也来自杜邦公司的子公司（或者合作公司），苜蓿种子 1 千克 100 多元，每亩需要约 5 千克种子，按照 2~3 年补种一次，种子费用占牧草成本的很大一部分。据业内人士提供的饲草料公司财务报表，牧草种子作为生产成本，占到企业利润的 30%多。配合饲料，除了来自原料的技术专利外，生产饲料配方及部分添加剂也属于购买的专利产品，据业内资深人士分析，其技术成本占到销售价的 35%。以此推算饲料的技术成本以 35%计算，这和调研家庭牧场、合作社和公司牧场提供的发票一致。

（三）牧户价值链上各利益相关者的分配

根据各类商品或服务提供者提交给家庭牧场、合作社和公司牧场的发票，以及业内资深人士提供的财务信息计算各利益相关者分配（见表 15-9）。

表 15-9 2017 年牧户生产价值链上的各利益相关者之间的分配

单位：元，%

	技术专利	金融资本	国家税费	牧户户均纯收入
分配	14759.1	14252	10426.23	10119
占比	29.78	28.76	21.04	20.42

资料来源：根据表 15-4 和表 15-5 计算所得。

牧户 2017 年购买饲草料和服务支付的技术专利费均值为 14759.1 元，牧户支付各类金融资本利息及服务费均值为 14252 元，支付国家间接税费均值为 10426.23 元，牧户户均纯收入为 10119 元。

四　主要结论和政策建议

以往有关内蒙古草原牧区经济的研究，基本上源于草牧场管理制度的变迁。大多学者更倾向于讨论草牧场所有权制度与经营（使用）权制度的变迁规律。草畜双承包后，草地生态状况恶化，而草场划分到户和市场机制的引入，更是增加了牧民的风险暴露程度。随着牧民定居、草原分割和市场化，草原社区面对干旱呈现出严重的脆弱性，而这些又加剧了干旱的影响。水、草等自然资源减少及不同资源间搭配失衡，草地承载力下降、恢复力不足，都加剧了牧户的生计脆弱性。而且原有牧民低成本灾害应对策略失效，牧民不得不依赖高成本的贮备和移动策略。

作为最大的陆地生态系统的草原面临着严重的退化。干旱是对草原畜牧业影响最严重和最广泛的气候事件，干旱通过影响草、畜、水等因子，影响牧民生计。在干旱和制度变迁的共同作用下，牧民生计陷入不可持续的境地。相应的治理适应性对策，要提高适应能力，降低敏感性和暴露度。牧民对气候变化适应能力的提高，可以通过提高牧民收入、改善畜牧业基础设施和补饲能力等来实现。张新时院士提出草原畜牧业应对脆弱性的农业化理论，把草和畜牧业的元素融入农业系统中，以先进的草基农业系统改造传统的粮—经二元农业和原始的天然草地放牧业，在此基础上构建未来的草地金字塔结构。草原畜牧业农业化，一直主导着政府对草原牧区现代化的决策方向。①

以往对内蒙古草原牧区面临问题的研究，以及提出的对策建议，回避了深层次的制度原因。假设气候变化对草牧场生态变迁的影响是既定的，那么新的制度设计本身，以及该制度约束下的市场行为，应通过改变原有制度安排下的资源配置机制保护草牧场生态环境和改善牧民的生计。在气

① 《内蒙古自治区人民政府关于自治区主体功能区规划的实施意见》，《内蒙古自治区人民政府公报》2014 年第 6 期，第 4~21 页。

候变化的大框架内，简单地靠调整牧民的放牧行为，引入现代化的农业元素去解决问题，好像把复杂的因素简单化了。

草原畜牧业经济的季节性与降水的非平衡性，决定了畜牧业经济的非预期性。草地产权制度变革导致放牧半径缩短，降低了移动式放牧畜牧业的弹性。草原畜牧业种（母）畜需要自我培育的市场失灵，致使牧户始终处于通过外来能量（购买饲草料）来保障繁育母畜的自发行动中，需要借贷来维持小牧经济的再生产。如持续干旱，就会出现大量的负债。同时，牧户间传统的社会网络（社会资本）互助属性消亡，导致牧户对金融资本的高强度依赖。

第十六讲　内蒙古草原牧区的未来

中共十七届三中全会通过的《中共中央关于推进农村改革发展若干重大问题的决定》指出："农业基础仍然薄弱，最需要加强；农村发展仍然滞后，最需要扶持；农民增收仍然困难，最需要加快。"我国国民经济和社会发展仍处于工业增加值的比重进一步上升的阶段，工业化和城市化在加速推进。在这一发展阶段，我们需要调整失衡的工农业和城乡关系，逐步消除城乡分割的二元结构，实现城乡统筹发展。

经济自由主义误解了工业革命的历史，因为它往往坚持以经济学的视角来判断社会事件。内蒙古草原牧区的最大问题是在牧区特定的社会、政治和经济条件下如何实现有效管理。我们观察的社会维度是牧区的人际网络、社会资本，政治维度是管理模式与民主类型，经济维度是投入方式、技术可能性与价值链地位，并重视三者的相互关系是加强还是抵消。

一　内蒙古草原牧区面临着重大的变化

牧区、牧民、草原畜牧业是三位一体，互相依赖的。内蒙古草原牧区正处于前所未有的剧烈变化中。很难说清楚在不久的将来草原牧区会变成什么样子，改革开放以来就不是单纯的草原内部由人、草、畜构成的社会生态系统的演变了，它在与外界的互动中变为一个复合生态系统。然而，不管变化多么复杂，有多少不确定性，在这个变革的历史分岔口，应尽量思考它的变化趋势。此时的决策特别关键，极有可能产生长期影响，是后代思考与决策的前提。

（一）变异式草原畜牧业的形成

分析草原畜牧业发展趋势，可以发现目前内蒙古草原牧区的畜牧业已经不是原来意义上以放牧为主的草原畜牧业，也不是农村畜牧业，更不是现代集约化畜牧业，而是一种特殊的、以系统外部能量和天然草地相互支撑的混合畜牧业，我们称之为“变异式草原畜牧业”。这种生产方式是否适合内蒙古草原，数千年变迁后尚存的这一片干旱草原是否能可持续演替，这一系列变化将会给牧区和牧民带来怎样的影响？

气候不稳定性，特别是干旱始终是影响干旱草原畜牧业的第一生态因素。为减缓干旱的影响，移动或舍饲的减灾方式决定着草原畜牧业的走向。而市场机制引入后，农业舍饲成为具有话语霸权的解决干旱问题的主要方式。下面就围绕内蒙古半农半牧区的生产方式与理念来论述。

当草原牧区与农业区的市场活动仅限于物质能量交换时，草原畜牧业是一种自然机会主义放牧畜牧业。牧民通过对牲畜数量的调整，应对气候的变化，自然灾害就成为调节牲畜数量特别是母畜数量的主要方式。解放后避灾一直是政府牧区工作的核心任务，组织建草库伦、储存打草场的草料、建设棚圈、打狼等，帮助牧民的畜群过冬的手段陆续出现，并在不同地区进行不同程度的推广。20 世纪 60~70 年代，饲料基地出现在纯牧区，在那个时代，能够认识到这种变相开垦草原的做法从长远看会破坏草原的人还很少，当时打草场饲草仍是冬季避灾的主要方法。这些做法在减灾避灾上取得了前所未有的成就，这些避灾措施没有改变纯牧区草原畜牧业的基本特征。移动式放牧仍然是避灾的主要手段，只是放牧的半径更长了，这种协商使用草地的方法甚至在国家层面得到了认可，跨省跨地区的协商使用草地避灾，成为当时应对干旱的主要手段。

草畜双承包后，以往政府与集体在灾年时协商使用草场的功能由于集体经济瓦解而消失，共管制被承包制所取代，赶着羊群投亲靠友做不到了，个体经营的牧户不得不自己设法在干旱时节从外部购买草料渡过难关。购买草料成为一种商业服务活动，形成了发达的草料市场。

在二轮草地确权之后，建设养畜的政策对草原畜牧业的变化起到了非常重要的推动作用，购买外部的草料、深度挖掘草原资源、建设饲草料基地持续增加。而 21 世纪初的草原生态治理政策，则直接地推动了草原畜牧业的“农村化”倾向，引发了纯牧区的饲草大进大出，草原畜牧业蜕变为一种“变异式草原畜牧业”。它的出现是干旱草原防灾减灾这一内在需求在外部条件影响下不断演变异化发展，最后失控的结果。于是，以政府赈灾为目的的一系列努力，使典型牧区草原畜牧业严重依赖外部资源输入，变成一种既不是农业区夏秋放牧冬春舍饲的畜牧业，也不是城市工矿区集约化的畜牧业。

（二）变异式草原畜牧业的不可持续性

变异式草原畜牧业在经济上的不可持续性，首先表现在相当多牧民的收入下降。对一些纯牧业区的牧户调查反映出一个普遍现象，对于大多数牧户来说生产经营成本太高，购买饲草与饲料的支出成为牧户的第一大支出。因为草原畜牧业演变为变异式草原畜牧业，丧失了原来放牧的比较优势，从传统草原畜牧业“中间消耗”很少，到草原畜牧业的“中间消耗”越来越多，“中间消耗”的增多，使草原畜牧业的效率低于农业区的舍饲畜牧业。

变异式草原畜牧业生态的不可持续性。变异式草原畜牧业加剧了深度开发草地资源活动，如开垦饲料地，建设人工草地，抽取地下水。多年来引进外来品种改良本地牲畜品种以获取“高效率”的努力没有成功，导致内蒙古草原地方优良品种的退化，草地也由于本土畜种和牧草失去有效的互动而退化。

草原畜牧业是牧民群体生存与发展的经济基础。下面将指出变异式草原畜牧业的不可持续性会给牧区带来的一系列不利影响。它的出现反映了牧民为了适应市场化进程而重塑自己的艰难尝试。另外，如果能够吸取这里的经验与教训，政府加以恰当引导，建立一种适应市场经济的“新型草原畜牧业”是可能的。

（三）牧区社区的衰落与牧民社会地位的边缘化

牧区经济的特点就是畜牧业经济的脆弱性，这种脆弱性主要体现为牧民的一切经济行为必须服从环境系统的规则。而城市化进程中的市场规则彻底摧毁了牧区社区应对灾害的互助文化，城市化进程中的集中功能对牧区社区进一步消失起到了一定的作用。由于撤乡并镇，政府的公共服务越来越远离牧区，原来在苏木、嘎查的行政、社会事业服务结构和其他服务组织也由于撤并转移出牧区，以邻里之间互助而形成的牧区社区进一步崩溃。

1. 畜牧业经济的变化与社区的弱化

由于草原畜牧业在整个畜牧业中的比重下降，加上利用天然草地成本低的比较经济优势丧失，在市场竞争中草原牧民经济实力减弱。又因缺乏组织代言，其出售的畜产品又具有极强的专用性，牧民处于与企业不对等的经济地位，这也使牧民的经济地位受到影响。

2. 环境移民的社会地位边缘化

那些进城的牧民由于语言与技能的限制，很难融入城市社会，同时失去了在牧区生产和再生产的草地，情况堪忧。由于贫困，部分进城的牧民家庭破裂。牧区经济要发展，就必须融入社会分工和市场化的大熔炉中，提高经济的市场化程度。草原牧区中的牧民，由于祖祖辈辈在同一块草地之上共同生活而建立了稳定的人际关系，他们具有共同应对社会风险的能力。而在牧区集中的移民小区中，贫困、找不到就业机会、酗酒、不适应城市生活方式等必然会导致社会问题的出现，加剧社会风险。

二　振兴牧区中能体现几个政策理念

一是无论从主观上还是从客观上看，牧民都不是草原生态退化的动因，相反他们经营的草原畜牧业，正是保护草原的有效方式，而这也是被千百年历史所证实的事实。二是牧区的大多数牧民希望在市场经济中尽早摆脱边缘化的态势，以更加主动的姿态参与现代化过程，并以此获取更多的利益。三是从牧区牧民视角考虑，还必须警惕与防止一些最坏情况的发生。牧民祖祖辈辈保护着草原，当生态环境急剧升值的时代来临时，他们却被另一些人置换了。此外，牧区社区的瓦解、草原畜牧业优势的丧失、牧民社会地位的边缘化，也不能视为市场力量的自然表现，因而政府有必要和有责任对这一现象做出政策反应，历史上从来没有离开政府政策影响的纯自然的市场化和现代化。

（一）振兴牧区社区发展草原畜牧业

将保护与振兴内蒙古草原畜牧业、牧区社区、牧民社会地位作为牧区工作的目标，这显然与“GDP 第一”的政绩观和单纯环境主义的政绩观相去甚远。牧区社区的衰落与牧民社会地位的边缘化，应被视为重大的政策管理缺失。尽管草原的牧民人数有限、经济影响如创造的 GDP 有限，但是他们对草原保护的历史贡献，对新中国建设和共同度过灾年的历史贡献等都是难以用货币来度量的。内蒙古是全国第一个少数民族自治区，其地域特征和民族性所带来的政治、生态、经济价值，是不能由 GDP 增长速度来衡量的。

（二）草原牧区与现代化接轨

牧区社区的衰落与牧民社会地位的边缘化源于市场化现代化进程中弱势的小牧经济抵抗不住外来资本与技术的力量。在顾及经济发展和市场经济的同时，牧民要想继续生存，必须在管理与生产中创新。振兴牧区社区与草原畜牧业不能脱离外部世界现代化的进程，在全球化与信息化时代，牧民必须掌握新的科学技术，必须学会参与和外界的交流与竞争。振兴草原畜牧业意味着合理传承传统理念，但不是恢复过去的所有做法，更不是回到过去的游牧时代。这是不可能的，也是不符合广大牧民意愿的，较为舒适的生活是大多数人的向往，牧民们不会为了游牧文化的浪漫，而拒绝现代化的生活。

（三）尊重自主性和多样性

许多经验表明，能否让牧民主动地参与社会进程，能否在这个过程中尊重牧民的自主性创造，关系到政策实效。尊重的态度与慎重的决策深刻影响着社会进程。而 20 世纪新中国成立后内蒙古发生了一系列社会变革，我们应当从历史中汲取智慧。国家支持应立足于扶持牧民的能力建设，给他们更多自身发展的选择机会与空间。

三　振兴牧区需要重新思考几个问题

笔者回顾内蒙古草原牧区半个多世纪的变化，针对牧区社区与牧民在社会变革中不利的处境，提出了振兴草原牧区的愿望与理念。同时对影响草原牧区未来的政策进行重新审视与思考，提出需要考虑的问题，希望引起讨论。

（一）要使牧区发展模式更符合草原牧区的区情

多年来各方一直在探索牧区发展模式，为保护生态开始尝试生态移民或“保护区”思路的做法，但是效果不佳。为了实现产业现代化，在仿照现代集约化畜牧业的路上走了多年。我们首先应当反思的是，上述探索过程中的某些做法是否真正尊重了内蒙古草原牧区的具体区情。

1. “保护区”思路

面对我国草原的严重退化和沙尘暴频起，一些生态学家提出把北方草原建成生态特区或自然保护区。按照自然保护区的概念，在其核心区和缓冲区禁止或严格限制人的活动，是这一思路的体现。中国自然保护区与其他国家自然保护区最大的差别就是保护区内人口太多，这也是它至今面临的难题，更不要说牧区了。内蒙古草原牧区将大约 200 万人口外迁，涉及生计安排、草原畜牧业的放弃，必然会加重舍饲畜牧业对粮食的依赖等问题。现行法律规定，内蒙古牧民对草原拥有“集体所有权”。法律承认物权，在迁走与否问题上，牧民即草原“所有权人”的意愿是不能忽视的。边疆少数民族又多与国外同一民族相邻而居，彼此有相似或相同的生产特点、风俗习惯和宗教信仰，有亲友往来和经济文化交流的传统。因此，畜牧业经济的发展、牧区的繁荣和稳定，可以提高我国的政治影响，显示社会主义制度的优越性，是巩固边防、维护祖国统一的重要保证。有些问题需要进一步研究，例如草原上的有蹄类动物对维护草地平衡起到非常重要的作用，蒙古高原的微生物没有办法分解牧草中的纤维素和木质素，只有通过五畜的利用才能完成天然生态系统中的氮循环。

2. 集约化畜牧业思路

长期以来，一些学者将畜牧业现代化与现代集约化畜牧业等同起来，并不断主张学习国外集约化畜牧业的经验，建设人工草地和改良草地，在一些地方种植青贮饲草和多年生牧草，大搞家畜品种良种化，大量使用人工牧草，普及全价配合饲料，以及其他管理现代化要素。其取得的成就不可否认，然而这么多年来，为什么没有在干旱草原实现人们期望的现代化，反而形成了“变异式草原畜牧业”？是否应当从更高的层面思考？内蒙古纯牧区水资源匮乏，土壤贫瘠，草场的生产力极低，集约化技术措施的成本特别高。而相对于牧区而言，农牧交错带或农业区的自然条件更适宜发展集约化畜牧业。

在干旱半干旱草场如果采取趋同于农业区的集约化经营方式，有可能使牧区畜牧业最终失去自己的比较优势，牧区发展面临的挑战不是如何将放牧系统转变成集约化的牧场系统，而是如何利用现代科学技术提高传统放牧畜牧业的效率，比如适应多变的环境和提高移动效率。

3. 休牧、禁牧、划区轮牧等草地资源管理

牧民的经验表明，禁牧并不符合纯牧区的实际，不符合牧区的草场合理利用和内蒙古本地畜群的放牧规律。内蒙古草原牧区的本地畜群是难以圈养和舍饲的畜类，它们一般不吃饲料，如果圈养和舍饲，就只能用改良畜种来代替，但改良畜种又不适应当地的环境。休牧和禁牧对于农业区和半农半牧区还是较为适宜的，因为这些地方实行定居和舍饲已久，有圈养舍饲和引种入牧的条件和基础。考虑到禁牧的经济成本，它只适宜局部的特殊草场，不能全面普及。休牧制度是草原牧区定居生产方式的权宜选择。

国外的划区轮牧已有几百年的历史，其前提条件是在湿润的草原上轮牧。由于降水较多，降水分配与热量供给也较协调稳定，划区轮牧可以一年多次轮回，适当采食不仅不会破坏草原，而且有利于牧草生长，使草地资源得到充分合理的利用，提高草地载畜量。但在内蒙古草原地区，如果采用国外的划区轮牧，失败的可能性更大。对于政府推广的划区轮牧项目，根据 2006 年 4 月对锡林郭勒盟 8 个旗 30 户牧户的 70 名牧民进行调研访谈的结果，其中仅有 13.4% 的牧民认为好，72.1% 的牧民认为不适宜，有可能导致草地退化。原因是每块草地生长的牧草都不一样，将畜群放在一个小单元内，当牧草种类减少时，畜群就会在围栏内到处奔走找牧草，草地反而会由于践踏加重而退化。如果按照国外将围栏内的牧草全部吃掉，当年牧草长不上来，也影响第二年牧草的生长，反而会使草地退化。

从政策层面讲，轮牧也只适用于草场面积大的生产单位（家庭牧场）、拥有集中联片大面积土地的地区。而内蒙古草原许多地方，如锡盟多数地区没有实施轮牧的基本条件，除非调整草场土地使用制度，形成使土地能够集中在极少数牧户中的机制。

“草畜平衡”的隐含前提是草原可持续生产力的相对稳定，它又来自对草场条件的一定人工控制力或湿润的自然条件。与实行现代集约化畜牧业的发达国家的人工草地不同，内蒙古牧区的草原生态系统有鲜明的干旱非平衡系统的特征。由于干旱非平衡生态系统状态的转变具有非线性的特点，不确定性也大，所以操作难度相当大，因此这一概念就不宜机械地滥用。例如，由于草畜平衡是一种动态的平衡，根据牧草的长势，草原载畜量可以在一定的范围内浮动。此外，越是干旱多变的草原地区，仅仅降低载畜量就越难达到生态系统的进展演替。如果在这里片面地强调减轻牧压，往往会导致资源的浪费、畜牧业经济的萎缩、农牧民贫困和生态系统的再度恶化。

4. 恢复游牧进行自然资源和环境管理

游牧经济合作的基础单位是“浩特”，“浩特”是以亲属、朋友为纽带的自组织或自愿结合体。“浩特”组织的劳动合作形式有共同选择草场、共同放牧，其具体方法是每户牧民轮流放牧，共同建设棚圈、毡房，共同打井，共同剪羊毛、制作毛毡，共同打马鬃、驯马，共同“走敖特”，利用牧业劳动力闲余时间，共同小规模种植农田，共同打草、贮草，共同狩猎，冬季共同屠宰牲畜储备肉食，共同寻找丢失的畜群，以劳动或财物的形式，共同帮助遇到天灾人祸的困难家庭等。

大家都承认一个事实，几千年来游牧生产面貌已经大为改观，当今世界上，除蒙古国、非洲及南美国家和地区外，已经很少有纯粹的游牧畜牧业了。游牧生产方式本身也发生了明显变化。游牧的地域在缩小，保存下来的游牧多数只是在嘎查或浩特的范围内走动。从大游牧到小游牧再到个体牧场的演变，是牧区人口增加的结果，也是市场和国家力量影响的结果。今天在内蒙古牧区，出于对规避灾害的需要，一些牧民克服目前个体经营生产模式的分隔格局，自发联手，在较小范围内“走敖特”，说明游牧方式的内在需要依然存在。

（二）草原畜牧业产业化需要注意的问题

从提升经济实力方面考察，产业化经营能提高畜牧业的组织化程度，进行适度规模经营，合理地管理草原五畜，解决草原畜牧业小生产与大市场的矛盾。产业化经营可以克服一家一户小规模经营信息不灵、市场流通不畅、生产大起大落的弊病，可以大大减少牧民在市场大潮中在获取信息和谈判、签订合同、毁约赔偿等方面的交易费用，通过产、供、销各环节的内部化，达到降低成本、增加收入的目的。但是畜牧业产业化并不一定能带来上述好处。因为产业化的目的是加工企业的利润最大化。没有对其引导与制衡的力量，它可能带来生态破坏和对牧民经济利益的损害，这在前面对奶产业的描述中已经看到。

1. 产业化对环境的影响

第一，畜牧业产业化在牧区、半牧区建立起畜产品加工企业，给牧民带来比以往在外地城市的加工企业更多的实惠，但对草地种养业基地形成了一定的压力，使对草场的过度利用成为可能。这种情况在羊绒产地表现得尤为突出。

第二，畜牧业产业化带动了地区工业和第三产业的兴起，也会带来严重的环境污染。首先，畜产品加工业本身，如绒毛清洗、纺织，肉类屠宰加工，皮革鞣切制作等都是重污染行业，有大量的废水、废气和废渣产生。许多加工企业，特别是中小型企业，都是在毫无治污设施的情况下无组织地排放。其次，产业化还会带来商贸、社会服务业的发展，其中如餐饮、洗浴等行业会有大量污染物排放。

第三，畜牧业产业化加快了牧区工业化和城镇化的步伐，对水资源和能源供应提出了更高的要求，水、电、路等公用基础设施得到发展。如前面提到的乳业，草原地区为了发展乳业，大量开发饲草料基地。一些地方盲目引用地表水，在严重干旱的沙化地段营造经济林木，效益极低，甚至破坏原生生态。有的地方过度开采地表水，使草场退化沙化。这些都使本来十分缺水的草原地带的水资源垂直补给和地域平衡遭到破坏。

2. 要发展造福牧民且可持续的产业化

尽管问题多多，但产业化是必然要发生的事，回避畜牧业产业化是无益于牧民的。许多农村与牧区正在以各种方式尝试合作经济，东亚地区的日本、韩国，还有中国台湾地区的如综合农协，在很大程度上改变了农民经济地位低微的状况，农业生产的组织与技术提高得到了支持。只有在这个基础上，企业与牧民之间不同程度的联合才会健康发展起来。

四　要尊重牧民的权利

牧民对草场的权利将成为牧民参与市场活动和经济组织的新的基本前提，是牧民保护自己对草场的使用、获益、处置权利的法律根据。草地二轮确权使牧民获得了30年或更长的草场使用权。草场权利关系明晰，既强化了经济激励，也有利于牧民与其他经济主体交易。产权明晰的家庭牧场的组合可能是未来的方向。从这一视角看，草原围栏也有其重要作用。作为协助解决草原使用权排他性的手段，草原围栏在一些情况下是完全必要的。最怕的是单一化思维：要么一律围栏，要么完全否定围栏。关键是如何寻找一种既能巩固草地使用权，又能实现放牧管理的有效制度。尽管国家法律明确保护牧民的草场权利，但牧民对草场的使用、收益等权利仍受到威胁。因为产权不完整，嘎查的所有权和牧民拥有的使用权不统一，没有社会机制约束他们履行义务时，所有权往往会暴露出漏洞。牧民草场权利的流失有如下几类途径，第一，非法侵占牧民的草场使用权；第二，政策影响下牧民的草场使用权的流失；第三，在市场交易中流失牧民的草场权利。

（一）非法侵占牧民的草场使用权

有人利用非法手段剥夺牧民草场权利，特别是在分草场时对一些嘎查的公共草场与集体财产，以及在所谓“边界不清”的草场上浑水摸鱼。例如，一些从发达地区转移来的污染企业。

1996~1998年执行草原“双权一制”的规定，进一步落实草场所有权、使用权和承包责任制的同时鼓励大量非牧户养畜。在牧区的很多地方，由于围栏自身的缺陷，如投资较大、阻断水源和牧道等，牧民并无意去主动围栏划界，围栏的草原只是一小部分。而非牧户的大部分牲畜普遍在未经围栏的草地上任意啃食。这是在那些没有彻底围栏到户的地区，出现“公地悲剧”的原因。

在许多牧区草场（例如内蒙古东部牧场）放养着一大批非牧民所有的牲畜。这些牲畜可能是市民或农民的，可能是机关单位、工矿企业或部队集体所有，或成群雇人放牧或少量寄养在牧民的畜群里。很少有人能说清楚这类非牧民牲畜有多少，有人说占牧区牲畜总数的30%左右，有人说还要更多。这些牲畜的存在加大了草原的压力，是20世纪草原退化的主要推动因素。鉴于草原被侵吞、瓜分的严重情况，内蒙古自治区曾于2006年6月1日成立领导小组清理党政机关及其领导干部和工作人员占用的草场。

（二）政策影响下牧民的草场使用权的流失

新中国成立后，在推行计划经济的过程中，形成了集体土地国家征收取得制度。改革开放以来，随着城乡土地统一管理体制的建立和城市土地有偿转让制度的实行，土地征收很快就发展成为对城乡土地实行统一管理和实行土地管制的重要手段。土地征收补偿在空间和时间上缺乏弹性，补偿安置不到位，补偿分配不规范，被征地农民生产生活得不到妥善的安置。同时，征地补偿也为地方政府获取土地增值收益留下了更大的空间，部分地方政府盲目扩张建设用地。

（三）在资源升值中牧民的草场权利流失

内蒙古大规模地开发草原下的资源，为国家的发展和东部的腾飞做出了巨大的贡献，但也造成了资源浪费、生态恶化和环境污染、社会分配失衡、经济可持续发展能力低等问题。作为草原的主人与千百年的守护者，牧民往往是这一开发负外部性的承受者，却很少成为同一过程的受益者，这是牧民草场权利流失的又一种形式。而升值的资源价值促进了大规模的草原生态补偿，但牧民也没有因此提升自己的经济地位。草原生态旅游园区、草原休闲牧场无疑是利用与获取资源升值的红利。问题是如果在这一过程中牧民仅仅被当作劳动力，牧民的草场权利就会在生态补偿项目的名义下又一次流失。

（四）在草场流转过程中保护牧民权利

内蒙古自治区已于 1999 年 12 月 9 日开始实施《草原承包经营权流转办法》，草场流转经营有所发展。草场流转经营的好处在于草原使用权变得可交易，一些愿意投资改良草场、希望长期投资的人可以得到更多的草场，可使草原得到更好的保护。另外，草场流转经营有利于实现草原的规模化经营，提高效率。通过草场流转扩大经营规模，应当是一个渐进的社会过程，如果仅仅从经济效率出发，试图加快规模扩大的速度，就可能出现以“草场使用权流转”的形式侵占牧民权利的现象。

五 怎样认识牧民合作组织的意义

牧民社会地位的边缘化以及牧区社区的衰落，源于三重脆弱性。第一是由草原畜牧业产业本身的特点决定的，饲料与天然牧草的供给定性与母畜繁育的周期性之间难以契合。第二是自然灾害风险，蒙古高压的强弱变化决定了内蒙古草原的降水和牧草生产力的状况，这种气候状况表现出持续干旱的非平衡的生态特征，迫使草原畜牧业形成机会主义特征。如果遇到灾年没有办法克服灾害风险的话，损失会非常惨重。上述两个因素决定了内蒙古草原畜牧业先天的脆弱性，这就形成了草原牧民大游牧放养的传统，其实质是对风险的有效规避。第三是市场经济的劳动力和饲草料外购加剧了其脆弱性。自然资源管理学的理论分析告诉我们，不同类型的自然资源应该采用不同的管理策略，社区合作是更为合理的选择，而牧民合作组织的发展有可能成为社区合作进行草场资源管理的载体。

（一）草原牧区合作社要理顺“防灾”与“增收”的关系

制约内蒙古草原牧区畜牧业发展的主要生态因素是干旱，正如前面多次指出的，内蒙古草原的原住居民过去应对干旱的主要策略是“走敖特”和“放苏鲁克”。“走敖特”就是在干旱或不利的天气条件下，将畜群移动到水草丰裕的草场上放牧，以获得畜牧业生产的主要关键资源。“放苏鲁克”就是当天然草地的牧草整体上不能满足移动来的畜群时，牧民会将畜群中的成年畜和弱畜处理掉，将小的基础母畜分散并以协商的形式寄放到灾害较轻的牧民的畜群中，灾年过后基础母畜可以继续繁衍，以保持畜牧业的可持续性。而这一切活动的基础是牧民有组织的合作。“草畜双承包”的 30 多年来，尤其是二轮草地确权彻底切断了牧民传统文化中的减灾制度，增加了畜牧业的脆弱性。正是这种看似落后的传统减灾制度，由于适合蒙古高原的生存条件，一直使草原畜牧业与牧区保有对正常自然灾害的自我适应、自我恢复能力，也保护了天然植被的生态服务功能。因此通过抵御灾害达到增收的目标，是合作社牧民组织起来的最大因素。

（二）以游牧减灾为切入点恢复牧民在草原利用上的合作

草原生态和文化的保护的确是牧民以合作方式利用草场的目标。但现实问题是，在已个体经营多年的牧民紧张应付各自生计问题的背景下，动员他们为了公共物品——生态环境改善而合作的难度较大。然而如果换一种思路以降低自然灾害风险为出发点，通过合作社间草场的协商来使用草场，就有可能成功。这样的做法更可能被大多数牧民接受，因为许多牧民有此需求。应通过降低风险的合作激励牧民保护草原文化，并通过草原文化的恢复来恢复草场的可持续利用。

（三）合作社的发展需要政府顶层设计

过去的游牧确实有它的弱点：内蒙古冬季气候寒冷，游牧的牧民住蒙古包，难以抵御冬季的严寒。相反，定居的牧民却可以盖砖瓦房，增加采暖、饮水等各种设施，从而躲避风寒，大大改善了生活。但是定居和草场的按户承包、产权明晰，却导致互助能力大大减弱，造成大范围移动式减灾的中断。这就是说这种个体生产方式无法应对气候造成的风险，注定了这种经营方式的高成本和高风险，这一格局必须改变。应通过在大游牧线路上组建牧民合作社，来推动大游牧时期整个路线上的牧民合作，通过合作社之间协商利用草场来规避自然风险，进而达到草地的进展演替和草原畜牧业的可持续发展。笔者五年来进行的项目实践证明这种合作无疑对牧民是有吸引力的，它的可行性在小范围的牧民合作实践中得到了证明。但是大范围的推广不是牧民个人和民间力量能够解决的，它需要政府的介入和帮助。

（四）再提“稳、宽、长”

有关合作社政策的成功与否主要取决于能否尊重这一变迁的主体即广大牧民的意愿。为此我们已经避免了过去那种自上而下搞运动的方式。合作社的建立是一个制度变迁的过程，而非短期可完成的社会工程。它的实质是一个合作社各类成员的利益不断调整的过程，在这一过程中要不断修改与再设计，直至形成一种制度激励以保障这种集体物品的供给。所有技术性的细节都必须与当地的社会文化相适应。否则就会像前面提到的草原轮牧，虽然在过去的几十年研究人员和政府官员做了很大的努力，但至今没有一个切实可行的模式。

真正理想的牧民合作经济既不能变为政府或嘎查项目经济的载体，又不能变为牧区资本规避纳税的一个工具。要兼顾公平，要保障弱势群体的利益、牧民的充分参与、政府的积极配合，要能在资本不断向草原牧区渗透的过程中立得住脚并健康发展，实属艰难。缺乏市民社会的思想基础，缺乏合作事业的外部推动者，合作知识有效供给不足都在影响牧区牧民的合作。这是一个需要反复尝试实践的制度变迁过程，可能会需要很长的时间。

今天，有必要出台针对牧区合作经济组织的适度干预政策，急功近利的社会制度变迁，对长期政策的执行不利。20 世纪 50 年代内蒙古草原牧区从互助组到牧业合作社的发展，留下了许多对今天有价值的经验与教训。虽然现在的情况与过去大不相同，但是政策的“稳、宽、长”原则，在今天仍旧有指导意义。

第十七讲　振兴草原牧区的主要目标

在内蒙古草原牧区，气候的不确定性导致了生产力的不确定性，很难建立稳定的种植业系统，放牧畜牧业就成为应对这种不确定性的唯一产业，也就形成了针对这种不确定性的一系列风险干预策略。牲畜的移动性、共同使用草场、邻里之间建立稳定的社会网络进而积累社会资本和使用适宜当地环境的本土畜种等策略，构成了干旱区放牧畜牧业的风险干预系统。然而，在全球化与明晰产权的承包制的作用下，内蒙古草原牧区这种前摄性风险管理系统彻底崩溃了，进而导致了草原牧区一系列的社会、经济和生态问题。

草原牧区的风险干预和响应的有效性依赖可靠的制度，这一制度在吸收以往合理的组织制度遗产的基础上，随着社会发展和科技进步，通过创新对以往的制度加以改善。这些工作需要通过牧民的实践来完成，同时更需要国家层面的制度作为保障。因此，本讲从以下几个方面对牧区振兴提出一些简单的对策设想目标。鉴于草原牧区在边疆和谐稳定、生态保护、食品安全等方面具有重要的意义，振兴草原牧区，扭转草原畜牧业的不可持续性、牧区社区的衰亡、几十万牧民日益边缘化的态势，亟须按照“生态优先、绿色发展”的科学发展观原则制定一系列有长远考虑的振兴草原牧区的战略目标。

一　建立牧民的风险管理系统

制定普遍化的牧民发展目标是不太可能的，因为这些目标不仅仅在不同牧区社区之间有所差异，在不同家庭之间也有差异，而且在家庭内部也是不同的。然而，对于绝大多数牧民来说，对具有不确定性的自然灾害的风险管理是一个高于一切的目标。长期以来，牧区的发展都是由增加应对灾害的确定性目标和强行施加统一的秩序所驱动的。这与很多牧民的策略相矛盾，牧民倾向于将环境的极端不确定性视为既定的一切并接受它，因而会根据环境来管理他们的生产系统。那些将更大的努力集中在建立弹性政策，支持牧民适应能力的地区，发展更好一些。由于气候变化正在加大干旱地区不确定性的强度，需要投入更多的精力，包括资金和政策方面的支持等来理解牧民是怎样管理风险的。

我们建议建立传统的移动式草牧场共管试点，将增强放牧畜牧业的弹性、降低畜牧业的脆弱性视为牧区牧民生计的关键特征和发展的首要目标。鼓励牧民选择更具有弹性的生计策略，除了承认放牧畜牧业的经济价值外，更要承认其如水循环和野生生物保护的环境服务价值，以及社会和文化服务价值。

（一）重建牧区社区

随着承包制的引入和进一步的完善、草牧场共管制的解体，内蒙古草原牧区社区正在逐步地瓦解。随着环境政策介入和后税收时代的撤乡并镇，公共服务远离了牧区，大量的年轻人为了追寻公共服务离开牧区，致使这一地区快速地成为老年社区，牧民的劳动力生产只能维持一种简单的再生产。年轻牧民的劳动力生产和劳动力再生产不能保证，极有可能会影响社区乃至社会的稳定，因此，在这一地区重建牧区社区，就显得非常的紧迫和必要。

（二）科学恢复草牧场的协商使用制度

草场使用的共管制和协商制是一种民主制，这在全世界拥有放牧畜牧业的国家几乎都达成了共识。因此，在草原牧区建立简单的协商制进而实现草牧场的社区共管，可能会为民族地区生态治理提供一种多元的制度选择模式。同时也为发展牧区、振兴牧区提供一种新的思路，当然这一实践还必须建立在政府对牧民赋权的机制上。

（三）从宏观视野考虑内蒙古草原牧区的生态治理

内蒙古 2019 年的牲畜头数只有 1980 年的一半，饲草料的使用量却是 1980 年的 20 倍，畜牧业的产值只有 1980 年的 70%，这是对资源不合理的应用造成的。这不仅造成了大量的资源浪费，也对在非常稀缺的水资源维系下的草原生态系统进一步的退化起到了推波助澜的作用。因此，内蒙古草原牧区的生态治理必须将饲草料基地的节水工程和草原植被保护项目结合起来。草原牧区共管制的恢复，极有可能在更大范围内恢复草原生态环境。

（四）延长放牧半径可能是遏制草原退化的主要办法

移动式放牧牲畜利用的天然草地资源涉及两个重要的变量，一是载畜量，二是放牧的最大半径。这三者具有如下函数关系：$f(R) = DR^2$。其中 $f(R)$ 是草地健康状况（有效资源），D 为降水决定的载畜量，R 为放牧半径。2019 年典型牧区放牧半径为 4.6 公里，比改革开放前的放牧半径缩短了一半，牲畜每天行走的距离是改革开放前的 1.61 倍。由于放牧半径缩短，草地被反复践踏，牧道、水井、围栏和居民点出现了超强度退化。

每年的有效降水决定了草地的适宜载畜量，当草地载畜量较低时，即草地退化或牧草生长很难提供有效资源供牲畜采食时，延长放牧半径就成为放牧畜牧业发展、维护草地资源更新、保护草地和维持草地可持续利用的主要途径。在保障草牧场所有权、使用权和经营权的基础上，通过互助组的形式，逐步在邻里之间拆除围栏，延长放牧半径，可能是恢复退化草地的最好办法。

二 确立生态损害的国家长效补偿制度

（一）草原生态重建的国家补偿

草地资源的公共物品性、城乡二元结构等衍生的经济政策，加之中国草原正处在生态损害严重的特殊时期，致使草原生态重建亟待国家补偿。考虑到历史沉积成本、环境机制额外成本和现代生态损害成本，在总的草原生态建设成本的分担中，政府应承担主要责任，实行国家补偿，同时现在的草原生态损害者和建设受益者也应承担部分补偿责任。

（二）草原生态补偿应成为国家战略的长期目标

实行国家直接补偿与责任对应补偿相结合的原则，以新中国成立初期的草原系统状态作为草原生态补偿在一个较长时期内应达到的目标参照。

一般说来，草原生态国家补偿，可以按照这样的排序，即教育、基础设施和社会保障。国家还应该提供一些基本服务，通过改善金融服务包括信贷、储蓄和保险，极大地促进对市场的使用。

（三）将草地共管列入国家生态奖补机制中

放牧畜牧业是一种在干旱区更为持续的自然资源利用方式，这种利用方式又不自觉地起到了保护生物多样性的作用。因此，应积极保护干旱区移动式利用关键自然资源和草原畜牧业，并将其整合到国家的生物多样性保护政策之中。国家的生态补偿政策要对其补偿，而不是一味地对其改造。

（四）要制定保护和干预政策，应对全球化下政府失灵和市场失灵问题

农民增收问题是中国乡村振兴中的重要问题，牧民是农牧区中的特殊群体。在具有社会公共资源性质的草牧场经营（使用）过程中，牧民所依赖的草原畜牧业产业的弱质性，决定了牧民增收在全球化的大背景下更需要政府的支持。政府应更加系统地分析和看待草原畜牧业价值链的真实成本，并让消费者理解这种模式对社会公正和环境正义的潜在影响。要培育具有社会责任意识的市场主体，要制定恰当的保护和干预政策，以应对全球化下的政府失灵和市场失灵问题。

第十八讲　振兴草原畜牧业的一些建议

为了振兴草原牧区，缓解牧民的贫困，需要强化草原资源配置的各种机制，如产权机制、融资机制、价格机制、竞争机制、社会保障机制、教育卫生机制、分摊机制、补偿机制、持续产业机制、社会化服务机制等。振兴草原畜牧业离不开政府的支持与引导，而它的基点是保护与支持牧民的主观能动性。

一　将保护牧民草场三权作为振兴牧区的基本政策

加强防范草场流转过程中的侵权行为，禁止政府或公司以各种理由搞变相的强制性土地集中。内蒙古自治区建立有权威的专门机构监督，各级政府涉及草原使用方面的决定，须经上级机关批准，责任落实到人，对违反法律或变相歪曲法律的行为负有连带责任。

（一）征用草场要保护牧民的合法权益

制定有效法规，严格限制公司开矿、产业化、风能基地建设等活动对草地的破坏，公开透明地制定与实施对牧民的直接补偿政策。

1. 征用草场一定不能侵犯牧民的权益

草场是牧民生存的基础，因此征用或买卖草场（使用权）一定不能侵犯牧民的合法权益。为解决一些大的工程，如干线道路、电厂、水库、矿产开采等存在的征地费过低、长期拖欠、失地者安置不妥等问题，建议政府提高征地费标准，举行价格听证会，由利益相关各方协商解决草场价格和牧民安置问题。

2. 制定针对性政策，禁止在城镇建设中搞房地产开发，越权占用草场

利益相关方之间的公开协商机制必须建立起来，防止因被占草场升值而引起的炒作房地产浪潮，损害牧民草场权利。

（二）草原旅游、休闲和文化产业政策

《关于印发促进西部地区特色优势产业发展意见的通知》（国西办经〔2006〕15号）对促进西部的特色产业发展提出了指导性建议。对内蒙古的草原旅游业具有较好的指导意义，内蒙古的旅游业应该是传承草原游牧文化、社区牧民参与的生态旅游。

1. 必须转变草原旅游和民族文化旅游脱节这一现状

将内蒙古草原旅游和民族文化旅游这两个主要的旅游资源融合在一起，形成旅游产品。充分认识游牧文化对内蒙古旅游的作用，加大对草原系列、游牧文化保护和旅游产品的和谐开发，在保护传承游牧文化中使内蒙古旅游可持续发展。

2. 组织民间文化展现和牧户家史记录

选择民族文化特色保留较好，自然风光、交通条件适宜的牧户进行基础设施建设，依托牧民的自然生活生产形态吸引游客进行牧家游，政府对此应该进行适当的投资引导，如投入基础设施、组织民间文化展现和牧户家史记录等。

3. 利用税收手段、环境收费手段保护草原旅游环境

加快生态旅游区环境容量与承载力的研究，进行草原旅游区中长期规划的制定及环境影响评价。草原牧区是生态环境脆弱的地区，环境容量有限，过多的游人和不合理利用都会导致环境的破坏，应积极探索利用税收手段、环境收费手段保护草原旅游环境，促进旅游业的良性发展。

（三）内蒙古风电产业发展

内蒙古作为我国可开发风能资源最丰富的地区，近年来国家通过政策大力鼓励和扶持，风电开始大规模商业化开发，大批中外风电设备制造企业进驻内蒙古，推动了内蒙古风电产业发展。从目前的发展状况看，发展风电产业应注意以下几点。

1. 协调不同利益相关者的利益

在风电产业发展的过程中要兼顾当地社区牧民的发展，适当提高对失地牧民的土地征收补偿标准，牧民也可以用土地入股，变补偿为剩余分配。考虑到近期风电产业没有效益，政府可以在风电企业入驻前，就征收一定的企业风险抵押基金，对失地牧民的劳动力生产进行补偿，也可以用这笔基金保障失地牧民的劳动力再生产，降低社会风险。只有协调不同的利益相关者，才能保持风电开发经济的可持续发展。

2. 关于引进外资的方式

近年来风电场建设和风电设备制造业外商投资数额明显增大。不仅可以引进资金，还能引进先进技术和管理方式。但对于外资引进要慎之又慎，防止出现国际资本的圈地运动。可借鉴公路等基建项目 BOT 融资方式引进风电设备，设备 BOT 形式的投资期限一般为 15 年左右，在合作期限内风电场经营管理权归设备投资方，期满后全部归地方合作方。这样一方面可解决设备和资金问题，另一方面当地政府可以保障长期稳定税收来源、合作期满后的收益、土地的安全等。

此外，还需切合实际完善规划方案，谨慎评估行业的远景效益与相关风险，做好行业规划与风险防范，对包括风能在内的可再生能源的发展提供最有效的法律保障。提高风电产业的自主创新能力。

（四）矿产资源开发

牧区工矿产业的开发要依法有序进行，把生态环境损害的程度降到最低。草原矿产资源的开发企业都须遵循“保护环境，保护牧民的权益”的基本原则。当牧民让出承包经营的草原使用权时，需要给予相应的补偿，以保证失地牧民的劳动力再生产。

1. 完善环境政策法规

对矿产资源开采、高污染企业破坏植被现象，职能部门仅能罚款，缺乏针对资源型经济发展环境保护的法律法规，特别是有力的手段。因此，应完善环境政策法规。

2. 完善资源价格形成机制

通过合适的方式调整资源性产品与最终产品的比价关系，同时努力转变经济增长方式，淘汰高能耗、高物耗、重污染的生产工艺、设备和产品，通过市场资源配置机制来引导社会资金进入循环经济产业，应用节能、减排等约束性指标制约地方政府盲目攀比 GDP 的行为。

3. 完善资源开发利益分配机制

完善矿业权管理体制，从而实现矿产资源有偿使用，使矿业权的取得成本、环境成本等在矿产资源收益分配中得到完全体现。这是调节中央与地方、地方政府与矿产资源开发所在地及企业与当地居民利益分配的核心。

二　内蒙古牧区草原畜牧业的产业政策

实际上内蒙古经济发展的可持续性，取决于全国宏观经济政策及其效果，如投资与消费、产能过剩、金融开发与安全、经济结构调整、技术进步等政策。应发展与畜牧业相关的服务产业，特别是与生态保护直接相关、社会关联度大的劳动密集型产业。

（一）在牧区建立草产业

在农牧交错带退耕还草的地方利用退耕的土地发展草产业，可以提供畜牧业生产资源、降低畜牧业的脆弱性，也可以增加牧民收入，意义十分重大。

1. 保护生态屏障，退耕还林还草

建议对原来开垦的一些草原实行退耕还草，在有林地和灌木的地段要退耕还林还草。这是在牧区建立草产业的第一步。草原的开垦大部分涉及国营农场，也有一部分涉及个体户，特别是 1988 年开始的大开垦。内蒙古需要退耕还草的草原大部分在呼伦贝尔市、阿拉善盟和草原纵深部的一些隐喻性生境。也有学者认为："我国草原周边地区，很大比例是半农半牧区，从历史经验、经济效益和生态效益看都应扩大草原周边农牧交错带草原面积，这些地区是中国退耕还牧还草的重点地区。"

2. 为牧为养而种，在农牧交错带发展草产业

有学者指出："就我国目前情况来看，要使草业有一个大发展，而又不使环境遭到破坏，主要措施就是在农牧交错带大力发展人工种草，舍此别无选择。"这里的农牧交错带实际上是内蒙古过去的草原牧区，现在的农区，由于水热条件差、水土流失，种植业已经不足以使这里的农民维持生计，在这里选择适合当地的草种种植人工草地，成功的可能性极高。各级政府应制定切实可行的草产业发展规划，既要有长期的远景规划和中期的总体规划，也要有近期的详细规划。

（二）建设生态友好的草原水利系统

关于北方草原水资源短缺问题，必须加强水资源的统一管理，而不能一味满足不断扩大的用水需求。在牧区人畜用水、生态用水、城市发展与工矿建设竞争用水的背景下，首先要保证人畜饮水用水。解决牧区的缺水问题，主要依赖打井尤其是汲取深层承压水的机井，现阶段只能以政府投资为主。而抽取地下水也要有限度，要从适应干旱角度安排产业发展，注意不能无视生态维持用水。坚持牧区水质的要求标准，立法禁止污染企业向草原转移。

（三）努力改善合作经济组织，发展家庭牧场

1. 继续鼓励与支持牧民合作社的建立与发展

鼓励牧民各种不同形式的合作尝试，允许其在长期内发展与改进。特别鼓励那些密切结合干旱牧区生产特点的牧民合作形式，鼓励那些有利于生态环境的放牧方式与生产模式。由于自然灾害至今仍是内蒙古干旱草原地区广大牧民的主要威胁，应当引导牧民将合作和联合避灾与降低风险结合起来。与农村地区合作社以增加利润为目标不同，许多牧区的合作社完全有必要也有条件创造出新的合作社模式。

2. 鼓励发展家庭牧场组合

鼓励那些在平等地位基础上的合作尝试，产权明晰的家庭牧场组合可能是未来合作社的发展方向。

（四）促进畜牧业产业化

扶持畜牧业产业化的出发点是使提高农牧民生产效率的社会化服务体系形成市场—中介组织—牧户相结合的产业体系。在这个过程中须尊重各利益相关方的意愿，特别是牧民的意愿。

1. 维持各利益相关方的利益分配合理性

维护牧民合作社组织的相关权利，发挥牧民合作社在企业与牧民合作过程中的作用。鼓励企业与牧民之间不同程度或不同层次的联合，鼓励探索不同的模式。产业化模式从松散到紧密，组织形式从市场交易型到订单契约型，再到紧密型联合即一体化的公司制的过渡是一个渐进的过程，不宜自上而下人为地加快其变化。

2. 制定比较严格的产业化环境标准

禁止污染产业或耗水量高导致生态退化的产业转移到草原地区。不允许任何机构，包括各类企业和政府部门以产业化的名义圈占牧民的草场。

3. 畜牧业产业化经营要体现区域化特征

在区域布局上，要完善产业规划，突出地区主导产业，引导生产要素向优势产业集中。例如，为了减轻牧区的草场压力，内蒙古的畜牧业布局有了调整，农区和半农半牧区已成为畜牧业发展的重点。

4. 通过文化包装产品，吸引高端客户

草原畜牧业主要定位于生产高端、无公害的有机畜产品，销售的对象主要是有一定消费能力的高端客户。政府可以通过知识产权保护将草原牧区和农区的畜产品区分开来，这样可能就会理顺草原畜产品高质量、低价格的格局，有利于草原畜牧业的发展和草原生态恢复，牧民通过高价出售畜产品增加收入，降低牲畜的饲养量，解决由于大量补饲造成畜产品质量下降的问题。

5. 关于牧区产业化规模

草原畜牧业分散广，乳、肉、皮等畜产品又有鲜活的特点，在短时期内，全部集中到大型企业加工有一定的困难，抗风险能力也较差。因此要允许大、中、小型企业都有不同程度的发展，实行适度规模经济。应重点扶持中型企业发展，以加快畜牧业产业化的步伐。大型企业无疑是畜牧业产业化的骨干，但大型企业也有投资大、建设工期长和吸纳人员相对较少等问题，在短期内难以覆盖广大牧区。

6. 广开生产门路，依托草原，发展旅游业和其他第三产业

鼓励通过牧民合作社和传统的文化包装对外进行宣传销售，支持通过对草原地区传统文化进行知识产权的保护促进产品销售。大量扶持具有浓郁草原文化的家庭小产业，这样的产业尽管小，但其凝聚了地域文化，社会容纳量较高，对当地的劳动力就业能起到很好的促进和示范作用。这样的地方也是近几年来国内外游客主要光顾的旅游去处。

三 草原牧区的金融政策

发挥金融杠杆作用，最大效率地使用“涉牧”资金、农口专项资金、农业专项资金，帮助牧民发展生产和解决生活中的资金短缺问题已成为牧区最为紧迫的问题。

（一）构建为牧区经济服务的金融组织体系

1. 将农业银行定位为服务农业的商业银行

巩固和稳定旗县农业银行分支机构，下放信贷权限，增强服务功能。中国农业发展银行将支持重点逐步扩大到农牧区的基础设施建设、生态环境建设、小城镇建设和农牧业开发、农牧业产业化、农牧业结构调整上来。继续深化农村信用社改革，使其发挥支农支牧主力军的作用。放宽金融市场准入条件，实现金融机构多样化，引导和鼓励民营小额信贷组织、合作金融及村镇银行等多种民营金融机构健康发展，使其合法化、公开化、规范化。尽快组建邮政储蓄银行，尽快将邮政储蓄资金以支农再贷款的形式反哺农牧区。

2. 以牧业为主的旗县设立政策性牧业保险机构

设立政策性牧业保险机构，为牧业和牧民提供风险保障。建议设立牧区金融基金，将其列入农业专项资金或农业专项资金里的“支持牧区非牧业建设”投入。涉牧资金直接进入牧区金融供给渠道，将此专项资金作为信贷担保基金和贷款贴息基金，以及牧户向保险公司投保的保费补贴，建立信贷风险转移、分担和补偿机制。

（二）加强金融环境建设，促进牧区经济金融协调发展

重点加强牧区信用环境的综合治理，将加强金融生态建设和改善地区投资环境结合起来。增强全社会信用意识，广泛开展创建信用企业、信用乡镇、信用村和信用户活动，加大对守信单位的信贷支持力度，推进牧区信用体系建设。

1. 创新牧区金融机构经营制度，构建金融支持经济的长效机制

积极支持地区优势特色产业和产品，积极支持牧业产业化和优势产业发展，促进牧业产品加工转化增值。尽快建立多元化的授信评级体系，降低对畜牧业产业化中小企业的贷款准入门槛。对商业银行系统内部资金上存设定限制，减少资金外流对当地经济发展的不利影响。

2. 加快牧区农村信用社体制改革，更好地为“三牧”服务

牧区农村信用社应扎根牧区，针对牧区金融需求的特点，设置适应牧区多层次金融需求，牧民易于接受的消费信贷种类，如牧区建房、购买农机具、大宗耐用消费品、子女上学等消费性贷款。中国人民银行应通过增加支农再贷款的方式增加对牧区的信贷投入，缓解资金外流带来的支牧资金不足的矛盾，明确旗县级金融机构新增存款支持当地牧业和牧区经济发展的比例。提高牧业产业化融资效率，简化贷款审批程序，调整贷款结构，合理确定贷款期限，提高短期贷款比重，提高贷款审批效率，引导信贷资金向牧业和牧区流动。对支农比例大的金融机构在营业税和所得税方面给予优惠政策，对其贷款损失核销、抵贷物处置给予必要的税收支持。国有商业银行应调整信贷政策，适度下放贷款管理权限，简化贷款手续，加大对地方农村经济的信贷投入，向社会吸纳民间资金，增加民间投资渠道。

（三）依托牧区基层组织，解决牧区信贷过程中的信息不对称问题

1. 构建牧民个人诚信系统

由嘎查支部和嘎查委员会协助鉴定贷款申请者的信用水平和还贷能力，并监督贷款的使用。建立本土化的信贷员队伍，从各嘎查委员会中吸纳有公信力的人充当信贷员，并简化放贷手续，降低牧区信贷的边际成本，避免金融风险和道德风险。发挥基层政府、经济合作社的作用，及时了解牧户生产经营动态，做好风险防范。构建牧民个人诚信系统，支持金融机构拓展牧业信贷业务。

2. 大力发展牧户的资金互助组织

重构以小牧户为主体的资金互助和村级的合作金融组织，是深化牧区金融改革的核心要求。在尽可能不触动各个涉农部门原有利益的条件下，

通过财政支农资金新增部分和政策性银行转贷款支持农户建立资金互助组织，既能把农户分散的资金组织起来，发挥余缺调节作用，形成农村资金的蓄水池，又能建立起适应农户和农民专业合作社借贷特点的金融组织，还可有效防范金融系统风险的发生。

四　草原牧区的价格政策

随着中国农产品流通体制改革和农业生产资料流通体制改革的不断深化，市场机制在农业资源配置中发挥着基础性作用。但是，中国的农产品和农业生产资料市场仍然存在一些明显的缺陷。有些是市场机制无法克服的，需要借助非市场的力量克服；有些只有通过进一步健全市场体制，完善市场机制，才能确保农产品和农业生产资料市场机制在农业资源配置中更好地发挥基础性作用。

（一）通过政府投资来解决畜产品在国际市场中定价低的问题

由于农畜产业天生的弱质性以及同国际市场的接轨，传统地提高农畜产品价格的空间已十分有限，应大力启动“绿箱政策”，加大对农牧区基础设施的投资，改善生产的基础条件。

（二）畜产品等初级产品价格的必要干涉政策

畜产品资源的价格应充分反映其价值，畜产品价格应当考虑到开发机会成本、环境成本和使用者成本。必要时政府要对畜产品资源及初级产品的价格做一些调节，矫正市场价格的偏差，有利于资源的合理利用和弱质产业的保护。

（三）政府在一些特殊时期应采取临时价格干预措施

基本草畜产品的价格，如青干草、草捆、活畜、牛羊肉、牛奶、绒毛、皮张的价格应该放开，随行就市，但政府应注视市场行情，随时调控。在价格过跌时，要避免“畜贱伤牧”，政府要制定保护价，开仓收购。在遇通货膨胀或价格过度虚涨时，政府应采取临时价格干预措施，如限定畜产品最高价，压低库存，调运商品，增加供应等。

（四）对牧民的生产和生活消费品应提供政府补贴

农机、柴油、兽药等生产资料价格，应规定最高售价，对牧区供应给予优惠价格，对购买牧业机械的牧民，政府应给予定额补贴。家用电器等消费品价格，政府应调控使其低于或不高于城市，对大型家电，厂商应让利给牧民，政府也可给予补贴，这对促进国内消费、充分发挥家电产能也有好处。

总之，涉及草原和畜牧业的价格政策，政府调控的利益天平要向“三牧”（牧区、牧业、牧民）倾斜，这有利于草原生态保护和建设。

五 建立草原生态保护的长效机制

近些年的经验表明，草原生态保护的长效机制不是无数短期措施的叠加，也不是仅靠若干“重大工程”项目便可奏效的。它必须是一个长远的，能得到广大牧民支持的政策体系。

（一）制定“以保护为主，建设为辅”的草原保护政策

草原的保护与建设都是重要的，但是鉴于一些经济活动对草原生态存在威胁，而保护草原工作与生态建设不仅艰巨而且缺乏项目和资金，现实中存在“乐于建设，疲于保护”的倾向。这突出表现在草原一面治理建设一面人为破坏的格局一直没有改变。因此，如果不能实实在在地防住堵住各种人为破坏草原的活动，草原生态问题就会变成一个无底洞。从国家与保护草原生态的角度考虑，其中的教训不能不严肃对待。

1. 严禁在草原进行农业开垦

内蒙古草原的农业开垦至今并没完全止住，多少年来，尽管草原在开垦中不断退化，但开垦草原获取短期收益的诱惑仍然存在。第一，建议从国家层面到自治区层面，依据《草原法》做出明确的区域规划，禁止任何形式的草原农垦。应将在“变异式草原畜牧业”中大肆开垦饲料地视为变相开垦，出台因地制宜的限制政策。第二，建议在城市化、产业化过程中，赋予负责草原保护的部门规划与否决项目的权力。

2. 加强对开发矿产资源的规划管理

第一，对于资源型经济的发展要加强长远规划，把短期利益和长期利益、经济利益和生态健康结合起来。要尊重自然经济规律，循序渐进地发展。第二，从法律、体制、执法等方面入手，强化对矿产资源开发中的项目的监管。例如，加强对矿产资源开发中的落地转化项目的监督，对部分“圈占资源而没有进行实际转化”的项目加强整顿，必要时收回其已取得的矿业权。第三，进一步加强对非法开采现象的监督和整治，强化执法、惩处等重点环节，从根本上杜绝非法开采现象。第四，强化专业机构地位与能力，对于采矿业对草原的生态影响，特别是地下水的影响予以有效的监测，并且尊重与支持牧民对其受到矿业开发影响的情况反映。

（二）在牧区逐渐实现人、草、畜之间新的平衡

致力于恢复或重建牧区人、草、畜之间的平衡，是维护草原生态的治本之策。逐步将“变异式草原畜牧业”转型为可持续的新型草原畜牧业。

1. 调整与巩固草畜平衡政策

草畜平衡政策为恢复内蒙古牧区人、草、畜之间的平衡做出了有益的贡献，但是为了使之在长期内更有成效，需要做一些调整。对“草畜平衡”的含义，在典型草原与荒漠或半荒漠地区要有所区别。荒漠或半荒漠地区实现“平衡目标”的可操作性很小，需要有弹性的政策与指标，建议将牧民参与“草畜平衡”决策的做法进一步制度化；充分考虑大量从外部输入饲草饲养牲畜，而现实中仅仅通过草地的生产力和牲畜的数量判断超载的局限性。

2. 将建设养畜工程纳入草原生态承载力考虑

在较干旱的牧区，舍饲、建饲料地、汲取地下水等建设养畜对草原生态的影响是不应忽视的，尽管其后果的显现是复杂、长期的。第一，有关部门需加强对这一问题的监测与研究，获取更加确切的论据。第二，将过度建设养畜对草原的生态影响纳入对草原生态承载力的考虑或估算中。第三，政府有关部门的项目不能鼓励将“不适合牧区畜牧业合理布局”的集约化畜牧业工程引入牧区。相反，应针对牧区的特点，选择另一些适合牧区的新型草原畜牧业。

3. 在有条件的地方恢复与创造新的移动使用草地的生产方式

支持结合牧区条件，发展生态友好的新型草原畜牧业，实现人、草、畜三者之间的平衡。理解与支持牧民各种以游动方式增加放牧半径的方式、可持续利用草原的愿望与行动，尊重牧民协商使用草地的联合互助放牧行动。在必要时协调嘎查、苏木、旗县区域内合理的移动减灾。

4. 探索草原畜牧业与半农半牧区畜牧业的优势互补

目前牧区的畜牧业有“变异式”特点，这也为草原畜牧业创新提供了新的条件和机会。要在内蒙古的农牧交错带创建集约化的草产业，使农牧这两个系统有机耦合，进而实现农牧互补，降低草原畜牧业天然的脆弱性。

（三）多予少取，改善对牧区的补偿政策

国家在支援草原生态保护与恢复的同时，必须将其与振兴牧区结合起来。因为只有调动广大牧民保护生态的积极性，草原生态的保护与恢复才真正是大有希望的。而这种积极性的调动，只有在牧民能够稳定地摆脱贫困并逐渐致富的情况下才能实现。应实现牧区人、草、畜之间新的平衡，改善国家对牧区的生态补偿政策。

1. 改善国家生态补偿政策

目前国家支持包括以下几类：直接的草原生态环境保护和建设、牧区基础设施和基本生活条件建设、畜牧业生产装备建设、牧民基本生活保障和社会发展建设。理论上说牧民当然需要这些“硬件支援”，但是如果不具备必要的“软件”环境，这些“硬件支援”难以产生实效。例如对牧民的金融服务、草场使用权利的安全，还有牧民的市场运作能力与专业知识就是牧民生存的“软件”环境，是最需要的“瓶颈资源”。需要国家从整体上研究生态补偿与振兴牧区的关系。应由民族工作部门、发展部门、环境部门、金融部门、教育部门等共同制定一个高级别的长期综合规划。综合规划与各专业规划要强调将改善牧区制度环境与政府服务水平放在第一位，确保在经济政策与资金上优先加以保证。将对牧区优惠的教育政策与对牧民综合能力的扶持当作“最硬”的补偿内容之一。

2. 制定对矿产资源勘探、开发收取资源使用生态补偿费的政策

提高收费水平，建立草原可持续发展基金，用以减缓或恢复草原受到的破坏。建立专门机构监督并向社会报告基金收取与使用情况。建立严格的草原破坏赔偿制度。对于进入21世纪以后，在国家全面实施生态环境保护战略、三令五申保护草原生态的情况下，凡造成生态损害的责任人都应进行全额补偿，情节严重者，还要进行惩罚性补偿。

3. 更慎重地对待生态移民

生态移民中发生的一些问题有个特点，即使当时移民成功，往往也是将难以解决的劳动力再生产问题留给后任，极有可能对外产生难以挽回的政治影响。对此，政府应制定并公布移民事宜的法律法规，慎重将生态移民当作生态补偿工作的优先选项。生态移民的规划需要更深入的论证，论证需要更广泛的参与，特别是比例足够的相关牧民的参与。生态移民的审批需要更高的政府机构负责并备案。人大要督促政府对已经生态移民的牧民进行长期跟踪评估。

六 振兴牧区社区

草原畜牧业的生产方式决定了草原牧民高度分散的居住和生活方式。如果要村落式居住，必然不能从事草原畜牧业生产。分散居住不等于说牧民拒绝享受城市的现代生活。牧民的生产和生活自有其乐趣，在天然怡乐的生活中，引进城市生活的某些现代元素，无疑能大大提高牧民的生活质量。这是广大牧民，特别是正在成长的新一代青年牧民所乐意接受的。

草原牧区社区建设体系的特点应当是生态化、低密度、快通道和高质量。生态化是指牧区社区建设不同于传统的大城市和城市集群建设，牧区新型城镇必须避开拥挤和污染，保持草原生态环境完好。低密度就是必须避开人口的高度聚集，实现低密度发展，旗县城镇规模保持在几万人，其他小城镇保持在几千人。快通道就是乡村公路畅通，地区中心城市到达各旗县一般在1小时左右，旗县城镇到达各乡村只需半小时左右的车程，因此牧民住在草原却有如同住在城郊之感。高质量是指身居嘎查（村）和浩特的牧民，由于有水、电、路等公共设施和较好的居住、文化教育条件及社会保障体系，能有较高的生活质量，和城市居民的生活没有明显差别。

（一）新牧区建设的方针

草原城乡一体化建设要实行城乡建设并重的方针，克服过去偏重大中城市建设，而小城镇和乡村建设远远落后的状况，既要把重点放在小城镇，又要使嘎查和浩特享受到现代文明生活。草原城乡建设可分为四级：旗、苏木（乡镇）、嘎查和浩特。

1. 旗一级中心城镇，依托工商业发展，形成具有相当辐射力的小城市

内蒙古有旗政府驻地城镇 84 个，有些已建设得有一定的规模。苏木的人口一般可达几千人甚至更多，是牧区人口的主要聚集地，也应该是小城镇建设的重点。这些小城镇既是依托本地资源的加工业中心和服务业中心，也是公共服务和社会管理中心，对周边地区具有较强的辐射力。中心城镇经济的发展是其吸纳人口、不断增长的动力，避免脱离经济基础为城市化而城市化。

2. 苏木（乡镇）除了作为小的行政和商业中心外，同时也是牧区社区的一个重要组成部分

苏木（乡镇）的发展主要依赖工矿业的兴起，其规模有时可以扩张得很大，在县域经济中都具有举足轻重的地位。今后要争取建设一批以畜牧业产业化经营为重点的小城镇。随着小城镇经济中心的崛起，苏木的行政管辖将会更加集中或分化重组。

无论是旗政府小城镇，还是一般小城镇的建设，都应特别重视城镇的规划设计和保持地域及民族特色。城镇化建设要避免盲目性和形式主义，从一开始就应该有科学、缜密、切合实际的规划，特别是要逐步建立包括水、电、路、电信、供气、供暖、污染物处理、防灾等基础设施系统。当然，这种规划和建设要切合牧区实际，量力而行，不可滥搞形象工程和政绩工程。旧城区改造和新城区建设，都要保留地方特色和传统民俗文化风貌，保护名胜古迹和文物风光，形成能吸引各方客商和观光游客的魅力城镇。

3. 牧区的嘎查、浩特建设是城乡一体化建设的重要内容

小城镇建设在很大程度上要围绕工商、旅游等第二、第三产业开展，而乡村建设主要围绕第一产业和牧民生活开展。在无明显工矿资源优势的嘎查和浩特，作为经济重心的畜牧业只是城乡一体化产业化链条的第一车间，涉及的城市化建设项目应着重水、电、路、通信等公用基础设施以及住宅、庭院环境等的规划建设，在条件较好的地方还可以建设集中供暖和天然气等公共设施。

4. 浩特可看成微小的社区，是牧区社会的基础

建设的关键是与外界沟通的道路、电网和通信的畅通，同时可根据具体条件考虑集中供水等公共设施的建设。牧民经常性的放牧点是季节性的营盘，通常有蒙古包或土坯房，为改善牧民的生产生活条件，可以用机动的房车代替蒙古包，这样便于倒场搬运，又使牧民有较宽敞的住所，房车内可配备液化气和各种家用电器，从而大大提高牧民的生活质量。牧区城乡一体化发展要重视道路、供水、供电、通信等基础设施建设。牧区的输电线路和进村线路需要政府投资，牧民承担部分配套设施费用；在输电线路不能到达的居民点，政府应帮助解决风能、太阳能发电设施建设问题。牧区地广人稀，交通线路长，主要骨干道路和通村公路建设应由政府投资，牧民可以以工代赈参与建设。

（二）改变二元化社会政策

振兴牧区社区，需要改变城市与农村牧区二元结构的社会政策，城市职工和居民应当同农牧民享受相同的教育、卫生、就业、住房等方面的待遇，城镇户籍人口和外来流动人口应当享有相同的公共服务，逐步实现基本公共服务的均等化、全覆盖。

1. 完善社会保障体系

完善社会保障体系，不仅能解决贫困人口的生存问题，而且是社会的稳定器，对生产发展也具有重要的促进作用。第一，牧区要增加低保补助资金。近几年我国牧区虽然在实行最低生活保障制度，但覆盖度和保障水平还比较低，在一些贫困地区每人每月只有 30～100 元。而牧区人均最低消费每月为 500～800 元，牧区社会最低生活保障与牧民人均生活消费支出的差距较大。第二，把建立新型牧区社会养老制度作为牧区社会保障体系的重点。以往最主要的家庭养老模式已经瓦解，并失去了存在的基础。以农村为例，从激励看，随着社会经济的变迁，老年农民激励子女赡养的资源及重要性在下降，包括土地、知识技能、信誉、威望等，从而在与子女的交换中处于不利的地位。从约束机制看，以孝道为核心的伦理价值观及社区的约束与惩罚机制弱化乃至消失；法律途径不适宜约束子女的不孝行为，难以真正发挥作用。因此，需要通过养老院养老、居家养老、自助养老加社会养老等多种形式探索新型牧区养老制度。

2. 迅速改变教育不平衡

从教育来看，无论是校舍建设、教学设备，还是师资力量，农村牧区都不如城市。建议从实行新牧区建设的目标和政策出发，统筹城乡全局，制定“一盘棋”的教育政策。政府应在大力办好村屯小学的同时，集中力量办好中心小学和初中。通过适当集中，提高学校质量，例如实行保育员制度，对年幼离家的孩子进行周全的照顾；分派优秀的教师到牧区小学任教，并给予优厚的待遇。要鼓励牧民子女到城里读书，给予助学金和生活补助。因为升学和就业，绝大部分青少年进入城镇，减轻了草原的人口压力。要增加高中和职业教育投资，加大对贫困家庭的支持力度，使每一个愿意上进的学生都能完成学业。要加强青年牧民的科技文化知识和职业技能培训，以更多免费培训的形式，使广大牧民具备转产就业的条件。

3. 提高牧区医疗卫生服务水平

建议科学合理制定和调整农牧民医疗费用补偿标准，科学合理确定大病统筹补助的起付线和补偿比例，提高封顶线、降低起付线的标准，建立农牧民普遍受益的体检制度，使农牧民感受到参加新型农村合作医疗保险的益处。

各级政府应进一步加大农村牧区卫生投入，加强卫生基础设施和服务体系建设，建立健全的牧区医疗卫生机构网点，提高农村牧区卫生技术人员专业技能。建议政府把新型社会保险管理保障体系服务交给商业保险公司经办，政府制定保险基金管理和补偿报销方案，通过支付服务费购买商业保险公司的服务，把原来由政府经办机构承担的审核报销职能转移到保险公司，从而使政府集中精力从事监管工作，有效解决政府经办能力不足和经办机构膨胀、经办费用过高等问题。

4. 制定特别关注进城牧民的社会政策

政府应根据城乡全覆盖、人口全覆盖的原则推进社会保障制度的完善，针对牧民不断流向城镇的情况，尽快建立牧民进城后的医疗、养老和失业保障体系。解决牧民子女的上学问题。在城镇化过程中广大牧民失去或放弃了草原土地及牧区生产生活方式，成为社会中的脆弱群体，他们进城求职困难重重，又缺乏城镇职工的社会保障。政府应建立相应的制度，使进城牧民和他们的家庭能得到适当的生活保障和政策优惠。

（三）人口、劳动和住房政策

1. 城市招工用人对牧民一视同仁

大中城市和小城镇同时向牧民敞开大门，不能强调牧民只能进小城镇，大中城市招工用人对牧民要一视同仁。

2. 鼓励城乡之间人口双向流动

特别是要鼓励科技人才下乡，鼓励企业家到牧区发展各类产业，尤其是草、畜产业化产业，向他们提供优惠政策。在无法控制房价不断上涨或房价居高不下的情况下，政府应向进城牧民敞开廉租房和经济适用住房的大门，把低标准的普通住房的价格降下来，使进城牧民有安身之地。要允许并鼓励牧民在城镇和牧区各有一套住房，既能在城镇务工和读书，又能随时回村从事牧业生产，促进人口双向流动，搞活就业市场。要帮助牧民对牧区住房进行更新改造，提高牧民的居住质量。

3. 贫困牧民的住房改造是政府应该关注的重要问题

在一些草场沙化、退化严重的地区还可以结合草场治理，规划和建设新的住民点。对于普通牧民多年狭小简陋的住房或蒙古包，政府也应帮助他们改造重建。

第一，帮助困难户解决住房问题应从实际出发，集中或分散的住户都应列入考虑，避免搞形式主义、“面子工程”。对于一般的改善居住条件、提高舒适性和宜居度的项目，就不一定要搞示范工程，只需把钱花在亟待扶持的贫困居民身上就行了。

第二，牧区住房问题的解决要充分考虑地区的特点。针对城市的土地国有制和高度稀缺性，在解决困难户的住房问题时，许多城市在普通商品房之外，推出了提供经济适用住房、限价房、公共租赁房、廉租房和货币补贴的政策。有条件的牧区也可以效仿这些政策，不过要考虑牧区的特点。牧区土地多属集体所有，供应相对宽松，牧民拥有自己承包的土地和宅基地，房屋造价较低，但牧民困难户的经济能力有限，因此，牧区住房问题的解决应由政府牵头实施保障性安居工程，以建房补贴为主，关键问题是地方和国家财政转移的力度和困难户的认定以及财务监督的到位。牧民困难户的住房补贴工作可以和新牧区牧民新村的规划与建设结合进行。

（四）社会化生产生活服务体系建设

当前社会化服务业的发展水平已成为衡量一个国家或地区经济发达程度的重要标志，建议推广一些成功的经验。牧区社区建设的核心动力是在草原牧区兴办社会化生产生活服务体系。它能提高牧区工农牧业生产效率、提高居民生活质量。建议政府通过支持社会化生产生活服务体系建设支持社区发展。

1. 建立牧区社区技术交流平台

苏木畜牧业合作企业负责整体供应链管理和价值链伙伴关系维护及市场营销等对外事务，并向内对接智慧乡村服务中心，服务专业产销组。

2. 建立供应链管理体系

与价值链伙伴共建由草场到市场的畜产品供应链，有效整合资金、技术、生产资料供应、生产、分选、仓储、分销、配送、运输等环节。

3. 建立市场营销体系

制定市场营销方案，开发优质生态农产品市场。按产品分级及市场区分，制定产品定价策略。结合生产状况和市场趋势以大数据分析市场价格走向，调节仓储量。打造品牌，增强产品竞争力，提升溢价。

4. 建立产品销售体系

开拓多元销售渠道，连接经销商、加工厂、销地批发市场、超市、电商平台、在地销售网点、农夫市集及供销社等，打开更广泛的市场。与买家签订订单，并通过智慧乡村服务中心与产销组共同制订生产计划。使用智慧乡村管理系统的产品溯源数据库向买家提供产品安全信息。

参考文献

一 专著

阿拉善左旗地方志编纂委员会编《阿拉善左旗志》，内蒙古教育出版社，2000。

《阿拉善盟农牧业区划》编辑委员会编《阿拉善盟农牧业区划》，内蒙古人民出版社，1992。

阿拉善盟统计局编《阿拉善“九五”统计年鉴（1996~2000）》，阿盟木森电脑公司，2001。

阿拉善盟统计局编《阿拉善盟统计年鉴2002》，阿盟木森电脑公司，2002。

阿拉善盟统计局编《阿拉善盟统计年鉴2003》，阿盟木森电脑公司，2003。

阿拉善盟统计局编《阿拉善盟统计年鉴2004》，阿盟木森电脑公司，2004。

阿拉善盟统计局编《阿拉善盟统计年鉴2005》，阿盟木森电脑公司，2005。

阿拉善盟行政公署编《阿拉善盟“十一五”规划》《阿拉善盟“十二五”规划》。

阿拉善盟地方志编纂委员会编《阿拉善盟志》，方志出版社，1998。

朝格图主编《阿拉善往事·阿拉善文史资料选辑甲编》，宁夏人民出版社，2007。

阿拉善左旗地方志编纂委员会编《阿拉善左旗四十年》，内蒙古新闻出版社，1989。

汤因比：《历史研究》，曹未风等译，上海人民出版社，1962。

阿拉腾：《文化的变迁：一个嘎查的故事》，民族出版社，2006。

安仲文编著《中国税制》，东北财经大学出版社，2009。

暴庆五：《蒙古族生态经济研究》，辽宁民族出版社，2008。

包玉山：《内蒙古草原畜牧业的历史与未来》，内蒙古教育出版社，2003。

白拉都格其、金海、赛航：《蒙古民族通史》第5卷，内蒙古大学出版社，2003。

杜鹰等：《走出乡村——中国农村劳动力流动实证研究》，经济出版社，1997。

比尔·麦克基本：《自然的终结》，孙晓春、马树林译，吉林人民出版社，2000。

蔡昉：《中国的二元经济与劳动力转移——理论分析与政策建议》，中国人民大学出版社，1990。

成崇德主编《清代西部开发》，山西古籍出版社，2002。

陈锡文、赵刚、陈剑波、罗丹：《中国农村制度变迁60年》，人民出版社，2009。

陈文：《草原畜牧经济研究》，内蒙古大学出版社，1992。

慈鸿飞：《西部农业开发与生态中外比较》，商务印书馆，2007。

Colin G. Brown、Scott A. Walldron、Johm W. Longworth：《中国西部草原可持续发展研究》，赵玉田、王欧主译，中国农业出版社，2009。

邓蓉、张存根、王伟：《中国畜牧业发展研究》，中国农业出版社，2005。

丁任重：《西部经济发展与资源承载力研究》，人民出版社，2005。

达林太、郑易生：《牧区与市场：牧民经济学》，社会科学文献出版社，2010。

达林太、于洪霞：《环境保护框架下的可持续放牧研究》，内蒙古大学出版社，2012。

《邓小平年谱》下卷，中央文献出版社，2004。

戴景瑞、胡跃高主编《农业结构调整与区域布局》，中国农业出版社，2008。

《当代中国》丛书编辑部编《当代中国的内蒙古》，当代中国出版社，1992。

额尔敦扎布等：《鄂尔多斯模式研究》，内蒙古大学出版社，2002。

鄂尔多斯市统计局编《鄂尔多斯市统计年鉴2002》，中国统计出版社，2002。

鄂尔多斯市统计局编《鄂尔多斯市统计年鉴2003》，中国统计出版社，2003。

鄂尔多斯市统计局编《鄂尔多斯市统计年鉴2005》，中国统计出版社，2005。

鄂尔多斯市统计局编《鄂尔多斯市统计年鉴2006》，中国统计出版社，2006。

鄂尔多斯市统计局编《鄂尔多斯市统计年鉴2007》，中国统计出版社，2007。

鄂尔多斯市统计局编《鄂尔多斯市统计年鉴2008》，中国统计出版社，2008。

鄂尔多斯市统计局编《鄂尔多斯市统计年鉴2010》，中国统计出版社，2010。

鄂温克旗史志编纂委员会编《鄂温克族自治旗志》，内蒙古文化出版社，2008。

托马斯·皮凯蒂：《21世纪资本论》，巴曙松等译，中信出版社，2014。

萨伊：《政治经济学概论——财富的生产、分配和消费》，陈福生等译，商务印书馆，1997。

范长江：《塞上行》，新华出版社，1980。

傅兴亚、傅则恒：《往事记忆——赋税遗珍话税收》，江苏人民出版社，2010。

付成双：《自然的边疆：北美西部开发中人与环境关系的变迁》，社会科学文献出版社，2012。

符拉基米尔佐夫：《蒙古社会制度史》，刘荣焌译，社会科学文献出版社，1980。

方天堃主编《畜牧业经济管理》，中国农业大学出版社，2003。

范游恺主编《内蒙古财政五十年（1947～1999）》，中国财政经济出版社，1999。

葛剑雄：《中国移民史》第1卷，福建人民出版社，1997。

盖志毅：《制度视域下草原生态环境保护》，辽宁民族出版社，2008。

美国科罗拉多矿业学院全球资源政策和管理研究院编著《全球矿业税收比较研究》，国土资源部信息中心译，地质出版社，2006。

郭家万主编《中国农村合作金融》，中国金融出版社，2006。

郭晓川主编《中国牧业旗县区域经济发展》，民族出版社，2004。

土默特志编纂委员会编《土默特志》，内蒙古人民出版社，1987~1997。

韩俊等：《破解三农难题——30年农村改革与发展》，中国发展出版社，2008。

韩念勇等主编《锡林郭勒生物圈保护区退化生态系统管理》，清华大学出版社，2002。

韩念勇主编《草原的逻辑》，北京科学技术出版社，2011。

韩念勇：《草原的逻辑续（上）——草原生态与牧民生计调研报告》，民族出版社，2018。

黄颂文、宋才发编著《西部民族地区扶贫开发及其法律保障研究》，中央民族大学出版社，2006。

黄承伟：《中国农村扶贫自愿移民搬迁的理论与实践》，中国财政经济出版社，2004。

黄玉：《乡村中国变迁中的地方政府与市场经济》，中山大学出版社，2009。

何显明：《市场化进程中的地方政府行为逻辑》，人民出版社，2008。

郝益东主编《国外畜牧业考察文集》，内蒙古人民出版社，2002。

胡绳主编《中国共产党的七十年》，中共党史出版社，1991。

胡伟等：《现代化模式的选择——中国道路与经验》，上海人民出版社，2008。

郝维民主编《内蒙古近代简史》，内蒙古大学出版社，1990。

贺扬灵：《察绥蒙民经济的解剖》，商务印书馆，1935。

贺雪峰主编《三农中国》，湖北人民出版社，2004。

贺雪峰：《城市化的中国道路》，东方出版社，2014。

侯向阳主编《中国草地生态环境建设战略研究》，中国农业出版社，2005。

呼伦贝尔市统计局编《呼伦贝尔市统计年鉴1998》。

呼伦贝尔市统计局编《呼伦贝尔市统计年鉴 1999》。

呼伦贝尔市统计局编《呼伦贝尔市统计年鉴 2000》。

呼伦贝尔市统计局编《呼伦贝尔市统计年鉴 2002》。

呼伦贝尔市统计局编《呼伦贝尔市统计年鉴 2003》。

呼伦贝尔市统计局编《呼伦贝尔市统计年鉴 2005》。

呼伦贝尔市统计局编《呼伦贝尔市统计年鉴 2007》。

呼伦贝尔市统计局编《呼伦贝尔市统计年鉴 2009》。

胡昌暖主编《资源价格研究》，中国物价出版社，1993。

何忠伟：《中国农业补贴政策效果与体系研究》，中国农业出版社，2005。

金海：《日本占领时期内蒙古历史研究》，内蒙古人民出版社，2005。

James Otto 等：《采矿业自然资源使用费：对投资者、政府和公民社会的影响的全球研究》，胡德胜等译，北京大学出版社，2013。

卡尔·波兰尼：《大转型：我们时代的政治与经济起源》，冯刚、刘阳译，浙江人民出版社，2007。

寇铁军、孙晓峰：《中国财政若干热点问题研究》，东北财经大学出版社，2008。

梁丽霞：《阿拉善蒙古研究》，民族出版社，2003。

刘魁立、高丙中主编《阿拉善生态环境的恶化与社会文化的变迁》，学苑出版社，2007。

刘景平、郑广智主编《内蒙古自治区经济发展概论》，内蒙古人民出版社，1979。

刘晓凯：《利益分化与政治稳定》，人民出版社，2008。

李向林、安迪、宴兆莉编著《天然草原共管国际研讨会论文集》，中国农业科学技术出版社，2007。

李幹：《元代社会经济史稿》，湖北人民出版社，1985。

李文军、张倩：《解读草原困境对于干旱半干旱草原利用和管理若干问题的认识》，经济科学出版社，2009。

李金昌等编著《资源经济新论》，重庆大学出版社，1995。

李道亮：《零公里的探索——基层农业信息服务体系建设研究》，中国农业出版社，2007。

李友梅等：《中国社会生活的变迁》，中国大百科全书出版社，2008。

李青宜：《当代法国“新马克思主义”》，当代中国出版社，1997。

李炜光编著《如何计算和缴纳农（牧）业税》，中国人民大学出版社，2000。

林毅夫：《再论制度、技术与中国农业发展》，北京大学出版社，2000。

林蔚然、郑广智主编《内蒙古自治区经济发展史》，内蒙古人民出版社，1990。

罗康隆、黄贻修：《发展与代价——中国少数民族发展研究》，民族出版社，2006。

莱斯特·R. 布朗：《生态经济：有利于地球的经济构想》，林自新、戢守志译，东方出版社，2002。

M. 托摩尔扎布、N. 额尔敦朝格特：《蒙古地游牧人》（西里尔文），乌兰巴托，1999。

马大正主编《中国边疆经略史》，中州古籍出版社，2000。

马·波兹德涅耶夫：《蒙古及蒙古人》，刘汉明译，内蒙古人民出版社，1983。

《马克思恩格斯选集》第2版第1卷，人民出版社，1972。

马玉明主编《内蒙古资源大辞典》，内蒙古人民出版社，1999。

《资本论》第1卷，中国社会科学出版社，1983。

马汝珩、成崇德主编《清代边疆开发》，山西人民出版社，1998。

詹姆斯·C. 斯科特：《国家的视角：那些试图改善人类状况的项目是如何失败的》，王晓毅译，社会科学文献出版社，2004。

罗伯特·D. 帕特南：《使民主运转起来现代意大利的公民传统》，王列、赖海榕译，江西人民出版社，2001。

Jr. Mclure Chares E.：《自然资源税分配和俄罗斯联邦的未来》，世界银行，1994。

莫斯塔法·卡·托尔巴：《论持续发展——约束和机会》，朱跃强等译，中国环境科学出版社，1990。

《毛泽东选集》，人民出版社，1991。

曼瑟·奥尔森：《集体行动的逻辑》，陈郁、郭宇峰、李崇新译，上海三联书店，1995。

曼斯菲尔德：《微观经济学：理论与应用》，钱国荣等译，中国金融出版社，1992。

默里·布克金：《自由生态学：等级制的出现与消解》，郇庆治译，山东大学出版社，2012。

孟驰北：《草原文化与人类历史》，国际文化出版公司，1999。

内蒙古自治区畜牧厅修志编史委员会编著《内蒙古畜牧业发展史》，内蒙古人民出版社，2000。

《内蒙古自治区志·土地志》编委员会编《内蒙古自治区志·土地志》，内蒙古人民出版社，2009。

马玉明总主编《内蒙古资源大辞典》，内蒙古人民出版社，1999。

内蒙古自治区统计局编《内蒙古统计年鉴1999》，中国统计出版社，1999。

内蒙古自治区统计局编《内蒙古统计年鉴2000》，中国统计出版社，2000。

内蒙古自治区统计局编《内蒙古统计年鉴2001》，中国统计出版社，2001。

内蒙古自治区统计局编《内蒙古统计年鉴2002》，中国统计出版社，2002。

内蒙古自治区统计局编《内蒙古统计年鉴2003》，中国统计出版社，2003。

内蒙古自治区统计局编《内蒙古统计年鉴2004》，中国统计出版社，2004。

内蒙古自治区统计局编《内蒙古统计年鉴2005》，中国统计出版社，2005。

内蒙古自治区统计局编《内蒙古统计年鉴2006》，中国统计出版社，2006。

内蒙古自治区统计局编《内蒙古统计年鉴2007》，中国统计出版社，2007。

内蒙古自治区统计局编《内蒙古统计年鉴2008》，中国统计出版社，2008。

内蒙古自治区统计局编《内蒙古统计年鉴2009》，中国统计出版社，2009。

内蒙古自治区统计局编《内蒙古统计年鉴2010》，中国统计出版社，2010。

内蒙古自治区统计局编《内蒙古统计年鉴2011》，中国统计出版社，2011。

内蒙古自治区计划委员会编《内蒙古自治区国民经济和社会发展“九五”计划即2010年远景目标》，内蒙古人民出版社，1997。

《内蒙古农业地理》编辑委员会编《内蒙古农业地理》，内蒙古人民出版社，1982。

内蒙古农牧学院主编《草原管理学》，农业出版社，1981。

内蒙古地方志编纂委员会编《内蒙古自治区志·农业志》，内蒙古人民出版社，2000。

内蒙古自治区畜牧业厅修志编史委员会编《内蒙古自治区志·畜牧志》，内蒙古人民出版社，1999。

内蒙古自治区政协文史资料委员会编《内蒙古文史资料》第56辑，2005。

内蒙古自治区畜牧厅修志编史委员会编《内蒙古畜牧业大事》，内蒙古人民出版社，1997。

内蒙古自治区党委政研室等编《内蒙古畜牧业文献资料选编》第1~10卷，1987。

《内蒙古金融志》编纂委员会编《内蒙古金融志》上、中、下，内蒙古人民出版社，2007。

内蒙古自治区供销合作社联合社编《内蒙古自治区供销合作社史料1940~1986》第2辑，1986。

内蒙古自治区农牧业区划委员会办公室编《内蒙古自治区综合农业区划》，1985。

内蒙古棉纺厂《厂志》编辑委员会编《内蒙古棉纺厂志》，内蒙古人民出版社，1989。

内蒙古自治区财政厅编《内蒙古财政六十年（1947~2007）》，经济科学出版社，2007。

内蒙古自治区统计局、内蒙古自治区人民政府调研室编《光辉的四十年》，内蒙古人民出版社，1987。

内蒙古自治区档案馆编《内蒙古自治运动联合会档案史料选编》，档案出版社，1989。

娜仁高娃、达林太：《蒙古高原人地关系研究》（蒙古文），远方出版社，2009。

苏珊·谢区、珍·哈吉斯：《文化与发展批判性导论》，沈台训译，台北：巨流图书股份有限公司，2003。

约翰·W. 郎沃斯、格里格·J. 威廉目森：《中国的牧区》，丁文广主译，甘肃文化出版社，1995。

O. 朝格尼：《家畜与野生动物对草场的影响》（西里尔文），乌兰巴托，1972。

潘乃谷、周星主编《多民族地区：资源、贫困与发展》，天津人民出版社，1995。

潘乃谷、马戎主编《边区开发论著》，北京大学出版社，1993。

潘建伟:《牧户消费行为研究》，经济科学出版社，2004。

彭启乾、周柏年等主编《畜牧业常用数据手册》，内蒙古人民出版社，1985。

全国人民代表大会民族委员会办公室编《阿拉善旗情况·阿拉善旗调查情况之一》，1957。

全国人民代表大会民族委员会办公室编《阿拉善旗情况·阿拉善旗调查情况之二》，1958。

全国人民代表大会民族委员会办公室编《阿拉善旗情况·阿拉善旗调查情况之三》，1958。

全国人大民族委员会和中央民族事务委员会:《蒙古族社会历史调查（1953~1957）》，阿拉善盟档案馆。

全国畜牧业经济研究会编《畜牧业产业化问题研究》，中国农业科技出版社，1998。

齐伯益主编《锡林郭勒盟畜牧志》，内蒙古人民出版社，2002。

乔世明主编《民族自治地方资源法制研究》，中央民族出版社，2008。

荣仕星等:《中国民族地区公共政策研究》，人民出版社，2009。

任保平主编《西部地区生态环境重建模式研究》，人民出版社，2008。

人民日报理论部编《新农村建设简明读本》，红旗出版社，2006。

赛航、金海、苏德毕力格:《民国内蒙古史》，内蒙古大学出版社，2007。

斯平主编《开发边区与三力支边——开发内蒙古与三力支边调查报告和论文选集》，内蒙古人民出版社，1986。

史清华:《农户经济可持续发展研究——浙江十村千户变迁（1986—2002）》，中国农业出版社，2005。

莉·列·维克托罗娃:《蒙古民族形成史》，陈弘法译，内蒙古教育出版社，2008。

孙祁祥、李心愉:《中国市场经济风险管理研究》，中国金融出版社，2008。

孙懿:《探寻西部民族地区发展之路少数民族西部现状的调查与研究》，内蒙古人民出版社，2003。

宋洪远主编《中国农村改革三十年》，中国农业出版社，2009。

苏德毕力格：《晚清政府对新疆、蒙古和西藏政策研究》，内蒙古人民出版社，2005。

世界环境与发展委员会：《我们共同的未来》，王之佳等译，吉林人民出版社，1997。

世界银行、国家民族事务委员会项目课题组编著《中国少数民族地区自然资源开发社区受益机制研究》，中央民族大学出版社，2009。

王铎主编《当代内蒙古简史》，当代中国出版社，1998。

王镇等主编《中国蒙古族人口》，内蒙古大学出版社，1997。

王来喜：《内蒙古经济发展研究》，民族出版社，2008。

王曙光、乔郁等：《农村金融机构管理》，中国金融出版社，2009。

王梦奎主编《中国改革开放 30 年（1978—2008）》，中国发展出版社，2009。

农业部农村经济研究中心编《中国农村研究报告 2008》，中国财政经济出版社，2008。

王萍：《中国农村剩余劳动力乡城转移问题研究》，东北财经大学出版社，2008。

王关区主编《草原生态经济系统良性循环之研究》，内蒙古教育出版社，2009。

王文长、莎如拉、李俊峰等：《西部资源开发与可持续发展研究》，中央民族大学出版社，2006。

王建革：《农牧生态与传统蒙古社会》，山东人民出版社，2006。

王克强、赵凯、刘红梅主编《资源与环境经济学》，上海财经大学出版社，2007。

王卫东：《融会与建构——1648~1937 年绥远地区移民与社会变迁研究》，华东师范大学出版社，2007。

王春秀：《矿业权市场及价值评估》，社会科学文献出版社，2008。

江谭瑜主编《中国新农村调查》，人民出版社，2007。

乌兰察布盟地方志编纂委员会编《乌兰察布盟志》，内蒙古文化出版社，2004。

《乌审旗志》编纂委员会编《乌审旗志》，内蒙古人民出版社，2001。

乌云巴图、葛根高娃：《蒙古族传统文化论》，远方出版社，2001。

乌云格日勒：《十八至二十世纪初内蒙古城镇研究》，内蒙古人民出版社，2005。

邬沧萍、侯东民主编《人口、资源、环境关系史》，中国人民大学出版社，2005。

乌兰夫革命史料编研室编《乌兰夫论牧区工作》，内蒙古人民出版社，1990。

乌日陶克套胡：《蒙古族游牧经济及其变迁》，中央民族大学出版社，2006。

吴泽：《东方社会经济形态史论》，上海人民出版社，1993。

维廉·莱斯：《自然的控制》，岳长岭、李建华译，重庆出版社，1993。

《锡林郭勒盟志》编纂委员会编《锡林郭勒盟志》，内蒙古人民出版社，1996。

解焱：《恢复中国的天然植被》，中国林业出版社，2002。

新京支社调查室：《呼伦贝尔地方牧野植生调查报告》，伪满洲铁道总局，1943。

新巴尔虎左旗史志编纂委员会编《新巴尔虎左旗志》，内蒙古文化出版社，2002。

新巴尔虎右旗史志编纂委员会编《新巴尔虎右旗志》，内蒙古文化出版社，2004。

王晓毅：《环境压力下的草原社区——内蒙古六个嘎查村的调查》，社会科学文献出版社，2009。

徐勇主编《中国农村研究》，中国社会科学出版社，2005。

徐忠、张雪春、沈明高、程恩江：《中国贫困地区农村金融发展研究构造政府与市场之间的平衡》，中国金融出版社，2009。

徐占江主编《呼伦贝尔市要览（2007）》，内蒙古文化出版社，2007。

薛敬孝主编《WTO 框架下中国经济发展研究》，清华大学出版社，2007。

亚当·普沃斯基：《国家与市场——政治经济学入门》，郦菁、张燕等译，上海人民出版社，2009。

亚当·斯密：《国民财富的性质和原因的研究》，郭大力等译，商务印书馆，1996。

马尔萨斯：《人口论》，周进编译，北京出版社，2008。

大卫·李嘉图：《政治经济学及赋税原理》，周洁译，华夏出版社，2005。

约翰·穆勒：《政治经济学原理及其在社会哲学上的若干应用》，朱泱、赵荣潜等译，商务印书馆，1991。

罗杰·珀曼等：《自然资源与环境经济学》，张涛等译，中国经济出版社，2002。

伊恩·伯基特：《社会性自我：自我与社会面面观》，李康译，北京大学出版社，2012。

伊·普里戈金、伊·斯唐热：《从混沌到有序：人与自然的新对话》，曾庆宏、沈小峰译，上海译文出版社，1987。

岳天明等《中国西北民族地区经济与社会协调发展研究》，中国社会科学出版社，2009。

颜景辰：《中国生态畜牧业发展战略研究》，中国农业出版社，2008。

四川省社会科学院农村发展研究所编《中国农民专业合作社发展新走向：理论研究·实践探索》，四川科学技术出版社，2009。

闫天灵：《汉族移民与近代内蒙古社会变迁研究》，民族出版社，2004。

姚慧琴、任宗哲主编《中国西部经济发展报告（2009）》，社会科学文献出版社，2009。

赵真北：《草原生态保护与执政党的政策问题》，内部资料，1994。

赵文洪：《私人财产权利体系的发展——西方市场经济和资本主义的起源问题研究》，中国社会科学出版社，2001。

张晓山、李周主编《新中国农村60年的发展与变迁》，人民出版社，2009。

张海翔：《新型工业化：生态、民族与人文视点》，人民出版社，2005。

张伯里主编《新的发展阶段中效率与公平问题研究》，中共中央党校出版社，2008。

张坤民主笔《可持续发展论》，中国环境科学出版社，1997。

张自学主编《二十世纪末内蒙古生态环境遥感调查研究》，内蒙古人民出版社，2001。

郑宏：《草原的逻辑续（下）——牧区田野调查笔记》，民族出版社，2018。

郑丕留：《中国家畜品种及其生态特征》，农业出版社，1985。

郑易生主编《中国西部减贫与可持续发展》，社会科学文献出版社，2008。

中国国务院新闻办公室编著《中国的民族政策与各民族的共同繁荣发展》，人民出版社，2009。

中国人民银行呼和浩特支行编《2008年内蒙古人民银行系统优秀调研课题汇编》上、下，远方出版社，2009。

中国科学院内蒙古宁夏综合考察队：《内蒙古自治区及其东西部毗邻地区天然草场》，科学出版社，1980。

锡林郭勒盟统计局编《锡林郭勒盟统计年鉴2001》，2001。

锡林郭勒盟统计局编《锡林郭勒盟统计年鉴2002》，2002。

锡林郭勒盟统计局编《锡林郭勒盟统计年鉴2004》，2004。

锡林郭勒盟统计局编《锡林郭勒盟统计年鉴2005》，2005。

锡林郭勒盟统计局编《锡林郭勒盟统计年鉴2006》，2006。

锡林郭勒盟统计局编《锡林郭勒盟统计年鉴2007》，2007。

锡林郭勒盟统计局编《锡林郭勒盟统计年鉴2008》，2008。

朱乐尧、周淑清：《回归农业》，中国编译出版社，2005。

宗寒：《资源经济》，人民出版社，1994。

中国人民银行呼和浩特支行：《2007年内蒙古人民银行优秀调研课题汇编》，远方出版社，2008。

中华人民共和国国家统计局编《中国统计年鉴2008》，中国统计出版社，2008。

中华人民共和国国家统计局编《中国统计年鉴2009》，中国统计出版社，2009。

中华人民共和国国家统计局编《中国统计年鉴2010》，中国统计出版社，2010。

中华人民共和国国家统计局编《中国统计年鉴2011》，中国统计出版社，2011。

二　期刊、析出文献、论文、报纸等

敖仁其：《对内蒙古草原畜牧业的再认识》，《内蒙古财经学院学报》2001年第3期。

宝希吉日、根锁、乌日根巴雅尔：《牧户草场经营行为的实证分析——基于内蒙古锡林郭勒盟三个旗（市）的牧户调查数据》，《中国农村经济》2012年第9期。

暴庆五：《调整结构·转变战略·面向21世纪》，《前沿》1999年第11期。

暴庆五：《防治草原荒漠化的制度对策》，载额尔敦布和、恩和主编《内蒙古草原荒漠化问题及其防治对策研究》，内蒙古大学出版社，2002。

白南生：《中国的城市化》，《管理世界》2003年第11期。

布和朝鲁：《论新农村新牧区建设的重点和根本》，《北方经济》2007年第6期。

曹淑艳、张卫：《沙漠化地区生态建设成本分担与经营机制研究》，载葛察忠、钟晓红、毕军主编《建设环境友好型社会经济政策》，中国环境科学出版社，2007。

曹海东：《农垦改革原地转，地租之重猛于虎》，《南方周末》2007年7月12日。

蔡昉：《人口转变、人口红利与刘易斯转折点》，《经济研究》2010年第4期。

陈靖：《进入与退出："资本下乡"为何逃离种植环节——基于皖北黄村的考察》，《华中农业大学学报》（社会科学版）2013年第2期。

陈伟娜、闫慧敏、黄河清：《气候变化压力下锡林郭勒草原牧民生计与可持续能力》，《资源科学》2013年第5期。

Daniel Miller, Dennis Sheehy：《欧文·拉铁摩尔的著述对内亚当今游牧业研究与发展的关联性》，恩和译，2009。

达林太：《蒙古高原生态脆弱性与人地关系的研究》，博士学位论文，蒙古国立师范大学，德国梅茨大学，2006。

达林太、刘湘波：《内蒙古牧区牧民的现实需求与牧区合作》，《北方经济》2009年第22期。

达林太、腾有正、孟慧君：《征税方式对草原畜牧业的影响》，《内蒙古大学学报》（人文社会科学版）2003 年第 1 期。

达林太、阿拉腾巴根那：《内蒙古土地荒漠化定性定量研究》，《云南地理环境研究》2005 年第 2 期。

丁元竹：《牧区的经济组织及发展问题——一个跨生产类型的比较研究》，载潘乃谷、马戎主编《边区开发论著》，北京大学出版社，1993。

达林太：《制度与政策的历史演变对内蒙古草原生态环境的影响》，载郑易生主编《中国环境与发展评论》第 3 卷，社会科学文献出版社，2006。

达林太、阿拉腾巴格那：《草原荒漠化的反思》，《贵州财经学院学报》2005 年第 3 期。

达林太、郑易生：《真过牧与假过牧——内蒙古草地过牧问题讨论》，《中国农村经济》2012 年第 5 期。

达林太、娜仁高娃：《对内蒙古草原畜牧业过牧理论和制度的反思》，《北方经济》2010 年第 11 期。

达林太：《入世与草原畜牧业理论与制度的反思》，载毛公宁主编《民族政策研究文丛》第 3 辑，民族出版社，2004。

达林太、于洪霞：《矿产资源开发与资源诅咒——以内蒙古为例》，《北方经济》2015 年第 7 期。

达林太、于洪霞：《矿产资源开发利益分配研究——以内蒙古为例》，《内蒙古大学学报》（哲学社会科学版）2015 年第 5 期。

达林太、郑易生：《论抵抗的小农（牧）》，载杨团、孙炳耀等著《综合农协中国“三农”改革突破口》，中国社会科学出版社，2016。

丁元竹、江汛清：《社会学和人类学对“社区”的界定》，《社会学研究》1991 年第 3 期。

丁勇、侯向阳、Leonid Ubugunov 等：《温带草原区气候变化及其对植被影响的研究进展》，《中国农学通报》2012 年第 17 期。

达林太、郑易生：《规模化与组织化夹缝中的小农户》，载国务院参事室社会调查中心编《当代中国田野观察（2018）》，社会科学文献出版社，2018。

达林太、郑易生、于洪霞：《规模化与组织化进程中的小农牧户研究》，《内蒙古大学学报》（哲学社会科学版）2018 年第 3 期。

达林太、齐木德道尔吉：《草地畜牧业的价值链分析：基于内蒙古 12 个纯牧业旗的调查》，《中央民族大学学报》（哲学社会科学版）2020 年第 1 期。

杜凤莲、余晶、杨理等：《气候变化对草原畜牧业的影响以及适应性政策分析》，《广播电视大学学报》（哲学社会科学版）2013 年第 1 期。

邓大才：《改造传统农业的经典理论与中国经验》，《学术月刊》2013 年第 3 期。

额尔敦扎布：《草原荒漠化的制度经济学的思考》，载额尔敦布和、恩和主编《内蒙古草原荒漠化问题及其防治对策研究》，内蒙古大学出版社，2003。

额尔敦布和：《牧区改革的回顾与展望》，载陈文主编《草原畜牧业经济探讨》，内蒙古社会科学杂志社，1989。

恩和：《草原荒漠化的历史反思：发展的文化维度》，《中国社会科学文摘》2003 年第 3 期。

恩和：《内蒙古牧区退化问题与生态安全带的建设》，教育部重大项目结项报告，2002。

恩和、额尔敦布和、李敏学：《关于阿拉善右旗退牧还草、公益林等项目的调研报告》，社科基金重点项目中期报告，2006。

费孝通：《对文化的历史性和社会性的思考》，载乔键、李沛良、李友梅、马戎主编《文化、族群与社会的反思》，北京大学出版社，2005。

冯雷：《对近代自然观和人类中心主义的再思考》，《理论与现代化》2005 年第 4 期。

冯开文：《国外合作社经验纵横论——几个代表性合作社的最新举措及其对中国的启示》，《中国合作经济》2005 年第 8 期。

冯开文：《合作社：兼顾公平与效率的经济组织——从合作理论变迁角度所作的初步分析》，《农村合作经济经营管理》2000 年第 1 期。

封迅：《内蒙古农村牧区经纪人的培育和规范》，《新农村建设》2007 年第 10 期。

盖志毅：《草原产权与草原生态环境保护》，《草原与草坪》2005 年第 6 期。

盖志毅、包庆丰、杨志勇：《草原生态系统可持续发展与国家安全》，《北方经济》2006年第2期。

国家特邀国土资源监察专员赴内蒙古调研组：《内蒙古自治区尾矿利用和矿山地质环境恢复治理的调研报告》，《中国国土资源经济》2009年第1期。

国务院发展研究中心课题组：《农民工市民化对扩大内需和经济增长的影响》，《经济研究》2010年第6期。

国务院发展研究中心农村经济研究部课题组：《完善草原生态治理政策调查研究》，会议论文集，2009。

《国务院实施〈中华人民共和国民族区域自治法〉若干规定》，《人民日报》2005年5月28日。

高风：《内蒙古县域经济发展趋势分析》，《内蒙古科技与经济》2008年第10期。

高歌、王诺：《北美印第安神话中人与自然的关系》，《江苏大学学报》（社会科学版）2006年第2期。

高小萍：《价、税、费、租联动：矿产资源分配体制改革的思考》，《理论前沿》2007年第7期。

关晓勇：《鄂尔多斯地下钱庄盼阳光》，《内蒙古晨报》2009年3月24日。

海山：《内蒙古牧区贫困化问题及扶贫开发对策研究》，《中国畜牧杂志》2007年第10期。

韩颖、侯向阳：《内蒙古荒漠草原牧户对气候变化的感知和适应》，《应用生态学报》2011年第4期。

黄祖辉、扶玉枝、徐旭初：《农民专业合作社的效率及其影响因素分析》，《中国农村经济》2011年第7期。

黄胜忠、徐旭初：《成员异质性与农民专业合作社的组织结构分析》，《南京农业大学学报》（社会科学版）2008年第3期。

黄祖辉、徐旭初：《基于能力和关系的合作治理——对浙江省农民专业合作社治理结构的解释》，《浙江社会科学》2006年第1期。

黄宗智：《中国农业面临的历史性契机》，《读书》2006年第10期。

黄锡生：《矿产资源生态补偿制度探究》，《现代法学》2006年第

6 期。

郝晓兰：《内蒙古草原生态旅游开发模式研究》，《干旱资源与环境》2004 年第 6 期。

郝剑虹：《金融对内蒙古县域经济的支持》，专题调研报告（内部），2009。

呼格吉勒图、海山：《内蒙古牧区面临的主要问题及对策》，载双喜主编《中国北方地区的经济发展与环境保护》，内蒙古科学技术出版社，2009。

贺飞军、赵静：《内蒙古区域经济差距成因的制度分析》，《内蒙古工业大学学报》（社会科学版）2004 年第 1 期。

侯向阳：《发展生态畜牧业是解决草原退化困境的有效途径》，《中国草地学报》2010 年第 4 期。

靳相木：《试论农业产业组织创新——着重于农业产业化实践的理论解释及比较分析》，《经济科学》1998 年第 1 期。

贾幼陵：《关于草原荒漠化及游牧问题的讨论》，《中国草地学报》2011 年第 1 期。

贾幼陵：《草原退化原因分析和草原保护长效机制的建立》，《中国草地学报》2011 年第 2 期。

靳乐山、魏同洋、胡振通：《牧户对气候变化的感知与适应——以内蒙古四子王旗查干补力格苏木为例》，《自然资源学报》2014 年第 2 期。

Jonathan Davies：《草原畜牧业和牧民》，载 2008 年世界草地和草原大会翻译小组译《草原牧区管理——核心概念注释》，科学出版社，2008。

吉尔格勒：《城市化中猎牧民族的游牧与定居问题的研究》，内部资料，2005。

凯·米尔顿：《多种生态学：人类学，文化与环境》，载中国社会科学杂志社编《人类学的趋势》，社会科学文献出版社，2000。

Kris M. Havstad：《牧场的生态系统功能》，载 2008 年世界草地和草原大会翻译小组译《草原牧区管理——核心概念注释》，科学出版社，2008。

刘钟龄、王炜、梁存柱、郝敦元：《草原退化与恢复演替的实验监测和机制的讨论》，会议论文，2006。

刘钟龄等：《内蒙古草原植被在持续牧压下退化演替的模式与诊断》，

《草地学报》1998 年第 4 期。

刘亚光：《我国农村宅基地问题研究综述》，《东南学术》2011 年第 2 期。

刘钟龄：《乌兰布和沙漠防风固沙与产业体系发展的思考》，载夏日主编《理论研究》，内蒙古人民出版社，2006。

刘书润：《关于改善阿盟生态环境有关问题的建议》，社科基金项目中期报告，2006。

刘书润：《重新审视中国草原》，《中外对话》2010 年第 3 期。

刘燕丽、左停、齐顾波：《小额信贷缓和农户脆弱性的实证研究》，《农村经济》2008 年第 4 期。

刘劲松：《中国矿产资源补偿机制研究》，《煤炭经济研究》2005 年第 2 期。

李西良等：《北方草原牧民对极端干旱感知的季节敏感性研究》，《农学学报》2012 年第 10 期。

李昌平：《创建内置金融村社及联合社新体系》，《经济导刊》2015 年第 8 期。

李迎宾：《解读〈草畜平衡管理办法〉》，《中国牧业通讯》2005 年第 7 期。

李世涌：《矿产资源开发外部负效应及其成因分析》，《问题研究》2007 年第 11 期。

李青丰、胡春元、王明玖：《锡林郭勒草原生态环境劣化原因诊断及治理对策》，《内蒙古大学学报》（自然科学版）2003 年第 2 期。

李博：《中国北方草地退化及其防治对策》，《中国农业科学》1997 年第 6 期。

林坚、黄胜忠：《成员异质性与农民专业合作社的所有权分析》，《农业经济问题》2007 年第 19 期。

罗必良：《草原生态的问题与对策》，《国土与自然资源研究》1990 年第 4 期。

Robin Reid：《生存型牧业人口的贫困和脆弱性》，“北亚牧场的贫穷，脆弱性和弹性：中国和蒙古以社区为基础的牧场管理的案例研究”国际研讨会，北京，2009。

陆绯云：《同乡关系网络与中国大陆的“民工潮”》，《世纪中国》2001 年第 3 期。

路卓铭：《以建立资源开发补偿机制推进我国资源价格改革》，《经济体制改革》2007 年第 3 期。

卢欣石、何琪：《内蒙古草原带防沙治沙现状、分区和对策》，《中国农业资源与区划》2000 年第 4 期。

卢琦、吴波：《中国荒漠化灾害评估及其经济价值核算》，《中国人口·资源与环境》2002 年第 2 期。

马莉莉：《关于循环经济的文献综述》，《西安财经学院学报》2006 年第 1 期。

母瑾、王林喜、邱清廉：《重视解决“养牛致贫”现象》，《北方经济报》2005 年 1 月 12 日。

内蒙古自治区政府：《内蒙古自治区政府工作报告》，2001~2010。

内蒙古自治区政府：《内蒙古自治区经济社会公报》，2002~2010。

内蒙古自治区旅游局：《内蒙古旅游“十一五”规划》，2007。

内蒙古自治区环境保护局：《内蒙古自治区生态环境现状调查报告》，2001。

内蒙古自治区人民政府：《坚持畜牧业社会主义改造中的积极稳步方针》，《实践》1958 年第 4 期。

内蒙古自治区农村牧区费改税领导小组办公室编《内蒙古自治区农村牧区税费改革学习资料选编》，内部资料，2000。

内蒙古发展研究中心调研组：《关于内蒙古矿产资源开发管理体制改革调研报告》，《北方经济》2009 年第 13 期。

那日森、娜仁：《建设社会主义新牧区过程中政府、基层组织、企业和牧民间的博弈分析及政府的选择》，社科基金结项报告，2007。

南丁漠宇：《内蒙古牧业土地利用方式的变革》，载陈文主编《草原畜牧业经济探讨》，内蒙古社会科学杂志社，1989。

邱淑琴：《内蒙古草地资源可持续利用对策》，《内蒙古草业》2003 年第 2 期。

任继周：《草地畜牧业是现代畜牧业的必要组分》，《中国畜牧杂志》2005 年第 2 期。

施文正：《遏制内蒙古草原荒漠化的法律思考》，载额尔敦布和、恩和主编《内蒙古草原荒漠化问题及其防治对策研究》，内蒙古大学出版社，2002。

盛来运：《中国农村劳动力流动过程的经济学分析》，博士学位论文，中国人民大学，2006。

孙最龙：《内蒙古牧区义务教育中存在的问题及建议》，内蒙古自治区农调队调查报告，2004。

斯大林：《论工业化和粮食问题》，载《斯大林全集》第11卷，人民出版社，1955。

苏尼特左旗人民政府：《苏尼特左旗政府工作报告》，2005~2008。

谭淑豪等：《气候变化压力下牧民的社会脆弱性分析——基于内蒙古锡林郭勒盟4个牧业旗的调查》，《中国农村经济》2016年第7期。

图雅：《牧区肉畜流通体制改革初探》，载陈文主编《草原畜牧业探讨》，内蒙古社会科学杂志社，1989。

滕有正：《呼伦贝尔草原牧区生态经济调查》，专题报告，内部资料，2007。

唐本佑：《论资源价值的构成理论》，《中南财经政法大学学报》2004年第2期。

王铎：《王铎同志在全国牧区工作会议上的发言》，载内蒙古党委政策研究室、内蒙古自治区农业委员会编印《内蒙古畜牧业文献资料选编》第7卷，1987。

王晓毅：《农村改革与农村社会变迁》，载李强主编《中国社会变迁30年》，社会科学文献出版社，2008。

王晓毅：《市场化、干旱与草原保护政策对牧民生计的影响——2000~2010年内蒙古牧区的经验分析》，《中国农村观察》2016年第1期。

王晓毅：《制度变迁背景下的草原干旱——牧民定居、草原碎片与牧区市场化的影响》，《中国农业大学学报》（社会科学版）2013年第1期。

王军：《合作社治理：文献综述》，《中国农村观察》2010年第2期。

王学军等：《生态环境补偿费征收的若干问题及实施效果预测研究》，《自然资源学报》1996年第1期。

王小萍：《矿产资源利益分配法律制度研究》，《公民与法》（法学版）

2009 年第 6 期。

吴元元：《矿产资源价格低位运行的危害及改革建议》，《中国矿业》2006 年第 8 期。

温铁军：《我们是怎样重新得到迁徙自由的》，《中国改革》2002 年第 5 期。

温铁军：《重构农村金融体系农村资金回流农村》，《华夏星火》2007 年第 2 期。

文明：《中国牧区草牧场管理制度的变迁财经理论研究》，《财经理论》2018 年第 2 期。

锡盟生态建设办公室：《生态建设标准汇编》，内部资料，2003。

锡盟中支行：《内蒙古以“绿色信贷”为理念促进草原生态优化》，专题报告，2008。

西山荣久：《察绥两区事业之将来》，《西北汇刊》，1925 年第 1 卷第 9 期。

夏祖军、罗晶、史生荣：《发自内心的感激——内蒙古化解农村牧区义务教育债务纪实》，《中国财经报》2008 年 6 月 13 日。

薛凤蕊、姜冬梅：《退牧还草工程实施中面临的问题与对策研究》，《北方经济》2006 年第 11 期。

邢旗：《内蒙古草地资源即利用现状评价》，载额尔敦布和、恩和主编《内蒙古草原荒漠化问题及其防治对策研究》，内蒙古大学出版社，2002。

荀丽丽：《荒漠化草原地区的生态移民》，载国务院发展研究中心农村部《完善草原生态治理政策调查研究》，2009。

於琍等：《基于潜在植被的中国陆地生态系统对气候变化的脆弱性定量评价》，《植物生态学报》2008 年第 3 期。

于洪霞、达林太：《草原生态环境政策对牧户生计影响的分析——基于阿拉善左旗的调查》，《内蒙古社会科学》（汉文版）2013 年第 6 期。

尹燕亭、侯向阳、运向军：《气候变化对内蒙古草原生态系统影响的研究进展》，《草业科学》2011 年第 6 期。

于保平：《扶贫——内蒙古锡林郭勒盟经验与国家政策调整》，国务院发展研究中心农村部课题组草原治理评估项目中期报告，2006。

于平：《欧洲畜牧业的变革及中国的对策》，《世界农业》2001 年第 8 期。

杨丽：《内蒙古牧民合作与组织的现状与特点》，内部资料，2007。

杨成旺：《内蒙古自治区三少民族和边境旗县卫生工作调研报告》，政府报告，2007。

杨理：《草地资源管理制度的公平性研究》，云南人类学大会发言稿，2009。

赵萌莉、许志信：《内蒙古草地资源合理利用与草地畜牧业持续发展》，《资源科学》2000年第1期。

张新时、唐海萍、董孝斌等：《中国草原的困境及其转型》，《科学通报》2016年第2期。

张倩：《牧民应对气候变化的社会脆弱性——以内蒙古荒漠草原的一个嘎查为例》，《社会学研究》2011年第6期。

张文彬、乌尼孟和：《参加"内蒙古草原牧区重建合作经济与可持续发展研究项目结项汇报会"的情况报告》，内部资料，2008。

张友伦：《评价美国西进运动的几个问题》，《历史研究》1984年第3期。

张中微：《阿拉善之概况》，《边政公论》，1941年第1卷第3、4期。

张智玲：《矿产资源生态补偿收费的理论依据研究》，《重庆环境科学》1997年第1期。

郑易生：《中国环境与发展评论——从突进走向协调》，载郑易生主编《中国环境发展与评论》第2卷，社会科学文献出版社，2004。

郑易生：《新公共问题需要人类的新智慧》，载张晓主编《中国环境与发展评论》第4卷，中国社会科学出版社，2010。

郑石桥：《我国自然资源收益分配存在的主要问题探析》，《新疆财经》2008年第3期。

周立、姜智强：《竞争性牧业、草原生态与牧民生计维系》，《中国农业大学学报》（社会科学版）2011年第2期。

周道玮、孙海霞：《中国草食牲畜发展战略》，《中国生态农业学报》2010年第2期。

周钢：《美国西部牧区的掠夺开发及后果》，《世界历史》2007年第2期。

朱风：《近代阿拉善社会》，《内蒙古社会科学》（汉文版）1982年第5期。

朱学义：《论矿产资源权益价值理论》，《中国地质矿产经济》1998年第12期。

三 外文文献

竹村茂昭：《蒙古民族の农牧生活の实态》，伪满洲铁道总局，1943。

D. Aredo Fuzzy Access Rights in Pastoral Economies: Case Studies from Ethiopia (Presented at The Commons in an Age of Global Transition: Challenges, Risks and Opportunities, Oaxaca, Mexico, August 2004).

A. Armen Alchian and Harold Demsetz, "Production, Information Costs, and Economic Organization," *American Economic Review* 5 (1972).

C. B. Ariyaratne, A. M. Featherstone, M. R. Langemeier, et al., "An Analysis of Efficiency of Midwestern Agricultural Coopera-tives," *Western Journal of Agricultural Economics* 2 (1997).

B. Myagmarjav, *Development Problems of the World Nomadic Livestock Husbandry* (Cyrillic, Ulaanbaatar, 2004).

E. Bacon, "A Preliminary Attempt to Determine the Culture Areas of Asia," *Southwestern Journal of Anthropology* 2 (1946).

B. Enkhtuvshin, "Some Issues to Comparative Studies on Nomadic Societies in the Borderland of Mongolia," *Nomadic Studies* 14 (2007).

R. G. H. Bunce, M. Pérez-Soba, R. H. G. Jongman, A. GómezSal, F. Herzog, I. Austad, "Transhumance and Biodiversity in European Mountains," 2004 No. 1.

N. D. Cosmo, "Ancient Inner Asian Nomads: Their Economic Basis and Its Significance in Chinese History," *The Journal of Asian Studies* 4 (2015).

T. J. Comte and B. Tilt, "The Effects of China's Grassland Contract Policy on Pastoralists' Attitudes Towards Cooperation in an Inner Mongolian Banner," *Human Ecology* 6 (2014).

R. H. Coase, "The Nature of the Firm," *Economics* 16 (1937).

J. Davies and R. Bennett, "Livelihood Adaptation to Risk: Constraints and Opportunities for Pastoral Development in Ethiopia's Afar Region," *Journal of Development Studies* 3 (2007).

H. Demsetz, "Industry Structure Market Rivalry and Public Policy," *Journal of Law and Economic* 16 (1973).

FAO, "Pastoralism in the New Millennium," *Animal Production and*

Health Paper No. 150, UN Foodand Agriculture Organization, Rome, 2001.

FAO, *Consultation on the Settlement of Nomads in Africa and Near East* (Cairo: FAO, 1972).

FAO, "Syrian Agriculture at the Crossroads," *Agricultural Systems* (3) 2003.

IUCN, "Policies that Work for Pastoral Environments: A Six-Country Review of Positive Policy Impacts on Pastoral Environments.," *IUCN-WISP*, 2008b.

Kenneth J. Gergen, *The Saturated Self: Dilemmas of Idenmtity in Contemporary Life* (New York: Basic Books, 1991).

S. Krätli, N. Schareika, "Living Off Uncertainty: The Intelligent Animal Production of Dryland Pastoralists," *European Journal of Development Research* 22 (2010).

H. G. Lund, "Accounting for the World's Rangelands," *Rangelands* 1 (2007).

http://archive.wri.org/newsroom/wrifeatures_ text.cfm? ContentID=722.

H. Leriche, X. LeRoux, J. Gignoux, et al., "Which Functional Processes Control the Short-term Effect of Grazing on Net Primary Production in Grasslands?" *Oecologia* 129 (2001).

M. Tumurjav, N. Erdenetsogt, *Nomads of Mongolia* (in Cyrillic) (Ulaanbaatar, 1999).

D. J. Miller, "The Importance of China's Nomads," *Rangelands* 1 (2002).

R. Mearns and A. Norton, "Equity and Vulnerability in a Warming World: Introduction and Overview," in R. Mearns and A. Norton, eds., *Social Dimensions of Climate Change: Equity and Vulnerability in a Warming World* (Washington D. C.: The World Bank, 2010).

M. Murshed, T. Schinke, M. D. McKee, G. Karsenty, "Extracellular Matrix Mineralization is Regulated Locally; Different Roles of Two Gla-containing Proteins," *Journal of Cell Biology* 5 (2004).

R. Naidoo, "Ancient Growth and Liquidation of Natural Capital: The Case of Forest Clearance," *Land Economics* (2) 2004.

M. Niamir-Fuller, *Women Livestock Managers in the Third World: A Focus on Technical Issues Related to Gender Roles in Livestock Production* (Rome:

IFAD, 1994）.

M. Oesterheld, S. J. McNaughton, "Effects of Stress and Time for Recovery on the Amount of Compensatory Growth after Grazing," *Oecologia* 3（1991）.

Parliament Claudia, Zvi Lerman and Joan Fulton, "Performance of Cooperatives and Investor-Owned Firms in the Dairy Industry," *Journal of Agricultural Cooperation* 5（1990）.

J. F. Reynolds, et al., "Global Desertification: Building a Science for Dryland Development," *Science* 316（2007）.

E. Roe, L. Huntsinger, K. Labnow, "High Reliability Pastoralism," *Journal of Arid Environments* 39（1998）.

U. Sandagsuren, "Community Organization: A Policy Level Study of 'Community Organization' as a Grass-root Institution that Contributes to Strengthen Co-management of Sustainable Pastoralism and Nnature Conservation," Cited inWISP 2008, "Policies that Work for Pastoral Environments: A Six-country Review of Positive Policy Impacts on Pastoral Environments".

E. Roe, L. Huntsinger, K. Labnow, "High Reliability Pastoralism," *Journal of Arid Environments* 39（1998）.

I. Scoones, *Living With Uncertainty*（London: International Institute for Environment and Development, 1995）.

J. M. Staatz, Cooperatives: A Theoretical Perspective on the Behavior of Farmers（Ph. D. diss., Michigan State University, 1984）.

P. Senge, A. Kleiner, C. Roberts, R. Ross, G. Roth, B. Smith, *The Dance of Change: The Challenges to Sustaining Momentum in Leaining Organizatinos*（New York: Doublday Books, 1999）.

E. M. Steinauer, S. L. Collins "Effects of Urine Deposition on Small-scale Patch Structure in Prairie Vegetation," *Ecology* 4（1995）.

R. Torvik, "Learning by Doing and the Dutch Disease," *European Economic Review* 45（2001）.

N. E. West, "Biodiversity of Rangelands," *Journal of Range Management* 1（1993）.

图书在版编目(CIP)数据

牧区与市场：市场化中的牧民 / 达林太，郑易生著
.--北京：社会科学文献出版社，2021.7
ISBN 978-7-5201-8329-1

Ⅰ.①牧… Ⅱ.①达… ②郑… Ⅲ.①牧区-畜牧业经济-经济体制改革-研究-内蒙古 Ⅳ.①F326.3

中国版本图书馆 CIP 数据核字(2021)第 082046 号

牧区与市场：市场化中的牧民

著　　者 / 达林太　郑易生

出 版 人 / 王利民
组稿编辑 / 周　丽
责任编辑 / 徐崇阳　张丽丽
文稿编辑 / 刘　燕

出　　版 / 社会科学文献出版社 · 城市和绿色发展分社（010）59367143
　　　　　地址：北京市北三环中路甲 29 号院华龙大厦　邮编：100029
　　　　　网址：www.ssap.com.cn
发　　行 / 市场营销中心（010）59367081　59367083
印　　装 / 北京玺诚印务有限公司

规　　格 / 开　本：787mm × 1092mm　1/16
　　　　　印　张：28　字　数：458 千字
版　　次 / 2021 年 7 月第 1 版　2021 年 7 月第 1 次印刷
书　　号 / ISBN 978-7-5201-8329-1
定　　价 / 198.00 元